A AGENDA DE COMPETITIVIDADE DO BRASIL

A AGENDA DE COMPETITIVIDADE DO BRASIL

INSTITUTO BRASILEIRO DE ECONOMIA

REGIS BONELLI (ORG.)

Copyright © Instituto Brasileiro de Economia

Editora FGV
Rua Jornalista Orlando Dantas, 37
22231-010 | Rio de Janeiro, RJ | Brasil
Tels.: 0800-021-7777 | 21-3799-4427
Fax: 21-3799-4430
editora@fgv.br | pedidoseditora@fgv.br
www.fgv.br/editora

Impresso no Brasil | *Printed in Brazil*

Todos os direitos reservados. A reprodução não autorizada desta publicação, no todo ou em parte, constitui violação do copyright (Lei nº 9.610/98).

Os conceitos emitidos neste livro são de inteira responsabilidade dos autores.

1ª edição — 2011

Coordenação editorial e copidesque: Ronald Polito
Revisão: Marco Antonio Corrêa e Sandro Gomes dos Santos
Projeto gráfico, capa e miolo: Ilustrarte Design e Produção Editorial
Imagem da capa: Victor Arruda, "Três amigos" (acrílica sobre tela, 65 x 80 cm, 1977; coleção particular)

Ficha catalográfica elaborada
pela Biblioteca Mario Henrique Simonsen/FGV

    A agenda de competitividade do Brasil / Instituto Brasileiro de Economia; Regis Bonelli (org.). — Rio de Janeiro: Editora FGV, 2011.
    448 p.

    Inclui bibliografia.
    ISBN: 978-85-225-0944-7

    1. Concorrência — Brasil. 2. Economia. 3. Políticas públicas — Brasil. I. Instituto Brasileiro de Economia. II. Bonelli, Regis. III. Fundação Getulio Vargas.

    CDD – 338.981

Sumário

Apresentação da Presidência da Fundação Getulio Vargas   7
Apresentação da Direção do Ibre   11
Introdução   21
    Regis Bonelli

Parte I. A agenda sob o enfoque macroeconômico: conceituação e aspectos teóricos
1. Competitividade: significados, dimensões, aplicações   41
   Armando Castelar Pinheiro e Regis Bonelli
2. Aspectos teóricos e desempenho recente: conta-corrente do balanço de pagamentos e competitividade   61
   Samuel de Abreu Pessôa

Parte II. As políticas públicas e a agenda de competitividade
3. As políticas de competitividade na agricultura brasileira   79
   Mauro de Rezende Lopes, Ignez G. V. Lopes e Daniela de Paula Rocha
4. Política industrial recente e competitividade no Brasil   113
   Mauricio Canêdo-Pinheiro
5. As diretrizes da política de comércio exterior e a competitividade: o que mudou?   143
   Lia Valls Pereira
6. Impactos da infraestrutura sobre a competitividade   173
   Pedro Cavalcanti Ferreira e Joísa Campanher Dutra

7. O papel do BNDES no financiamento
   do desenvolvimento: novos e velhos desafios   195
   Mansueto Almeida
8. Aspectos institucionais: regulação e competitividade
   — telecomunicações, petróleo e energia elétrica   229
   *Mauricio Canêdo-Pinheiro, Joísa Campanher Dutra
   e Adriana Hernandez-Perez*

Parte III. Desempenho: setores e atividades
9. Desempenho da agropecuária: produtividade,
   competitividade e crescimento   267
   *Mauro de Rezende Lopes, Ignez G. V. Lopes
   e Daniela de Paula Rocha*
10. Produtividade e competitividade da indústria
    brasileira de 1996 a 2010   307
    Aloisio Campelo Jr. e Silvio Sales
11. Exportações brasileiras na primeira década
    do século XXI: desempenho e fontes de crescimento   323
    Lia Valls Pereira e André Luiz Silva de Souza
12. Educação e competitividade: o desafio
    da melhora da qualidade do ensino no Brasil   379
    Fernando de Holanda Barbosa Filho
13. Os prêmios da educação profissional e a competitividade   403
    Marcelo Neri

Apresentação da Presidência da Fundação Getulio Vargas

A missão do Ibre

Para falar sobre o Instituto Brasileiro de Economia (Ibre), é importante desde logo destacar sua importância na trajetória evolutiva da missão da Fundação Getulio Vargas (FGV) nos últimos 60 anos. No início, a FGV foi criada exclusivamente para ser uma escola de treinamento de pessoas para o serviço público brasileiro. Esse foi o objetivo original do doutor Luis Simões Lopes, primeiro presidente e criador da Fundação, e de seu inseparável companheiro, o doutor Jorge Oscar de Mello Flôres, seu sucessor na presidência da FGV.

Essa história, entretanto, ganha um novo horizonte com a captura pela FGV do primeiro grande economista brasileiro — Eugênio Gudin Filho. Sua chegada permitiu à Fundação ampliar sua missão: a partir desse momento, ao invés de apenas treinar funcionários públicos e adaptar conhecimentos gerados em outras partes do mundo, a FGV começa a se preocupar em desenvolver conhecimento sobre temas econômicos aqui no Brasil, o que antes era impossível devido à falta de dados sobre o país. E a administração pública não existe sem o conhecimento desses dados.

Assim, logo nos primeiros anos de existência da FGV, nascia o embrião de uma área que viria a se concretizar funcionalmente com a criação do Instituto Brasileiro de Economia, em 1951. Esse embrião foi o Núcleo de Economia que sob a inspiração de Eugênio Gudin reunia homens de escol como Octávio Bulhões, Jorge Felipe Kafuri, Antonio Dias Leite, Jorge Kingston, Themistocles Cavalcanti, para citar alguns. Gudin foi, portanto, o cérebro por trás disso tudo, secundado por uma série de pessoas excepcionais. Na fase inicial da vida do Instituto, vale a pena destacar a contratação do economista Alexandre Kafka para ser diretor do Ibre, que mais tarde foi, durante longo tempo, representante brasileiro no Fundo Monetário Internacional (FMI).

Nas décadas de 1950 e 1960 o Ibre teve a preocupação de fazer, com o conhecimento então o mais moderno, o desenvolvimento de uma área que era completamente desconhecida no Brasil: a produção de informação econômica a partir de dados brutos coletados e organizados. As Contas Nacionais, os primeiros sistemas de índices de preços, a metodologia do balanço de pagamentos do país e as contas do então futuro Banco Central. Tudo começou no Ibre. E isso permitiu, evidentemente, o surgimento de uma economia política aplicada ao Brasil. Essa talvez seja a maior característica do Ibre, na qual o Instituto deverá concentrar sua história: o fato de ser uma instituição de alto nível técnico voltada para a economia aplicada.

No Ibre estudou-se praticamente de tudo: temas como comércio internacional, finanças públicas, economia monetária. Com maior ou menor ênfase, dependendo do momento, da conveniência e também dos recursos disponíveis. Nesse contexto de grande carência de conhecimento econômico no Brasil, o Ibre dedicou-se ainda a duas vertentes diferentes. A primeira simbolizada pela criação da revista *Conjuntura Econômica*, que chegou a ser a maior revista de economia do país, com edições que se esgotavam tão logo chegavam às bancas. A segunda foi o desenvolvimento de uma capacidade de ensino que evoluiu e acabou se separando do próprio Instituto, dando origem à primeira Escola de Pós-graduação em Economia do Brasil.

Esse foi o primeiro momento de esplendor do Ibre. Em 1986, entretanto, a função de calcular as contas nacionais foi retirada do Instituto. Essa ação política, a meu ver, visou, sobretudo, reduzir o eco de uma voz independente, a do Ibre, pois jamais o Instituto foi partidário. Em sua história, sempre lutou em defesa de boas políticas públicas: equilíbrio fiscal, *accountability* — que pode ser traduzido como responsabilização e transparência. Por vezes esses números eram, de certa forma, incômodos. E essa função foi então transferida para o Instituto Brasileiro de Geografia e Estatística (IBGE).

Essa década também é marcada por uma série de restrições financeiras vividas pela FGV. A Fundação desde sua origem foi dependente do financiamento público. Com a crise fiscal do Estado brasileiro, entretanto, esse financiamento minguou. Isso resultou, internamente, na impossibilidade de apoio, no nível necessário, da atividade do Ibre nesse momento. Assim, ao final da década de 1980 e em parte da década de 1990, houve um período em que o Ibre abandonou algumas atividades e focou o ativo mais precioso que tinha: o cálculo dos índices de preço, cuja importância era reconhecida dentro do Conselho Diretor da FGV. O Índice de Preços da Fundação jamais atrasou um dia e nunca sofreu intervenção de quem quer que seja. Para o período político em questão, isso foi um feito excepcional.

Salvaram-se os dedos, mas perderam-se os anéis. Vários centros foram fechados, e somente no início dos anos 2000 é que o Ibre retoma sua dinâmica e volta a se modernizar. Esse reposicionamento do Ibre, ainda em curso, deve visar sua sustentabilidade e garantir sua posição ímpar como gigantesco gerador de bens públicos, o que sempre fez com excepcional qualidade.

Hoje em dia, a quantidade de serviços gerada pelo Ibre é fabulosa. Nos últimos anos, o Instituto reativou várias das suas iniciativas originais, evidentemente, adaptando-as ao tempo que vivemos hoje. Esse é o caso, por exemplo, do que posso chamar de nova revista *Conjuntura Econômica*, que atualmente conta com uma edição digital em inglês, disponível em diversos sites de instituições internacionais. Também é o caso de projetos sobre temas eternos, com novo foco, como o Centro de Estudos Fiscais, em desenvolvimento com a Escola de Pós-graduação em Economia (EPGE) e a Escola de Economia de São Paulo.

Hoje, o maior desafio do Ibre é continuar gerando informação e análise que sejam úteis para a gestão dos diferentes agentes econômicos protagonistas da economia brasileira, influenciando-os favoravelmente, sempre usando o centro (sic) da verdade como argumento.

Para ajudar o Brasil a vencer seus atuais desafios, não há nada de misterioso. Não é necessário contar com uma lâmpada mágica de onde saia um gênio com as respostas prontas. Temos hoje uma série de problemas a enfrentar, e devemos estudar e buscar a melhor forma de resolvê-los.

Para isso, ainda há um trabalho enorme a ser feito. Sem falsa modéstia, porém, afirmo que o Ibre está na frente em muitas coisas, e é peça fundamental desse processo de busca de soluções para o Brasil.

Carlos Ivan Simonsen Leal
Presidente da Fundação Getulio Vargas

Apresentação da Direção do Ibre

Discutir a competitividade da economia brasileira remete necessariamente à história da formação do país e aos velhos questionamentos que sucessivas gerações vêm se fazendo: por que não nos tornamos um país desenvolvido, como a quase totalidade das nações da Europa Ocidental e da América do Norte, com as quais compartilhamos uma forte herança sociocultural. E, dessa forma, por que, apesar de termos criado um parque industrial amplo e diversificado, nossa competitividade internacional sempre se concentrou, de forma geral, em matérias-primas e manufaturados de tecnologia mais simples.

Essa pergunta não pode ser respondida apenas apontando-se as exceções, como os aviões da Embraer. Afinal, não se discute que o Brasil foi capaz de se industrializar de forma abrangente no pós-guerra, e é natural que haja destaques e estrelas na nossa paisagem manufatureira. O que permanece como indagação incômoda para os brasileiros é por que essa industrialização não se desdobrou num processo contínuo de *upgrade* produtivo, que levasse o país do mundo "em desenvolvimento" para o "desenvolvido", como ocorreu na Coreia, em Taiwan e outras nações orientais.

Tampouco é satisfatória a constatação, que poderia servir de resposta à pergunta inicial, de que o Brasil insere-se numa região, a América Latina, em que a regra é estar em um estágio socioeconômico inferior ao das nações mais avançadas. Afinal, os brasileiros sempre nutriram o sonho de tornar o país uma potência mundial, e a frustração de não o realizar é parte constitutiva da identidade nacional.

Dessa forma, sempre nos foi muito mais natural a comparação com nosso poderoso vizinho do Norte, os Estados Unidos da América, inclusive por diversos paralelismos históricos: países de dimensões continentais, cadinhos de povos e etnias, nações vibrantemente unificadas em termos linguísticos e de sentimento nacional, a rica presença cultural e artística de negros e indígenas, a épica conquista e colonização (trágica, por outro lado, para os habitantes autóctones) do interior selvagem etc.

O clássico *Bandeirantes e pioneiros*, de Vianna Moog, de 1954, mais do que uma resposta definitiva à eterna questão do atraso em desenvolvimento do Brasil em relação aos Estados Unidos, é um marco desse sentimento incômodo que atravessa nossa história intelectual.

A lista de queixas que fazemos contra nossa própria história é longa. O problema, porém, é que, se por um lado esse exercício expiatório permite aplacar um pouco a decepção de não termos alcançado o nível de desenvolvimento almejado, por outro ele tem a desvantagem de contar apenas parte de uma história muito mais rica. Na verdade, a frustração com os nossos resultados cria uma autoimagem de complacência, conformismo e falta de seriedade que acaba se cristalizando em personagens literários como Macunaíma ou em supostos episódios históricos, como a célebre declaração (jamais comprovada) de De Gaulle sobre o Brasil não ser um "país sério".

No entanto, quando se examina a formação do Brasil mais a fundo, o que se nota é que, ao contrário da lenda, a nossa é uma história de esforços imensos e extenuantes, contra condições extremamente adversas. Com a lente adequada, a pergunta pertinente pode ser a de como conseguimos obter todas as nossas conquistas civilizatórias — uma democracia de renda média, com uma sociedade altamente integrada e permanentemente voltada a superar as lacunas de desenvolvimento e de justiça social —, mesmo diante das enormes desvantagens enfrentadas por nossos antepassados.

A geografia pode ser considerada a primeira e a mais básica das dificuldades com que se defrontaram os colonizadores do Brasil. Situado em região tropical totalmente diferente das terras de clima temperado onde durante milênios desenvolveu-se a sociedade dos antepassados europeus, o território brasileiro também apresentou para os primeiros colonos um sistema assustador de orografia e hidrografia: terras montanhosas e rios acidentados e repletos de quedas d'água que, ao contrário do ocorrido na América do Norte, não formavam vias de acesso seguras para a penetração dos povos recém-chegados.

Em termos energéticos, nossa desvantagem ante os norte-americanos também era flagrante, já que o carvão era pouco, de baixa qualidade e longe dos centros produtivos. Adicionavam-se a esse quadro pouco promissor terras de qualidade ruim, com exceção de alguns poucos bolsões em São Paulo e Paraná, onde viria a se desenvolver a cafeicultura mais produtiva. De novo, fica evidente o contraste com os Estados Unidos, onde o Sul e o Meio-Oeste revelaram-se muito cedo como um gigantesco celeiro, que daria a forte base agrícola para a decolagem americana rumo à hegemonia econômica e política mundial.

Fica claro, portanto, que os brasileiros não tiveram nada de graça. Se o mito da indolência nacional fosse verdadeiro, é bastante provável que hoje vivêssemos num país bem mais atrasado.

O Brasil, na verdade, foi capaz de transformar muitas das desvantagens iniciais em poderosos trunfos, sempre ao preço de muito trabalho, dedicação e inventividade. Assim, o relevo e a hidrografia acidentados, que até o início do século XX representavam apenas obstáculos ao desenvolvimento, viram-se transformados em base de uma das melhores e mais limpas matrizes energéticas do mundo, quando finalmente houve capacidade econômica e tecnológica para se explorar o potencial hidrelétrico.

O problema da baixa qualidade das terras agriculturáveis, por sua vez, teve de esperar até a década de 1970 para ser enfrentado. Mas, com a criação da Embrapa, um excepcional trabalho científico estendeu a alta fertilidade para o Centro-Oeste, empurrando a fronteira agrícola de grãos, como a soja e o milho, progressivamente para o Norte.

Hoje, por meio da combinação da excelência técnica da Embrapa com o intrépido empreendedorismo dos colonos do Sul do país, especialmente os de origem italiana que se fixaram inicialmente no Rio Grande do Sul, um grande arco de sofisticada agricultura capitalista dilata-se desde os pampas até Bahia, Piauí e Maranhão. Quem poderia imaginar que, no início do século XXI, as terras do Piauí iam se tornar tão produtivas?

A par do agronegócio, que foi o grande responsável por restabelecer o equilíbrio das contas externas a partir de 2004, quando se inicia a atual fase de sucesso da economia brasileira, o país também foi capaz de montar um parque industrial amplo e diversificado, sem paralelos no restante da América Latina. Da criação da Companhia Siderúrgica Nacional na Era Vargas à implantação da indústria automobilística no governo JK e à maciça substituição de importações dos anos Geisel, esta foi uma linha de política econômica que se manteve por décadas, atravessando governos dos mais diferentes matizes políticos e ideológicos.

Hoje se faz a crítica dos excessos da substituição de importações e de um modelo econômico que, mesmo exaurido, perdurou até causar graves desequilíbrios macroeconômicos, responsáveis em parte pelas dificuldades enfrentadas, principalmente, na década de 1980.

Porém, mesmo se levando em conta as falhas do processo de industrialização, o fato é que o Brasil montou um parque manufatureiro diversificado que, colhido pelo choque de liberalização do início dos anos 1990, soube se adaptar e tornou-se eficiente e competitivo em diversos segmentos. Essa conquista, por sua vez, reforçou e diversificou a pauta exportadora do país, o que é um trunfo importante na marcha para o desenvolvimento. Como se sabe, nações excessivamente dependentes de poucos produtos para obter equilíbrio externo — e, especialmente, se eles são *commodities* — ficam sujeitas aos ciclos de preços internacionais, que podem engendrar crises periódicas, tumultuando e retardando o processo de convergência para padrões socioeconômicos mais elevados.

Fica claro, portanto, que a formação da economia brasileira é tudo menos uma história de acomodação. Na verdade, o país teve de construir suas vantagens comparativas até mesmo onde elas parecem ter sido herdadas, como é evidente no esforço científico da Embrapa em transformar imensidões de terras pobres do Centro-Oeste ao Nordeste em um dos maiores celeiros do mundo.

Na mineração, as dádivas da natureza muitas vezes se situaram em pontos remotos e selvagens do território, como o minério de ferro de Carajás, exigindo a construção de uma sofisticada e cara infraestrutura logística de ferrovias e portos. Não se pode deixar de mencionar, também, o programa de biocombustíveis, de sucesso internacional, que tem no etanol seu carro-chefe.

E até a produção de petróleo só atingiu volumes economicamente significativos quando as descobertas em alto-mar começaram a ser exploradas, na década de 1970, levando a Petrobras a se tornar uma empresa de vanguarda tecnológica em termos de águas profundas. E, finalmente, o maior dos prêmios da natureza, o petróleo do pré-sal, está coberto por camadas de água e de sal de até sete quilômetros de profundidade, demandando o desenvolvimento de novas e avançadas tecnologias para sua exploração.

O fato de que o desenvolvimento brasileiro tenha sido sempre uma árdua conquista não significa que, em alguns raros momentos históricos, o país não tenha sido bafejado pela boa fortuna. A partir do início da década passada vivemos precisamente um desses capítulos em que o esforço ganha uma recompensa adicional da sorte. Assim, depois do laborioso processo de estabilização macroeconômica iniciado no Plano Real e concluído nos primeiros anos do governo Luiz Inácio Lula da Silva, a economia nacional recebeu o poderoso impulso proporcionado pela grande alta das nossas *commodities*.

A sustentada elevação dos preços das matérias-primas e dos produtos básicos, que já caminha para completar sua primeira década, está ligada à emergência dos países asiáticos, protagonizada pela China. O Brasil, portanto, ingressou numa etapa de simbiose com o milagre chinês, em que o gigantesco aumento do consumo de *commodities* agrícolas e minerais pela potência da Ásia, fenômeno típico de países pobres em desenvolvimento acelerado, cria uma substancial receita extra para a economia nacional. Essa conjuntura internacional muito favorável proporciona condições excepcionais para o Brasil financiar o seu crescimento num momento de equilíbrio e solidez macroeconômicos.

Trata-se, portanto, de uma valiosa oportunidade na história econômica brasileira. Como quase tudo na vida, porém, a grande bonança não deixa de ter efeitos colaterais incômodos. O mais evidente deles é a sobrevalorização cambial, que faz com que o equilíbrio externo proporcionado pelas *commodities* em alta se faça num nível de taxa de câmbio prejudicial à boa parte da indústria.

Esse problema é agravado por um contexto internacional fortuito, mas que pode se prolongar por alguns anos, derivado da grande crise financeira e econômica de 2008 e 2009: como os países ricos, diretamente abalados pelo estouro da bolha financeiro-imobiliária, não conseguiram voltar ao seu crescimento potencial, a política monetária ligada às principais moedas globais é extremamente acomodatícia, especialmente no caso do dólar. Assim, a enxurrada de liquidez nos mercados internacionais acentua a tendência à valorização do real, já estimulada pelo elevado preços das *commodities*.

De qualquer modo, vale reiterar neste ponto algumas frases feitas muito repetidas, mas nem por isso menos verdadeiras: as atuais preocupações com a economia brasileira, como o câmbio valorizado, são "bons problemas", ou fazem parte da "armadilha do sucesso". Derivam, portanto, do momento muito favorável do país. Isso não quer dizer que aquelas questões devam ser negligenciadas. Pelo contrário, é a boa gestão dos novos desafios trazidos pelo sucesso brasileiro que pode garantir que a atual fase de crescimento prolongue-se por algumas décadas e garanta a convergência definitiva do Brasil para o nível dos países mais adiantados em termos socioeconômicos.

O tema da competitividade, abordado neste livro, tem a vantagem de incluir uma vasta gama de aspectos ligados aos "bons problemas" ora enfrentados pelo Brasil. Aliás, como limitadores da velocidade de crescimento do país, todos os nós atuais têm o aspecto positivo de, uma vez desatados, exercerem a função inversa de acelerar a convergência. Da educação de baixa qualidade à burocracia pouco focada em resultado, da insuficiente taxa de poupança ao câmbio valorizado, da frequente elevação da carga tributária à infraestrutura precária, do financiamento do investimento ao desafio da inovação e da tecnologia, trata-se sempre de temas voltados a aumentar a competitividade da economia nacional — e não só no âmbito individual de cada negócio, mas também de forma sistêmica.

Os próximos passos do Ibre

A publicação deste livro ocorre no aniversário de 60 anos da constituição do Ibre. Ao longo deste período, o instituto forneceu quadros técnicos importantes para a gestão pública. Além disso, levantou e computou indicadores relevantes para apoiar a confecção da agenda das políticas econômicas brasileiras. Em seus primórdios, o Ibre desempenhou o papel fundamental de calcular o PIB nacional. Naquela época, pela primeira vez na história brasileira, divulgavam-se as Contas Nacionais. O Ibre, portanto, por 39 anos foi o responsável pelo cálculo e divulgação do PIB brasileiro.

A partir de 1986, quando o IBGE já estava estruturado para absorver a tecnologia, as Contas Nacionais passaram a ser computadas pelo instituto público. Uma visão abrangente da história do Ibre pode ser encontrada no livro de depoimentos *Memórias do Instituto Brasileiro de Economia*, organizado por Marly Motta e Dora Rocha, publicado pela editora FGV, em 2008.

Sexagenário, o Ibre vem se renovando. Para começar, em linha com sua história, o instituto tem reforçado o papel de gerador de novas ideias e produtos relacionados à produção de dados primários sobre a economia brasileira. Neste contexto, foi desenvolvido um conjunto de indicadores de ciclo de negócios, incluindo índices de confiança do consumidor, da indústria e do setor de serviços. Já está programado também o lançamento dos índices de confiança do comércio e da construção civil. Com essa família de indicadores, o Brasil passa a ter um conjunto de instrumentos para avaliar, quase em tempo real, o comportamento da economia. Aliás, nesse campo de mensuração, não é exagero dizer que estamos em linha com as principais economias do mundo.

Outro avanço recente foi o desenvolvimento do índice de preços do setor imobiliário comercial, resultado de um patrocínio da BM&FBovespa e da Abrapp. O indicador tornou-se um *benchmark* do setor, e a Bovespa&BMF tem planos de oferecer derivativos com lastro no índice imobiliário comercial. A próxima etapa é a criação de um índice de preços de imóveis residenciais, o que representa um desafio técnico mais complexo que o dos imóveis comerciais. No índice residencial, cujo lançamento está previsto para 2012, haverá patrocínio da Associação Brasileira das Entidades de Crédito Imobiliário e Poupança (Abecip).

Na área de índices de preços, imaginava-se que eles perderiam importância com o Plano Real e a consequente queda da inflação. Na prática, entretanto, verificou-se o contrário. Com a queda da inflação, os preços relativos passaram a exibir elevada variação, o que levou os diversos índices de preços a apresentar números significativamente discrepantes. Assim, surgiu a necessidade de se criar indicadores que refletissem de forma mais acurada o comportamento dos preços de segmentos específicos da economia. Um exemplo é a evolução do comportamento dos preços dos itens que compõem o custo de uma obra. Neste caso, são confeccionados índices paramétricos de preços para contratos entre empresas, que permitem que se mantenha o equilíbrio econômico-financeiro na execução do serviço contratado.

O Ibre também utiliza sua base de dados para definir preços de referências em licitações públicas, em segmentos tão variados como merenda escolar e construção civil, com atuação junto ao município do Rio de Janeiro e a estados como Espírito Santo, Sergipe e Bahia.

De forma mais geral, o Ibre vem ampliando, nos últimos anos, sua base de preços para vários setores e cadeias produtivas da economia brasileira. Todo esse intenso trabalho com dados não se limita, no entanto, ao uso direto em atividades práticas, como as descritas anteriormente. Na verdade, a base de dados tem produzido um impacto cada vez maior no trabalho acadêmico de pesquisadores não só do próprio instituto, como de outros centros de pesquisa.

Essa é apenas uma amostra da sinergia entre os diversos ramos de atividade do Ibre: gerir, ampliar e aprimorar seu banco de dados; utilizá-lo para oferecer serviços a empresas e entidades de governo; e contribuir para o debate de políticas públicas. Para este último objetivo, o instituto montou uma equipe coesa de pesquisadores de ponta, que ativamente debatem as políticas públicas em nível nacional. Em uma próxima etapa, esse trabalho deve ser estendido às esferas regional e estadual.

É justo dizer, portanto, que o Ibre produz análises qualificadas sobre a realidade nacional, mas com características que o tornam quase singular. A relação estreita com a base de dados proporciona aos pesquisadores uma âncora de objetividade, e também um foco permanente no Brasil e em suas peculiaridades. Com isso, vem sendo reforçada, nos últimos anos, a análise objetiva e em profundidade das diversas opções de política pública, com o propósito de apontar aos governantes e à sociedade em geral as implicações e os *trade-offs* de cada escolha possível. Em consonância com essas características, foi lançado, no ano de 2011, um boletim de acompanhamento mensal da macroeconomia brasileira.

A competitividade, vital para a meta comum de todos os brasileiros de convergir definitivamente para os padrões socioeconômicos do mundo desenvolvido, é um tema central das preocupações do Ibre. Assim, os trabalhos reunidos neste volume, que apresenta um excelente panorama da questão no Brasil de hoje, tiveram a contribuição dos pesquisadores do Ibre e de profissionais altamente qualificados com relação de proximidade com nosso instituto. O assunto, porém, não se esgota ao fim da leitura deste livro, e continuará presente nas atividades cotidianas do Ibre.

Por fim, meus agradecimentos se dirigem, em primeiro lugar, ao professor Regis Bonelli, pela dedicação e esmero ao organizar a confecção deste livro. Agradeço aos autores dos artigos, os pesquisadores do Ibre, Aloisio Campelo Junior, Armando Castelar Pinheiro, Daniela de Paula Rocha, Fernando de Holanda Barbosa Filho, Ignez Guatimosim Vidigal Lopes, Lia Valls Pereira, Mauricio Canêdo-Pinheiro, Mauro de Rezende Lopes, Samuel de Abreu Pessôa, Silvio Sales de Oliveira Silva, André Luiz

Silva de Souza, o professor da EPGE, Pedro Cavalcanti Ferreira, o pesquisador do Centro de Políticas Sociais da FGV, Marcelo Cortes Neri, a pesquisadora do Centro de Regulação da FGV, Joísa Campanher Dutra, o pesquisador do Ipea, Mansueto Almeida, e Adriana Hernandez-Perez, do Itaú Unibanco, o empenho e o cuidado na produção de seus textos.

Luis Guilherme Schymura de Oliveira
Diretor

INTRODUÇÃO

A agenda de competitividade do Brasil

Regis Bonelli*

Introdução

O tema da competitividade voltou recentemente ao centro das atenções no Brasil. Em boa medida, como veremos, esse retorno é um resultado da valorização da taxa de câmbio real que vem sendo observada há algum tempo. Visto dessa forma, um dos aspectos principais desse ressurgimento do interesse está intimamente associado, como não poderia deixar de ser, à evolução passada e prospectiva de nosso comércio exterior, pois a questão competitiva frequentemente se expressa a partir do aumento da concorrência dos produtos importados — notadamente os manufaturados — e da mudança na composição da pauta de exportações. No primeiro caso, porque existe o receio de que parte substancial da produção doméstica venha a ser substituída por importações, fenômeno tipicamente associado à desindustrialização quando observado por um período de tempo prolongado. No segundo, porque existe a suspeita de que um aumento na participação dos produtos básicos, e redução dos industrializados, seja o resultado de perdas de competitividade na produção desses bens. Nessa vertente o Brasil estaria perdendo participação nas exportações de produtos industrializados devido à expansão das exportações de países com câmbio mais competitivo (isto é, desvalorizado) do que o nosso. A China é o país exemplo que vem imediatamente à lembrança.

Nesse ponto é razoável perguntar: será que o Brasil tem uma agenda de competitividade? Essa pergunta pode ter resposta em vários níveis. Em primeiro lugar, e de modo algo evidente, todos os países têm em al-

---

* Do Centro de Desenvolvimento Econômico (CDE), do Ibre.

guma medida ações visando apoiar a atividade econômica dentro de suas fronteiras. Em segundo, a experiência brasileira no passado é cheia de exemplos — alguns bem-sucedidos, outros nem tanto — de políticas para aumentar a competitividade, como as conhecidas políticas industrial e de comércio exterior seguidas quase que sem interrupção no Brasil desde a Segunda Guerra Mundial até os anos 1980. Em terceiro, e mais importante, várias dessas linhas de política foram abandonadas, ou desenfatizadas, ao longo do tempo. E, por fim, diversos analistas percebem que o Brasil tem uma agenda de competitividade em construção. E é dela que nos ocuparemos neste volume, sem pretensão de cobrir todo o espectro de ações, linhas de política e propostas.

A agenda visando à melhoria da competitividade no Brasil,[1] o desempenho da atividade econômica mais diretamente afetada por medidas de política nos últimos anos, às tendências que se esboçam para o futuro, que alternativas existiriam em relação ao que vem sendo feito (ou não), e qual seu apoio teórico são os temas de que se ocupa esta coleção de textos elaborados por pesquisadores do Ibre e analistas próximos das equipes do Instituto.

O debate em torno dessa questão não é novo em nosso país. Ele assumiu diversas roupagens e denominações no passado, tendo ganhado destaque com a emergência, difusão e aceitação do conceito de "Custo Brasil" para expressar o fato de que as condições de competitividade da produção nacional são prejudicadas por diversas ordens de fatores — e nem todos necessária ou diretamente associados à taxa de câmbio. Infelizmente, não nos foi possível abordar todos eles.

Assim, por exemplo, os aspectos relacionados à pesada tributação incidente sobre as atividades econômicas, tema da maior relevância quando se fala em competitividade, não estão cobertos pelos trabalhos deste livro, ao menos diretamente. Da mesma forma, as dificuldades associadas a uma logística insuficiente e ineficiente também não foram objeto de capítulo específico — embora análises da infraestrutura e de aspectos da regulação das atividades econômicas estejam contempladas em capítulos

---

[1] No entanto, como lembrou Paul Krugman (*Foreign Affairs*, Mar./Apr. 1994): "*The view that nations compete against each other like big corporations has become pervasive among Western elites... As a practical matter, however, the doctrine of 'competitiveness' is flatly wrong... Competitiveness is a seductive idea, promising easy answers to complex problems. But the result of this obsession is misallocated resources, trade frictions and bad domestic economic policies*". Apesar desse alerta, é evidente que os países adotam medidas de apoio à atividade econômica em distintos graus e em diferentes áreas.

específicos. Em terceiro lugar, entre os temas que faltam, têm destaque aspectos institucionais e a excessiva lentidão burocrática relacionada à concessão de licenças, pagamentos de impostos etc. Não obstante, o capítulo 1 deste livro destaca esses aspectos em comparações internacionais nas quais o Brasil, como seria de se esperar, tem um desempenho apenas sofrível. Isso dificilmente se revelará uma surpresa para o leitor medianamente informado.

Existem ainda deficiências das mais diversas ordens para a organização da produção no Brasil, além das dificuldades de logística dos mais diversos tipos e do sistema tributário complexo e disfuncional (agravado por regras burocráticas que emperram as decisões e o processo de produção). Curiosamente, essas deficiências são frequentemente lembradas e vocalizadas por entidades representativas das classes produtoras, mas tendem a ocupar papel secundário quando a questão cambial entra em cena. Entre elas se destacam: mão de obra inadequada para diversas funções devido à falta de treinamento, elevado custo de capital, regulação ineficiente, inexistente ou insuficiente, baixos níveis de absorção de tecnologia e investimento em P&D etc.

Esses outros fatores "anticompetitivos" constituem áreas importantíssimas de reflexão e análise.[2] Mas eles vêm perdendo ênfase e espaço na mídia à medida que a valorização da taxa de câmbio se acentua e ocupa o centro das atenções. De fato, no limite, poder-se-ia até aceitar que a questão da competitividade estaria resolvida se fosse possível desvalorizar o câmbio para níveis mais "competitivos". Mas será que isso é verdadeiro? A par disso, a ênfase da discussão que privilegia o papel do câmbio tem como foco a produção de bens comercializáveis — quando, sabemos todos, existem ineficiências flagrantes na produção de serviços, por exemplo.

A simples menção a todas essas áreas-problema já sugere a enorme dimensão e o caráter multifacetado que deveria ter uma agenda de competitividade para o Brasil e, obviamente, de um texto destinado a analisar a questão. "Não existem respostas simples para problemas complexos" é um dito popular de enorme sabedoria, mas frequentemente esquecido. E isto é particularmente verdadeiro em um esforço, como o que se pretende neste volume, de mapear, se não todas, pelo menos algumas das principais vertentes da questão da competitividade no Brasil. No esforço

---

[2] Tema semelhante, aliás, é foco de uma análise de Pinheiro, Bonelli e Pessôa (2010).

de fazê-lo é inevitável a concentração da atenção em algumas áreas em detrimento de outras.

Para início de discussão, deve-se reconhecer que o uso do termo competitividade é muito difundido, como testemunhado pela sua popularidade entre administradores, executivos, membros de governos, consultores, analistas e acadêmicos em geral. Mas, conceitualmente vago, o termo desafia uma definição rigorosa. É por essa razão que a primeira parte do livro, composta dos capítulos 1 e 2, tem um caráter mais conceitual ao propor uma discussão dos significados, dimensões e aplicações que o termo engloba, além de uma muito necessária discussão teórica. Nesta última discutem-se os fatores determinantes do câmbio real com o objetivo de mostrar que ele é um preço relativo determinado endogenamente. Nesse sentido, mudanças na taxa de câmbio, um importante determinante da competitividade macro, dependem de mudanças em parâmetros de política econômica, tal como, no caso do Brasil, a política fiscal.

Nosso fio condutor, que está subjacente em toda a análise seguinte, é o reconhecimento de que a *produtividade* está no centro da noção de competitividade. Isso porque, em geral, competitividade traz implícita a noção de preços e custos — logo, de produtividade.

A origem de ganhos competitivos está na redução relativa (isto é, em relação a competidores, sejam eles empresas ou países) destes custos (e preços) que, por sua vez, embutem informações referentes a três variáveis básicas: salários nominais, produtividade e taxa de câmbio.[3] Maiores salários e preços, tudo o mais constante, implicam menor competitividade. Maior produtividade resulta em mais competitividade, tudo o mais constante. O mesmo se aplica a uma taxa cambial mais desvalorizada. Essa exposição, mesmo simples como é, destaca o fato de que a taxa de câmbio é apenas um entre os determinantes da competitividade.

Uma preocupação central dos estudos reunidos neste volume é com o papel da política econômica. É por essa razão que esta nota introdutória tem início com uma apresentação resumida de áreas de política econômica que tradicionalmente, aqui e alhures, têm sido adotadas para lidar com a questão do aumento de competitividade: as políticas industrial e de comércio exterior, cuja evolução recente será analisada em capítulos específicos.

---

[3] Claramente, nas comparações de competitividade entre empresas dentro de um determinado país, o câmbio não tem importância direta, exceto no que se refere à intensidade de uso de insumos importados.

O restante desta introdução faz menção a alguns aspectos também aprofundados nos demais capítulos: a agenda macroeconômica e sua interface com a questão da competitividade; as políticas de comércio exterior, com destaque para a de financiamento das exportações; as linhas e orientações de política industrial seguidas mais recentemente; o financiamento do investimento em capital fixo, com destaque para o papel dos bancos públicos e, em especial, do BNDES; aspectos institucionais relacionados à regulação nos setores de telecomunicações, petróleo e energia elétrica; e a questão das políticas públicas para a agropecuária e para a infraestrutura.

Tendo apresentado os aspectos conceituais e teóricos mais relevantes para a análise na parte 1 e avaliado um rol de políticas públicas adotadas para melhorar a posição competitiva do Brasil na parte 2, a parte 3 deste livro analisa o desempenho em áreas específicas. Os capítulos aqui incluídos tratam do desempenho industrial e da agropecuária, do comércio exterior, e de aspectos da evolução da educação para a competitividade, seja da educação formal ou da educação profissional, tema que só recentemente tem recebido a atenção que merece.

Políticas industrial e de comércio exterior: mudança e continuidade

Uma das heranças da Grande Recessão de 2008/09 foi (melhor seria dizer "tem sido") o aumento do ativismo estatal — isto é, da participação direta e indireta dos estados nacionais na esfera econômica em diversos países. Esse fenômeno é particularmente notável nas áreas de política industrial e de comércio exterior devido a três razões principais (Reis e Farole, 2010): primeiro, a crise levou a certo descrédito dos mecanismos de mercado e do *laissez faire* em relação ao comércio exterior antes prevalecentes; segundo, ela destacou a importância da diversificação (de setores produtivos, produtos e parceiros comerciais) como forma de reduzir os riscos associados à volatilidade do crescimento; terceiro, deixou patente que diversos países em desenvolvimento não alcançaram os benefícios nem conseguiram explorar as potencialidades do comércio relativamente liberalizado dos 25 anos precedentes devido à baixa produtividade, aos altos custos associados ao comércio internacional (onde se destaca a questão da logística) e dificuldades de se beneficiar das economias de escala internas e externas.

Esse aumento do ativismo estatal em matéria de políticas industrial e de comércio exterior também caracteriza o Brasil, depois de uma longa fase em que, por diversos motivos, a atuação do Estado foi menos presente.

A rigor, a década de ouro das políticas industrial e de comércio exterior no Brasil foi a de 1970. Mas, abatidas pela crise da dívida externa, que drenou energia e recursos para recuperar os países atingidos, e pelas novas orientações de política econômica em boa medida sugeridas por instituições multilaterais, essas políticas passaram por uma fase de relativo descrédito por cerca de uma década. Seu ressurgimento no Brasil se deu algo timidamente ainda na década de 1990,[4] em um momento em que a abertura comercial e financeira, a privatização e a desregulamentação ocupavam o centro dos debates em relação à atuação do Estado. Mas registre-se que pouco antes, em 1988, o Brasil havia divulgado, em meio ao quase caos institucional do final do governo Sarney, uma Nova Política Industrial — que, no entanto, acabou não passando de um conjunto de intenções.

Assim é que em 1990 (dezembro) foi criado o Programa de Competitividade Industrial (PCI), um dos três pilares da política de competitividade do governo Collor, os outros dois sendo o Programa Brasileiro de Qualidade e Produtividade (PBQP) e o Programa de Apoio à Capacitação Tecnológica da Indústria (Pacti). Mecanismos consultivos como as Câmaras Setoriais foram criados em 1992, cumprindo a missão de propor medidas de política industrial e comercial que, porém, nem sempre foram concretizadas.

Diversas iniciativas se sucederam, mas esse ressurgimento das então assim chamadas *políticas de competitividade* não representou, inicialmente, um retorno às práticas do passado — embora no Brasil medidas setoriais de apoio à indústria automobilística tenham ressurgido já em meados dos anos 1990 como reação ao forte aumento das importações de automóveis então registrado.

No fundo, a política industrial e de comércio exterior de 1990 apoiava-se em dois pilares: uma política de competição (concretizada com as reformas do começo da década, especialmente a abertura comercial) e uma política de competitividade. Na perspectiva de hoje em dia, a primeira teve muito maior êxito do que a segunda, sem dúvida.

---

[4] Ver Bonelli (2001: passim) e Bonelli e Motta Veiga (2003: passim).

Uma tentativa de inflexão no sentido de retorno a um papel mais ativo para o Estado na área de competitividade e sob a forma de políticas setoriais/verticais ocorreu em 1995/96, quando o governo lançou a Política Industrial, Tecnológica e de Comércio Exterior. Embora não tenha sido executada plenamente, ela foi o embrião de iniciativas posteriores, além de caracterizar simbolicamente que existia uma política formal. Além disso, as Zonas de Processamento de Exportações (ZPE) continuaram a existir como projeto e a Zona Franca de Manaus como realidade (periodicamente renovada).[5]

Por trás dessas iniciativas — que, como mencionado, muitas vezes não passaram de intenções — ficou em parte a herança do vácuo "liberal", representado pela ideia que vinha sendo difundida desde o começo dos anos 1990 de que as novas políticas deveriam procurar principalmente *nivelar o campo de jogo* na correção das falhas de mercado — isto é, igualar as oportunidades para todos os agentes.

A par disso, que sugeria maior ênfase em *políticas horizontais*, uma nova variável entrou em cena, a partir do reconhecimento (algo tardio, reconheçamos) de que as *inovações* tinham um papel crucial no crescimento e na diversificação industrial. Ao lado das inovações e da difusão de tecnologia, os esforços formais focaram também a promoção das exportações (com destaque para o financiamento), de longe o grupo de medidas mais importante, e o apoio às pequenas e médias empresas (menos importante). Isso tudo viria a ser acelerado a partir de 1998 com a criação dos Fundos Setoriais. Destaque-se que o estímulo à inovação é uma das formas de medidas horizontais mais promissoras para aumentar a competitividade. Nesse estímulo se destaca o papel de agências como a Finep e o BNDES.[6]

As mudanças na primeira metade dos anos 2000 revelam a criação de uma miríade de iniciativas, órgãos e instituições sem que, no fundamental, a antiga dicotomia entre intenções e resultados tenha sido resolvida. Ainda assim destacam-se, desde 2003, três linhas de política, com graus variados de êxito:

1. A Política Industrial, Tecnológica e de Comércio Exterior (Pitce) em nova versão (2003).

---

[5] Não deve ser ignorado que outro exemplo de política "vertical" foi o Acordo da Indústria Automobilística de 1995.

[6] Veja-se, a propósito, Canêdo-Pinheiro (2010: passim).

2. A Política de Desenvolvimento Produtivo (PDP) de 2008, com a adição de diversos setores a serem (potencialmente) apoiados.[7]
3. O Programa de Sustentação dos Investimentos (PSI), lançado em julho de 2009 na esteira da eclosão da crise de 2008 e objeto de seguidas prorrogações (no momento, até o fim de 2011).[8]

As duas ações mais importantes ocorrem na área de financiamento, especialmente a partir de 2008: o novo papel do BNDES e o financiamento ao comércio exterior. Ambos esses aspectos serão abordados mais detidamente em ensaios na parte 2 deste livro.

A importância do financiamento para o sucesso exportador até 2004, aliás, é inegável. Mais recentemente existem evidências de que depois da crise de 2008 ele voltou a ter relevância. Com exceção do financiamento — e financiamento oficial, Proex e BNDES Exim, especialmente até 2004 —, nenhum outro instrumento de política comercial foi muito significativo. Mudanças na estrutura de proteção tarifária mereceram um distante segundo lugar (no caso da defesa comercial, com uso mais intenso em 2008). A desoneração tributária e o uso do instrumento do *drawback* ocupam uma posição ainda mais distante (Rios e Iglesias, 2010).

Isso retoma a velha dicotomia entre intenções e resultados que tem marcado a política industrial e de comércio exterior brasileira desde o fim do regime militar, mas nos últimos anos com um simplificador logístico: a convergência entre BNDES e Ministério da Fazenda na consecução de objetivos. Quanto à atuação do primeiro destes, chama a atenção que, na prática, o apoio à criação de campeões nacionais tenha significado o investimento em setores tradicionais, como os de alimentos e bebidas, em contraste com a retórica oficial, que advoga mudanças na estrutura produtiva na direção de setores mais intensivos em tecnologia, em face de uma crescente primarização da pauta exportadora.[9]

A partir do começo da Grande Recessão iniciada em 2008, na qual o episódio do Lehman Brothers foi um ponto de destaque, a política industrial voltou a ter papel mais central no Brasil. Nesse contexto, uma das

---

[7] Na estrutura de governança desta última, aliás, se destaca a complexidade da teia de instituições para executá-la. Em outras palavras, trata-se aparentemente de mais um caso de muito ativismo e pouca eficiência.

[8] Financiamentos do BNDES a taxas favorecidas para a aquisição de equipamentos, caminhões, tratores, ônibus, máquinas agrícolas e projetos no setor de energia. Os desembolsos efetivos deste programa são testemunhas de seu êxito.

[9] Esse ponto foi destacado por Almeida (2009).

marcas mais nítidas da administração do presidente Lula, especialmente em sua segunda metade, foi a opção por um papel mais ativo para o setor público na esfera econômica e no apoio ao crescimento. Essa escolha vem sendo revelada em várias frentes, com algum grau de superposição: na política fiscal, na política creditícia — com destaque para a expansão do crédito pelos bancos públicos —, no financiamento do desenvolvimento pelo BNDES, na criação de (ou tentativa de) novas empresas estatais, na política de compras (inclusive das estatais), nas tentativas de subordinação das agências reguladoras aos ministérios setoriais das áreas respectivas etc. Desnecessário dizer que muitas dessas orientações revertem a opção do governo anterior, claramente mais afinadas com o uso de mecanismos de mercado na alocação de recursos.

Parte do arsenal de iniciativas e intenções dos dois últimos governos foi apresentada à sociedade como uma resposta à crise de 2008. Mas algumas medidas contracíclicas — que de fato se revelaram bastante eficazes — já estavam em vigor anteriormente, ou em vias de ser introduzidas, independentemente de a crise existir ou não. Isso seria uma evidência adicional de uma tendência, no interior do governo, no sentido de ampliar o papel do Estado na economia e indica um retorno a orientações de política econômica já adotadas no passado. Logo, é uma evidência de (pouca) mudança para a continuação de políticas mais antigas.

Por que a prática das políticas de competitividade tem mudado tão pouco? Sabemos que as mudanças em instituições econômicas não ocorrem em um vazio. A continuidade, com mudanças graduais das políticas de competitividade, tem como base certa inércia burocrática: os mesmos técnicos atuam ao longo do tempo e promovem ou propõem mudanças no mais das vezes incrementais (adição de setores a serem beneficiados pelas políticas, por exemplo). Isso explicaria por que certos temas periodicamente retornam à ordem de dia. E aparentemente seria mais fácil agir no apoio a empresas e setores já existentes e conhecidos do que criar novos instrumentos e/ou atuar para mudar os fundamentos macroeconômicos no sentido de estimular a competitividade.

Isso nos leva de novo a uma característica importante dos esforços de política industrial e de comércio exterior no Brasil: o descompasso entre projeto (intenção) e execução (resultado). Em parte, isso se deve a que frequentemente quem planeja não dispõe dos instrumentos de execução. Sendo mais específico: entre a Fazenda e o MDIC — embora hoje haja muito mais convergência de objetivos, instrumentos e medidas. De qualquer forma, discurso e prática nem sempre andam juntos, em perspectiva histórica.

Apesar disso tudo, a competitividade da produção do Brasil é prejudicada por fatores cuja solução passa por reformas no âmbito macro e microeconômico, indo muito além da apreciação da taxa cambial — embora, por vezes, a ela associada. Este é o exemplo da carga elevada tributária. Mas citem-se também: a complexidade do sistema tributário, a legislação trabalhista (onerosa e complexa) e a infraestrutura insuficiente e ineficiente.

Aliás, os péssimos efeitos do modelo tributário brasileiro — em particular do acúmulo de créditos fiscais — sobre as condições de competitividade da indústria são fartamente reconhecidos. Esse tema, associado aos custos decorrentes do excesso de burocracia nas diversas etapas do processo exportador e às muito deficientes condições de logística constituem uma agenda básica de consenso quando se trata de competitividade das exportações (Rios e Iglesias, 2010).

Nem todos esses temas estão contemplados nos ensaios deste livro. Mas sua existência e importância são tão clara e unanimemente reconhecidas que eles devem merecer pelo menos menção de destaque nessa introdução.

A agenda macro

A taxa de câmbio é uma variável endógena ao sistema econômico, pois depende das condições de equilíbrio entre poupança e investimento e entre despesa e renda. Apesar disso, a *agenda de competitividade macroeconômica* baseada na prática de gerenciar o nível do câmbio (presumivelmente, do câmbio real) tem respaldo nas práticas adotadas em vários países em desenvolvimento. No Brasil, as ações de intervenção do Banco Central no mercado de câmbio situam-se nesse caso, visando evitar uma valorização excessiva do real.

Uma base de apoio para as intervenções cambiais são os diversos estudos existentes que mostram que o crescimento econômico acelerado está associado com uma taxa de câmbio real depreciada. Esses estudos também revelam que a apreciação cambial está associada com uma redução no crescimento econômico — efeito possivelmente mais nítido nos países mais abertos às transações com o exterior. Existem, no entanto, críticas às abordagens dessa literatura. Em particular, que os resultados padecem de problemas de variáveis omitidas que, quando resolvidos, têm o efeito de tornar o papel do câmbio irrelevante.

Uma forma de intervenção por meio da política econômica seria aquela no sentido de aumentar a poupança em relação ao investimento, de forma a gerar a depreciação do câmbio real desejada. Os instrumentos para isso são vários, passando por: controle das entradas de capital; liberalização das saídas de capital; intervenção direta nos mercados de câmbio (temporária, presumivelmente); compressão salarial e de preços (de execução certamente mais difícil, e não necessariamente viáveis); e, na direção correta, em uma moderada contração fiscal com redução do nível de crescimento da absorção privada para elevar a poupança pública. Isso teria ainda o resultado de permitir a redução da taxa básica de juros da economia, que tornaria o país menos atraente ao investidor estrangeiro em renda fixa.

Mas reconhecer que a taxa de câmbio é uma variável endógena não implica ignorar seu papel na competitividade em termos agregados ou setoriais. Seria oportuno, a esse respeito, avaliar qual tem sido o comportamento de um conjunto de conceitos e respectivas medidas que depende direta ou indiretamente do câmbio. Essa avaliação, longe de servir para propor modificações diretas e atuação sobre a taxa cambial, servirá para clarificar quais outros aspectos devem ser levados em conta na definição da competitividade em termos agregados. Esses aspectos e indicadores estão explorados nos capítulos que compõem a parte 2 deste livro.[10]

Políticas de comércio exterior e de fomento à infraestrutura e à logística

A análise das políticas de comércio exterior tradicionalmente privilegia a proteção tarifária e não tarifária (existência e magnitude das barreiras não tarifárias). Mas existem diversos temas inter-relacionados, tais como

---

[10] A relação câmbio-salário é, do ponto de vista teórico, um importante indicador a ser examinado. Uma variante é o Custo Unitário do Trabalho (CUT), definido como um indicador da folha salarial em moeda estrangeira por unidade de produto, que é um indicador de competitividade-custo largamente utilizado. Observe-se que o CUT também pode ser escrito como a relação entre o salário médio (em moeda estrangeira) e a produtividade da mão de obra. Essa forma de leitura destaca o papel da produtividade na competitividade-custo.

o peso morto/"invisível" representado pelo Custo Brasil, com destaque para o custo da ineficiência logística.

Como destacou um estudo recente, os custos de transporte no Brasil são maiores do que as tarifas, como proporção do preço do produto (*ad valorem*) (Moreira et al., 2008). Isso traz para primeiro plano a questão da política de infraestrutura e do marco regulatório dos serviços de transporte. O ciclo de expansão de comércio exterior em curso tem sido notabilizado pelos aumentos nos preços dos produtos primários e de algumas *commodities*, em geral produtos agropecuários ou semimanufaturados. Mas, além da questão da continuidade dessa tendência para o futuro, é comumente aceito que o futuro do comércio exterior brasileiro será caracterizado por uma expansão dos fluxos de comércio exterior em relação ao PIB, destacando-se a importância do setor portuário no transporte de carga (que movimenta 90% do comércio exterior brasileiro).

As exportações brasileiras são tão "intensivas em transporte" que a redução nos custos é um fator mais importante, dependendo da magnitude, do que reduções de tarifas resultantes de acordos comerciais (Moreira et al., 2008). De forma semelhante, a infraestrutura deficiente nas importações também é um entrave a ser superado. Isso coloca em primeiro plano as questões associadas à logística de transportes e comunicações.

As políticas de competitividade e a política industrial *stricto sensu*

Uma abordagem teórica deste tema é o objeto de trabalho recente de Peres e Primi (2009), que criaram o acrônimo SES (iniciais de *Scumpeterian, Evolutionist and Structuralist*) para identificar a visão por eles favorecida. Sensatamente, a SES parte de quatro características das atividades econômicas:

> *(i) the intrinsic, qualitative and quantitative differences between sectors and among productive activities; (ii) the specificities of knowledge and technology, and their catalyzing role in development processes; (iii) the absence of automatic adjustment mechanisms, and (iv) the role of institutions in shaping the transition to higher levels of development associated with the transfer of human and financial resources to activities with increasing returns* [Peres e Primi, 2009:6].

Mas as dificuldades começam a aparecer quando se tenta identificar especificamente quais são as atividades e os custos (associados aos benefícios) das intervenções para criar assimetrias de modo a favorecer as atividades consideradas positivas para o crescimento de longo prazo, geralmente aquelas intensivas em tecnologia e conhecimento.

Quanto às linhas de política e instrumentos, os autores propõem uma classificação em quatro tipos (Peres e Primi, 2009:36). Uma descrição sumária dessas linhas, mostrada a seguir, é útil para a análise seguinte não só pelo engenho da taxonomia como por permitir ressaltar que o que o senso comum usualmente denota como "política industrial" é apenas parte do leque de possibilidades:

(i) *Políticas vencedoras* incluem aquelas que são geralmente aceitas pelos governos, isto é, as que detêm forte legitimidade devido a sua (aparente) neutralidade. São políticas que atuam mais diretamente sobre os mercados de fatores (tecnologia, treinamento, criação de empregos). Incluem-se aqui: políticas de promoção de exportações e de atração de IDE, políticas para promover a atualização tecnológica, treinamento de recursos humanos, apoio a micro e pequenas empresas e de desenvolvimento local.

(ii) *Políticas perdedoras* são as que vão de encontro à abordagem pro-mercado atualmente prevalecente. Incluem-se aqui: subsídios fiscais diretos, crédito direcionado com taxas de juros subsidiadas, elevação das tarifas de importação e compras governamentais.

(iii) *Políticas emergentes* incluem, entre outras: políticas de competição, de melhoria dos regimes de governança, regulação da infraestrutura em que os mercados não operem eficientemente.

(iv) *Políticas controversas*, que geralmente incluem as políticas setoriais. Peres e Primi (2009) destacam que, ao contrário das anteriores — onde existe certo consenso entre os países da América Latina —, não há consenso em relação às setoriais. Os autores também mencionam a existência de uma espécie de incoerência no que diz respeito às políticas setoriais: embora neguem sua utilidade no apoio à indústria, a utilizam no apoio à agricultura ou a segmentos dos serviços (turismo, por exemplo).

No que diz respeito às políticas industriais praticadas no Brasil, um resumo da situação até o começo desta década é apresentado em Bonelli e Motta Veiga (2003). Uma atualização com veemente defesa das políticas horizontais é proposta em Canêdo-Pinheiro, Ferreira, Pessoa e Schymura (2008). Mais recentemente o tema da política industrial foi retomado por Canêdo-Pinheiro (2010), no qual se baseia sua contribuição para este volume (ver adiante, na parte 2).

Almeida (2009), por sua vez, traz novos aspectos para essa discussão ao chamar a atenção para o fato de que a gama de temas incluídos nessa rubrica, vasta e com merecidas revisões, continua a constituir área em que a retórica supera as ações. Isso porque a principal dificuldade com a definição e implementação da política industrial no Brasil é que o órgão formalmente encarregado de sua execução, o MDIC, não dispõe dos instrumentos necessários para concretizar as metas e prioridades que identifica. A Política Industrial definida pelo ministério vem passando por diversas revisões que, muitas vezes, se resumem a listar intenções e setores a serem priorizados pelas ações. De fato, o principal instrumento operacional do MDIC, o BNDES, caracteriza-se por forte autonomia decisória e de atuação. Ente as diversas iniciativas que têm sido adotadas no último biênio ou estão em discussão no governo destacam-se:

(i) A nova versão da Política de Desenvolvimento Produtivo (PDP) e o papel do MDIC.

(ii) O Programa de Sustentação dos Investimentos (PSI), lançado em julho de 2009 e objeto da quarta prorrogação (fevereiro de 2011), que garante financiamento do BNDES a taxas de 4,5% a 8% ao ano para o financiamento da aquisição de equipamentos, caminhões, tratores, ônibus, máquinas agrícolas e projetos no setor de energia.

(iii) A política de compras governamentais, com destaque para as relacionadas ao desenvolvimento do pré-sal e à política de compras da Petrobras.

(iv) A atuação do BNDES na criação e/ou consolidação de grandes conglomerados nacionais com o objetivo de criar *global players*.[11]

(v) A proposta de desoneração da folha salarial das empresas como forma de reduzir custos, que beneficiaria mais os setores mais afetados pela concorrência internacional.

---

[11] Ottaviano e de Souza (2010) sugerem que os resultados dos empréstimos do BNDES sobre a produtividade das empresas recipientes de recursos são ambíguos.

A "reprimarização" da pauta de exportações e suas consequências

A desaceleração do crescimento das exportações, em particular dos produtos manufaturados, combinada à rápida expansão das importações, tem diversas implicações para o debate e a formulação de políticas públicas de apoio à competitividade no Brasil.

Rios e Iglesias (2010) notam que opinião contrária é vocalizada pelos que minimizam os impactos da apreciação cambial sobre o desempenho exportador do Brasil. Esse grupo defende que a queda observada a partir de 2007 nas quantidades exportadas de manufaturados está associada ao excessivo grau de proteção à indústria doméstica, que garante elevadas margens de retorno no mercado doméstico e não estimula investimentos em inovação. Outra corrente de analistas vê na combinação do alto nível de proteção com o rápido crescimento da absorção doméstica nos últimos anos a principal causa do fraco desempenho das exportações de manufaturados. De qualquer forma, o receituário de soluções para a correção da apreciação cambial não é simples.

Com o aumento da integração comercial, países com elevada produtividade e vantagens comparativas na produção de bens primários (indústria extrativa, agropecuária) tendem a atrair recursos para esses setores em detrimento da indústria. Mesmo sem contar com as possíveis implicações em relação ao câmbio, os efeitos do comércio internacional podem influenciar o padrão de especialização e o próprio crescimento econômico.

Em particular, cresce entre os analistas a preocupação quanto ao risco de que o descompasso entre os ritmos de crescimento das exportações e importações leve à rápida deterioração do saldo da balança comercial, aspectos analisados em capítulos específicos deste volume. Essa evolução poderia impor limites à sustentação do crescimento econômico brasileiro, havendo um grupo de analistas que credita à taxa de câmbio a principal responsabilidade por essa tendência. Insere-se nesse a preocupação com a reprimarização da pauta de exportações e, eventualmente, com a ameaça de um processo de desindustrialização no Brasil.

Este é um tema em aberto, mas em relação ao qual existem sinais de tendências preocupantes. Mas o problema maior na discussão é a diversidade de conceitos. Um documento recente serve de exemplo para a junção de conceitos e interpretações ao incluir diversos critérios na definição de desindustrialização. Isso é o que se depreende da longa citação a seguir:

> A desindustrialização seria identificada não apenas com a perda de importância da indústria no PIB ou no emprego total, mas também a partir de mudanças na estrutura de produção da indústria, em particular pela maior participação de setores mais intensivos em recursos naturais e com menor capacidade de encadeamentos produtivos e tecnológicos *vis-à-vis* setores mais intensivos em capital, conhecimento e tecnologia e assim com maior capacidade de encadeamentos... [Sarti e Hiratuka, 2011:7]

E, mais adiante:

> No período mais recente, dentro do debate das políticas para o desenvolvimento industrial, a *persistente valorização cambial da moeda doméstica* e as condições favoráveis de demanda e de preços à produção e exportação de *commodities* agrícolas, metálicas e minerais, somadas as vantagens competitivas já existentes, representariam para os desenvolvimentistas, mais riscos que oportunidades e poderiam vir a configurar, dependendo das políticas nacionais adotadas, um processo de especialização regressiva da pauta de produção ("doença holandesa"). Isso significa que a elevada competitividade desses setores permitiria a geração de expressivos superávits comerciais que, por sua vez, reforçaria a apreciação da moeda doméstica, expondo os demais setores industriais menos competitivos à concorrência externa. Outro argumento crítico a esse padrão de especialização está associado à menor capacidade dos setores intensivos em recursos básicos de promover encadeamentos produtivos e tecnológicos para o restante da economia (Sarti e Hiratuka, 2011:8; ênfase nossa).

Esses são, como é fácil perceber, aspectos complexos que apontam para o papel central, mas não único, da taxa de câmbio na construção da competitividade. Ao mesmo tempo, os autores alertam para os efeitos de mudanças na estrutura de produção do país que poderiam acarretar menos dinamismo quanto ao crescimento futuro. Isso implica, por exemplo, que ganhos de competitividade na produção em alguns setores podem representar perdas a mais no longo prazo, devido à concorrência externa sobre setores que se tornem menos competitivos.

Esses são riscos reais, e fazem parte de temas desafiadores. O estudo da agenda de competitividade do Brasil pode contribuir, como nos textos que compõem este volume, para lançar luz sobre dificuldades que ainda restam por superar, estratégias que conviria perseguir e linhas de política promissoras para agir na direção do aumento da competitividade. Aqui, como em várias outras áreas do conhecimento, a experiência do passado é capaz de revelar erros e sugerir possibilidades de sucesso. Cabe ao leitor decidir quão bem-sucedidos fomos nessa empreitada de alimentar um debate tão atual quanto necessário para a construção de um Brasil mais competitivo doméstica e internacionalmente.

Referências

ALMEIDA, M. Desafios da real política industrial brasileira do século XXI. *Texto para Discussão* n. 1452, Ipea, Brasília, dez. 2009.

BONELLI, R. Políticas de competitividade industrial no Brasil — 1995/2000. *Texto para Discussão* n. 810, Ipea, Rio de Janeiro, jul. 2001.

____; MOTTA VEIGA, P. *A dinâmica das políticas setoriais no Brasil na década de 1990:* continuidade e mudança, Santiago. Chile: DDPE-Cepal, 2003.

CANÊDO-PINHEIRO, M. *A recente política industrial brasileira*. Cindes — Centro de Estudos de Integração e Desenvolvimento. 2010. Disponível no site do Cindes.

____; FERREIRA, P.C.; PESSOA, S. de A.; SCHYMURA, L.S. *Por que o Brasil não precisa de políticas setoriais:* a importância das políticas horizontais. Rio de Janeiro: Centro de Desenvolvimento Econômico (CDE)-Ibre, dez. 2008.

GIANMARCO, I.P.; DE SOUSA, F.L. *Productivity and credit constraints: where is the link?* BNDES, set. 2010. Mimeografado.

MOREIRA, M.M.; VOLPE, C.; BLYDE, J.S. *Unclogging the arteries: the impact of transport costs on Latin American and Caribbean trade*. Special Report on Integration and Trade, Inter-American Development Bank, David Rockefeller Center for Latin American Studies, Harvard University, 2008.

OTTAVIANO, G.I.P.; DE SOUSA, F.L. *Productivity and credit constraints: where is the link?* BNDES, set. 2010. Mimeografado.

PERES, W.; PRIMI, A. (2009) "Theory and Practice of Industrial Policy: Evidence from the Latin American Experience". *Serie Desarrollo Productivo* n. 187, Cepal, Chile, fev. 2009.

PINHEIRO, A.C.; BONELLI, R.; PESSÔA, S. de A. Pro- and anti-market reforms in democratic Brazil. *Texto para Discussão* n. 10, Centro de Desenvolvimento Econômico (CDE)-Ibre, dez. 2010. Disponível em: <portalibre.fgv.br>.

REIS, J.G.A. dos; FAROLE, T. Trade and the competitiveness agenda. *Economic Premise*, Poverty Reduction and Economic Management Network (Prem), Washington, DC, n. 18, June 2010.

RIOS, S.M.P.; IGLESIAS, R. *Desempenho das exportações brasileiras no pós-boom exportador: características e determinantes*. Cindes — Centro de Estudos de Integração e Desenvolvimento, ago. 2010.

SARTI, F.; HIRATUKA, C. Desenvolvimento industrial no Brasil: oportunidades e desafios futuros. *Texto para Discussão* n. 187. Campinas: IE/Unicamp, jan. 2011.

PARTE I

A agenda sob o enfoque macroeconômico: conceituação e aspectos teóricos

CAPÍTULO 1

Competitividade:
significados, dimensões, aplicações

Armando Castelar Pinheiro e Regis Bonelli*

> *The concept of competitiveness [...] involves static and dynamic components: although the productivity of a country clearly determines its ability to sustain a high level of income, it is also one of the central determinants of the returns to investment, which is one of the key factors explaining an economy's growth potential.*
>
> (World Economic Forum, 2010:4)

1. Introdução

A epígrafe acima, ao implicitamente identificar competitividade e produtividade como sinônimos, destaca convenientemente duas faces cruciais desse primeiro conceito: sua importância em ajudar a explicar ao mesmo tempo o nível de renda *per capita* de uma economia e seu papel central como determinante dos retornos do investimento e, consequentemente, da taxa de crescimento do país. No entanto, apesar da aparente objetividade do termo, tão popular este se tornou na imprensa e na literatura especializada, competitividade é um conceito menos óbvio do que pode parecer à primeira vista, com diferentes significados e dimensões, e cuja interpretação depende em geral da aplicação na qual é usado.

Uma busca da palavra "competitividade" no Google registra, apenas no último ano e nas páginas em português e no Brasil, um retorno de 2,4 milhões de resultados. Um exercício semelhante com a palavra em inglês (*competitiveness*) resulta em 8,2 milhões de páginas. Essas são medidas bastante grosseiras, mas reveladoras da popularidade desse termo entre

---

* Os autores são, respectivamente, coordenador da Área de Economia Aplicada (AEA) e pesquisador do Centro de Desenvolvimento Econômico (CDE/AEA) do Ibre/FGV, Rio de Janeiro.

administradores de empresas, executivos, membros de governos, consultores, acadêmicos e analistas em geral.

Das empresas aos governos, o aumento da competitividade é tido como um objetivo a ser constantemente perseguido em um mundo cada vez mais globalizado. Nesse novo hábitat, a queda dos custos de transporte e comunicação aumenta a pressão competitiva, enquanto a velocidade do progresso tecnológico e das mudanças em gostos e preferências põe sob constante ameaça a atratividade presente de produtos e processos. Assim, aumentar a competitividade significa como que perseguir um alvo móvel, cuja direção e intensidade de movimento nem sempre são fáceis de determinar.

Algo surpreendentemente, porém, competitividade não é um conceito que tenha encontrado abrigo na teoria econômica. Esta utiliza conceitos que podem ser adaptados para se pensar em uma, ou mais de uma, base para a definição: tecnologia, produtividade, renda, preços, custos, por exemplo. Esses elementos podem ser combinados para se construírem várias dessas diversas possíveis definições. Algumas focam em custos, outras no domínio tecnológico, outras ainda no controle de fontes de matérias-primas. Assim, por exemplo, a produtividade elevada em uma determinada atividade permite que a empresa (ou setor, ou país) seja competitiva mesmo que pratique salários elevados. Basta, para tanto, que detenha o domínio da tecnologia, pratique diferenciação de produto e tenha custos relativos mais baixos do que os dos competidores.[1]

Desse conjunto inicial de anotações deduz-se que medir a competitividade, seja em nível nacional ou internacional (em relação a outros países), não é tarefa fácil, pois competitividade resulta de uma equação em que produtividade e custo dos fatores de produção, apesar de variáveis importantes, são apenas dois dos elementos em jogo. Basta lembrar, a propósito, a diferenciação de produtos e processos como fator competitivo.

De qualquer forma, os preços praticados e os custos de produção estão entre as variáveis mais exaustivamente analisadas e citadas. E entre os custos se destacam os relativos a salários, de capital e de matérias-primas — em especial, de energia. Observe-se, finalmente, mas não menos importante, que, em comparações internacionais, outra variável relevante entra em cena com grande destaque: a taxa de câmbio, que ajuda a definir

---

[1] O exemplo da economia alemã salta imediatamente à lembrança: mesmo com salários muito elevados, a produção alemã é considerada fortemente competitiva devido aos ganhos de produtividade em relação aos custos de produção, como se depreende dos indicadores de comércio internacional e de desempenho econômico.

a competitividade no comércio internacional ao determinar os custos e preços em moeda estrangeira relativamente àqueles em moeda nacional. Não é por outra razão que o capítulo seguinte neste volume trata mais detidamente desse tópico ao analisar os aspectos teóricos envolvidos na discussão.

A conclusão a que se chega, ao final do exame aqui relatado, é que o termo competitividade é tão atrativo e popular, pelo menos em parte, por ele ser suficientemente claro para comunicar a mensagem que se deseja passar — mas ao mesmo tempo flexível o bastante para que se possa transitar entre ideologias e ser adaptado a cada caso particular. Isso realça a necessidade de que a acepção com que o termo é utilizado seja bem explicitada por quem a usa. Inclusive por isso, evitamos aqui propor uma nova definição própria do que seja competitividade.

Longe de pretender dar um tratamento exaustivo à sabidamente complexa questão da definição de competitividade, este capítulo tem por objetivo tão somente fazer uma apresentação dos significados, dimensões e aplicações mais usuais desse termo. Para ilustrar seu uso serão apresentados, em seguida, conjuntos de indicadores amplamente aceitos em âmbito internacional. O capítulo conclui com algumas observações gerais, ao passo que os demais capítulos deste volume contêm contribuições que cobrem com mais detalhe aspectos aqui expostos ou sugeridos, explorando diversas facetas da questão da competitividade no Brasil, com ilustrações empíricas e teóricas que se pretende sejam originais.

2. Significados e aplicações

Como observado na introdução, competitividade é um termo bastante popular na análise econômica, mas é um conceito sem uma definição universal. Como bem resume Lia Haguenauer (1989:1) em uma resenha sobre conceitos e medidas de competitividade:

> Apesar de referência obrigatória na literatura recente sobre política industrial, análise do desempenho e perspectivas da indústria na próxima década, tanto no Brasil como no exterior, a noção de competitividade não é apreendida da mesma forma pelos vários autores. As diferenças resultam de bases teóricas, percepções da dinâmica industrial e mesmo ideologias diversas e têm implicações sobre a avaliação da indústria e sobre as propostas de política formuladas.

Haguenauer (1989) acaba por fixar-se em uma definição que basicamente associa competitividade e produtividade no processo de produção, uma vez que esta seja definida com precisão, em termos das características do produto e localização, inclusive temporal:

> A competitividade poderia ser definida como a capacidade de uma indústria (ou empresa) produzir mercadorias com padrões de qualidade específicos, requeridos por mercados determinados, utilizando recursos em níveis iguais ou inferiores aos que prevalecem em indústrias semelhantes no resto do mundo, durante um certo período de tempo.

Observe-se que não há nessa definição menção aos custos de fatores; vale dizer, uma empresa pouco produtiva, mas que consegue acessar insumos e/ou fatores de produção a baixo custo, mesmo que consiga produzir a custo mais baixo que seus competidores, não é competitiva por essa definição. Essa caracterização conflita, portanto, com a adotada por Silva (2001:37), para quem:

> Competitividade é entendida como a capacidade das firmas de estabelecer estratégias que compreendam tanto o contexto externo (mercado e sistema econômico) quanto o interno (sua organização) a fim de manter ou superar a sua participação no mercado no processo de competição.

Essa definição é consistente com a utilizada pela OCDE, que em seu glossário técnico define o termo da seguinte forma: "Competitividade é uma medida da vantagem ou desvantagem de um país em vender seus produtos no mercado internacional".

As definições de Silva (2001) e da OCDE se encaixam no que Haguenauer classifica como "conceito desempenho": um conceito *ex-post*, que avalia como evoluiu a participação de mercado da empresa ou do país. Nesse sentido, são competitivas as empresas ou países que detêm participações elevadas e/ou crescentes de mercado.[2] Como observa a autora, a vantagem desse conceito é ser intuitivo e simples. A desvantagem é que a parcela de mercado pode refletir tanto uma produtividade elevada como o acesso a insumos baratos, devido a fatores cíclicos (por

---

[2] Como observa Haguenauer, um mercado relevante para aferir essa competitividade resultante de desempenho é o doméstico. Nessa interpretação, o país seria pouco competitivo em produtos para os quais as importações suprem uma parcela relevante da absorção doméstica.

exemplo, desemprego elevado), política cambial (manutenção de uma taxa cambial suficientemente desvalorizada em relação à dos principais parceiros comerciais) ou subsídios públicos (financiamento de exportações a taxas muito baixas). Em outras palavras, a participação elevada pode refletir tanto elementos saudáveis como fatores ruins, espúrios ou insustentáveis.

Essa questão levou à elaboração dos conceitos de competitividade autêntica e competitividade espúria, que foram originalmente propostas pela Cepal por meio dos trabalhos de Fernando Fajnzylber. Como discutem Wilson Suzigan e Suzana Fernandes (2003:2):

> Alinhando-se com o pensamento econômico evolucionário/neo-schumpeteriano, [Fernando Fajnzylber] deu contribuições bastante significativas para a disseminação do conceito de competitividade sistêmica. Seus estudos de desenvolvimento industrial, com foco na inserção internacional, determinada por competitividade fundada no binômio crescimento com equidade distributiva, constituem uma das contribuições mais originais na área de desenvolvimento econômico das últimas décadas. Dentro de sua concepção de competitividade, enfatizava a autêntica, que corresponde à noção acima de competitividade sistêmica, diferenciando-a da que chamou de "espúria", que seria dada por baixos salários, subsídios e câmbio desvalorizado.

Um elemento importante no uso desse conceito é respeitar as restrições citadas por Haguenauer: a participação de mercado precisa ser definida com base em produtos homogêneos, na mesma localização geográfica e com a mesma temporalidade. Isso significa, por exemplo, que uma empresa pode ser competitiva em seu mercado doméstico, mas não no exterior, ou que pode ser competitiva em certas épocas do ano — por exemplo, aproveitando uma sazonalidade favorável —, mas não em outras.

A forma como Silva (2001) define competitividade realça outro ponto: quando se trabalha com unidades subnacionais ou empresas, a competitividade pode resultar tanto dos esforços internos às empresas, por exemplo, como externos: a competitividade do agricultor de Rondônia pode ser inferior à do de São Paulo, não porque este usa melhores tecnologias ou terras, mas devido a este estar mais próximo do mercado consumidor e/ou de exportação.

Isso destaca o fato de que a infraestrutura, de forma geral, é um elemento essencial para a competitividade que não é controlado pela maior parte das unidades econômicas que não os países. Mesmo para estes, a geografia pode contribuir ou atrapalhar a competitividade: países sem acesso ao mar ou distantes dos principais mercados sofrem de um *handicap* competitivo para muitos produtos, em especial os de menor valor específico.

Na mesma toada, um elemento importante na determinação da participação de mercado, especialmente da de um país em terceiros mercados, é a prática protecionista no mercado relevante e, em especial, a existência de acesso favorecido para alguns competidores, como é o caso quando há acordos de preferência comercial. Assim, uma participação elevada do fabricante mexicano nos EUA, ou do Brasil na Argentina, pode não significar que esse ou este é mais competitivo em termos gerais, no sentido da definição de Haguenauer reproduzida anteriormente.

Levando em consideração esses fatores, alguns autores passaram a focar as variações de participação, em lugar do nível, como forma de limpar o resultado desses fatores. Em especial, a competitividade é definida, e medida, nesses casos como a variação no volume de vendas ou exportações controlando para o efeito da participação em mercados e produtos mais ou menos dinâmicos. Vale dizer, como o quanto a mais que as vendas cresceram do que o aumento das vendas dos mercados e produtos em que a empresa ou país detém maior participação.[3]

Um fator que escapa um pouco a essa categorização de formas de competitividade é a dotação de recursos naturais. Por exemplo, a China detém uma participação muito grande no mercado de terras raras, basicamente por ser o único grande produtor desses tipos de minerais que, como o próprio nome sugere, não estão disponíveis em muitos lugares, mas são importantes em algumas aplicações, inclusive em alguns setores sofisticados, como o aeroespacial. Neste caso, não faz sentido falar em competitividade espúria, já que essa não depende de um câmbio desvalorizado ou salários baixos, mas, tampouco, ela garante a melhoria de bem-estar social a que se refere Fajnzylber.

Outro elemento importante é a contribuição das políticas públicas, em especial, mas não apenas quando se discute a competitividade dos países. Esse aspecto é realçado na forma como Garelli interpreta o uso desse termo nos documentos da OCDE, em que uma definição com o seguinte sabor costuma ser usada: "A competitividade é o grau em que um país pode, em condições de mercado livres e justas, produzir bens e serviços que satisfa-

---

[3] Ver Bonelli (1992). Uma versão mais sofisticada desse método, que considera tanto variações de quantidades como de preços, foi desenvolvida por Pinheiro e Bonelli (2007).

çam o teste dos mercados internacionais e, simultaneamente, manter e expandir a renda real da sua população no longo prazo" (Garelli, 2002).

Note-se, nessa definição, não apenas a preocupação com que a competitividade seja autêntica, pela exigência de que ela resulte em aumento da renda no longo prazo, — assim, não dependendo da manutenção de salários baixos —, mas também que ela se dê sobre condições de liberdade e isonomia entre os concorrentes; vale dizer, não seja dependente ou promovida por políticas públicas voltadas para distorcer o funcionamento do mercado. Supõe-se, em sintonia com o debate atual, que isso inclua taxas de câmbio com flutuação relativamente livre.

Essas situações realçam a dificuldade de transitar de uma definição *ex-post*, como a de Silva (2001), para outra *ex-ante*, como a que nos propõe Haguenauer (1989). Em especial, na medida em que é difícil ter informações sobre as quantidades de recursos utilizadas por competidor na fabricação do produto em questão, o natural seria fazer essa comparação na esfera dos custos, mas esta fica inviabilizada pela diferença de preço de insumos. Essa deficiência é menor no caso das exportações, devido à existência de mecanismos de *drawback*, que facilitam o acesso a insumos a preços internacionalmente competitivos (como no caso da Embraer).

Essa constatação inspirou alguns estudos que entendem que o preço no mercado internacional reflete os custos dos produtores mais competitivos do mundo e que uma comparação entre preços nos mercados doméstico e externo seria uma forma de aferir a competitividade do produto nacional. Uma variante mira na variação relativa dos preços das exportações medidos em moeda nacional (isto é, multiplicados pela taxa de câmbio e corrigidos para a inflação), constituindo-se uma medida alternativa da diferença de crescimento na produtividade total dos fatores e do custo dos insumos domésticos, via função de custos. Outra variante considera, na ausência de boas informações comparáveis de preço, as taxas de proteção efetiva dadas a cada produto como uma medida de competitividade, com a visão de que setores menos competitivos vão exigir maiores taxas de proteção, enquanto os mais competitivos podem funcionar com menor proteção. Para o país como um todo, porém, esse indicador não pode ser usado. Por outro lado, esse método ajuda a entender em que grau a competitividade de um produto pode estar sendo comprometida pela falta de competitividade do país em um insumo importante, não sendo, portanto, uma característica das empresas do próprio setor.

Saindo do foco em processo, a competitividade também é por vezes associada ao produto fabricado ou exportado, em termos de seu nível de sofisticação tecnológica: assim, um país que exporta aviões é visto como mais competitivo do que outro que se especializa em mineração ou agricultura. Para além da ideia de que a especialização em produtos mais tecnologicamente intensivos em geral vem associada à competitividade autêntica, já que fatores como custo de salários são menos importantes nesses produtos, esse conceito se relaciona com a percepção de que produtos mais sofisticados são mais propensos a dar poder de mercado a seus fabricantes, dessa forma permitindo abocanhar rendas extraordinárias sem ter de (rapidamente) enfrentar a concorrência de terceiros produtores. Seria, assim, uma forma de elevar o bem-estar da população, em oposição ao caso em que a competitividade depende de baixos salários, caso típico nos setores que produzem bens padronizados.

O foco na competitividade de produto também põe em xeque a percepção de que ser competitivo é ser capaz de ter um preço baixo. Como lembra Lia Haguenauer (1989:3), citando José Tavares de Araújo Jr. e Oswaldo Sunkel, para muitos autores "a verdadeira inserção competitiva no mercado internacional é a que se dá a preços crescentes". Em parte, portanto, reaparece o contraste entre competitividade autêntica e a espúria, como na classificação de Fajnzylber, na medida em que preços crescentes traduzem "desenvolvimento tecnológico e eficiência crescente, em contraposição a exportações a preços decrescentes, determinados por incentivos (públicos) ou baixos salários" (Haguenauer, 1989:3).

A dificuldade com a definição de competitividade com base em produto, em vez de processo, é o risco de se comparar laranjas com bananas e, em especial, estratégias diferentes. Um bom exemplo é o caso da Embraer. Quando a empresa entrou no mercado internacional, com o Bandeirante, ela era muito competitiva em seu segmento — aeronaves para voos curtos, alimentadoras dos grandes *hubs* —, ainda que produzindo um avião tecnologicamente menos avançado que o de companhias como a Boeing ou a Lockheed. De fato, toda a estratégia de inserção competitiva dos países asiáticos, como Coreia e Taiwan, no passado, e China, mais recentemente, foi especializar-se inicialmente em produtos pouco sofisticados tecnologicamente para só depois buscar ganhar competitividade em produtos mais sofisticados.[4]

---

[4] Este caso foi estudado por Bonelli e Pinheiro (2008).

Como lembra Haguenauer, citando outra vez Araújo Jr., nesses mercados a sofisticação tecnológica, ao acarretar o aumento do preço do produto, em vez de elevar a competitividade a reduz, ao provocar um estreitamento da participação de mercado do produtor. Obviamente, isso não impede que com o tempo as empresas ou os países migrem para serem competitivos em produtos mais sofisticados, inclusive em reação a mudanças nos preços relativos de fatores, como aconteceu com vários países asiáticos e, mais especificamente, no da Embraer.

Naturalmente, essa transição também pode não ser bem-sucedida, o que reforça a ideia de que competitividade é algo temporal, como chama atenção Haguenauer em sua definição reproduzida acima. Em outra dimensão, mas com a mesma consequência, a competitividade derivada de um câmbio desvalorizado também tende a ser transitória, como descobriram algumas empresas que começaram a exportar depois que o real perdeu muito valor em 2002.

Como realçado na discussão acima, o termo competitividade é usado com pelo menos duas aplicações. Primeiro, refletindo a interpretação de que mais competitividade deve se refletir ou levar a uma parcela de mercado significativa ou crescente, ela é um objetivo estratégico que empresas ou países podem buscar. Neste sentido, ela é um termo síntese para, por exemplo, a gestão de uma empresa alinhar sua estratégia e motivar suas equipes. Ela também facilita a setorialização das políticas públicas, por exemplo.

Segundo, ela é usada como indicador para a análise de políticas públicas, tanto em termos de promover a competitividade quanto, na linha dos comentários de Fajnzylber, avaliar os seus determinantes e promover aqueles que são de melhor qualidade. Em especial, como se discute na próxima seção, se podem construir em torno do conceito de competitividade indicadores diversos que comparem seus determinantes em diferentes países (ou empresas), de forma a orientar as políticas públicas para fortalecerem aqueles pilares em que o país tem pior desempenho. Neste caso, a busca de competitividade se confunde um pouco com a do próprio desenvolvimento econômico.

3. Indicadores

> *Competitive economies are those that have in place factors driving the productivity enhancements on which their present and future prosperity is built.*
>
> (World Economic Forum, 2010:3)

O uso de análises de indicadores de competitividade com vistas a avaliar os rumos da atividade econômica está em expansão acelerada no mundo, especialmente a partir do desenvolvimento de metodologias e análises internacionais, isto é, de comparações entre países. Duas bases de dados têm sido mais amplamente utilizadas, tendo ganhado credibilidade pela aceitação de que desfrutam graças ao prestígio dos organismos que as patrocinam e de seus principais colaboradores: os Global Competitiveness Indicators (GCI) divulgados anualmente pelo World Economic Forum (WEF)[5] nos Global Competitiveness Reports (GCR); e os indicadores da pesquisa Doing Business realizada pelo Banco Mundial. Como os próprios nomes indicam, o primeiro é mais amplo, ao passo que o segundo é mais concentrado na avaliação das dificuldades e/ou facilidades comparadas em relação ao desenvolvimento de negócios entre países.

O Global Competitivenes Report (GCR) 2010/11, divulgado em 2010, tem por objetivo contribuir para o entendimento dos principais fatores determinantes do crescimento econômico de modo a explicar por que alguns países são mais bem-sucedidos do que outros no processo de aumentar os níveis de renda nacionais e as oportunidades para as respectivas populações. Na versão 2010/11 o GCR arrola dados e análises para 139 países segundo mais de 100 indicadores.

Nos últimos cinco anos o WEF tem baseado suas análises da competitividade no Global Competitiveness Index (GCI), uma medida abrangente de mensuração da competitividade das nações que objetiva capturar fundações micro e macroeconômicas. A competitividade, por sua vez, é definida como o *conjunto de instituições, políticas e fatores que determinam o nível de produtividade de um país*. Dessa definição depreende-se quão difícil é uma abordagem que prescinda da comparação com outros países. Não obstante, aceita-se que economias mais competitivas tendem a produzir níveis de renda mais elevados para suas populações.

A produtividade também determina as taxas de retorno do investimento — seja físico, humano ou tecnológico. Devido ao fato de que essas taxas de retorno são as forças principais das taxas de crescimento das economias, um país mais competitivo será capaz de crescer mais no médio e

---

[5] O WEF vem contribuindo há mais de 30 anos para avaliações da competitividade em um número crescente de países. Seu principal objetivo é o de prover instrumentos de *benchmarking* capazes de permitir que os formuladores de políticas públicas identifiquem obstáculos ao aumento da competitividade pela comparação com outros países. A base dos relatórios anuais é um *Executive opinion survey* aplicado em âmbito nacional em mais de 150 instituições atualmente.

longo prazos. Dessa forma, o crescimento potencial também é diretamente afetado pela competitividade.

Existem diversos fatores determinantes da produtividade e da competitividade. O GCR os agrupa em três requisitos: básicos, do ambiente macroeconômico e fatores de inovação e sofisticação nos negócios. Cada um desses requisitos é subdividido em pilares, em um total de 12. O GCR destaca que, apesar da apresentação desses pilares separadamente, é importante reter que eles não são, de forma alguma, independentes. Pelo contrário, eles tendem a se reforçar seja no sentido positivo (virtudes competitivas) ou negativo (dificuldades competitivas): a fraqueza em um deles frequentemente impacta outros pilares e vice-versa.

Neste ponto faz-se necessária uma breve descrição dos pilares de competitividade dos GCR, de modo a ilustrar aspectos comumente associados ao tema e seus significados, no espírito que norteia este capítulo. Em seguida far-se-á uma leitura dos últimos resultados no que toca ao Brasil.

O primeiro pilar refere-se a uma área bastante explorada na literatura de desenvolvimento econômico: a *qualidade das instituições*.[6] As instituições são determinadas pelo marco legal e administrativo no qual indivíduos, empresas e governos interagem no processo de geração de renda e riqueza de uma sociedade, e seu impacto sobre a competitividade e o crescimento tem sido objeto de estudo sistemático há bastante tempo. Observe-se que o papel das instituições vai além do marco legal ao incluir as atitudes governamentais em relação à liberdade do funcionamento de mercados e à eficiência em sua operação. Assim, é ampla e algo obviamente reconhecido que corrupção e desonestidade com contratos públicos, burocracia e regulação excessivas, falta de transparência e dependência política do Judiciário impõem custos econômicos aos negócios.

O segundo pilar refere-se à *infraestrutura*, área também muito enfatizada na literatura relevante. As ligações com a competitividade aqui também são relativamente óbvias: uma infraestrutura eficiente diminui a distância entre regiões, integra o mercado nacional e o liga com baixo custo a outros países e regiões por intermédio de estradas de rodagem, ferrovias e portos. Os processos de produção também dependem estreitamente da oferta de energia de boa qualidade e suprimento sem interrupções e de um sistema de telecomunicações capaz de permitir fluxos de informações livres, rápidos e eficientes.

---

[6] O termo instituições engloba também as instituições privadas, e não apenas as públicas, como parece claro.

O terceiro pilar, relativo ao *ambiente macroeconômico*, dispensa maiores comentários. Mas vale a pena observar que a estabilidade macroeconômica em si não é capaz de aumentar a produtividade nacional — como quer que se a meça. Mas um ambiente macroeconômico conturbado seguramente afetará negativamente a produtividade e a competitividade.

Assim como o anterior, o quarto pilar (*saúde e educação primária*) também dispensa maiores qualificações. Destaque-se que um aspecto tem merecido atenção crescente como determinante da competitividade: a qualidade da educação básica. Esse aspecto é especialmente importante no caso do Brasil, como será analisado em capítulo incluído neste volume.

O mesmo se aplica ao quinto pilar (*educação superior e treinamento*), com a qualificação adicional de que a economia crescentemente globalizada requer que se criem e mantenham grupos de trabalhadores com educação e qualificação suficientes para se adaptarem a um meio ambiente em constante evolução devido à velocidade dos avanços nas tecnologias de produção. O treinamento de mão de obra também é levado em consideração neste pilar devido à importância do treinamento vocacional e contínuo no local de trabalho para aumentar as habilidades dos trabalhadores.

O sexto pilar refere-se à *eficiência no mercado de bens*. O pilar engloba a noção de que uma competição saudável através de mecanismos de mercado, tanto nacional como do exterior, tende a elevar a eficiência dos negócios — logo, a produtividade — ao assegurar que as firmas mais eficientes serão mais bem-sucedidas. A intervenção do governo no mercado de bens deve ser limitada ao mínimo possível. Em particular, a competitividade é prejudicada pela imposição de uma tributação que distorça os incentivos econômicos ou que discrimine o investimento estrangeiro e a competição internacional.

O sétimo pilar foca a *eficiência no mercado de trabalho*. Do ponto de vista normativo, postula-se que a flexibilidade e a eficiência nesse mercado são críticas para que os trabalhadores sejam alocados nas atividades em que seu uso seja mais eficiente. A flexibilidade deve ser capaz de incentivar essas mudanças com baixo custo e permitir flutuações salariais sem grandes distúrbios sociais.

O *desenvolvimento do mercado financeiro* está representado no oitavo pilar, em que se destaca que um setor financeiro eficiente contribui para elevar a competitividade via produtividade ao possibilitar a alocação dos recursos de poupança dos agentes econômicos, sejam nacionais ou estrangeiros, para os usos mais produtivos: aqueles projetos com taxas esperadas de retorno mais altas.

A *aptidão tecnológica* é o nono pilar. Essa aptidão mede a agilidade com que uma economia é capaz de se adaptar às tecnologias existentes de modo a aumentar a produtividade das atividades. Um destaque aqui é a capacidade de usar as novas tecnologias de informação e comunicação em atividades cotidianas e nos processos produtivos de modo a aumentar a eficiência e a competitividade.

O 10º pilar é o *tamanho de mercado*. Mercados grandes permitem que se explore mais efetivamente as economias de escala. Em uma fase de globalização, como a atual, os mercados internacionais constituem prolongamentos ou substitutos dos nacionais, especialmente para países pequenos. Embora o tema seja controverso, existe alguma evidência empírica sugerindo que a abertura comercial é positivamente associada com o crescimento.

O 11º pilar refere-se à *sofisticação na área de negócios (business sophistication)* e engloba tanto a qualidade das redes de negócios em um dado país e o clima de negócios como a qualidade das estratégias e das operações das empresas individuais.

O 12º pilar, finalmente, é o da *inovação*. Uma importante corrente da literatura de crescimento destaca que, no longo prazo, o padrão de vida de uma população só pode ser elevado pela via da inovação tecnológica, uma vez que os outros determinantes do crescimento (ou fatores de produção) mais cedo ou mais tarde enfrentarão o obstáculo dos rendimentos decrescentes. Em termos de pilar de competitividade, a inovação significa elevados investimentos em pesquisa e desenvolvimento (P&D), alta qualidade das instituições de pesquisa científica, colaboração entre universidades e empresas e, não menos importante, proteção da propriedade intelectual.

Passando em seguida aos resultados empíricos, o primeiro ponto a destacar é que a posição do Brasil mudou muito pouco entre as pesquisas de 2009/10 e 2010/11: o país ocupava a 56ª posição entre 133 países no GCR 2009/10 e passou a ocupar a 58ª (entre 139 países) em 2010/11 — perdeu posição, portanto. No entanto, sua pontuação média elevou-se ligeiramente de 4,2 para 4,3 (sendo 6,0 o nível máximo).[7] Isso significa que o resto do mundo melhorou de posição mais rapidamente do que o

---

[7] No entanto, com relação à evolução dos indicadores em prazo mais largo o GCR 2010/11 destaca que: "*Brazil is fairly stable at 58th, with a slight improvement in score (4.3 vs. 4.2 in 2009), after following an impressive upward trend for the last couple of years (up 16 positions between 2007 and 2009). The country's recent dynamism in the rankings has reflected the remarkable strides made in the past 20 years toward macroeconomic stability, liberalizing and opening the economy, and reducing income inequality, among other dimensions. These efforts have been instrumental in putting the economy on a much sounder competitiveness foundation and in providing a markedly more business friendly environment for private-sector development*" (World Economic Forum, 2010:32).

Brasil entre esses anos. Na 58ª posição, o Brasil situa-se um pouco acima da mediana da distribuição (que é dada pela 70ª posição). Mais especificamente, no início do 5º decil.

Em termos dos pilares de requisitos de competitividade, o Brasil ocupava em 2010/11 a 84ª posição no grupo de *requisitos básicos* (final do sexto decil), 44ª no de *estimuladores de eficiência* (início do quarto decil) e 38ª no grupo de *inovação e sofisticação na área de negócios* (final do terceiro decil). Conclui-se que estamos relativamente melhor neste terceiro grupo do que nos dois anteriores. De fato, a pior posição do Brasil está nos pilares de requisitos básicos.

A tabela seguinte destaca a pontuação do Brasil em cada um dos pilares de competitividade e permite focar a atenção nos aspectos em que o país tem deficiências competitivas e aqueles em que estamos em melhor posição em relação a uma expressiva amostra de países.

Tabela
Pontuação do Brasil segundo pilares de competitividade*

1. Pilares de requisitos básicos	**86**
Instituições	93
Infraestrutura	62
Meio ambiente macroeconômico	111
Saúde e educação primária	87
2. Pilares estimuladores de eficiência	**44**
Educação superior e treinamento	58
Eficiência no mercado de bens	114
Eficiência no mercado de trabalho	96
Desenvolvimento do mercado financeiro	50
Tecnologia	54
Tamanho do mercado	10
3. Pilares de inovação e sofisticação dos negócios	**38**
Sofisticação de negócios	31
Inovação	42

*A pontuação indica a posição do Brasil em uma amostra de 139 países; ver texto.
Fonte: World Economic Forum, 2010/11.

Em primeiro lugar, destaque-se que os resultados da tabela não traduzem grandes surpresas. De fato, a melhor pontuação do país (10º de 139, no primeiro decil de países, portanto) refere-se ao tamanho do mercado, pilar incluído entre os estimuladores de eficiência. Mas esse é um aspecto que não é facilmente passível de mudança por intermédio da política econômica, ao menos não no curto e médio prazos — exceto por uma atualmente impensável política de estimulo à imigração!

Sofisticação de negócios é outro pilar em que o país se destaca (31ª posição, no começo do terceiro decil da distribuição mundial de países), bem próximo do de inovação (42ª). Esses dois últimos, como vimos, compõem o grupo em que o Brasil mais se destaca no contexto internacional: o da inovação (algo surpreendentemente, convenhamos) e da sofisticação na área de negócios. Neste último caso o motivo é, possivelmente, um antigo "pecado nacional" e modos de lidar com ele: a inflação crônica e os mecanismos que o mercado financeiro construiu para minimizar ou contrabalançar as perdas por ela geradas.

O segundo grupo de pilares em que o Brasil apresenta colocação acima da mediana é o dos estimuladores de eficiência, onde o país está mal colocado em apenas dois dos seis pilares que compõem o grupo: eficiência no mercado de bens (114º) e eficiência no mercado de trabalho (96º). Em ambos os casos — nenhum dos quais uma surpresa — ainda há um longo caminho a percorrer até que cheguemos a níveis razoáveis de competitividade.

O desempenho do país é consideravelmente pior no grupo dos requisitos básicos de indicadores de pilares de competitividade. Nele o país se situa em posição relativamente ruim em praticamente todos os pilares, com destaque para os de meio ambiente macroeconômico (111ª posição, entre 139 países!) e de qualidade institucional (93ª).

Isso nos fornece uma indicação de temas prioritários para ações de políticas públicas e provê uma ligação com a outra pesquisa acima mencionada: o *Doing business* (DB), do Banco Mundial, divulgado no final de 2010 (World Bank & IFC, 2010).

O objetivo do DB é investigar as regulações que facilitam as atividades de negócios e funcionamento dos empreendimentos e as que os limitam. Isso é feito a partir de indicadores quantitativos calculados para 183 países ao longo do tempo. Onze áreas de regulações são examinadas, todas elas autoexplicativas: começando um negócio, lidando com licenças para construção, registrando a propriedade, conseguindo crédito, protegendo os investidores, pagando impostos, fazendo negócios com o exterior, garantindo contratos, fechando negócios, conseguindo energia elétrica e empregando trabalhadores — esses dois últimos não incluídos no DB 2011.[8]

Os resultados em relação ao Brasil nesse último DB não são animadores no que toca à facilidade de fazer negócios: o país passou da 124ª para a 127ª posição no universo de 183 países entre a penúltima e a última edição da pesquisa! Além disso, o DB 2011 registra apenas uma reforma desde a edição anterior, quando o Brasil introduziu/aperfeiçoou procedimentos *on-line*.

Nas palavras do relatório: "*Brazil eased business start-up by further enhancing the electronic synchronization between federal and state tax authorities*".

No que toca aos diferentes aspectos de regulação, a pontuação do Brasil é destacada em seguida. Dos resultados deduz-se que os piores aspectos — isto é, aqueles que mais dificultam a realização de negócios em nosso país — dizem respeito aos processos relacionados ao pagamento de impostos e aos de fechamento e abertura de empreendimentos. Mas o processo de registro de propriedades também é bastante precário/ineficiente, assim como os relacionados às burocracias de exportação e importação e de obtenção de licença para construir, como se observa da colocação do Brasil mostrada adiante com breves qualificações. O país só conseguiu revelar alguma vantagem na relação seguinte — definida, por exemplo, como estando situado na primeira metade da distribuição (colocação inferior à mediana de 91-92) — nos processos de proteção de investidores e acesso a crédito.

- Começando um negócio — Com o tempo necessário de 120 dias e o custo de 7,3% da renda *per capita* o Brasil situa-se na 128ª colocação entre 183 países.
- Lidando com licenças para construção — 112ª. São necessários 18 dias e o custo é de 46,6% da renda *per capita*.
- Registrando a propriedade — 122ª. O tempo necessário é de 42 dias, o custo é de 2,7% do valor da propriedade.
- Conseguindo crédito — 89ª. O país tem nota 3 (em uma escala de 0 a 10) no que diz respeito a um índice da força dos direitos legais, mas nota 5 (escala 0 a 6) segundo um índice de profundidade de informação de crédito.

---

[8] O DB 2011 é o oitavo da série. Uma curiosidade é que os respondentes do inquérito em que se baseiam os DB são majoritariamente da área de direito, pelo menos no caso do Brasil.

- Protegendo os investidores — 74ª. O país tem nota 6 (0 a 10) no índice de extensão de *disclosure*, 7 (0 a 10) no de extensão da responsabilidade (*liability*) do diretor, 3 (0 a 10) no de facilidade de ações (*suits*) dos acionistas, e 5,3 (0 a 10) no indicador de força de proteção do investidor.
- Pagando impostos — 152ª. O tempo necessário é de 2.600 horas por ano, 10 pagamentos por ano e a taxa total de impostos chega a 69% dos lucros.
- Fazendo negócios com o exterior — 114ª. O número de documentos necessários para exportar é de oito, são necessários 13 dias e o custo por contêiner chega a US$ 1.790. No que diz respeito à importação, o número de documentos é de sete, o tempo necessário é de 17 dias e o custo por contêiner é de US$ 1.730.
- Garantindo (*enforcing*) contratos — 98ª. O número de procedimentos é de 45, a duração é de 616 dias e o custo é de 16,5% da reivindicação (*claim*).
- Fechando negócios — 132ª. São necessários quatro anos (!) ao custo de 12% da propriedade (*estate*), sendo a taxa de recuperação de 17,1 centavos/dólar (?).

1. Observações finais

A preocupação com a competitividade é relativamente recente para o governo e para as empresas brasileiras. Assim, durante boa parte do século XX, o país funcionou com uma economia fechada e com rígidos controles sobre a oferta, refletindo a preocupação com evitar a criação de capacidade ociosa e preencher os espaços vazios existentes na matriz industrial. Antes que essas políticas fossem adotadas, a competitividade do país se baseava essencialmente na dotação de recursos naturais. Com o Brasil detendo um virtual monopólio nas exportações mundiais de café, essa não era uma preocupação importante.

Com a abertura da economia às importações e o desmantelamento da estrutura de controles do investimento privado partiu-se para um modelo em que competição e, portanto, competitividade passaram a ser mais importantes. Nesse novo modelo se definia competitividade implicitamente como a capacidade de competir: no mercado internacional, contra as importações e, no caso das empresas, umas contra as outras. Assim, a competitividade se revela a partir das participações de mercado e é derivada da eficiência, do acesso a insumos e fatores de produção a baixo custo, e do controle de fatores que dão às empresas poder de mercado, seja o acesso a fontes de matérias-primas, seja o controle tecnológico.

Nesse período, porém, o Brasil experimentou uma significativa volatilidade macro que, sobrepondo-se às políticas relativamente tímidas de promoção da competitividade, fez com que essa se tornasse igualmente instável. A taxa de câmbio foi a principal fonte dessa oscilação nos níveis de competitividade do país.

Como mostram os indicadores apresentados neste trabalho, a discussão sobre a competitividade do Brasil gira em três raias diferentes:

- Uma delas é a dos produtos baseados na dotação de recursos naturais do país, nas áreas de minérios e agricultura. Essas, como se sabe, vão bem, não só por conta da forte demanda internacional, puxada por China, Índia e outros países asiáticos, mas pelos avanços tecnológicos, especialmente na agricultura. Essa é, na terminologia de Fajnzylber, uma competitividade autêntica, ainda que insatisfatória na visão de muitos analistas.
- Há um segundo grupo de produtos, menor e menos significativo na pauta de comércio exterior, em que nossa competitividade se baseia na diferenciação de produtos ou em nichos, como a produção de aviões médios, em que o domínio da tecnologia é o fator diferencial.
- Finalmente, a competitividade de uma série de produtos manufaturados e serviços é comprometida pela má qualidade da infraestrutura, a baixa escolaridade da força de trabalho e a elevada carga tributária. Para estes, a competitividade depende diretamente da taxa de câmbio, sendo, nesse sentido, uma competitividade espúria, na definição de Fajnzylber.

Referências

BONELLI, R. Fontes de crescimento e competitividade das exportações brasileiras na década de 80. *Revista Brasileira de Comércio Exterior*, Rio de Janeiro, n. 31, abr./jun. 1992.

____; PINHEIRO, A.C. New export activities in Brazil: comparative advantage, policy or self-discovery? *Working Paper*, IDB, Jul. 2008.

GARELLI, S. *Competitiveness of nations: the fundamentals*. International Institute for Management Development, 2002. Disponível em: <http://members.shaw.ca/compilerpress1/Anno%20Garelli%20CN%20Fundamentals.htm>.

HAGUENAUER, L. Competitividade: conceitos e medidas: uma resenha da bibliografia recente com ênfase no caso brasileiro. *Texto para Discussão* 211, IEI/UFRJ, 1989.

PINHEIRO, A.C.; BONELLI, R. Comparative advantage or economic policy? Stylized facts and reflections on brazil's insertion in the world economy, 1994-2005. *Research Report*, Corporación Andina de Fomento (CAF), 2007. Também como *Texto para Discussão* n. 1275a, Ipea, abr. 2007.

SILVA, C.L. da. Competitividade e estratégia empresarial: um estudo de caso da indústria automobilística. *Revista FAE*, Curitiba, v. 4, n. 1, p. 35-48, jan./abr. 2001.

SUZIGAN, W.; FERNANDES, S.C. Competitividade sistêmica: a contribuição de Fernando Fajnzylber. In: CONGRESSO BRASILEIRO DE HISTÓRIA ECONÔMICA, V, Caxambu, 2003.

WORLD BANK & IFC. *Doing business 2011*: making a difference for entrepreneurs. Washington, DC: 2010.

WORLD ECONOMIC FORUM. *World competitiveness report 2010-2011*. Geneva, Switzerland, 2010.

CAPÍTULO 2

Aspectos teóricos e desempenho recente: conta-corrente do balanço de pagamentos e competitividade

Samuel de Abreu Pessôa*

A taxa de câmbio é provavelmente o preço macroeconômico básico mais complexo que há. Isto porque o câmbio é simultaneamente um preço importante para o equilíbrio do mercado de bens e serviços da economia e também um ativo. A parte do balanço de pagamentos referente à movimentação de bens, serviços e rendas — o balanço de pagamentos em transações correntes — determina o câmbio a partir do equilíbrio do mercado de bens e serviços. A parte do balanço de pagamentos referente à movimentação de capital — a conta financeira — determina o câmbio como o preço de um ativo financeiro. Evidentemente, o câmbio será determinado em função do equilíbrio dessas duas forças. Sempre que a absorção da sociedade — isto é, a soma do consumo com o investimento tanto público quanto privado — for maior do que a renda de propriedade dos residentes em uma dada economia, a conta financeira será superavitária para compensar um balanço de pagamentos em transações correntes deficitário. Nesta situação, os residentes de nossa economia acumulam passivos contra os não residentes. O objetivo deste capítulo é explicar de forma rigorosa como ocorre a determinação da taxa de câmbio.

O capítulo está organizado da seguinte forma. Na primeira seção em seguida a esta rápida introdução estuda-se a determinação estática do câmbio real. Na próxima seção estuda-se o mesmo problema em um contexto dinâmico. Em seguida, na terceira seção, analisa-se a determinação do câmbio em uma economia na qual os termos de troca são endógenos — isto é, na qual os mercados domésticos dos bens alteram o preço relativo internacional do bem exportado contra o do bem importado. A quarta seção conclui o texto.

---

* Pesquisador do Ibre/FGV. Agradeço os comentários de Edmar Bacha. Erros e omissões remanescentes são de responsabilidade do autor.

1. A dimensão alocativa do câmbio

O câmbio nominal é o termo de troca entre duas moedas. No caso brasileiro geralmente considera-se o câmbio nominal como o termo de troca do real em unidades de dólares americanos, isto é, o número de reais necessários para trocar por uma unidade da moeda americana. No entanto, este número por si só é pouco indicativo. Para entender o motivo, suponha que uma economia produza (além de exportar e importar, se for o caso) um único bem e que o custo de distribuição interna desse bem seja nulo, isto é, o preço do bem no porto ou na prateleira de um supermercado é o mesmo. Neste caso o preço doméstico do bem tem de ser o preço internacional em moeda externa multiplicado pela taxa de câmbio nominal. Qualquer alteração do câmbio nominal será totalmente repassada ao preço do bem em moeda final — caso em que se diz que o repasse cambial é de 100%. Desvalorizar o câmbio nominal é equivalente a alterar a unidade monetária, como retirar zeros da moeda.

Continuando a investigação, suponha-se uma economia que produza dois bens: um bem é liquidamente exportado e o outro é um bem liquidamente importado. Suponha-se, adicionalmente, que essa economia seja pequena — isto é, que suas transações de compra e venda não tenham o poder de interferir no preço internacional de ambos os bens.[1] Finalmente, suponha-se que o custo de distribuição interna dos bens seja nulo. Sob essas hipóteses o preço doméstico dos bens será, novamente, o preço internacional em moeda externa multiplicado pelo câmbio nominal. E, novamente, alterar o câmbio é equivalente a alterar as unidades de medida da moeda. Não há espaço para que a taxa de câmbio tenha um papel independente na alocação de bens e serviços da economia. Em particular, alterar o câmbio não terá qualquer efeito sobre a balança comercial, pois, vale insistir, sob essas hipóteses o preço dos bens internamente será o preço internacional multiplicado pelo câmbio nominal. A alteração do câmbio nominal não é capaz de alterar o preço relativo de um dos bens em unidades do outro. Ou, em outras palavras, a alteração do câmbio nominal não é capaz de elevar a competitividade do setor exportador.

Para que o câmbio tenha alguma função na alocação de bens e serviços na economia é necessário que existam bens e serviços *que não sejam*

---

[1] Isto é, os mercados internos desses bens não conseguem alterar os preços internacionais dos mesmos bens.

passíveis de serem transacionados internacionalmente. Esses bens são chamados de bens não comercializáveis. Em geral são os serviços.

Para simplificar, suponha-se que existam somente dois bens na economia: um bem comercializável internacionalmente e um bem não comercializável internacionalmente. Sem perda de generalidade, chamemos o primeiro de bem *comercializável*, ou *transacionável*, e o segundo de bem *doméstico*. Seja p o preço relativo do bem comercializável em relação, ou contra o do bem doméstico. Temos, portanto:

$$p = P_C/P_D = EP_C^*/P_D,$$

em que E é a taxa de câmbio nominal em R\$ por US\$ (por exemplo), P_C^* é o preço em moeda internacional do bem comercializável, P_C é o preço em moeda doméstica do bem comercializável e P_D é o preço em moeda doméstica do bem doméstico. É sempre possível redefinir as unidades de medidas de modo tal que P_D = R\$ 1 e P_C^* = US\$ 1. Sob essas hipóteses fica claro que o câmbio nominal, E, é o preço relativo do bem comercializável sobre o bem doméstico.

Assim define-se o *câmbio real como o preço relativo do bem comercializável contra o bem doméstico*. Dizemos que o câmbio está valorizado, em relação a alguma base de comparação passada, se o preço relativo do bem comercializável contra o bem doméstico reduziu-se — isto é, se os bens domésticos estão relativamente mais caros. Esta definição vai ao encontro da noção de que, quando o câmbio valoriza-se, a economia torna-se uma economia cara, no sentido de que os serviços são caros. Por outro lado, uma economia barata é uma economia de serviços baratos. Assim, quando somos turistas em um país estrangeiro e dizemos que a economia está barata, entendemos que os restaurantes, hotéis, cafés etc. são baratos. Em última instância, uma economia barata ou uma economia em que o câmbio está relativamente desvalorizado é uma economia na qual os salários são baixos, e vice-versa para uma economia cara ou uma economia na qual o câmbio está relativamente valorizado.

Aqui o leitor pode se perguntar como é possível uma economia com salários muito elevados, como a economia americana, ser uma economia barata. Aparentemente há uma contradição: por serem economias de elevado salário, diríamos que são economias com câmbio muito valorizado; por serem economias baratas, diríamos que são economias com câmbio desvalorizado. Ocorre que a produtividade do trabalho na economia americana é extremamente elevada. Quando dizemos que a economia americana é uma economia barata, dizemos que é uma economia na qual os salários não são relativamente elevados em comparação à produtividade do trabalho.

De posse dessa estrutura simples podemos investigar o comportamento do câmbio como fruto do processo de equilíbrio de mercado para os dois tipos de bens. Considere que a partir de uma situação inicial, em que há equilíbrio entre oferta e demanda nos dois mercados, ocorre uma elevação da demanda. Por exemplo, suponhamos que ocorreram reformas institucionais no mercado de crédito — criação do crédito em consignação, por exemplo —, que fazem com que a despesa agregada da economia fique acima da oferta durante algum tempo. A elevação da demanda para uma dada oferta produzirá um excesso de demanda por ambos os bens: um excesso de demanda pelo bem doméstico e um excesso de demanda pelo bem transacionável. O excesso de demanda pelo bem doméstico promoverá elevação do preço do bem doméstico de sorte a equilibrar o mercado. O excesso de demanda por bens transacionáveis, por sua vez, acarretará elevação da importação. Na posição final o preço do bem doméstico elevou-se, e, portanto, o câmbio valorizou-se, a produção e o consumo de bem doméstico se elevaram, a produção do bem transacionável reduziu-se (pois, fatores de produção se deslocaram desta indústria em direção à indústria de bens domésticos) e a demanda do bem transacionável elevou-se. Todo o excesso de demanda sobre a produção do bem transacionável ocorrerá sob a forma de importações desse bem.

Assim, para a economia como um todo haverá, em um dado ponto no tempo, uma relação entre o excesso de dispêndio doméstico sobre a produção e o preço relativo do bem transacionável. Quanto maior for o excesso do dispêndio doméstico sobre a produção, menor será o preço relativo do bem transacionável e, portanto, mais valorizado será o câmbio. É por este motivo que os economistas afirmam que um ajustamento fiscal contribuiria para reduzir a valorização do câmbio, caso exista um problema de câmbio excessivamente valorizado. O motivo é que o ajustamento fiscal reduz o dispêndio e, portanto, reduz o excesso da despesa sobre a produção total promovendo elevação do preço do bem transacionável.

O importante a reter é que o câmbio é formado no mercado de bens domésticos, geralmente os serviços. Isto porque este é o bem que necessariamente tem de equilibrar a oferta e a demanda domésticas, pois não há possibilidade de o mercado externo servir como ofertante ou demandante residual no mercado interno. Qualquer elevação da demanda agregada — para uma posição inicial na qual a economia encontra-se em uma situação de pleno emprego — sempre produzirá elevação do preço do bem doméstico e, portanto, valorização do câmbio. E vice-versa para qualquer redução da demanda agregada.

2. O enfoque intertemporal do balanço de pagamentos

Na seção anterior investigou-se a forma como o equilíbrio estático, isto é, a cada ponto no tempo, determina o câmbio real, ou seja, o preço relativo (em unidades do bem doméstico) do bem transacionável. Mas deve-se também levar em conta que pode existir uma situação na qual o dispêndio doméstico seja maior do que o produto nacional. Neste caso, a economia estará acumulando um passivo contra o resto do mundo. O passivo pode ser na forma de renda variável — quer seja investimento estrangeiro direto ou diretamente no mercado de ações — ou na forma de renda fixa empregando as diversas modalidades de dívida. Na situação inversa, se o dispêndio doméstico for menor do que o produto nacional, a economia acumulará ativos no exterior. No primeiro caso, o país importa poupança e, no segundo caso, exporta poupança.

Dizemos que o câmbio real é de equilíbrio se a economia estiver em uma trajetória na qual o comportamento do passivo externo líquido, que inclui os haveres em relaçao ao resto do mundo, é limitado — ou seja, não é explosivo. Do ponto de vista prático é muito difícil verificar se o câmbio é ou não de equilíbrio, pois temos de inferir, a partir do comportamento passado e corrente da economia, qual será a trajetória futura e, a partir deste cenário, avaliar qual será a trajetória do passivo externo e verificar sua estabilidade. Em geral verifica-se se há sinais ou não de crescimento do passivo externo líquido em velocidade superior à velocidade do produto. Isto é, investiga-se se há alguma tendência explosiva da dívida em proporção do produto.

Como mencionado no parágrafo anterior, do ponto de vista do equilíbrio intertemporal o câmbio real de equilíbrio está associado à capacidade de a economia financiar-se internacionalmente. No caso do Brasil, por exemplo, qualquer medida que aos olhos do mundo reduza o risco de investir no país produz pressão na direção de valorizar o câmbio: ao ritmo corrente de acumulação de passivos o resto do mundo estará disposto a nos financiar a juros menores, o que fará com que o dispêndio doméstico se eleve. Portanto, toda melhora institucional, em particular, e toda medida, em geral, que reduza o risco percebido do investimento no Brasil colaboram para valorizar o câmbio real de equilíbrio — isto é, para elevar o nível de dívida externa sustentável no longo prazo.

É importante ressaltar que o câmbio de equilíbrio do ponto de vista intertemporal não implica que em algum momento do tempo o passivo externo líquido do país venha a ser nulo. É perfeitamente possível que em equilíbrio dinâmico o passivo externo líquido seja negativo ao longo de todo o tempo. A condição de equilíbrio dinâmico estabelece que o passivo externo líquido não pode ter um comportamento explosivo. Uma economia que apresente déficits de transações correntes sistematicamente elevados — isto é, que absorva poupança externa sistematicamente — não estará em uma trajetória de desequilíbrio se for uma economia de elevado crescimento. Neste caso é perfeitamente possível que o passivo externo líquido como proporção do produto não cresça. Este é, por exemplo, o caso da Austrália, país que desde 1986 apresenta déficits de transações correntes da ordem de 4,5% do PIB, mas cujo passivo externo líquido não apresenta sinais de comportamento explosivo.

Assim, do ponto de vista dinâmico é perfeitamente possível que economias absorvam poupança externa de forma continuada. Normalmente, quando há sinais de que a renda futura é crescente, os consumidores domésticos estarão interessados em tomar emprestado para consumir além de sua renda atual. Dessa forma, uma parte do ganho futuro de renda será consumida no presente. Há, como se diz em economia, antecipação do consumo — desde que o resto do mundo esteja disposto a financiar. Este tem sido o caso da economia brasileira recentemente, em que ganhos permanentes de salário mínimo, inclusive do benefício previdenciário, e as perspectivas de continuidade do processo de crescimento induzem os consumidores a lançar mão de crédito, mesmo que caro, de forma a antecipar o consumo. Este comportamento individual, quando agregado para toda a economia, produz um déficit em transações correntes e uma tendência à valorização do câmbio. Empiricamente, não sei se a maior propensão a investir (inclusive do setor público) não é mais importante para o déficit externo do que a antecipação do consumo.

Vejamos como funciona a mecânica do processo descrito no parágrafo anterior. Suponha-se que a economia encontra-se em equilíbrio de longo prazo com a conta-corrente equilibrada. Trata-se de uma economia aberta e, portanto, a taxa de juros com a qual os consumidores se defrontam é a taxa de juros internacional. Nessa situação inicial a trajetória do consumo e da produção é constante. Suponhamos que a partir dessa situação de equilíbrio haja um ganho de produtividade e que este ganho sinalize aos indivíduos que haverá uma sucessão de ganhos futuros de produtividade, de modo que a trajetória do produto passa a ser crescente. Se à taxa de juros internacional os indivíduos estavam satisfeitos com um perfil constante, agora que o consumo no futuro irá crescer à mesma taxa de juros (que é dada internacionalmente) os indivíduos desejarão antecipar uma parte do ganho futuro de consumo que haverá em função do ganho continuado de produtividade. Assim, a sociedade passará a acumular um passivo contra o resto do mundo. Sob a hipótese implausível (para simplificar o argumento) de que o ganho de produtividade não tenha alterado a taxa de retorno do capital, todo o ajustamento em seguida à elevação da produção recairá sobre o consumo. O consumo passa a ser crescente e a sociedade acumula um passivo que no futuro será pago por meio de um consumo um pouco mais baixo (do que o que seria se não tivesse havido a antecipação do consumo).

É importante também lembrar que, além da dinâmica das quantidades em seguida ao choque de produtividade, há uma dinâmica nos preços e, portanto, no câmbio (relembrando que o câmbio é o preço relativo do bem comercializável contra o bem doméstico). O ganho de renda em função do ganho de produtividade e a perspectiva de ganhos continuados de renda produzem uma elevação da demanda dos consumidores pelos dois bens. Como vimos na seção anterior, o crescimento na demanda de bens comercializáveis será atendido com elevação da importação deste bem (que provoca um déficit de transações correntes). A elevação da demanda pelo bem doméstico produzirá elevação do preço deste bem. A elevação dos preços do bem doméstico deslocará fatores de produção do setor de bens comercializáveis para o setor de bens domésticos, produzindo a elevação da oferta requerida para equilibrar o mercado de bens domésticos.

Como foi dito acima, esta dinâmica descreve bem a economia brasileira em seguida à aceleração do crescimento a partir de 2004. Como será visto mais adiante, o impacto da aceleração do crescimento sobre o câmbio foi reforçado pelos ganhos dos termos de troca. No entanto, para investigar este tema precisamos de um modelo mais completo, que trate os termos de troca como variável endógena. Esse tema será retomado na próxima seção.

Nesse ponto o leitor pode estar se perguntando por que no caso do Brasil ganhos de produtividade e aceleração do crescimento produzem valorização do câmbio e redução da poupança (requerendo o concurso da poupança externa para equilibrar os mercados domésticos), mas não no caso da China, que tem crescido a taxas espetaculares por décadas. Por que motivo a poupança chinesa é de 50% do PIB, contra 18% da nossa, e há um superávit de transações correntes da ordem de 5% do PIB ou mais, contra déficit no Brasil? Trata-se de questão bem pertinente. O principal motivo é que na China a forma pela qual o sistema de seguridade pública está organizado implica que o ganho de renda não é permanente do ponto de vista do indivíduo. Como não há previdência pública que garanta uma aposentadoria, o trabalhador viverá no futuro com o que ele foi capaz de poupar ao longo de sua vida ativa. Ora, dado que em algum momento no futuro o trabalhador se retirará do mercado de trabalho, ele se beneficiará do ganho de produtividade somente durante sua vida útil. Portanto, o ganho de renda será transitório. Quando aposentado, sua renda será nula. Assim, há um forte estímulo para que haja elevação da poupança — menor do que o ganho de renda — em seguida a um ganho de produtividade que gere crescimento econômico e ganho de renda para as famílias. Também não há um sistema de saúde gratuito e universal que aumente o poder de compra da aposentadoria sobre os demais bens. Não por outro motivo o governo chinês acaba de decidir por mudança gradual no processo de crescimento econômico e pela criação de uma rede de bem-estar social incluindo um sistema de previdência mais generoso. Esta medida é necessária para que a poupança se reduza e a China passe a ter um crescimento baseado no crescimento do mercado de consumo doméstico.

O processo de criação da zona monetária do euro

O fenômeno da crise recente de diversos países da periferia sul da Europa, principalmente Grécia, Espanha e Portugal, é outro tema para o qual a análise do conceito de câmbio real investigado neste capítulo é elucidativa.

A zona monetária do euro foi criada em 1º de janeiro de 2002, após a fixação das diversas paridades cambiais três anos antes, tempo necessário para a harmonização das políticas. A unificação monetária fez com que todas as economias passassem a ter um custo de capital dado pela reputação do banco central da Alemanha, visto que o Banco Central Europeu (BCE) herdou esta reputação.

A queda do custo de capital para os agentes econômicos domiciliados nessas economias periféricas da região do euro fez com que o nível ótimo (do ponto de vista individual) de endividamento tenha se elevado. Seja o setor público (como foi o caso da Grécia) ou o setor privado ligado a investimentos habitacionais (como foi o caso da Espanha), o fato é que os agentes iniciaram um processo de elevação do consumo e do investimento acima de sua renda corrente. O excesso de absorção sobre a produção, em consequência do aumento da absorção fruto da redução do custo de capital, ensejou valorização do câmbio real. As economias periféricas da Europa passaram por um processo de inflação de bens domésticos, isto é, inflação de serviços e de elevação do déficit de transações correntes. Passaram a absorver poupança externa, que fechou o espaço entre a produção doméstica e a absorção.

Quando o processo de elevação do passivo externo das economias periféricas chegou ao fim — seja porque o endividamento do setor público chegou ao limite, seja porque a bolha imobiliária estourou —, o processo tinha que reverter. O ajuste do setor público ou a elevação da poupança das famílias para pagar as hipotecas geraria uma redução da absorção em face da produção, gerando excesso de oferta do bem comercializável e do bem doméstico. O excesso de oferta do bem doméstico produz redução dos preços dos serviços e, consequentemente, uma desvalorização do câmbio real. Ocorre que a roda dos preços não roda para trás da mesma forma como roda para a frente. Os preços, principalmente os salários, são rígidos para baixo. Se é verdade que excesso de demanda por serviços acarreta inflação dos preços dos serviços, é igualmente verdadeiro que o excesso de oferta dos serviços produz recessão em um regime de câmbio fixo (como é o caso de uma área monetária comum). Este é o problema pelo qual estão passando as economias da periferia europeia. Como a experiência da Argentina logo antes de crise de 2001 mostrou, é muito difícil ajustar uma economia que opere em um regime de câmbio fixo por meio de deflação. Resta saber quanto tempo as economias aguentarão. A experiência da Argentina sugere que o processo de ajustamento do câmbio nominal por meio de deflação pode produzir uma recessão tão violenta que a sociedade acaba forçando a saída do país do regime cambial. Para os países da zona do euro, representará a saída dessas economias da União Monetária. Resta aguardarmos o desenrolar do ajustamento deflacionário do câmbio naqueles países.

3. Incorporando os termos de troca ao modelo

Até agora o modelo apresentado tem dois bens, o bem doméstico e o bem transacionável, e um preço relativo, o preço relativo do bem transacionável contra o bem doméstico (que é a medida da taxa de câmbio real). No entanto, outro preço importante quando se discute o equilíbrio externo de uma economia é o termo de troca: o preço relativo do bem exportado contra o do bem importado. Para incorporar esse novo conceito é preciso trabalhar em um contexto de três bens: o bem doméstico, o bem exportado e o bem importado. Existem agora dois preços relativos: o câmbio real e os termos de troca. Por analogia com a estrutura na economia brasileira pode-se imaginar os bens exportados como os bens primários e os bens importados como os bens manufaturados.

Evidentemente, existem inúmeros bens manufaturados, alguns importados e outros exportados. Quando se diz que o bem manufaturado, que é considerado no modelo, é o bem que será importado, quer-se dizer que os bens manufaturados *liquidamente são importados*. Da mesma forma o Brasil importa alguns bens primários, como trigo, diesel, gasolina e borracha natural. Quando a teoria estilizada aqui exposta afirma que o bem primário é exportado, isso representa o fato de que o Brasil é um *exportador líquido de bens primários*.

Esta estrutura com três bens é o modelo relevante para se entender o comportamento da economia brasileira em seguida à crise de 2008/09. Diferentemente do que ocorreu no período anterior à crise, no período seguinte houve e ainda está havendo fortes ganhos de termos de troca.[2] A China e outros países muito povoados, mas pobres em recursos naturais, têm contribuído para elevar a demanda mundial por *commodities* — sejam as *commodities* agrícolas, como a soja, sejam as *commodities* minerais, como o minério de ferro. Portanto, a demanda mundial pelos nossos produtos primários, para um dado preço, tem se elevado.

A questão é sabermos qual será o impacto sobre os preços e as quantidades — produzidas domesticamente e consumidas dos diversos bens — em função do crescimento da demanda da Ásia por produtos primários. Isto é, qual é o ajustamento da economia a um choque exógeno permanente dos termos de troca. O ajustamento ocorrerá da seguinte forma.

---

[2] Rigorosamente: no período que antecedeu à crise externa de 2008, houve ganhos de termos de troca de aproximadamente 10% concentrados no segundo e terceiro trimestres de 2008.

A elevação do preço internacional dos bens primários em um primeiro momento eleva o preço doméstico desses bens. Essa elevação produz elevação da produção dos bens domésticos e redução da produção dos serviços e bens manufaturados, pois fatores de produção se deslocam destas indústrias para o setor produtor de bens primários. A redução da oferta de manufaturas será atendida por elevação das importações enquanto a redução da oferta de serviços acarretará excesso de demanda por este bem, e, consequentemente, elevação do preço dos serviços, para estimular a oferta. No novo equilíbrio a produção dos bens primários elevar-se-á e a produção dos bens importados, as manufaturas, reduzir-se-á, além do crescimento que será observado das importações líquidas de bens manufaturados (Pessôa, 1998). Como a renda da economia cresceu com a elevação dos termos de troca, é possível verificar que o consumo de serviços e, consequentemente, a produção terão de crescer. Para que o consumo e a produção dos serviços se elevem (após a redução inicial em função da elevação do preço doméstico dos bens primários), é necessário que haja uma forte elevação dos serviços. Assim, o preço relativo dos serviços contra uma cesta de bens comercializáveis — manufaturados e primários — eleva-se, caracterizando valorização do câmbio. Finalmente, vale a pena ressaltar que no equilíbrio final houve forte queda da participação dos bens manufaturados nas exportações e forte elevação da participação dos bens primários nas exportações. Assim a "reprimarização" da pauta exportadora, vale dizer, a elevação da participaçao dos bens primários nas exportações é consequência natural da dinâmica da economia ao choque externo positivo dos termos de troca.

Em certa medida esta dinâmica já estava em curso no período anterior à crise de 2008. Ocorre que no período que sucedeu à crise o padrão da dinâmica da economia mundial reforçou as forças que já atuavam no período anterior, no sentido de elevar a participação dos bens primários na pauta exportadora. A combinação de forte crescimento da China com a relativa estagnação das economias desenvolvidas — em particular, da estagnação da economia americana — elevou a oferta internacional de bens manufaturados. Estes países, tradicionais ofertantes desses bens, inundaram o mercado mundial para desaguar seus estoques. Assim, a dinâmica pós-crise, além de ensejar a elevação do preço das *commodities*, tem produzido redução do preço no mercado internacional das manufaturas. A participação de bens primários na pauta exportadora brasileira, que foi de quase 20% em 2000, fechou o ano de 2010 em pouco menos de 50%!

Como argumentado anteriormente, o modelo de três bens é a estrutura ideal para tratar do problema da reprimarização da pauta exportadora e da redução da participação da indústria de transformação no produto total da economia, em seguida a um choque positivo de termos de troca. Volta-se agora para esse problema.

Competitividade e Custo Brasil

Como foi mostrado nas seções anteriores, a perda relativa de competitividade da indústria brasileira — e, consequentemente, o processo de reprimarização da pauta exportadora que tem ocorrido nos últimos anos — é consequência natural da dinâmica da economia mundial desde aproximadamente 2000. Esta dinâmica acelerou-se a partir de 2006 e apresenta forte aceleração no período mais recente, em seguida à recuperação das economias emergentes após a crise de 2008.

Há diversos analistas que se preocupam com a perda de peso das manufaturas nas exportações brasileiras. Para combater esta tendência e elevar a competitividade da indústria brasileira recorrentemente são sugeridas medidas para elevar a eficiência da economia ou reduzir o Custo Brasil. Infelizmente, em geral estas medidas não concorrem para estimular a indústria. O erro desta análise é achar que o competidor do produtor de manufaturas do Brasil é o produtor de manufaturas do resto do mundo. O competidor do produtor de manufaturas no Brasil é o produtor de bens primários no Brasil. Se o Brasil não produzisse bens primários, o câmbio seria o necessário para haver um *superávit* externo nas exportações de bens manufaturados.

A falácia em acreditar que a redução do Custo Brasil ajuda a elevar a competitividade da indústria está em não reconhecer que a redução do Custo Brasil também eleva a competitividade da produção de bens primários e da produção de serviços em geral. Ou seja, a redução do Custo Brasil é desejável do ponto de vista do crescimento econômico da economia e do bem-estar da sociedade. No entanto, para que a redução do Custo Brasil tenha algum impacto sobre a indústria, *as medidas têm de ser focadas na indústria*. Por exemplo: se houver a recriação da CPMF nas alíquotas que vigoravam antes de sua extinção, de sorte que o imposto arrecade por volta de 1,5% do PIB, é possível compensar a indústria desonerando integralmente a folha de salários da Indústria de Transformação. Esta medida contribuiria para elevar a competitividade relativa da indústria (relativa ao setor de bens primários e ao setor de bens domésticos). Mas suponha que a redução do Custo Brasil ocorra na forma de melhoria das estradas e dos portos, isto é, uma melhora geral na logística. Muito provavelmente esta medida seria ruim para a indústria. O motivo é que estas medidas reduziriam muito o custo de transporte dentro do país. O frete tem um peso maior no preço do bem primário no porto do que no preço dos bens manufaturados. A redução dos fretes estimularia relativamente mais a exportação de bens primários do que estimularia a exportação de bens manufaturados. A entrada adicional das divisas fruto do ganho competitivo em exportar bens primários forçaria o câmbio para baixo e desestimularia ainda mais a exportação de bens manufaturados.

Nesta situação, uma medida que inequivocamente ajudaria a indústria seria a elevação da poupança do país. A redução do consumo promovida pela elevação da poupança reduziria a demanda por todos os bens, inclusive os bens domésticos, isto é, os serviços. O excesso de oferta de bens domésticos produziria uma pressão para a desvalorização do câmbio, isto é, redução dos preços dos serviços, o que estimularia a elevação da exportação de bens primários e de manufaturas. A elevação da poupança poderia ser conseguida, por exemplo, com a elevação do superávit primário do governo central.

Dinâmica no modelo de três bens

Até o momento vimos que, se há um forte choque positivo de termos de troca, provavelmente devido ao crescimento de uma grande economia que é complementar à economia doméstica, a economia doméstica experimentará ganhos de termos de troca. Adicionalmente, se a economia for exportadora de bens primários, haverá reprimarização da pauta exportadora e desindustrialização. Nesse processo, o câmbio real valoriza-se. A resposta dinâmica da economia ao longo do tempo reforça ou atenua esses efeitos? A conclusão é que, do ponto de vista dos preços, ela atenua, mas, do ponto de vista das quantidades, a dinâmica reforça. No longo prazo, o ajustamento da economia ao choque positivo de termos de troca reduzirá ainda mais a participação de bens primários na pauta exportadora e reduzirá ainda mais a produção de bens manufaturados. Com relação aos preços no longo prazo haverá uma tendência de retornarem aos valores vigentes antes da elevação dos termos de troca.

Imediatamente após os ganhos de termos de troca há, como vimos, uma elevação da produção de bens primários para atender ao crescimento da demanda chinesa, e uma elevação da produção de serviços, para atender ao crescimento da demanda doméstica que é fruto do ganho de renda (em consequência do ganho de termos de troca). Assim, o trabalho, que é o fator com maior mobilidade, desloca-se da indústria de transformação (o setor manufatureiro) em direção aos serviços (incluindo a indústria da construção civil) e ao setor de bens primários (incluindo a indústria extrativa mineral). O movimento do trabalho reduz a relação capital-trabalho nos serviços e na indústria de bens primários e eleva a relação capital-trabalho na indústria de transformação. Há, consequentemente, elevação da taxa de investimento na indústria de bens primários e nos serviços e desacumulação de capital (isto é, investimento abaixo da depreciação) na indústria manufatureira. A acumulação de capital produz uma segunda rodada de elevação da oferta de serviços e de bens primários. A resposta da oferta reduzirá os preços dos serviços e os preços dos bens primários. É possível demonstrar que no novo equilíbrio os preços serão os que prevaleciam antes do choque positivo de termos de troca. No entanto, no novo equilíbrio de longo prazo, em função da resposta da oferta, a participação dos bens primários na pauta exportadora e no produto elevou-se.

Para terminar o estudo do ajustamento dinâmico após a elevação da demanda chinesa pelos nossos produtos primários, temos de investigar quando termina o processo de acumulação de capital na indústria de bens primários e de serviços, e de desacumulação de capital na indústria de transformação. No final do processo de ajustamento dinâmico, a taxa de retorno do capital nos três setores será a mesma (caso contrário, haveria ganho em retirar capital de um setor e transferi-lo ao setor que apresentasse retorno maior). Adicionalmente, no final do processo de ajustamento dinâmico, as taxas de retorno do capital serão as mesmas que prevaleciam antes da alteração do equilíbrio da economia em função da elevação da demanda chinesa. Isso ocorre porque supusemos que no longo prazo a acumulação do capital é fruto da escolha dos investidores, que somente deixarão de acumular capital quando sua taxa de retorno se ajustar a seu custo de oportunidade, que, por hipótese, não se alterou. Dado que a nova taxa de retorno do capital é igual ao valor observado pré-choque, e se as tecnologias não se alteraram, a taxa de retorno do trabalho também tem de voltar a seu valor pré-choque. Se as remunerações de todos os fatores de produção voltaram a seus valores anteriores, o mesmo ocorrerá com os preços da economia. No novo equilíbrio de longo prazo o câmbio real retorna ao valor observado antes do choque.

4. Conclusão

O objetivo deste capítulo foi o de descrever a forma como ocorre a determinação da taxa de câmbio do ponto de vista da teoria econômica. Argumentou-se que há uma componente estática, em que o câmbio é dado pelo equilíbrio no mercado de serviços. Sempre que há excesso de demanda por serviços, os preços dos serviços sobem e, consequentemente, o câmbio valoriza-se. Mas há também uma componente dinâmica do câmbio associada à dinâmica de acumulação de passivos por residentes contra os não residentes de nossa economia. Sempre que houver desejo por parte dos agentes econômicos de que a absorção interna — a soma do consumo e do investimento — se eleve, o câmbio valorizar-se-á em função do excesso de demanda de serviços produzido pela elevação da absorção. A interação entre a dimensão estática — a forma pela qual a sociedade distribui a absorção entre serviços e bens — e a dimensão dinâmica — a forma pela qual a sociedade decide absorver ao longo do tempo — determina o câmbio de equilíbrio.

Todo o argumento foi construído sob a hipótese de que haja convergência do juro interno ao juro internacional. Sabemos que a realidade brasileira está longe desta situação. No passado o risco soberano — isto é, o risco de calote por um governo — explicava parcela significativa deste diferencial. Ou seja, líquido do risco soberano o diferencial de juros não era tão pronunciado. Nos últimos anos reduziu-se a parcela do diferencial de juros que é explicada pelo risco soberano. Evidentemente, o risco soberano associado a nosso histórico de calotes explica parte do fenômeno. Outro fator é a baixa taxa de poupança e a baixa resposta da poupança à aceleração do crescimento econômico. Assim, a elevação do investimento induzida pela aceleração do crescimento não enseja elevação da poupança doméstica, produzindo uma situação de excesso de demanda que pressiona as taxas de juros. Como vimos ao longo do capítulo, essa situação de excesso de demanda enseja maior absorção de poupança externa e, consequentemente, resulta em câmbio mais valorizado e desindustrialização. A política econômica nos últimos anos tem tentado evitar valorizações muito acentuadas do câmbio. Para tal, o Banco Central tem comprado recorrentemente divisas. Este fluxo constante de compras de divisas reduz a quantidade de poupança externa que é absorvida, contribuindo, portanto, para manter os juros mais elevados. Finalmente há um risco adicional que explica parte do diferencial de juros, que é o risco cambial. Há o risco de quando chegar o momento em que o investidor deseja remeter de volta seus recursos e, portanto, for converter o investimento em moeda externa, a taxa de câmbio estar muito desfavorável. Neste caso, se o investidor for avesso ao risco, ele cobrará um prêmio para compensar pelo risco cambial. Uma reflexão completa dos motivos que explicam as elevadas taxas de juros em nossa economia está fora dos limites deste capítulo. No entanto, os fatores mencionados — risco de calote, baixa poupança, risco cambial e política de acumulação de reservas — respondem atualmente, em nosso entender, pela maior parcela do fenômeno.

Referência

PESSÔA, S. Impacto da redução do Custo Brasil sobre a defasagem cambial. *Revista Brasileira de Economia*, v. 52, n. 2, p. 279-310, abr./jun. 1998.

PARTE II

As políticas públicas e a agenda de competitividade

CAPÍTULO 3

As políticas de competitividade na agricultura brasileira

Mauro de Rezende Lopes
Ignez G. V. Lopes
Daniela de Paula Rocha*

1. Introdução

As políticas macroeconômicas, assim como as de comércio exterior e setoriais, ou a falta delas, afetam a competitividade da agricultura brasileira em duas dimensões: em termos de o Brasil poder competir nas exportações com nações agroexportadoras tradicionais em terceiros mercados; e afetam a competitividade da agricultura brasileira em termos da concorrência dos produtos produzidos no país contra os importados.

Quando nossas exportações competem com as de nações agressivas nos mercados externos, devemos levar em conta não só os mercados dos produtos, mas também as políticas de nossos concorrentes (de juros, de impostos, oferta de crédito, pesquisa, infraestrutura e logística). Analisando essas políticas e as características de nossos competidores, podemos avaliar o quanto eles são diferenciados e o quanto falta em termos de reformas e iniciativas para nos equipararmos à concorrência. Têm faltado no Brasil políticas capazes de corrigir nossas limitações, como o Custo Brasil, que tanto prejudica nossa competitividade.

A falta de uma política agressiva de defesa das exportações brasileiras contra os subsídios de nossos concorrentes em terceiros mercados, principalmente práticas de subsídios de exportação e toda sorte de práticas anticoncorrenciais, nos desloca de mercados onde poderíamos fazer valer nossa competitividade. O Brasil ganhou um painel na Organização Mundial do Comércio (OMC) contra a União Europeia, no caso dos subsídios

---

* Os autores são membros do Centro de Estudos Agrícolas do Ibre/FGV, Rio de Janeiro. Os autores agradecem o apoio técnico de Rafael de Castro Bomfim.

daqueles países no açúcar, e outro contra os Estados Unidos, no caso do algodão. A falta de acordos no âmbito da Área de Livre Comércio das Américas (Alca) e na OMC impede que o Brasil penetre em mercados com barreiras protecionistas e subsídios internos. Se, além de tudo isso, os governos impõem, como impuseram no passado, restrições às vendas externas, a competitividade do país fica inevitavelmente comprometida. Como se sabe, por muitos anos, até a Lei Kandir (1996), o Brasil exportava impostos.

As políticas macroeconômicas, as políticas de comércio exterior e setoriais, ou a falta delas, afetam a competitividade da agricultura brasileira também em face dos produtos importados. No caso das importações, não devemos nos concentrar nos mercados dos produtos, mas sim nas políticas e características dos países que nos exportam produtos que competem com os produtos nacionais. Isso se refere, por exemplo, aos casos dos países que detêm instalações portuárias, sistemas de transporte, logística e infraestrutura, que oferecem serviços de baixo custo e financiamentos a juros baixos nas exportações. A falta de uma política de defesa comercial acaba permitindo a internação de produtos com subsídios na origem, que deveriam ser contrarrestados com direitos compensatórios. Se, além disso, no passado os governos do Brasil importaram produto com subsídios, formaram estoques e os venderam com subsídios (para "controlar a inflação"), a competitividade da produção em face dos produtos importados também ficou seriamente comprometida. Houve um tempo em que o Brasil, além de exportar impostos, importava subsídios.

Quando ficou evidente que as políticas haviam esgotado as finalidades para as quais haviam sido criadas, foram feitas mudanças profundas. A partir dos anos 1990 o Brasil revelou sua verdadeira competitividade nas exportações agropecuárias. Eliminadas as distorções que impediam que os produtores nacionais recebessem os incentivos econômicos do mercado e os preços domésticos se alinhassem aos preços internacionais, o Brasil mostrou a força de sua competitividade, tornando-se uma das maiores nações agroexportadoras do mundo. Entretanto, há iniciativas, que precisam ser tomadas, que são essenciais para a sustentação da atual posição do país. Faltam acordos internacionais, redução do Custo Brasil, infraestrutura, logística, sem os quais o programa de reformas fica incompleto.

Este capítulo aborda inicialmente as políticas adotadas de 1970 a 1985, período que precedeu o início das reformas e que mostra políticas que tiveram efeitos negativos na competitividade do país, cujos feitos nos advertem de que elas não podem voltar. Mostra, em seguida, o impacto sobre a competitividade do setor decorrente das reformas macroeconômicas, do comércio exterior e das políticas setoriais a partir de 1990. Outra seção apresenta estimativas das distorções causadas pelas políticas, que tributavam os produtos agrícolas exportados e protegiam os importados. Apesar dos avanços recentes, outra seção chama a atenção para as reformas incompletas que representam ameaças para a competitividade do setor, como a falta de avanço nas negociações internacionais de comércio, o câmbio e as deficiências na infraestrutura. Finaliza com conclusões e recomendações.

2. As políticas de intervenção e de compensação da agricultura

Por cerca de cinco décadas o Brasil perseguiu uma política de substituição de importação, que consistia em proteger a indústria e penalizar a agricultura, com o objetivo de transferir recursos (capital e trabalho, principalmente) do setor agrícola para o setor urbano-industrial, reduzindo os custos da industrialização. Além disso, sob a alegação de que era necessário "controlar a inflação", os governos intervieram na comercialização dos produtos agrícolas com manipulação dos estoques públicos, vendidos com subsídios; promoveram a importação de alimentos para venda com subsídios; e controles nas exportações e nos preços internos, até mesmo com prolongados períodos de tabelamento. Essas medidas tiveram efeitos negativos sobre a capacidade da agricultura de exportar e alimentar os brasileiros.

Durante as décadas de 1970 e 1980 e até metade dos anos 1990, as intervenções frequentes do governo na comercialização e na restrição às exportações criaram um ambiente pouco favorável à competitividade da agricultura. A área e a produção evoluíram a taxas modestas em relação às potencialidades do setor. As intervenções tornaram a área plantada e os preços instáveis ano a ano, choques frequentes de oferta criavam inflação e privação social.

Nesse período, os governos procuravam compensar a agricultura através do crédito subsidiado. Subsidiavam, mas continuaram tributando o setor agrícola. Essa política da segunda melhor solução (*second best*), de imposto-com-subsídio, além de ser regressiva em relação à distribuição da terra e da riqueza no campo, não produziu efeito desejado de aumento da produção de comida.

Diversos estudos mostraram que essa combinação de políticas de intervenção nos mercados e crédito barato foi altamente regressiva. Seus benefícios se concentraram nos grandes produtores. De sua atuação ao longo de quase três décadas resultou um grande número de produtores com baixos níveis de renda e pequeno contingente de produtores capitalizados. O subsídio do crédito rural acabou capitalizando-se no valor da terra, único fator de produção de oferta inelástica, tendo um efeito regressivo não só na distribuição da renda como também na distribuição das terras no setor.

2.1 A política de crédito rural subsidiado

Ao invés de remover as distorções de preços, diante dos repetidos choques de oferta que, em meados da década de 1970, criavam inflação e penalizavam o consumidor urbano, o governo estruturou o Sistema Nacional de Crédito Rural (SNCR), em 1975, para a operacionalização da Lei do Crédito Rural (1964). O objetivo do crédito rural subsidiado era induzir a modernização e a mudança tecnológica na agricultura, através, sobretudo, dos empréstimos para o custeio anual da produção. Visava mudar o padrão de crescimento extensivo (por incorporação de área), em direção ao crescimento intensivo via incremento da produtividade. O governo poderia, alternativamente, ter removido as distorções de preços e permitido à agricultura acesso livre ao mercado externo. Tendo criado uma forma de "compensação" do setor, insistiu em manter o aparato de intervenção na comercialização.

Durante as décadas de 1970 e 1980, foram elevadas as transferências com o subsídio ao crédito. As taxas nominais de juros nos empréstimos foram mantidas bem abaixo da taxa de inflação e ficaram severamente negativas durante toda a década de 1970. As taxas nominais foram ajustadas ao longo do período, mas as taxas reais permaneceram negativas até o final dos anos 1980, quando se iniciou o processo de remoção do subsídio. As maiores transferências ocorreram entre a metade das décadas de 1970 e 1980, quando o valor dos empréstimos anuais concedidos ao setor atingiu montantes anuais em torno de R$ 100 bilhões, em valores de 2009. Entretanto, nesse período, pouco mudou o padrão extensivo do crescimento da agricultura. Pode-se concluir que o período de ouro do crédito rural subsidiado resultou em expansão da área cultivada, associada ao uso de máquinas e fertilizantes, com ganhos modestos em termos de produtividade e competitividade. Foi um importante instrumento de financiamento da expansão da agricultura no cerrado.

Em meados da década de 1980, o recrudescimento da inflação e o desequilíbrio macroeconômico acabaram erodindo os recursos até então disponíveis para o crédito rural. Alvo da política de contenção dos gastos públicos, o fim da Conta Movimento do Banco do Brasil (por onde fluía o crédito rural) impôs cortes drásticos no financiamento à agropecuária através do crédito oficial. De acordo com o Banco Central, o crédito rural atingiu o valor máximo de R$ 132 bilhões em 1979, iniciando uma trajetória de queda, chegando a R$ 19 bilhões em 1996, e se estabiliza em torno de R$ 30 bilhões até 2000 (em reais de 2009). Ele volta a se elevar nos anos recentes, atingindo R$ 75 bilhões em 2009. Ainda assim, a retirada do apoio oficial à agricultura através da política de crédito rural pode ser mais bem avaliada se levarmos em conta que a produção partiu de 49 milhões de toneladas em 1979 para 148 milhões em 2010, ou seja, o crédito reduziu-se quase à metade enquanto a produção agrícola triplicou.

O crescimento recente do crédito rural oficial tem uma parcela importante voltada para o investimento em máquinas e colheitadeiras, com recursos do BNDES, principalmente no programa Moderfrota. O crédito de investimento concedido através do SNCR era pouco expressivo no passado, representando menos de R$ 5 bilhões em 1999. Passa a ser o segmento com maior crescimento, com taxa média anual de 13,4%, atingindo R$ 17,5 bilhões em 2009, em valores reais, variando 3,5 vezes no período.

É importante destacar que o crédito rural oficial sofreu mudanças profundas e que, na expansão recente, está sujeito a taxas de juros de 8,75% a.a. para o custeio. Nos programas de investimento do BNDES para máquinas agrícolas, elas estão sujeitas a taxas *ex ante* de 11,95% ou taxa *ex post* de TJLP + 5%.

A redução do crédito rural na década de 1990 e o reconhecimento dos efeitos regressivos da política motivaram, em parte, a criação do Programa de Fortalecimento da Agricultura Familiar (Pronaf) em 1996. O governo praticamente se "retirava" do papel de financiador da agricultura comercial, mas deixava em seu lugar um programa de crédito seletivo, voltado para a "agricultura familiar". O crédito do Pronaf é concedido exclusivamente a produtores que preenchem os critérios de elegibilidade definidos pelo Banco Central. Está sujeito a condições favorecidas de juros e prazos e, ainda, a rebates no pagamento dos empréstimos e envolve elevados subsídios.

Além do crédito rural, outras ações mitigadoras dos efeitos perversos da política econômica sobre a agricultura foram adotadas. Os programas "polos" de ocupação do território nacional (Polonordeste, Pronazém, Polo Noroeste, Polocentro e outros), conjugados com os juros subsidiados, impulsionaram a ocupação da fronteira. A compra da produção por meio da política de garantia de preços mínimos (PGPM) foi fundamental como apoio nessa expansão. Finalmente, a construção de grandes estradas (BR-364, BR-163, BR-158, BR-242, Belém-Brasília) foi um esforço adicional de ocupação da fronteira.

No tocante aos polos, não se fez ainda uma avaliação rigorosa dessas políticas. Continuam a existir dúvidas até hoje quanto à sua eficiência.

2.2 A política de pesquisa agropecuária

O rápido esgotamento dos recursos do crédito oficial em meados dos anos 1980 acontece no momento em que amadurece o Sistema Nacional de Pesquisa Agropecuária, passando a produzir resultados na forma de novas variedades de sementes e pacotes tecnológicos específicos por região e produto. A partir do final dos anos 1980, os produtores brasileiros deixam de investir em ampliação da área cultivada e passam a dominar novas tecnologias produtivas que aumentam a produtividade da terra (sementes, fertilizantes) e a produtividade do trabalho (máquinas, equipamentos).

As novas tecnologias foram o resultado da estruturação do Sistema Nacional de Pesquisa Agropecuária e criação da Embrapa em 1973, quando ficou evidente que o crescimento da produção não podia mais se dar à custa da expansão da área.

A criação da Embrapa foi uma mudança de rota na evolução das políticas para o setor. Refletiu uma visão de longo prazo e a concepção de um modelo de desenvolvimento para a agropecuária. O modelo adotado pela Embrapa se inspira no pressuposto de que a geração de tecnologia é o resultado de um processo endógeno, através do qual os preços relativos refletem o fator de produção que se torna relativamente mais escasso e emitem sinais para a substituição desse fator (Hayami e Ruttan, 1985).

Nesse modelo, o papel da instituição de pesquisa é interpretar os sinais de mercado e orientar o desenvolvimento das pesquisas para dois tipos de tecnologia: as que poupam terra (sementes, fertilizantes e defensivos) e as que poupam trabalho (máquinas, colheitadeiras, herbicidas etc.).

A partir da criação da Embrapa, os investimentos em pesquisa pública foram concentrados em centros de pesquisa dedicados a produtos (ex.: Centro Nacional Pesquisa de Milho e Sorgo), a questões temáticas (ex.: Centro Nacional de Pesquisa do Meio Ambiente), ou ecorregionais (ex.: Centro Nacional de Pesquisa do Semiárido). A descentralização territorial dos centros de pesquisa facilita a comunicação entre os pesquisadores e os produtores. A concentração de recursos possibilitou o alcance rápido de resultados e, em pouco mais de 15 anos, a ciência agropecuária devolveu à sociedade os benefícios dos investimentos.

Os investimentos em pesquisa na Embrapa se iniciaram em 1975 com 0,3% do PIB Agrícola, em termos de dispêndios da empresa. Era necessário, em uma primeira fase, investir em quadros de pesquisadores, laboratórios, centros nacionais e em infraestrutura. O período de investimento básico estendeu-se de 1975 a 1982, quando os investimentos atingiram 0,84% do PIB Agrícola.

A partir dos anos de investimentos destinados a montar a plataforma tecnológica da pesquisa na Embrapa, os dispêndios com pesquisa oscilaram entre 0,8% e 1% do PIB Agrícola, no período de 1982 a 1993. A partir de 1993 os investimentos na Embrapa voltaram a crescer, atingindo recordes históricos de 1,5% do PIB Agrícola em 1997. A partir de 1997 os investimentos sofreram nova queda significativa, passando de 1,5% para 0,8% do PIB Agrícola. Após essa queda, os investimentos, a partir de 2003, voltaram a crescer, atingindo 1% do PIB Agrícola.

O grande destaque em termos de resultado dos investimentos em pesquisa agropecuária foram o domínio dos solos ácidos do cerrado brasileiro e as novas cultivares adaptadas à região, que propiciaram o desenvolvimento da agricultura tropical do Centro-Oeste, de onde provém hoje cerca de um terço da produção agropecuária do país.

A Embrapa se destacou na geração de variedades resistentes a pragas e a rigores climáticos (variedades resistentes a secas), na adoção de novas práticas agrícolas que proporcionam maior eficiência no uso de água e nutrientes, propiciando redução de custos e economia de insumos. De grande relevância foi a criação de variedades de ciclo curto que propiciaram a possibilidade de se obter dois ciclos produtivos e colher duas safras no ano. O maior exemplo é o milho safrinha que, em algumas regiões, já permitiu dobrar a produção anual.

A modernização tecnológica da agricultura brasileira não teria ocorrido sem o concurso de outras instituições de excelência em pesquisa agronômica, como o Instituto Agronômico de Campinas, que possui ações de grande destaque, sobretudo nas cadeias de produção do algodão, café, citros e cana-de-açúcar, além da horticultura, frutas frescas e flores.

O processo de adoção de novas tecnologias na agropecuária brasileira e o novo padrão de crescimento intensivo do setor via aumento de produtividade já estavam em curso na agropecuária, quando ocorreram a abertura comercial e a estabilização macroeconômica.

3. Avaliação do efeito das políticas de intervenção na competitividade do setor

As intervenções dos governos de 1970 até o final da década dos anos 1980, tanto nas exportações quanto nos mercados domésticos, acabaram dissipando as vantagens comparativas da agricultura brasileira. A falta de infraestrutura, o Custo Brasil e a falta de políticas genuinamente setoriais acabaram por não criar vantagens competitivas comparáveis às vantagens comparativas da agropecuária brasileira.

As importações de alimentos e as vendas de estoques públicos com subsídios diminuíram a capacidade de a produção doméstica competir com o produto importado e o nacional subsidiado, uma vez que os preços dos alimentos eram mantidos artificialmente baixos. Os produtores não podiam competir com os recursos públicos, criando a impressão de que a produção nacional não tinha competitividade para sobreviver — precisava de estímulos, no caso, do crédito rural subsidiado. As políticas de restrições às exportações, tais como licenciamento prévio, contingenciamento e embargos (proibições), os impostos de exportação e o câmbio sobrevalorizado prejudicaram a competitividade brasileira nos mercados internacionais.

Há evidência empírica estabelecida de que as intervenções levadas a cabo na agricultura criaram fortes desestímulos para o setor e frearam sua competitividade. Os estudos de Lopes e Staab (1980 e 1996) tentaram responder às perguntas: Quais foram as consequências das políticas que discriminaram a agricultura? Qual era a verdadeira dimensão das distorções dos incentivos econômicos sobre a agricultura brasileira? Após cerca de três décadas de políticas de intervenção de preços e exportações, dentro da política de substituição de importação, quais haviam sido as consequências? Para responder a essas perguntas, calcularam a Taxa de Proteção Nominal e a Taxa de Proteção Efetiva (ver box).

> **Proteção Nominal e Proteção Efetiva**
>
> Em termos percentuais, a Taxa de Proteção Nominal (TPN) mede a diferença entre o que o produtor recebe, no estabelecimento rural, e o quanto ele deveria receber, se não houvesse distorções de política nos preços. A TPN de um produto é determinada pela razão entre seu preço doméstico e seu preço externo (FOB) sem distorções e impostos na exportação. Se o resultado for negativo, as distorções de política penalizam o produtor doméstico, pois esse recebe um preço menor de que receberia se tais políticas não existissem e o produto fosse livremente transacionado. Um resultado maior do que zero indica que as distorções protegem os produtores. Mas, para observarmos como essas mesmas políticas atuam sobre todo o processo produtivo, devemos calcular a Taxa de Proteção Efetiva (TPE). A TPE de um produto leva em conta as distorções causadas pelos custos dos insumos usados no processo produtivo, quando há proteção às indústrias. Para isso, relaciona-se o valor adicionado de um produto a preço de mercado doméstico com o mesmo valor medido a partir de um preço CIF dos insumos importados sem tarifas. Assim, um resultado negativo representa uma tributação implícita do produtor, causada pela proteção tarifária concedida aos insumos usados na produção. Um caso importante é o que ocorre quando a TPE é maior — em valor absoluto — do que a TPN, sendo ambas negativas. Nesse caso, temos uma tributação em nível de produto mais a proteção à indústria dos insumos (TPE).

O estudo mencionado estimou a TPN e a TPE. Todos os coeficientes da TPE foram maiores do que os das TPN, revelando que as tarifas incidentes sobre os insumos magnificaram a tributação dos produtos. As TPN e as TPE para os principais produtos no período, em percentuais, estão na tabela 1. Os sinais negativos indicam tributação dos produtos. No caso do trigo, os valores positivos indicam proteção do produto. As colunas da tabela referentes à TPN e à TPE com correção do câmbio revelam uma "tributação indireta do setor" ainda maior.

Tabela 1
Valores percentuais médios da TPN e TPE nos anos de políticas de proteção à indústria (1980-1994)

Produtos	Câmbio Oficial		Correção da Sobrevalorização das Taxas de Câmbio	
	Com Impostos	Sem Impostos	Com Impostos	Sem Impostos
Algodão				
Apenas Preço do Produtor	-8,27	-17,15	-17,13	-28,15
Preço do Produto + Proteção aos Insumos	-16,75	-25,72	-23,72	-35,23
Soja				
Apenas Preço do Produtor	-6,17	-17,14	-18,31	-29,85
Preço do Produto + Proteção aos Insumos	-17,16	-22,46	-18,98	-30,69
Milho				
Apenas Preço do Produtor	-2,14	-10,02	-10,43	-18,82
Preço do Produto + Proteção aos Insumos	-27,73	-31,51	-26,44	-34,02
Arroz				
Apenas Preço do Produtor	-9,15	-12,3	-11,91	-17,28
Preço do Produto + Proteção aos Insumos	-13,32	-16,32	-13,16	-18,04
Trigo				
Apenas Preço do Produtor	34,79	36,45	21,45	22,85
Preço do Produto + Proteção aos Insumos	14,92	16,08	3,98	5,04

Fonte: Lopes e Staab (1996).

4. As reformas nas políticas macroeconômicas, do comércio exterior e das políticas setoriais e a competitividade da agricultura

Nos primeiros anos após a abertura comercial, a agricultura sofreu a concorrência de importações de produtos que já gozavam de subsídios na origem. Entretanto, o setor — apesar de penalizado por reduções tarifárias em nossas importações — acabou se beneficiando muito da estabilização econômica e da redução da proteção à indústria, tendo sido a "âncora verde" do Plano Real. Pagou um preço por esta redução tarifária, mas, ao mesmo tempo, também se beneficiou da estabilidade da moeda e da abertura do comércio, na medida em que a redução tarifária da indústria contribuiu para uma relativa desvalorização do câmbio e melhor remuneração das exportações.

4.1 Reformas no período 1990 a 1999

Este período é o marco de uma nova era para a competitividade brasileira. A agricultura que emergiu a partir dessas reformas em nada se assemelha àquela das décadas passadas, conforme se depreende do gráfico 1. No período de 1990 a 1999, as principais políticas foram: a) redução unilateral de tarifas (redução das tarifas industriais em média de 100% para 31%); b) reforma das políticas agrícolas, com a eliminação dos controles de preços e o fim dos mercados regulados com a extinção dos *marketing boards* do trigo (Detrig), do açúcar e álcool (IAA) e do café (IBC), que interferiam na comercialização e na competitividade; c) a adoção do Plano Real e a estabilização da economia (1994); d) redução dos níveis de proteção à indústria (1989-94); e) o fim das importações com subsídios na origem; f) queda dos preços dos insumos devido às reduções tarifárias; g) Lei Kandir (eliminação do ICMS sobre as exportações); h) exportações agrícolas livres e desgravadas; i) a definição clara de uma nova política destinada a reduzir gradualmente a intervenção na comercialização através das compras diretas pela Conab; j) a decisão de reescalonar as dívidas agrícolas.

Com essas reformas houve uma significativa melhora no desempenho das exportações, mostrando a força da competitividade do país, conforme abordado no capítulo 9.

Gráfico 1
Brasil — produtos selecionados* — série histórica de área, produção e produtividade

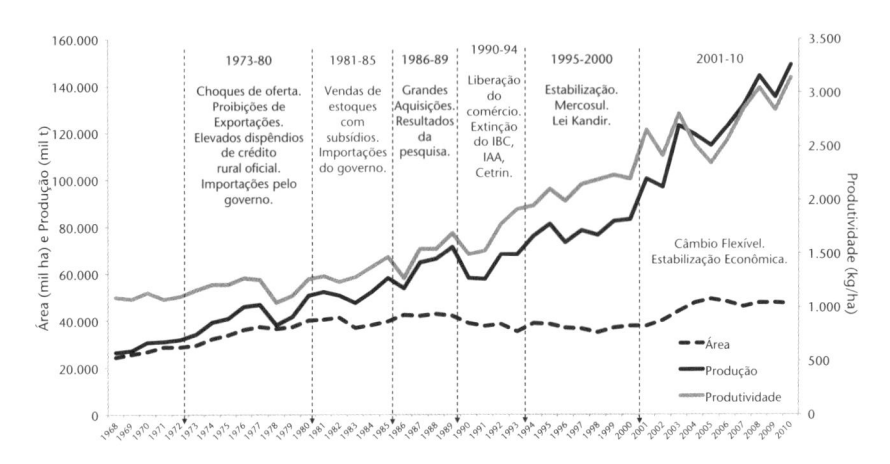

Fontes: IBGE (1968-1976); Conab (1977-2010).

* Produtos selecionados (segundo Conab): caroço de algodão, amendoim, arroz, aveia, centeio, cevada, feijão, girassol, mamona, milho, soja, sorgo, trigo e triticale.

Toda a reforma de liberação do comércio culminou com a implementação do Mercosul, em 1996. Entre seus Estados-membros, havia grandes produtores de alimentos, como a Argentina e o Uruguai, e, mais tarde, o Paraguai passou a fornecer milho, farelo e óleo de soja e trigo para o sudoeste do Paraná e para o oeste de Santa Catarina. O período de início do Mercosul, denominado de euforia comercial, facilitou a importação de produtos agrícolas para o abastecimento brasileiro.

A redução tarifária foi significativa no Brasil. A tarifa média do setor industrial foi reduzida de 100% para 13% no período 1994-97. Os controles quantitativos de importação e as autorizações especiais da agência que controlava as importações foram extintos (o chamado Anexo C da Cacex).[1]

Na redução tarifária, os produtos agrícolas foram os que tiveram maiores percentuais de rebaixamento. A tarifa de arroz passou para 10%, de trigo e milho para 8%, o algodão e o feijão tiveram tarifa zero, e, como até

---

[1] Anexo C da Cacex — Um anexo da Carteira de Comércio Exterior, que elencava os ramos industriais do país, para efeito de julgamento de importações específicas terem ou não similar nacional.

aquele momento o Brasil não detinha uma legislação que permitisse aplicação de direitos compensatórios contra *dumping* e subsídios na origem, o país teve grande quantidade de produtos importados com subsídios na origem, notadamente o algodão, o trigo, o leite em pó e o milho, ao longo da década de 1990.

As tarifas dos insumos passaram para 10% para a ureia e superfosfato; 30% para tratores e 20% para equipamentos. Com as tarifas dos produtos e essas tarifas dos insumos, a "proteção" efetiva permaneceu ainda elevada e negativa, mostrando tributação da agricultura.

A redução tarifária teve, inicialmente, efeitos negativos sobre a agricultura. Por exemplo, o algodão plantado no Paraná e no estado de São Paulo praticamente desapareceu, tendo dispensado cerca de 300 mil trabalhadores que eram empregados na colheita manual dessa fibra. Muitos produtos sofreram com a entrada de produto com subsídios, principalmente os produtores de leite. Entretanto, após esse primeiro impacto, a agricultura ressurgiu mais forte e mais competitiva. Nasceu um "novo algodão", plantado com tecnologia moderna e colheita mecanizada. Quanto ao leite, houve uma seleção darwiniana e só ficou no ramo um número bem menor de produtores, aqueles com alta produtividade. O que havia sido uma ameaça no começo se tornou um fator de grande estímulo para o aumento da competitividade brasileira. Esse é um dos fatores por trás do sucesso do Brasil no mercado internacional: quando um setor é desafiado, ou ele se torna competitivo ou desaparece.

Foi a partir desse momento que começou a surgir uma nova agricultura no Brasil, impulsionada pela eliminação no Imposto de Exportação — pela aprovação da Lei Kandir (eliminação do ICMS na exportação) —, pela pesquisa e por uma taxa cambial flutuante. O real sofreu forte depreciação em janeiro de 1999, com a implantação do regime de câmbio flutuante. Estavam plantadas as condições para a emergência de uma nova agricultura no país.

Quando o Brasil estabilizou sua economia e removeu as políticas protecionistas para a indústria, passando para um regime de exportações mais livres e desgravadas, o setor rural mostrou toda a sua pujança nas exportações e no abastecimento interno. Nessa transição, os problemas de ajustamento enfrentados pelo país foram sendo gradualmente resolvidos à medida que investimentos na pesquisa aumentaram os rendimentos dos cultivos e da pecuária, a ponto de o Brasil tornar-se um dos maiores exportadores de alimentos. O setor agrícola foi desafiado ao longo de quase três décadas e encontrou forças para sobreviver e competir com os avanços da tecnologia e a estabilização macroeconômica. O restante deste capítulo apresenta o registro do que ocorreu na transição das políticas de substituição de importações (PSI) para o regime atual, no qual prevalece a liberalização dos mercados agrícolas da intervenção do Estado.

4.2 Reformas macroeconômicas

Grandes reformas foram feitas não motivadas por políticas destinadas a beneficiar a agricultura, mas pela absoluta exaustão da sociedade, em relação aos modelos de tentativas infrutíferas de combate à inflação e do peso do imposto inflacionário, altamente regressivo — que havia empobrecido a classe trabalhadora assalariada. Reformas na política agrícola foram impostas pelo ajuste fiscal (por exemplo, pela extinção da Conta Movimento no Orçamento Monetário). Entretanto, as reformas macroeconômicas beneficiaram muito a agricultura. Com isso, ela alcançou uma posição de grande destaque entre as nações agroexportadoras. Contudo, como se verá, falta muito para a agricultura poder afirmar que seu desempenho é sustentável no longo prazo. O Brasil logrou atingir a posição de primeiro exportador mundial de sete produtos agrícolas.[2] Mas muitos problemas perduram, alguns dos quais sem horizonte de solução — como a logística de escoamento da produção na fronteira agrícola e a dívida agrícola, para dar apenas dois exemplos.

Assim, problemas estão se acumulando no horizonte da agricultura. A combinação de avanço tecnológico com infraestrutura pobre é uma combinação muito desfavorável para a produção na fronteira agrícola. "Represa" produtos no interior, faz com que seus preços caiam em decorrência dos elevados custos dos fretes, diminuindo os preços ao produtor, e levando a que, ao se reduzir a produção, o país perca competitividade.

---

[2] Ver a seção 8 do capítulo 9.

4.3 A política de defesa da concorrência

Foi finalmente implementada a Política de Defesa Comercial. Por pressão dos produtores — que inclusive financiaram as elevadas custas dos advogados norte-americanos junto à OMC —, o Itamaraty reconheceu os méritos dos pedidos de investigação de práticas de subsídios em dois casos emblemáticos. Em abril de 2004 o Itamaraty — através da sua Coordenação de Contenciosos Comerciais — resolveu apoiar a petição de investigação de subsídios no açúcar produzido e exportado — também com subsídios — pela União Europeia (UE). Em março de 2005 a OMC deu ganho de causa ao Brasil ao considerar indevidos os subsídios concedidos pelos Estados Unidos a seus produtores de algodão.

Os subsídios norte-americanos deslocavam exportações brasileiras na Alemanha, Portugal, Itália, Peru, Chile, Argentina, Índia, Paquistão, Bangladesh, Coreia do Norte, Japão, Taiwan, Hong Kong, Indonésia, China e Tailândia. A OMC reconheceu em ambos os casos que havia práticas predatórias no comércio de ambos os produtos. A OMC determinou que a UE retirasse os subsídios que prejudicavam o Brasil (e mais de 13 países exportadores). Autorizou o Brasil a retaliar com tarifas as exportações dos Estados Unidos para nosso país, caso os Estados Unidos não venham a eliminar os subsídios ao algodão. Na petição feita pelos produtores, estimou-se que os prejuízos dos subsídios dos Estados Unidos na fibra de algodão somavam US$ 400 milhões.

5. As estimativas das distorções causadas pelas políticas

A metodologia adotada em estudo feito pelo Centro de Estudos Agrícolas do Ibre (Lopes et al., 2008b) tem como foco principal uma medida quantitativa das distorções impostas ao setor agrícola originárias das políticas do governo, que criam uma diferença entre os preços internos e os preços que prevaleceriam no mercado internacional sob condições do comércio livre e desgravado e a proteção da indústria.

Vale mencionar que uma proteção outorgada a um setor (indústria) representa um tributo implícito sobre outro setor (agricultura).[3] Con-

---

[3] A proteção de um setor (indústria) leva a que fatores de produção, trabalho e, sobretudo, capital sejam transferidos do outro setor (agricultura) para o setor protegido. Com isso, os custos do trabalho e do capital se elevam no setor desprotegido.

quanto importantes, as Taxas de Proteção Nominal (TPN) e as Taxas de Proteção Efetivas (TPE) deixam de levar em consideração o efeito que a proteção da indústria causava à agricultura, sobre a forma de uma tributação indireta; daí a razão da nova metodologia.

Nossa hipótese inicial é que a discriminação contra o setor agrícola não conta toda a história do que se passava nas políticas econômicas adotadas pelo país como um todo. Era necessário incorporar a proteção ao setor não agrícola e seus efeitos sobre a agricultura. Integrando os dois conjuntos de política, a nova metodologia obtém um resultado tão preciso quanto os dados permitem para se ter uma boa avaliação do grau de discriminação contra a agricultura.

Para calcular o nível de tributação da agricultura foi feita uma relação de preços internos e preços equivalentes nos portos, denominados os preços de paridade. As comparações foram feitas em nível de atacado. Além das *commodities* básicas, foram estimados preços em nível do atacado para produtos processados e semiprocessados (Lopes et al., 2008b).

Para esse estudo foram selecionados os seguintes produtos: trigo e arroz beneficiado como produtos importados, soja, cana-de-açúcar e café, como produtos exportados. Nos casos de milho e algodão houve mudança de *status*; inicialmente eram produtos exportados, tornaram-se produtos importados e, em seguida, voltaram a ser exportados em grande quantidade. Os produtos processados incluíam: farinha de trigo, arroz beneficiado e açúcar bruto. No conjunto de carnes foram incluídos o boi gordo para abate, aves e suínos como produtos primários. Como produtos processados, foram usados a carne bovina, o frango e a carne suína diretamente para o consumo. O conjunto de produtos selecionados soma quase 75% do valor da produção dos produtos agrícolas no Brasil. Por conseguinte, a cobertura é ampla o suficiente para permitir conclusões tanto sobre produtos importados quanto sobre os produtos exportados.

5.1 Tributação dos produtos agrícolas de exportação

Nos períodos mais recuados na história, os produtos agrícolas de exportação estiveram submetidos a elevados níveis de tributação, conforme demonstra o gráfico 2.

Gráfico 2
Taxas de proteção de produtos agrícolas exportados e importados.
Brasil, 1966 a 2010 (em porcentagem)

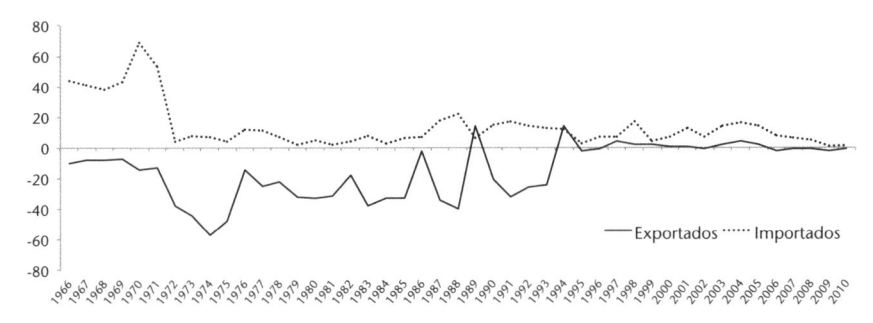

Fonte: Lopes et al. (2008b). Dados atualizados até 2009.

Nota: Valores positivos são níveis de proteção, e os negativos representam tributação.

O gráfico apresenta de forma agregada a tributação dos produtos de exportação. Mas nas estimativas iniciais é possível analisar a tributação dos produtos tomados individualmente. Os mais elevados níveis de tributação, de acordo com os resultados desse estudo, foram aplicados sobre o açúcar, o café, a soja e o algodão. A soja brasileira foi tributada, principalmente, por meio de políticas de contingenciamento e embargos na exportação, o que atrasou seu desenvolvimento nos anos 1970 e 1980. No caso do café, o confisco cambial determinou a drenagem de recursos da cafeicultura brasileira para os cofres públicos, que depois retornaram à cafeicultura através do Fundo de Defesa da Economia Cafeeira (Funcafé). O confisco cambial do café foi muito elevado, atingindo até 40% dos valores do café exportado.

Um dos produtos mais severamente tributados foi o açúcar, cujo coeficiente de tributação atingiu níveis acima de 50% até o início dos anos 1990. Os processos regulatórios desenvolvidos pelo IAA restringiram a exportação do açúcar, adotando-se um sistema de quotas, tornando obrigatória a produção de álcool. Esse conjunto discriminou contra um setor que poderia ter se beneficiado de preços internacionais melhores, não fosse a excessiva intervenção reguladora no mercado. Mostram ainda os dados, a partir da extinção do IAA, que o nível de tributação do setor caiu drasticamente e hoje está próximo de zero.

No caso do café a tributação do setor variou de 47%, em 1980, a 25%, no período 1985-89; nos anos recentes praticamente desapareceu. O Brasil é grande produtor de café no mundo e foi durante muitos anos dependente das exportações desse produto para subsidiar as importações de máquinas e equipamentos para a industrialização. Mas, apesar da importância do setor, ele foi severamente tributado. Com a extinção do Instituto Brasileiro do Café (IBC), o setor conseguiu se livrar de formas implícitas e explícitas, diretas e indiretas de tributação. No governo Collor essa política foi definitivamente extinta (1990). Em 1992, os preços do café e as exportações foram finalmente liberalizados e um novo processo de ajustamento se iniciou no novo governo. Recentemente o café passou a ser amparado pela política de preços mínimos (PGPM). Além da pujança da produção do café, todos os desincentivos criados pelas intervenções da política não eliminaram o cultivo no país, que permaneceu como um grande produtor. Mas deixou suas marcas indeléveis na qualidade do café que o Brasil exporta.

A tributação sobre a soja oscilou entre 10% e 20% entre meados dos anos 1970 e início dos anos 1990. Em meados dos anos 1990 os valores refletem os controles impostos sobre as exportações em tentativas do governo de "estabilizar a inflação" — o velho pretexto em todas as intervenções. Além das restrições qualitativas na exportação da soja-grão, as vendas no exterior foram tributadas com ICMS na ordem de 13% até 1996, quando foi promulgada a Lei Kandir. As exportações de farelo e óleo foram sempre isentas desse imposto. Com essa isenção as indústrias de esmagamento foram beneficiadas, mas não necessariamente os produtores, como mostram os resultados. As restrições ao comércio inibiram o crescimento da soja, cuja produção permaneceu relativamente estagnada, em torno de 10 a 11 milhões de hectares, da safra 1984 à safra 1997. O nível de tributação da soja declinou sensivelmente a partir da Lei Kandir. A partir de 1995 essa tributação foi gradualmente eliminada.

5.2 A proteção aos produtos agrícolas importados

No caso do trigo, os resultados indicam que essa lavoura foi fortemente protegida até o início dos anos 1990, resultado esse consistente com a regulamentação que criou o monopólio estatal do trigo, da importação, da comercialização interna, através da Comissão de Compra do Trigo Nacional (CTRIN) e do Departamento de Trigo (DTRIG). Essa regulamentação iniciou-se em 1967 e perdurou até 1990. Os preços em nível do produtor foram fixados bem acima dos preços de paridade internacional (paridade CIF), com valores entre 20% e 65%. Esses preços estimularam a produção doméstica, que atingiu o recorde de 6,1 milhões de toneladas no final dos anos 1980, montante muito próximo do consumo. Essa era a "política de autossuficiência" do trigo. Além disso, o governo importava o trigo e o vendia a preços subsidiados aos moinhos num sistema duplo de subsídio e de proteção ao cereal. Esse foi talvez um dos casos mais radicais de subsídios a produtores, moinhos e consumidores, algo sem precedentes na história da política agrícola do Brasil. Em 1990, o governo promoveu uma desregulamentação radical do setor, eliminando o CTRIN e toda a forma de controle.

No caso do arroz o governo protegeu o setor durante a maior parte do período do estudo através de crédito para a produção, crédito para comercialização e compras governamentais diretas (PGPM), que mantiveram o setor com proteção. Em anos de quebra de safra e severa escassez o governo promovia importações maciças de arroz através da Companhia Nacional de Abastecimento (Conab), que formava estoques e promovia vendas a preços subsidiados, abaixo dos preços CIF de importação. Isso se verificou, sobretudo, no final dos anos 1970 e nos anos 1980.

5.3 A proteção à indústria

Fruto da política de substituição de importações, a proteção à indústria foi muito elevada, como mostra o gráfico 3. Essa proteção foi diminuindo gradualmente. As políticas de estabilização macroeconômica e o controle dos déficits fiscais em 1994 forçaram em definitivo o fim das intervenções do governo através da proteção tarifária. A proteção à indústria a partir de 1998 foi reduzida, causando uma redução também na tributação da agricultura. Isso revela que a agricultura brasileira, quando deixada competir sem interferências, sem subsídios e sem impostos, deu uma vigorosa resposta em termos de indicadores de desempenho, colocando o país entre um dos maiores exportadores do mundo.

Gráfico 3
Taxas de proteção aos produtos industriais e produtos agrícolas. Brasil, 1966 a 2009 (em porcentagem)

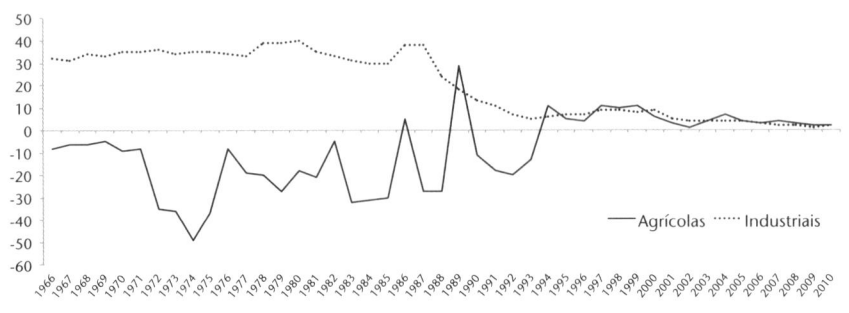

Fonte: Lopes et al. (2008b). Dados atualizados até 2009.

Nota: Valores positivos são níveis de proteção e os negativos representam tributação.

Os valores que indicam discriminação contra a agricultura são muito elevados. Após as reformas, notadamente a partir de 1995, esta discriminação desapareceu, propiciando o salto verificado nas exportações agrícolas.

A redução das tarifas industriais teve um impacto importante em termos de um relativo alívio à taxação implícita da agricultura. Está claro que a convergência da tributação da agricultura para um nível próximo de zero só foi possível devido a uma queda na proteção à indústria, que também caminhou assintoticamente para um nível próximo de zero. Um movimento é absolutamente consistente com o outro. Em outras palavras, o declínio da tributação até zero foi devido a um declínio da proteção ao setor industrial. Essa é uma constatação importante dos resultados. Com a redução da proteção industrial, fatores de produção essenciais como o capital e o trabalho foram realocados nas atividades agrícolas, onde o país desfrutava de significativas vantagens comparativas. Isso levou o Brasil a atingir um nível mais elevado de eficiência. Essa eficiência colocou o Brasil entre as nações líderes de exportação de produtos agrícolas. O ganho geral de bem-estar para o país foi substancial e essa é uma lição que não podemos esquecer. Em suma, os resultados das políticas implementadas a partir do Plano Real que se seguiram à implantação da estrutura de liberação do comércio iniciada em 1989 caminharam no mesmo sentido, criando um ambiente favorável para o crescimento agropecuário sem precedentes na história do país.

6. Ainda faltam reformas importantes para a maior competitividade da agricultura

6.1 A volatilidade e a sobrevalorização da taxa de câmbio

O gráfico 4 mostra o comportamento da taxa de câmbio nominal, de 1994 a 2010. No período 1994–1999, verifica-se a manutenção de um câmbio quase fixo. Em janeiro de 1999, visto a perda de reservas e a falta de sustentabilidade do regime vigente, adotou-se o câmbio flutuante. Até dezembro de 2002, o câmbio foi depreciando, melhorando substancialmente as condições de competitividade da agricultura brasileira.

Gráfico 4
Dólar comercial média mensal (jan./1994 — dez./2010) (R$)

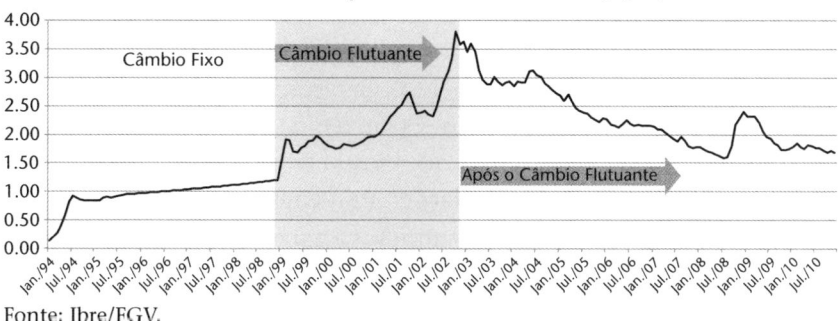

Fonte: Ibre/FGV.

Em 2003, com o advento da nova administração, a agricultura passou a enfrentar um novo problema com as flutuações do câmbio dentro do ciclo produtivo: os produtores plantavam com câmbio alto, o que representava custos elevados dos insumos, e comercializavam a produção com o câmbio, no segundo semestre, mais baixo. Isso durou de 2002 até 2006 e levou a agricultura brasileira a um processo rápido de endividamento, que atingiu principalmente a região do Centro-Oeste e os produtos de algodão, milho e soja.

6.2 As barreiras ao comércio e seus efeitos sobre a competitividade das exportações brasileiras

Outro importante problema da agricultura brasileira tem sido a impossibilidade do avanço das negociações da Rodada de Doha. O Brasil, como nação agroexportadora, depende, fundamentalmente, de resultados minimamente satisfatórios nesta Rodada. Um recente estudo (Lopes, 2004) indicou que se fossem removidas as barreiras externas, tarifárias e não tarifárias, de acesso do Brasil a mercados de países desenvolvidos e em desenvolvimento, seria possível consolidar definitivamente as vantagens comparativas do Brasil nesses mercados, melhorando os volumes de exportação de vários produtos, com destaque para o complexo das cadeias das carnes, produtos com maior valor agregado.

Uma interpretação simétrica a essa é a de que, sem resultados satisfatórios na Rodada de Doha, todos esses prováveis benefícios que dela decorreriam, caso a negociação fosse bem-sucedida, são, na verdade, penalizações sobre as exportações brasileiras. O estudo tomou uma das propostas colocadas à mesa de negociação na época de seu início, em particular a proposta Harbinson,[4] e fez uma simulação perguntando: quais seriam os benefícios para o Brasil nas exportações se aquela proposta fosse adotada na Rodada de Doha.[5]

As simulações incluem a redução de tarifas e subsídios de exportação e o apoio às políticas internas (subsídios aos produtores internos dos países desenvolvidos e em desenvolvimento), de acordo com a proposta Harbinson. Os resultados das simulações, com o modelo usado pelo autor, estão consignados na tabela abaixo, que mostra os cenários de referência de melhorias substanciais nas exportações brasileiras de três prismas: acesso ao mercado, subsídios internos e subsídios à exportação.

Tabela 2
Efeitos sobre as exportações brasileiras de uma redução de tarifas e subsídios agrícolas

Produtos	Variação %		
	Tarifas	Subsídios à Produção	Subsídios à Exportação
Carne Bovina	116,01	-0,01	34,08
Carne Suína	104,92	-0,01	31,42
Carne de Aves	98,06	0,00	2,89
Óleos Vegetais	23,65	-0,02	1,11
Manufaturados de Fumo	23,73	0,00	0,00
Açúcar	32,08	0,00	5,15
Chocolates	15,93	0,00	0,00
Total	37,63	0,09	3,60

Fonte: Lopes (2004).

[4] À época diretor-geral da Organização Mundial de Comércio (OMC).
[5] Para responder essa pergunta o autor usou um modelo de equilíbrio parcial construído pela FAO e conhecido como Agricultural Trade Policy Simulation Model (ATPSM).

AS POLÍTICAS DE COMPETITIVIDADE NA AGRICULTURA BRASILEIRA | 101

Verificamos por essa tabela que o crescimento das exportações, caso sejam reduzidas as tarifas de importação nos países desenvolvidos e em desenvolvimento, atingiria cerca de 100% ou mais na carne bovina, suína e de aves. O Brasil ainda teria vantagens importantes em vários outros produtos, como no óleo de soja, manufaturas do fumo, açúcar e vários outros produtos. O total das perdas brasileiras é de cerca de 37%, em termos de valor, na prevalência de não haver nenhum acerto na Rodada de Doha. Na verdade, não estamos falando em benefícios que o Brasil auferiria com a Rodada. Estamos falando no quanto o país está sendo penalizado por não haver um avanço nessa linha de negociações.

Além dessa constatação, duas outras são importantes. A redução dos subsídios internos dos países desenvolvidos (subsídios à produção) teria impacto praticamente zero no comércio hoje, de acordo com o modelo e as simulações feitas. Insistir na Rodada de Doha na eliminação dos subsídios internos seria deixar de lado o assunto mais importante, que é o acesso aos mercados dos países protecionistas com redução de tarifas.

No caso da redução dos subsídios à exportação, os benefícios para as exportações brasileiras são importantes apenas na carne bovina e na carne suína, e também, no geral, não acarretam um aumento substancial nas exportações brasileiras.

O ponto a enfatizar, em resumo, é que resultados das negociações na redução aos subsídios internos e às exportações seriam modestos, comparados com os reais benefícios de abertura de mercado, accsso aos mcsmos e redução das tarifas e barreiras não tarifárias.

6.3 As políticas públicas afetam diretamente a competitividade do Brasil

Há fatores de grande importância que comprometem muito a competitividade do Brasil no exterior. Um deles são os encargos sociais, o outro é a taxa de juros e, finalmente, os impostos. Um estudo (Lopes, 2002b) demonstrou que as cadeias de café conilon, soja, milho, algodão, açúcar e leite (leite C) são cadeias fortemente comprometidas devido ao Custo Brasil, representado por esses três componentes.

Um exercício foi realizado para avaliar o impacto desses fatores nessas cadeias. Ele consistiu em: a) substituir a taxa de juros, que à época estava em 23%, pela taxa de 9%, que era o padrão de referência mundial; b) substituir os encargos sociais (que ultrapassavam 100% da folha de pagamento) por 42%, que é o encargo do Contrato de Trabalho por Tempo Determinado; c) quanto aos impostos, foram considerados apenas o Imposto de Renda e o ICMS (eliminados todos os impostos em cascata — inclusive o PIS e o Cofins).

O estudo indicou que esses três componentes reduzem a rentabilidade da cadeia do algodão em cerca de 49%, do álcool em 68%, da soja em 69%, do açúcar em 65% e do leite (leite C) em 83%. Portanto, não é necessário zerar encargos, impostos e juros; basta tê-los em níveis "civilizados" para se melhorar a rentabilidade da cadeia e evitar os pesados níveis de penalização a que ela é submetida, devido aos níveis elevados de juros, aos impostos em cascata e aos encargos sociais, que descriminam contra o emprego nas cadeias agropecuárias.

Tabela 3
Diferença entre a rentabilidade das cadeias agropecuárias devido ao Custo Brasil

Cadeias Agroindustriais	Lucro Líquido a Preços de Mercado (%)	Lucro Líquido com Custo Brasil Reduzido (%)	Diferença de Rentabilidade (%)
Farinha de Trigo Importada (Brasil)	25,00	25,70	2,72
Carne de Aves para Exportação (SC)	41,50	44,30	6,32
Frango para Mercado Doméstico (SP)	30,50	34,10	10,56
Farinha de Trigo Nacional (Brasil)	49,50	61,80	19,90
Leite tipo B	24,00	31,40	23,57
Café para Exportação	39,20	53,40	26,59
Café Conillon — Mercado Doméstico	27,70	40,30	31,27
Algodão	15,40	30,70	49,84
Álcool	7,90	25,40	68,90
Soja para Exportação	8,40	27,40	69,34
Açúcar	6,80	27,70	75,45
Leite tipo C	3,10	18,70	83,42

Fontes: Ipea (2001) e Lopes (2002b).

6.4 A falta de infraestrutura adequada afeta a competitividade

As mais importantes artérias troncais rodoviárias de transporte de produtos agrícolas foram construídas nas décadas de 1950 a 1970. Pouco mais foi construído a partir de então, em termos de quilometragem adicional para escoamento da produção. A ocupação da fronteira agrícola ocorreu no início da década de 1970. As estradas mais importantes foram a BR-364, que liga Cuiabá a Porto Velho; a BR-163, que liga Cuiabá a Guarantã do Norte, Rurópolis e Santarém; a BR-158, que liga Barra do Garças a Querência; a BR-242, que liga o oeste da Bahia aos portos de Salvador e de Ilhéus; a BR-407, que liga Juazeiro, BA, e Petrolina, PE, ao Porto de Salvador etc.

Ao longo dos anos, essas rodovias foram perdendo sua capacidade de oferecer serviços de transporte a custos razoáveis devido à má conservação e à falta da imposição da "lei da balança".[6] Há mais de uma década estão em más condições. Em algumas, como a BR-242, que liga o oeste da Bahia a Salvador, o percurso de 862 km, que poderia ser feito em cerca de 12 horas, atualmente é feito em dois dias. Esse problema é um importante componente do Custo Brasil.

Com isso, o Brasil foi perdendo parte de sua capacidade de competir nos mercados externos e isso tem sido constantemente mencionado pelos representantes do setor agrícola e pelos exportadores com a advertência de que, no longo prazo, se nada for feito para recuperar as estradas, esse item irá dissipar vantagens comparativas nas exportações — isso sem falar nas condições dos portos brasileiros, muito modestos e incapazes de oferecer embarques na cadência dos portos modernos, que existem nos países com os quais competimos (inclusive a Argentina).

Devido à restrição financeira e ao controle do déficit público, o governo deixou de investir nesse setor no passado. A cada ano são anunciados dispêndios e indicações de recuperação de estradas, mas os orçamentos no Brasil têm apenas valor indicativo, não sendo obrigatória a aplicação do recurso naquela rubrica específica.

O Brasil possui uma matriz de transporte invertida. O transporte por estradas ocupa 60% do volume de cargas, 21% são feitos por ferrovias e 14% por navegação fluvial e lacustre. Cerca de 67% das cargas de soja brasileira são transportadas em caminhões, enquanto nos Estados Unidos apenas 16%. Cerca de 28% da soja brasileira é transportada por ferrovia, enquanto nos EUA esse percentual atinge 23%.[7] Finalmente, o transporte

---

[6] A Lei da Balança é uma legislação que obriga o estado a instalar balanças ao longo das rodovias para fiscalizar o peso das cargas dentro do limite suportado pela rodovia.

[7] Em 2004, 17% das estradas eram consideradas em boas condições e 42% estavam em condições pobres de conservação ou extremamente pobres. São as restrições ao crescimento ainda mais acelerado das exportações brasileiras, ao lado de deficiências de armazenagem, operações portuárias e portos.

fluvial e lacustre, pelo qual apenas 5% da soja brasileira é transportada — enquanto 61% da soja americana são transportadas por essa via.

Há casos, não tão esporádicos assim, em que a soja tem de percorrer cerca de 1.220 km para chegar até os portos (Lopes et al., 2006). Casos recentes indicam que o custo do item logística nas exportações de soja no Brasil é em média 83% mais alto que nos Estados Unidos e 94% mais alto do que na Argentina. Retomaremos esse tema logo a seguir, com um estudo empírico.

6.5 A competição da infraestrutura rural com a infraestrutura urbano-industrial em um regime de competição por recursos fiscais escassos

Como dito acima, a estabilização macroeconômica impôs disciplinas fiscais que levaram à redução dos dispêndios na manutenção das estradas. Implicitamente admitia-se que a infraestrutura rural está em desvantagem na disputa por recursos públicos, na prevalência de um regime fiscal apertado, em relação às estradas que servem os meios urbano-industriais.

Um estudo piloto foi feito no estado da Bahia (Lopes et al., 2008a). Nele foram analisadas seis estradas alternativas, em termos de potencial de promoção do desenvolvimento local e de sustentabilidade econômico-financeira, no curto, médio e longo prazos. As estradas, nessa metodologia, iriam, por hipótese, competir por recursos públicos escassos. As estradas foram hierarquizadas de acordo com critérios de impacto no desenvolvimento econômico e social das áreas de influência de cada uma delas.

A pergunta era: dentro de um conjunto de seis opções de obras de infraestrutura, em particular, entre seis estradas no estado da Bahia, quais as que têm maiores chances de ser implementadas? Ou quais as obras que contribuiriam mais decisivamente para o desenvolvimento de uma determinada região? As estradas escolhidas repousam em duas de grande interesse de transporte urbano e atividade industrial, que cortam e servem o Complexo Camaçari-Aratu: a BR-324 (Feira de Santana a Salvador) e a BA-093 (de Entre Rios a Simões Filho). Foi escolhida também uma via troncal de importância para o Nordeste, a BR-116, no trecho Rio-Bahia. Três estradas foram selecionadas em virtude da sua importância para as exportações agrícolas: a BR-242 (de Luiz Eduardo Magalhães aos portos de

Salvador), uma variante da BR-242 que vai diretamente a Ilhéus e a BR-407, também conhecida como "estrada da fruta". São essenciais para a realização das vantagens comparativas de áreas agrícolas de grande potencial competitivo e exportador, de geração de renda e emprego no interior.

O desenvolvimento territorial ao longo da estrada depende principalmente do desenvolvimento setorial. Uma estrada que corta uma área rural — ou um corredor que liga uma área produtora de produtos agrícolas, de granéis agrícolas, ligados a um porto — tem um determinado peso, ao passo que uma obra ligando um grande complexo industrial com portos e com um sistema articulado de transportes para, por exemplo, o Nordeste e o Sul do país pode ter outro peso relativo maior. São exemplos que refletem a estrada BR-242 e a BR-364, na Bahia, respectivamente. Qual das duas obras receberá prioridade por parte da aplicação dos recursos do estado e do governo federal? Cada estrada tem suas peculiaridades em termos econômicos, sociais e, sobretudo, políticos. Além do mais, há que se considerar que granéis agrícolas são produtos de baixo valor específico, intensivos em utilização da infraestrutura (estradas e portos).

Em termos de informações básicas, para cada uma das seis estradas escolhidas pela pesquisa foram levantados dados disponíveis com relação a diversos indicadores (tabela 4). Os indicadores são escores que medem a importância de cada um em cada estrada. Cada índice representa uma média de indicadores de diversas naturezas para todos os municípios ao longo de cada uma dessas estradas, tomando em consideração os municípios à direita e à esquerda de cada estrada, uma distância máxima da estrada de cerca de 150 km, para ambos os lados. Esse é o "corredor" definido na pesquisa.

Os resultados estão na tabela abaixo. Note-se que, por exemplo, a BR-324 é a estrada que obtém os maiores valores em todas as dimensões. Isto indica que esta estrada desfruta de uma condição ímpar de relevância em todos os indicadores selecionados para classificar as estradas. Trata-se de uma estrada relevante para os propósitos do nosso estudo, dados os valores estimados para todos os indicadores considerados. Atravessa regiões importantes do estado da Bahia e gera riqueza em toda a sua "faixa de domínio". Ao longo da estrada há geração de valor adicionado (PIBs municipais) e há densificação da atividade econômica. Ela, então, deveria ser prioritária para fins de recuperação e manutenção por parte dos gestores públicos. Sua eficiência tem efeito gerador de riqueza ao longo da via.

Tabela 4
Indicadores de importância das estradas

Estradas	BR-324	BA-093	BR-242 B	BR-407	BR-242 A	BR-116
Indicadores:						
Demográficos	0,99241	0,71446	0,34404	0,22561	0,28538	0,41533
Econômicos	0,99967	0,9357	0,30271	0,27593	0,25426	0,23075
Sociais	0,99674	0,82819	0,3361	0,30944	0,36967	0,15008
Infraestrutura	0,99265	0,45384	0,44943	0,36164	0,33379	0,38661
Desenvolvimento Institucional	0,99534	0,91223	0,48778	0,45899	0,00081	0,29696
Investimento e Emprego	0,9973	0,8121	0,41599	0,23713	0,27481	0,25457

Fonte: Lopes et al. (2008a).

Para o setor privado os municípios que a margeiam são valorizados pelo potencial de atração de grandes investimentos e pela existência de massa crítica de atividade industrial. Esse quadro, em seu aspecto geral, desde logo já oferece uma orientação inicial acerca da importância de cada estrada para a atividade econômica e para as decisões dos gestores públicos no momento da decisão de qual delas merece prioridade.

A BA-093 é um caso idêntico, com escores elevados para todos os indicadores. Ela é uma estrada com alto padrão nos indicadores selecionados e em termos de promoção de desenvolvimento. E o progresso que se processou em anos recentes ao longo da via, principalmente das atividades econômicas, resultou em desenvolvimento social — o que pode ser visto através dos valores dos indicadores sociais. São elevados também os investimentos incentivados atraídos pela via rodoviária.

Entretanto, a BR-242 — em suas duas versões, A e B — tem escores muitos baixos para todos os indicadores. Isso indica, *prima facie*, que, a despeito da importância desta estrada para a agricultura, os indicadores não são favoráveis. Talvez em grande parte porque a estrada liga uma zona de produção a portos. As zonas de produção são das mais importantes da agricultura brasileira, mas há pouca densificação da atividade econômica no entorno da zona produtora até o porto. O que eventualmente demonstra que seria muito difícil "viabilizar" a permanente recuperação e manutenção da estrada em um regime de escassez de recursos públicos.

Surpreendentemente, a BR-116 apresenta escores relativamente baixos. Embora essa estrada seja uma artéria troncal de grande importância para a integração regional, os escores mostram que, ao longo de sua "faixa de domínio", ela gera indicadores (de impacto) relativamente modestos. Ao que tudo parece indicar, a BR-116 é mais um "corredor de transporte" com impacto modesto nos indicadores considerados, comparativamente com as estradas BR-324 e BA-093 — estas, sim, apresentam grande impacto em todos os indicadores eleitos. A BR-407 também, apesar de sua importância para o *agricluster* de frutas do Vale do Rio São Francisco, mais se parece com um "corredor de transportes".

7. Conclusões

Com a remoção de restrições à transmissão de incentivos à agricultura, seus setores exportadores se integraram como um dos mais competitivos no mundo, alinhando seus preços internos aos preços internacionais, sem grandes choques e sem criar inflação. Gradualmente o crédito subsidiado foi sendo removido. Permaneceram, contudo, elevados os níveis de comprometimento de recursos no financiamento da agricultura decorrentes do refinanciamento da dívida agrícola. Mas, de uma maneira geral, o crédito rural caminhou gradualmente em direção a taxas de juros comerciais com a redução dos níveis de empréstimos concedidos a taxas concessionais, muito embora alguns produtos de importação estejam com alguma proteção, como nos casos de trigo e arroz. Mas, sem dúvida, as reformas agiram no sentido de eliminar os elevados níveis de proteção. Pode-se também creditar os bons resultados das exportações agroindustriais brasileiras às reformas introduzidas nas políticas monetárias e fiscais e à remoção da interferência do Estado.

A eliminação gradual dos órgãos paraestatais de controle também foi muito importante, assim como a redução da importância da PGPM, como parte de uma disciplina fiscal que em última instância beneficiou a agricultura. Decerto o setor se beneficiou muito com a disciplina fiscal, a estabilização e a política monetária, mas para todos os três ele contribuiu definitivamente, tendo sido uma âncora do Plano Real. A redução das tarifas agrícolas e, sobretudo, das tarifas industriais representaram um impulso para a agricultura. Esse conjunto levou a classe agrícola a uma resposta em termos de expansão de investimentos, construindo uma base produtiva e alcançando os mais altos níveis de produtividade. Ao lado das reformas, a redução tarifária da indústria impulsionou a agricultura brasileira, pois contribuiu diretamente para preços mais baixos de produtos industriais utilizados no processo produtivo (fertilizantes etc.).

Com as exportações liberadas e as importações livres das interferências do governo, combinadas com tarifas relativamente baixas, e a remoção dos controles administrativos, as reformas impulsionaram um processo de ajuste da agricultura em relação a seus competidores internacionais. A agricultura brasileira pôde então competir com as maiores nações agroexportadoras do mundo. Para isso contribuiu também o Mercosul, que pressionou o Brasil no sentido de induzir a classe agrícola a adotar a tecnologia de ponta. Ou a agricultura dava uma resposta positiva a esse desafio ou teria declinado substancialmente. Os bons resultados da agricultura se deveram também ao solo, ao clima, à tecnologia e à pesquisa. Mas também se pode dizer que por trás desses resultados está a classe empresarial agrícola, uma liderança empresarial que migrou para o Centro-Oeste, levando capital humano: gaúchos, catarinenses, paulistas, mineiros e paranaenses conquistaram o Centro-Oeste, e atualmente despontam como a força motora por trás do crescimento do Piauí e do Maranhão como estados exportadores de soja.

Esse processo intensificou-se a partir das reformas econômicas, como repetidamente mencionado neste capítulo. Com o preço dos produtos agrícolas alinhados ao mercado internacional, a agricultura brasileira experimentou um processo sustentado de crescimento a partir do ano 2000. Com a inflação sob controle, com os gastos públicos com relativo grau de disciplina fiscal e com a eliminação do viés urbano — a política de comida barata para o consumidor e a reserva de mercado de matéria-prima barata para a indústria — a agricultura pôde competir no mundo e abastecer o mercado interno satisfatoriamente.

Mas, será que o Brasil realmente aprendeu a lição? As políticas públicas fomentaram uma cultura entre os formuladores de políticas contra as intervenções e criaram os novos instrumentos. Mas, se os preços dos alimentos voltarem a subir, os governos resistirão às pressões para intervir novamente?

O que de fato conseguimos na última década? Diversos avanços foram importantes, mas destacamos os seguintes: a) pelo menos em parte, blindamos as cadeias agroindustriais em relação ao Custo Brasil; b) geramos superávits comerciais; c) blindamos o país contra uma crise externa, com reservas cambiais elevadas; d) geramos divisas para importação de maquinaria industrial e equipamentos; e) geramos maiores receitas tributárias; f) abastecemos o mercado interno com exportações, produzimos comida barata e elevamos a renda real da população; g) exportamos produtos de alta tecnologia (soja, milho, frango, bovinos), daí a competitividade da agricultura brasileira; h) mantivemos as exportações (quando não se conseguiu muito na OMC); i) aumentamos a resiliência econômica da agricultura, para o país se tornar um parceiro confiável.

8. Recomendações para o futuro

Hoje as condições em que se encontram os incentivos econômicos para a agricultura brasileira diferem muito do passado. Mas o futuro ainda contém pontos de interrogação. Os preços caíram em 2005 e 2006, levando a agricultura brasileira a uma situação de endividamento muito rápido, principalmente os produtores de soja, milho e algodão do Centro-Oeste. Em 2007, os preços voltaram a se elevar, mas ainda restou uma pesada dívida agrícola. Em 2008 os preços agrícolas voltaram a cair. Em 2009, 2010 e 2011 os preços voltaram a subir. A solução para esse problema de renda é fundamental para se conseguir vislumbrar um futuro melhor para o setor. A produção na fronteira agrícola depende de preços elevados no mercado internacional. Isso é um fato associado às severas limitações da infraestrutura do Brasil.

A estagnação das chamadas "décadas perdidas" fez com que grande parte da produção doméstica fosse canalizada para o mercado internacional. Hoje, o Brasil experimenta talvez os primeiros passos em direção ao crescimento sustentável. Esse crescimento induziu um forte ajuste no padrão alimentar da população brasileira, elevando os preços agrícolas. Há necessidade de o país voltar a crescer na agricultura, construir capacidade produtiva para seguir exportando e abastecendo o mercado interno. Para isso é absolutamente indispensável enfrentar os problemas de infraestrutura, especialmente estradas, rodovias, ferrovias e portos — uma política indispensável à competitividade da agropecuária. A logística está no topo da agenda de investimentos altamente prioritários no país para que a agricultura possa continuar crescendo.

É previsível que venha a ocorrer no Brasil uma pressão sobre o preço dos alimentos. Melhor desempenho do que foi apresentado até agora só se houver políticas macroeconômicas do governo brasileiro de criar condições para a taxa de câmbio convergir para seu nível de equilíbrio de longo prazo, pois essa variável desempenha um papel crucial entre os incentivos e desincentivos da agricultura.

Para finalizar, é importante mencionar que o futuro da agricultura brasileira depende também da eliminação das distorções de comércio, das barreiras ao comércio livre e desagravado no mercado internacional — tema para o qual a Rodada Doha até agora não apresentou sinal de resultados satisfatórios. O Brasil poderá se beneficiar muito de um resultado favorável, mas estamos longe de atingir uma solução favorável. A persistirem as restrições tarifárias e não tarifárias ao comércio, o Brasil terá de lutar com redobrada força e competência para manter as posições conquistadas até agora.

Referências

CNA/FGV. Quem produz o que e onde na agricultura brasileira. *Coletânea Estudos Gleba*, Brasília, n. 34, 2004.

FGV-IBRE/CNA. *Quem produz o que no campo*: quanto e onde II: censo agropecuário 2006 — resultados: Brasil e regiões. Brasília. 2010.

HAYAMI, Y.; RUTTAN, V.W. *Agricultural development*: an international perspective. Baltimore: John Hopkins University Press, 1985.

IPEA/FGV. *Fatores que afetam a competitividade das cadeias agropecuárias no Brasil*. Brasília, 2001. CD-ROM.

LOPES, I.V.; ROCHA, D.P. Agricultura familiar: muitos produzem pouco. *Conjuntura Econômica*, v. 59, n. 2, p. 30-34, 2005.

____; ____. Quem produz o que no campo. *Conjuntura Econômica*, v. 64, n. 8, p. 66-69, 2010.

LOPES, M. de R. Avaliação dos efeitos da implementação de propostas de liberalização comercial no âmbito da OMC. Brasília. 2004. Mimeografado.

____. Logística da comercialização. *Revista Agroanalysis*, Rio de Janeiro, n. 3, p. 45-47, 2002a.

____. *Perda de rentabilidade das cadeias agropecuárias brasileiras devido ao Custo Brasil*. 2002b. Mimeografado.

____. *The mobilization of resources from agriculture*: a policy analysis for Brazil. 218 f. Thesis (Ph.D.) — Purdue University, West Lafayette, IN, 1977.

_____ et al. Brazil. In: ANDERSON, K.; VALDÉS, A. (Ed.). Distortions to agricultural incentives in Latin America. Washington, DC: World Bank, 2008b. p. 87-118.

_____ et al. Estradas rurais ou urbano-industriais: processo de escolha em regime de competição por fundos públicos. *Revista de Política Agrícola*, n. 4, p. 47-64, 2008a.

_____ et al. Factors affecting brazilian growth: are there limits to future growth of agriculture in Brazil? In: AGRICULTURAL OUTLOOK FORUM, USDA, Washington DC, Feb. 15th 2006. Paper.

_____; STAAB, M. *Nominal and effective protection in Brazilian agriculture*. Relatório para o Banco Mundial. 1980. Mimeografado.

_____; _____. Nominal and effective rates of protection for livestock. In: *Brazil — Key policy issues in the livestock sector*: towards a framework for efficiency and sustainable growth. Report nº 8570-BR World Bank, Washington DC, 1996.

SCHUH, G.E. *Queda nos rendimentos das culturas e necessidade de investimentos em pesquisa no Brasil*. Brasília, DF: Ministério da Agricultura. 1972. Mimeografado.

CAPÍTULO 4

Política industrial recente e competitividade no Brasil

Mauricio Canêdo-Pinheiro*

1. Introdução

Em vários países da América Latina, a política industrial — muitas vezes com a denominação de política de competitividade — aparentemente voltou ao cardápio de políticas públicas de desenvolvimento (Peres, 2006). No caso brasileiro, o anúncio da Política Industrial, Tecnológica e de Comércio Exterior (Pitce) em 2003 e da Política de Desenvolvimento Produtivo (PDP) de 2008 trouxe de volta o debate a respeito da necessidade de adoção de políticas industriais para garantir o crescimento sustentado do país.[1]

Este artigo se insere neste debate buscando atingir dois objetivos principais:
(1) fazer um levantamento das recentes ações de política industrial, de seu arcabouço institucional e de seus resultados;[2]
(2) analisar a lógica da recente política industrial brasileira, identificando grandes tendências e avaliando se as ações estão de acordo com os objetivos declarados.

No entanto, antes é necessário definir precisamente o objeto de estudo. Em outras palavras, cabe responder o que se entende por política industrial.

Resumidamente, existem duas abordagens teóricas que justificariam a necessidade de políticas industriais. A primeira delas se refere à correção de falhas de mercado e provisão de bens públicos, com balanço a ser feito

---

* Pesquisador do Ibre.
[1] Ver Brasil (2003, 2008) para descrição destas políticas.
[2] Nesse caso, o termo instituição é usado de forma bastante ampla.

com relação às falhas de governo. Quando não houvesse falhas de mercados significativas (ou se estas são inferiores às falhas de governo), não haveria espaço para política industrial. Nesse caso, a inovação, dadas as externalidades a ela associadas, seria uma das principais falhas de mercado que poderiam justificar a intervenção do governo.

A segunda abordagem diz respeito ao que, em Peres e Primi (2009), é denominada "síntese schumpeteriana, evolucionista, estruturalista" (SSEE): como as falhas de mercado estariam disseminadas por toda a economia, seria necessária a intervenção do governo de modo a criar assimetrias e incentivos para que as possibilidades tecnológicas fossem exploradas e a capacitação e o conhecimento fossem acumulados, principalmente nos setores em que os potenciais encadeamentos tecnológicos e produtivos se mostrassem mais importantes. Note-se que, a despeito das diferenças entre as abordagens, a inovação aparece como a principal motivação para a necessidade de política industrial. Por este motivo, atenção maior será dispensada às políticas voltadas ao fomento desta atividade.

Assim, a definição de política industrial usada neste artigo emerge quase que espontaneamente. Define-se política industrial como ações voltadas para alterar a estrutura produtiva da economia de modo a incrementar a produção e a capacitação tecnológica em determinados setores ou atividades (Peres e Primi, 2009). Em outras palavras, a política industrial seria eminentemente seletiva. Tal definição se mostra particularmente interessante na medida em que se insere no debate entre os autores que defendem o uso de políticas horizontais que atingem todos os setores (Ferreira e Hamdan, 2003; Ferreira, 2005) e aqueles que advogam a necessidade de políticas voltadas a setores específicos (Kupfer, 2003; Suzigan e Furtado, 2006).

Deste modo, o restante do artigo é dividido em três seções. A seção 2 apresenta um levantamento das iniciativas brasileiras recentes de política industrial, bem como uma breve avaliação de seus resultados. A seção 3 faz uma discussão da lógica da política industrial brasileira. Seguem-se breves considerações finais.

2. Iniciativas recentes de política industrial

Nesta seção será feito um levantamento da recente política industrial brasileira, em grande medida materializada nas ações propostas na Pitce e na PDP. Obviamente, as iniciativas de política industrial não se esgotam no conteúdo da Pitce e da PDP. No entanto, optou-se por tomá-las como ponto de partida porque elas contemplam grande parte dos argumentos utilizados pelos defensores do uso de política industrial. Note-se que, tal como salientado em Brasil (2008), a PDP é uma continuação da Pitce. Assim, ambas serão analisadas como uma única iniciativa de política.

Nesse sentido, a PDP aponta quatro objetivos para a política industrial: (i) ampliar a capacidade de oferta pelo aumento da taxa de investimento; (ii) preservar a robustez do balanço de pagamentos pela ampliação das exportações brasileiras; (iii) elevar a capacidade de inovação pelo aumento dos gastos em pesquisa e desenvolvimento; (iv) fortalecer micro e pequenas empresas pelo incremento da inserção destas na atividade de exportação (Brasil, 2008:14).

Para cada objetivo foi traçada uma meta: (*i*) partindo-se de 17,4% do PIB em 2007, alcançar uma taxa de investimento de 21% em 2010; (*ii*) aumentar a participação brasileira nas exportações mundiais de 1,18% em 2005 para 1,25% em 2010; (*iii*) partindo-se de 0,51% em 2005, alcançar nível de gastos privados em P&D equivalente a 0,65% do PIB em 2010; e (iv) aumentar o número de micro e pequenas empresas exportadoras de 11.792, em 2006, para 12.971, em 2010 (Brasil, 2010).

A intenção aqui é detalhar as medidas de política industrial tal como esta foi definida anteriormente, ou seja, somente as ações seletivas que busquem alterar a estrutura produtiva da economia. Isto exclui boa parte das medidas de estímulo ao desenvolvimento de micro e pequenas empresas, usualmente alterações no arcabouço legal e regulatório voltadas a reduzir os custos destas empresas, independente do setor em que atuam.[3] O mesmo pode ser dito com relação às medidas de estímulo às exportações.[4] Entretanto, o não detalhamento destas medidas não significa que elas não sejam relevantes, mas que fogem do escopo deste artigo, assim como as ações voltadas para os demais quatro destaques estratégicos (integração produtiva com a América Latina e o Caribe, integração com a África, regionalização e produção limpa e desenvolvimento sustentável).

---

[3] A principal delas se refere ao aperfeiçoamento da Lei Geral de Micro e Pequenas Empresas. Também devem ser ressaltadas algumas medidas de financiamento voltadas especificamente para estas empresas (Fundo de Garantia à Exportação e redução do *spread* bancário nas operações contratadas com recursos do FAT). Mais detalhes ver Brasil (2010:99-108).

[4] Salientem-se diversas ações de aprimoramento e ampliação dos sistemas de *drawback*, desonerações tributárias e financiamento da exportação de bens e serviços. Mais detalhes, ver Brasil (2010:92-98).

Além disso, pretende-se analisar os resultados das políticas. A este respeito, cabe dividir a análise em dois componentes. O primeiro se refere à avaliação da execução das medidas, por exemplo, se os recursos voltados ao financiamento foram efetivamente usados para este fim ou se mudanças na legislação foram colocadas em prática. O segundo diz respeito ao impacto da política industrial. Nesse sentido, não bastaria avaliar o que aconteceu depois da política, mas por causa dela (Peres, 2006).

2.1 Estímulo à inovação

É possível identificar quatro grandes categorias de mecanismos voltados ao fomento das atividades de inovação no Brasil: (i) crédito; (ii) operações não reembolsáveis; (iii) capital de risco; (iv) incentivos fiscais (Pacheco e Corder, 2010). Cada um destes mecanismos — e seu papel na recente política industrial brasileira — será analisado separadamente.

Crédito

A concessão de crédito para atividades de pesquisa no âmbito das empresas tem ficado tradicionalmente a cargo da Financiadora de Estudos e Projetos (Finep), empresa pública vinculada ao Ministério da Ciência e Tecnologia (MCT). Os recursos usados nas operações de crédito da Finep têm origem em basicamente quatro fontes: (i) Fundo de Amparo ao Trabalhador (FAT); (ii) empréstimos do Fundo Nacional de Desenvolvimento Científico e Tecnológico (FNDCT); (iii) Fundo Nacional de Desenvolvimento (FND); (iv) recursos próprios.[5]

O gráfico 1 apresenta a evolução dos desembolsos em operações de crédito da Finep. Percebe-se redução expressiva destes valores no final da década de 1990, estabilização em torno de R$ 200 milhões por alguns anos e início de um ciclo de expansão a partir de 2005.[6]

---

[5] Mais detalhes sobre o FNDCT ainda nesta seção.

[6] O valor para 1997 se mostrou anormalmente alto por conta da política deliberada de redução das exigências de garantias e uma política operacional que, além de P&D, também englobava melhorias de gestão (Pacheco e Corder, 2010). Ou seja, nem todos os recursos foram alocados em inovação.

Gráfico 1

Finep — desembolsos em operações de crédito para inovação

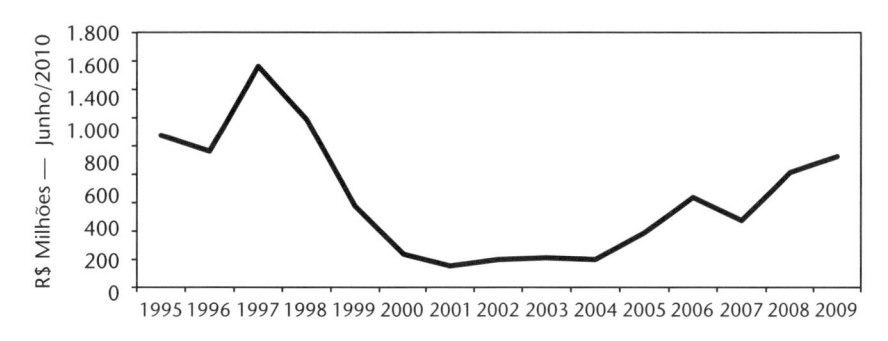

[Gráfico de linha mostrando R$ Milhões — Junho/2010 no eixo Y (0 a 1.800) e anos de 1995 a 2009 no eixo X]

Fonte: Finep.

Ressalte-se que a Finep não possui fonte de *funding* adequada para operações de crédito como o BNDES. Assim, este último passou a atuar mais diretamente no crédito voltado à inovação a partir de 2004, de acordo com as diretrizes da Pitce (Pacheco e Corder, 2010). Para tanto, além de revisar sua política operacional para adaptá-la ao financiamento de ativos intangíveis, foram criadas duas linhas de apoio à inovação: (i) *Capital Inovador*, voltada para planos de investimento em inovação de empresas; (ii) *Inovação Tecnológica*, com foco em projetos de inovação tecnológica que envolva risco tecnológico e oportunidades de mercado.

Também há linhas relativas a setores específicos: (i) Programa para Desenvolvimento da Indústria Nacional de Software e Serviços Correlatos (Prosoft); (ii) Programa de Apoio ao Desenvolvimento da Cadeia Produtiva Farmacêutica (Profarma); (iii) Programa de Apoio à Implementação do Sistema Brasileiro de TV Digital Terrestre (PROTVD). Além disso, em 2009 o escopo do uso do Cartão BNDES foi ampliado para permitir financiamento de alguns serviços tecnológicos ligados à inovação, bem como seu uso como contrapartida em programas da Finep.[7]

Operações não reembolsáveis

Em países desenvolvidos é bastante comum a utilização de recursos não reembolsáveis no fomento de atividades de inovação. No caso brasilei-

---

[7] Também foram criados instrumentos de capital de risco e foi retomado o Fundo Tecnológico (Funtec), modalidade de financiamento não reembolsável. Essas iniciativas serão analisadas mais adiante.

ro, os recursos para este tipo de operação são oriundos principalmente dos fundos setoriais que compõem o FNDCT, a administração ficando a cargo da Finep. Boa parte dos fundos setoriais foi criada entre 1999 e 2002, e suas receitas são garantidas por contribuições incidentes sobre o resultado da exploração de recursos naturais pertencentes à União, parcelas do Imposto sobre Produtos Industrializados de certos setores e de Contribuição de Intervenção no Domínio Econômico (Cide) incidente sobre os valores que remuneram o uso ou a aquisição de conhecimentos tecnológicos/transferência de tecnologia do exterior. Nota-se que, dos 16 fundos setoriais, 13 são relativos a setores específicos e três são horizontais.

A engenharia institucional dos fundos setoriais é composta por comitês gestores, presididos por um representante do MCT, com representantes das empresas, da comunidade científica e do governo (ministérios setoriais e agências reguladoras, por exemplo). Por um lado, a gestão das diretrizes, a definição de prioridades, a seleção e aprovação de projetos e as atividades de acompanhamento e avaliação são feitas de forma compartilhada e transparente. Por outro lado, a diversidade de interesses torna lenta e difícil a definição das prioridades para orientar a aplicação dos recursos de cada fundo, exigindo um tempo maior para a elaboração e divulgação das chamadas públicas de projetos (Milanez, 2007).

Em 2004 foi criada a figura do Comitê de Coordenação dos Fundos Setoriais, com o objetivo de integrar suas ações. Este comitê é formado pelos presidentes dos comitês gestores (que são representantes do MCT), pelos presidentes da Finep e do CNPq, sendo presidido pelo MCT. Nessa linha, uma grande mudança observada nos últimos anos se refere à desvinculação setorial de parte das receitas. O primeiro movimento nesta direção foi a utilização de 50% dos recursos dos fundos nas chamadas "ações transversais" a partir de 2004, no âmbito da Pitce. Posteriormente estas ações foram regulamentadas no âmbito da Lei nº 11.540/2007. As "ações transversais" permitiram a fuga — para o bem e para o mal — do modelo de gestão compartilhada dos fundos setoriais. Salvo pela mudança de atores — Finep pelo Comitê de Coordenação dos Fundos Setoriais —, de certa forma trata-se de um retorno à política de maior autonomia do governo com relação à definição de prioridades que vigorou até 1997, como ressaltado em Melo (2009). Talvez a figura do Conselho Diretor (criado pela Lei nº 11.540/2007 e regulamentado pelo Decreto nº 6.938/2009), vinculado ao MCT e com a participação de representantes da comunidade científica e das empresas, seja o meio-termo entre gestão compartilhada e agilidade.

De acordo com Pacheco e Corder (2010), com a mudança de orientação, embora parte destes recursos tenha sido aplicada em projetos consistentes com a Pitce, também foram contempladas ações difíceis de serem caracterizadas como prioridades desta política. Além disso, aparentemente não há diretrizes claras para orientar a aplicação dos recursos, tampouco documentos que justifiquem a escala de prioridades.

Uma regularidade marcante dos fundos setoriais é o contingenciamento dos recursos arrecadados, seja pela alocação dos mesmos em reserva de contingência ou pela imposição de limites de empenho para execução do orçamento aprovado. Além disso, os recursos não utilizados ao longo do exercício (mesmo os liquidados) foram sistematicamente revertidos ao Tesouro (Tavares, 2008). O gráfico 2 ilustra essa afirmação. Note-se que, apesar do aumento da arrecadação dos fundos setoriais, a utilização dos recursos não acompanhou este incremento. Na verdade, ficou praticamente estagnada entre 2003 e 2006, recuperando-se mais recentemente. Também cumpre salientar que há uma orientação para a redução da reserva de contingência, fato que se consumou em 2010 com sua eliminação. No entanto, fica claro no gráfico 2 que, mesmo quando não são congelados *ex-ante*, muitas vezes os recursos aprovados no orçamento não são gastos. Nesse sentido, ainda não está claro se a atual orientação é de fato uma liberação de recursos ou mera substituição de um mecanismo de contenção por outro.

Gráfico 2
FNDCT — arrecadação e utilização dos recursos

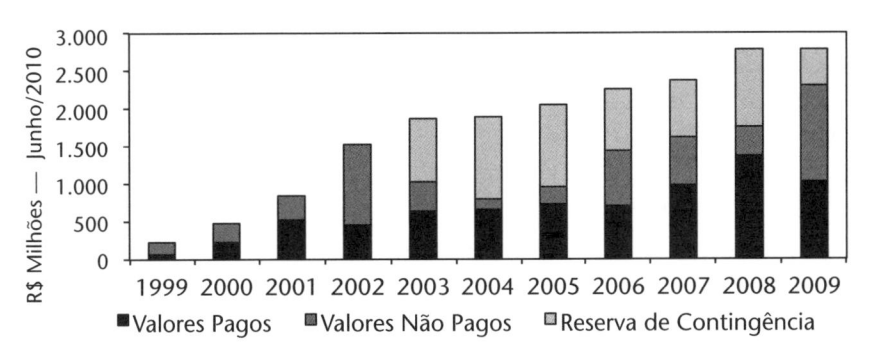

Fonte: MCT.

Normalmente, como há restrições legais para concessão de recursos públicos não reembolsáveis para empresas, as chamadas públicas de projetos exigem que estas últimas se associem a universidades ou institutos de pesquisa para pleitearem apoio. Dados os custos de transação envolvidos nesta parceria, a demanda das empresas por estes recursos acaba sendo deprimida (Milanez, 2007). Este efeito seria reforçado pela própria lógica de execução orçamentária dos fundos setoriais. É necessário um tempo mínimo para que haja arrecadação suficiente para iniciar o processo de chamadas públicas de projetos. Além disso, é preciso efetivar as contratações dos projetos do exercício anterior, sob o risco de os recursos serem revertidos para o Tesouro. Soma-se a isso a gestão compartilhada, que dificulta a definição de prioridades. O resultado seria uma pequena janela de tempo dentro de um exercício para elaboração de projetos, o que dificultaria a apresentação de projetos mais complexos por parte das empresas (Milanez, 2007).

Segundo Pacheco e Corder (2010), a baixa propensão ao investimento em P&D das empresas é justamente a maior debilidade do sistema brasileiro de inovação. A este respeito, um avanço da recente política industrial é a criação de mecanismos para que os recursos dos fundos setoriais sejam usados para fomentar atividades de inovação nas empresas. Boa parte deles foi criada pela Lei nº 10.332/2001 e utiliza recursos do FVA: (i) equalização dos encargos financeiros incidentes sobre as operações de crédito da Finep; (ii) concessão de subvenção econômica a empresas que estejam participando do Programa de Desenvolvimento Tecnológico Industrial (PDTI) ou do Programa de Desenvolvimento Tecnológico Agropecuário (PDTA); (iii) participação minoritária da Finep no capital de micro e pequenas empresas de base tecnológica e fundos de investimento; e (iv) constituição, por meio da Finep, de reserva técnica para prover liquidez dos investimentos privados em fundos de investimento em empresas de base tecnológica. Mais tarde, a Lei nº 10.973/2004 (Lei da Inovação) definiu um percentual mínimo dos recursos do FNDCT para a subvenção econômica de atividades de inovação no setor privado. Ademais, a Lei nº 11.196/2005 (Lei do Bem) estabeleceu a possibilidade de concessão de subvenção para as empresas, voltadas para remuneração de pesquisadores empregados em atividades de P&D.

Nota-se no gráfico 3 que os desembolsos da Finep voltados para o financiamento da inovação no âmbito das empresas têm aumentado, em particular nos últimos dois anos. Esse incremento é resultado do aumento das operações reembolsáveis, mas principalmente das operações não reembolsáveis, com destaque para a subvenção econômica definida pela Lei de Inovação e a equalização de juros nas operações de crédito da Finep.

Gráfico 3
Finep — desembolsos com financiamento da inovação nas empresas

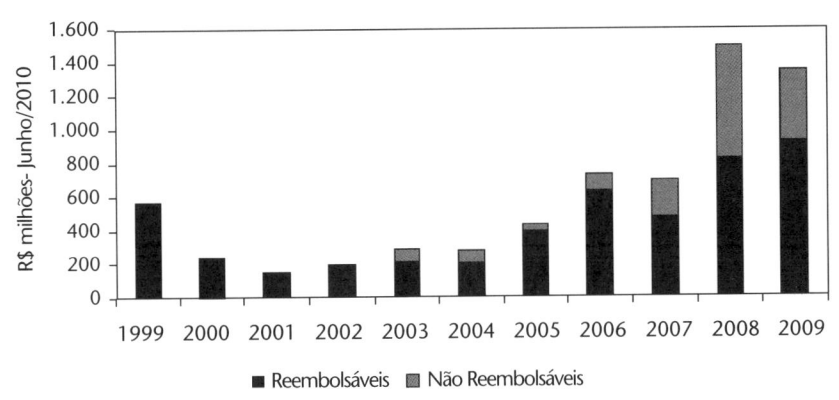

[Gráfico de barras empilhadas mostrando R$ milhões - junho/2010 de 1999 a 2009, com as categorias Reembolsáveis e Não Reembolsáveis]

Fontes: MCT e Finep.

Por fim, ressalte-se que o BNDES reativou suas operações não reembolsáveis voltadas ao fomento da inovação por intermédio do seu Fundo Tecnológico (Funtec). Em 2008 os focos estratégicos de apoio foram os setores de saúde, fontes de energia renováveis e meio ambiente. Em 2009 foram incluídos também os setores de química, eletrônica e novos materiais para metais e cerâmicas avançadas. Em 2010 foram incluídos os setores de transporte e petróleo e gás.

Capital de risco

A este respeito cabe ressaltar o papel da Finep e do BNDES. A primeira atua principalmente através das ações do Inovar, que contemplam uma incubadora de fundos voltada para seleção e análise conjunta de fundos e para disseminação de melhores práticas de governança e de aporte de recursos por parte da Finep em fundos de investimento em micro e pequenas empresas inovadoras (Inovar Semente). Após redução contínua até 2005, os valores voltaram a crescer nos anos mais recentes, atingindo patamares entre R$ 35 milhões e R$ 45 milhões, a valores constantes de junho de 2010.

Por sua vez, o BNDES tem um programa de fundos de investimentos voltados para empresas emergentes. Entre eles cabe ressaltar:

(i) Criatec — modalidade recém-lançada para capitalizar empresas com capital semente por meio de participação acionária ou debêntures conversíveis em ações, bem como prover apoio gerencial.

(ii) Biotecnologia e nanotecnologia — também foi recentemente criado um fundo de investimentos em empresas emergentes, voltado para empresas destes setores.

Incentivos fiscais

Na década de 1990 os incentivos fiscais para P&D estavam previstos em duas leis: (i) Lei nº 8.248/1991 (Lei de Informática); (ii) Lei nº 8.661/1993 que criou os benefícios associados ao PDTI e PDTA (Pacheco e Corder, 2010). Após redução destes incentivos ao longo do tempo estes benefícios foram recentemente renovados ou restabelecidos respectivamente pela Lei nº 10.176/2001 e pela Lei nº 11.196/2005 (Lei do Bem). Esta última prevê, entre outros incentivos, dedução de 160% das despesas com inovação no cômputo da base de cálculo do imposto de renda e da CSLL, dedução de 50% do IPI na compra de máquinas e equipamentos para P&D, depreciação acelerada destes equipamentos e amortização acelerada de bens intangíveis usados em P&D. De acordo com Brasil (2010), a renúncia fiscal por conta da Lei do Bem foi de aproximadamente R$ 1,5 bilhão, de um total de investimento em P&D de R$ 8,1 bilhões.

Avaliação de políticas: "depois de" ou por "causa de"?

Tal como salientado em Peres (2006), a avaliação do resultado da política industrial deve ser feita em termos de causa e efeito. No entanto, os relatórios de gestão da Finep e do FNDCT ainda são meras listagens de desembolsos e orçamentos. Embora este procedimento seja importante do ponto de vista da transparência, traz pouca informação a respeito da efetividade dos programas. Na verdade, dado que tradicionalmente existe um contingenciamento do orçamento do FNDCT, seria interessante que a prestação de contas fosse feita em termos de valores efetivamente pagos e não somente com relação aos empenhados.

Especificamente com relação à inovação, há a preocupação de que o apoio dado às empresas, principalmente os não reembolsáveis, simplesmente desloque os gastos privados em P&D. Por um lado, em Milanez (2007) é argumentado que as contrapartidas das empresas relativas aos recursos dos fundos setoriais contratados por meio da Finep são muito pequenas, o que poderia indicar deslocamento dos gastos privados em P&D. Por outro lado, De Negri, De Negri & Lemos (2009) e Avellar (2009) — com um tratamento estatístico mais adequado — encontram evidências de que a participação em certos programas de incentivo fiscal, financiamento reembolsável e financiamento não reembolsável brasileiros aumenta de fato o investimento privado em P&D.

2.2 Aumento da taxa de investimento

Com relação ao aumento da taxa de investimento, boa parte das ações planejadas é horizontal (ou sistêmica, segundo a denominação da PDP), voltada basicamente à redução do custo do investimento. Assim, não se adequariam à definição de política industrial usada neste artigo. De todo modo, sem ser exaustivo, cabe listá-las:

(i) depreciação acelerada de máquinas e equipamentos usados na fabricação de bens de capital.
(ii) eliminação da incidência de IOF nas operações financeiras do BNDES e da Finep.
(iii) desoneração da contribuição do PIS e Cofins na aquisição de bens de capital.
(iv) permissão aos fabricantes de bens de capital para compensação de crédito tributário de IPI, PIS e Cofins com qualquer outro tributo federal.
(v) redução do imposto de importação sobre alguns tipos de bens de capital.
(vi) redução do *spread* médio dos financiamentos do BNDES.
(vii) ampliação do *funding* do BNDES.

O esforço de aumento do papel do BNDES no aumento da taxa de investimento pode ser documentado pelo aumento recente dos desembolsos, tanto em termos monetários quanto em proporção do PIB (gráfico 4).[8] Como boa parte das ações envolve o BNDES e se refere a financiamento ou redução de tributação no financiamento, embora sejam horizontais, tendem a atingir mais fortemente os setores priorizados pelo banco que, em última instância, são definidos pelos formuladores de política pública.

Gráfico 4
Desembolsos do sistema BNDES

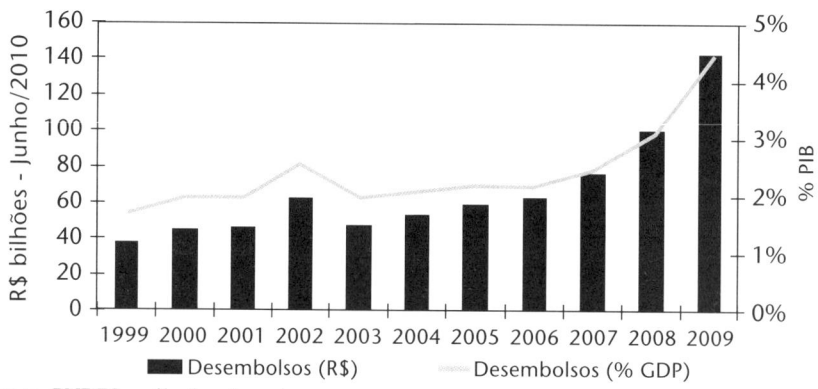

Fonte: BNDES e cálculos do autor.

Além das medidas ditas sistêmicas, também são propostas ações voltadas para setores específicos. A tabela 2 apresenta um resumo não exaustivo destas ações. Embora boa parte das medidas esteja prevista na PDP, são listadas algumas ações de política industrial fora do âmbito desse programa. Nota-se que deliberadamente foram contemplados alguns setores "tradicionais". Também chama atenção o número de iniciativas que usam compras do governo para fomentar setores da economia, bem como o número de medidas que atingem o setor naval. Estes temas serão retomados mais adiante, na seção 3. Ademais, a tabela 1 traz as estimativas de renúncia fiscal das medidas de incentivo ao investimento da PDP. A distribuição destes valores também será analisada na seção 3.

---

[8] Embora grande parte dos desembolsos se refira a investimentos, parte deles está associada a outros fins (financiamento à exportação, por exemplo).

Tabela 1
PDP — estimativas de renúncia fiscal (R$ milhões)

	2008	2009	2010	2011	Total
Redução do prazo para utilização dos créditos do PIS/Cofins em BK	2.200	3.774	-	-	5.974
Prorrogação da depreciação acelerada até 2010	-	1.000	2.000	-	3.000
Ampliar a abrangência do Reporto	374	747	747	747	2.615
Ampliação do Recap	350	700	700	700	2.450
Eliminação da incidência de IOF nas operações de crédito do BNDES e da Finep	150	300	300	300	1.050
Redução a zero do IR incidente em despesas com prestação no exterior de serviços de logística de exportação	25	50	50	50	175
Redução a zero do IR incidente na promoção comercial no exterior de serviços prestados por empresas brasileiras	10	20	20	20	70
Depreciação acelerada para o setor automotivo	92	658	1.174	1.098	3.022
Depreciação acelerada para o setor de bens de capital	33	233	417	390	1.073
Dedução em dobro da base de cálculo do IRPJ e da CSLL das despesas com capacitação de pessoal próprio das empresas de software	65	130	130	130	455
Suspensão da cobrança de IPI, PIS e Cofins incidentes sobre peças e materiais destinados à construção de navios novos por estaleiros nacionais	50	100	100	100	350
Ampliação do prazo de recolhimento do IPI pelo setor automotivo	200	-	-	-	200
Reativação do Programa Revitaliza	76	215	340	370	1.001

Fonte: MF.

Tabela 2
Aumento da taxa de investimento – medidas de política industrial

	Complexo Automotivo	Indústria Naval e Cabotagem	TIC	Indústria Aeronáutica	Petróleo e Gás	Complexo Industrial da Saúde	Indústria de Defesa	Outros
Incentivos Fiscais	Depreciação acelerada de máquinas e equipamentos.	Desoneração da folha de pagamento. Desoneração de IPI, PIS e Cofins sobre peças e materiais usados na construção de embarcações em estaleiros nacionais. Desoneração de PIS e Cofins na compra de combustível para embarcações de grande porte que operem na navegação de cabotagem.	Fundo de Garantia à Exportação (FGE).	Regime Especial de Incentivos Tributários para a Indústria Aeronáutica Brasileira (Retaero). Desoneração de IRPJ até 2013.				Programa de Apoio ao Desenvolvimento Tecnológico da Indústria de Semicondutores (Padis). Desoneração de PIS e Cofins na venda de álcool. Redução do II sobre insumos agrícolas.

(continua)

(continuação)

	Complexo Automotivo	Indústria Naval e Cabotagem	TIC	Indústria Aeronáutica	Petróleo e Gás	Complexo Industrial da Saúde	Indústria de Defesa	Outros
Poder de Compra do Governo		Promef: compras de navios da Transpetro em estaleiros nacionais.	Proposta de PL para o uso do poder de compra do setor público para desenvolver a indústria nacional.		Reforço da política de conteúdo local com o novo marco regulatório do pré-sal.	Proposta de PL para o uso do poder de compra do setor público para desenvolver a indústria nacional.	Proposta de PL para o uso do poder de compra do setor público para desenvolver a indústria nacional.	
Financiamento	Capitalização de micro, pequenas e médias fabricantes de autopeças.	Fundo de Garantia para Construção Naval. Ampliação do *funding* do Fundo da Marinha Mercante para financiamento da construção naval e *offshore*.			Aumento do apoio ao programa de investimentos da Petrobras. Fundo de financiamento de fornecedores da Petrobras.			Programa de Apoio à Revitalização de Empresas (Revitaliza), com recursos para investimento e capital de giro nos setores de pedras ornamentais, frutas, cerâmica, *software* e bens de capital.

3. A lógica da recente política industrial

O objetivo desta seção é identificar, em linhas gerais, grandes tendências na recente política industrial brasileira, bem como fazer uma breve discussão sobre seus rumos.

3.1 Política industrial e estrutura de especialização: consolidação ou mudança?

Paradoxo: setores tradicionais e mudança de especialização

Além de prescrições mais gerais, a PDP seleciona alguns setores nos quais os esforços da política industrial devem ser concentrados. A tabela 3 apresenta os setores priorizados pela PDP e deixa claro que foram incluídos entre eles diversos setores "tradicionais", nos quais o Brasil já revelou vantagem comparativa. Chega-se à mesma conclusão observando a Tabela 2. Além disso, nota-se que boa parte destes setores não estava contemplada na Pitce. Assim, tal como levantado em Almeida (2009), haveria aparentemente um paradoxo na recente política industrial brasileira: como mudar a especialização da economia na direção de setores mais intensivos em tecnologia se, ao mesmo tempo, criam-se incentivos para a expansão dos setores "tradicionais"?

Tabela 3
PDP — setores priorizados

Áreas Estratégicas	Fortalecimento da Competitividade	Consolidação e Expansão da Liderança
Complexo Industrial da Saúde	Complexo Automotivo	Complexo Aeronáutico
Tecnologia da Informação e Comunicação	Bens de Capital	Petróleo, Gás Natural e Petroquímica
Energia Nuclear	Têxtil e Confecções	*Bioetanol*
Complexo Industrial de Defesa	Madeira e Móveis	Mineração
Nanotecnologia	Higiene, Perfumaria e Cosméticos	Siderurgia
Biotecnologia	Construção Civil	Celulose

(continua)

(continuação)

Áreas Estratégicas	Fortalecimento da Competitividade	Consolidação e Expansão da Liderança
	Complexo de Serviços	Carnes
	Indústria Naval e Cabotagem	
	Couros, Calçados e Artefatos	
	Agroindústrias	
	Biodiesel	
	Plásticos	

Fontes: Brasil (2003, 2008).
Nota: em itálico os setores que também foram contemplados pela Pitce.

Na verdade, existem duas interpretações polares para este aparente paradoxo. A primeira delas indica que não haveria falhas de mercado que justifiquem a eleição dos setores "tradicionais" como objetos da política industrial. Nesse caso, a escolha seria mais resultado da pressão de grupos de interesse do que escolha racional de política econômica (ver, por exemplo, Canêdo-Pinheiro et al., 2007).[9]

A outra interpretação indicaria que, dado o estágio de desenvolvimento e diversificação de nossa indústria, a política industrial brasileira ainda não poderia ficar restrita a setores intensivos em conhecimento e inovação (ver Almeida, 2009, para referências). Trata-se de argumento que guarda semelhança com o apontado em Hoff (1997) e Hausmann e Rodrik (2003), no qual economias em estágios iniciais de desenvolvimento teriam um nível de diversificação menor do que o desejável por conta de externalidades informacionais.

Basicamente, a utilização local de tecnologias ou atividades que já são empreendidas em outros países não é imediata e necessitaria de adaptações. Dito de outro modo, a função de produção de um determinado bem não é a mesma em todos os países, pois boa parte da tecnologia é tácita ou depende de ambiente econômico e institucional em que está inserida. Desse modo, existe incerteza se determinada atividade é passível de ser produzida localmente, ou seja, se as firmas envolvidas na nova atividade serão suficientemente produtivas. Então, se este aprendizado só ocorre

---

[9] A escolha de setores "tradicionais" teria ocorrido mesmo em países do Leste asiático, apontados como sucesso de política industrial. Por exemplo, no Japão foram justamente os setores tradicionais (baseados em recursos naturais) os mais beneficiados pela política industrial, o que sugere algum tipo de captura do governo por grupos organizados (Noland e Pack, 2002, 2003).

após o investimento e o retorno deste investimento não é inteiramente apropriado, tem-se espaço para intervenção do governo. Trata-se de um problema semelhante ao enfrentado pelas firmas que investem em inovação, mas neste caso o retorno do investimento pode ser protegido por leis de patente e de propriedade intelectual.

Nesse caso, em Hausmann e Rodrik (2003) sugere-se uma política industrial que, em linhas gerais, deve incentivar o investimento em novas atividades *ex-ante* e eliminar atividades pouco produtivas *ex-post*. Obviamente, o incentivo deve ser dado somente à firma pioneira e não às imitadoras. Proteção comercial e subsídios à exportação seriam pouco adequados, pois não é possível a discriminação entre pioneiros e imitadores. Empréstimos e garantias por parte do governo, embora consigam atingir as firmas de forma discriminada, sofrem de sérios problemas associados à influência política no direcionamento dos recursos, corrupção e *moral hazard*. Aliás, a experiência brasileira com este tipo de política corrobora esta afirmação: durante muitos anos, empréstimos de agências do governo foram concedidos a diversas empresas, desde que comprovada a não existência de outra firma doméstica atuando na produção do bem, exatamente no espírito do modelo de Hausmann e Rodrik (2003).

Além disso, este tipo de modelo se ajusta melhor a economias em estágios iniciais de desenvolvimento. Hausmann e Rodrik (2003) reconhecem este fato e apontam que em estágios mais adiantados de desenvolvimento as atividades de inovação são mais importantes para garantir o crescimento. Aliás, esta parece ser a evidência internacional: Imbs e Wacziarg (2003) apontam que o padrão de crescimento dos países tende a ser caracterizado por uma fase inicial de diversificação de atividades, precedida por uma fase de especialização, quando é atingido certo patamar de desenvolvimento.

O caso do setor automobilístico é bastante ilustrativo a este respeito. Trata-se de setor com alta proteção comercial (na forma de tarifas de importação três vezes maiores que a média nacional), amplo acesso ao mercado de crédito internacional e que foi objeto de políticas setoriais mesmo na década de 1990, na qual o arcabouço de política industrial foi bastante desmobilizado. Do total de desonerações inicialmente previstas na PDP (R$ 21,4 bilhões), a indústria automobilística responde por aproximadamente 15% (R$ 3,2 bilhões). Quando somente se consideram as desonerações voltadas para setores específicos (R$ 8,7 bilhões), esta participação se eleva para 37% (Iedi, 2008). Concentração semelhante ocorre com relação aos beneficiários dos incentivos da Lei do Bem (Zucoloto, 2010).

Nesse sentido, cabe se perguntar: por quanto tempo ainda teremos política industrial para o setor automobilístico? Mais genericamente, faz sentido eleger setores nos quais já somos competitivos como objetos de política industrial? Associada a esta questão, pode-se questionar a relevância de continuar o esforço de diversificação da estrutura industrial. A este respeito, Hausmann (2008) aponta que o Brasil possui uma economia bastante diversificada e sofisticada para seu nível de renda. Desse modo, não se justificariam políticas voltadas à expansão do escopo de atividades, mas sim aquelas destinadas a aumentar a produtividade em setores nos quais já foram reveladas vantagens comparativas.

Apoio à formação de "campeões nacionais"

Relacionada ao paradoxo mencionado no item anterior, é possível identificar uma estratégia deliberada de fomentar — via BNDES e fundos de pensão estatais — a formação de "campeões nacionais" em setores nos quais já revelamos vantagens comparativas. Ou seja, ao contrário do que seria desejável na perspectiva da SSEE, a política industrial recente estaria consolidando a estrutura atual da economia brasileira (Almeida, 2009).

Alguns autores defendem este tipo de estratégia como uma maneira de viabilizar a "inserção soberana" das empresas brasileiras no comércio internacional, na medida em que os benefícios da exportação não dependem somente dos produtos exportados, mas também de como as empresas se inserem no mercado e de quais elos da cadeia elas participam (Almeida, 2009, para referências). Foge do escopo deste trabalho uma análise mais aprofundada sobre o tema, mas cabe mencionar três pontos com relação a esta estratégia.

Primeiramente, supondo que de fato existem ganhos associados à "inserção soberana", não está claro em que medida estes ganhos não são completamente internalizados pelas empresas. Se não há diferença entre os ganhos privados e sociais, qual a necessidade de políticas públicas voltadas à criação de "campeões nacionais"?

Em segundo lugar, a concentração de mercado gerada pela criação dos "campeões nacionais" tende a gerar perdas significativas ao consumidor se um ambiente de competição (interna ou via importações) não é preservado. Faz sentido transferir renda dos consumidores aos acionistas das empresas "campeãs nacionais"? Ainda sobre este ponto, se o governo possui uma política deliberada de incentivo à concentração, os órgãos de defesa da concorrência — já carentes de legitimidade — tendem a ficar ainda mais fragilizados. Dificilmente se pode imaginar que o sistema brasileiro de defesa da concorrência tenha autonomia e legitimidade para impedir uma fusão incentivada pelo governo, ainda que — da ótica da defesa da concorrência e do consumidor — esta pudesse gerar elevados custos sociais.

Por fim, dado que a política industrial deveria dar ênfase à inovação, existem fartas evidências de que um ambiente de competição escassa tende a desestimular a inovação, principalmente em setores próximos à fronteira tecnológica (Aghion e Griffith, 2005, para referências).

Aumento do papel do BNDES

Ficou claro que, tanto no que diz respeito ao investimento em capital físico quanto na inovação, o papel do BNDES na recente política ganhou destaque. Esse destaque foi em parte viabilizado por capitalizações do banco por parte do Tesouro, levantando questionamentos acerca dos impactos negativos potenciais da presença crescente do BNDES no financiamento dos investimentos sobre o desenvolvimento do crédito privado de longo prazo no Brasil. Além disto, discute-se em que medida faz sentido beneficiar, através de financiamentos em condições favoráveis outorgados pelo BNDES, empresas que conseguiriam se financiar no mercado doméstico ou mesmo no internacional.

3.2 Conteúdo local e compras do governo

Da observação da tabela 2 fica óbvio que a recente política industrial fez opção por usar as compras do governo ou de empresas estatais para induzir o desenvolvimento de determinados setores. Na prática, somente a indústria naval foi beneficiada em larga escala, com o Promef. No entanto, existem várias iniciativas em outros setores. No caso do setor de petróleo e gás, no qual já existe uma política de conteúdo local, a criação da Petrosal — e sua participação nas decisões operacionais de exploração

— aparentemente tem como um dos objetivos o aprofundamento desta política.[10] O Plano Nacional de Banda Larga e a reativação da Telebrás também parecem ter como missão, entre outras, o fomento da indústria nacional de equipamentos, objetivo de política que, aliás, já estava previsto no Plano Geral de Atualização da Regulamentação das Telecomunicações no Brasil (PGR) aprovado pela Anatel em 2008.[11] Chama atenção também a Medida Provisória nº 495/2010, que regulamenta a adoção de margens de preferência para bens, serviços e obras nacionais em licitações públicas em qualquer setor, ampliando consideravelmente o uso deste instrumento.

Um dos argumentos econômicos que poderiam justificar políticas de conteúdo nacional mínimo é a presença de externalidades, que fazem com que o retorno social dos recursos utilizados pelas empresas locais seja maior do que o retorno privado (Veloso, 2006). Nesse sentido, em um país em desenvolvimento, investimentos em "novos" setores podem ser oportunidades únicas para algumas empresas domésticas passarem a ofertar produtos mais "complexos" dentro da cadeia de produção. Por conta de *spillovers* e efeitos de aprendizado, esses investimentos têm o potencial de impulsionar a indústria local a níveis que não poderiam ser facilmente alcançados de outro modo. Em muitas circunstâncias, essas externalidades não são levadas em conta pelos agentes privados. É justamente o descolamento entre o valor privado e social do investimento que gera oportunidades para políticas de conteúdo local.

Obviamente, aos requerimentos de conteúdo local estão associados custos. Se os insumos são ordenados em ordem crescente de competitividade internacional, a decisão privada das empresas será avançar até certo ponto na escala de nacionalização. A política pública usualmente implica forçar as empresas a avançar mais nessa escala. Este avanço tem benefícios — as externalidades mencionadas —, mas também custos, associados à aquisição de insumos relativamente mais caros.

Desse modo, políticas de conteúdo local são desejáveis enquanto os benefícios sociais associados a elas forem maiores que as perdas resultantes do aumento nos custos de produção. Assim, do ponto de vista da

---

[10] Esta opção provavelmente baseia-se na evidência de que empresas estatais tendem a cumprir mais estritamente compromissos de conteúdo local na exploração de petróleo e gás. Esta parece ser a evidência para a Noruega (Kashani, 2005) e também para o Brasil (Xavier, 2010).

[11] O PNBL prevê uma linha específica de financiamento do BNDES para aquisição de equipamentos nacionais.

sociedade, existe um nível ótimo de conteúdo local, a partir do qual as perdas superam os ganhos. Em outras palavras, políticas de fomento a novas indústrias não deveriam ter como objetivo maximizar o conteúdo local, mas os ganhos para a sociedade. Avançar em demasia nos requerimentos de conteúdo local tende a gerar resultados negativos e, no limite, inviabilizar o setor objeto do investimento inicial em termos de competitividade internacional.

Além disso, políticas de conteúdo local tendem a trazer mais benefícios em situações em que a diferença de competitividade entre os insumos locais objeto da política e sua contrapartida importada é relativamente pequena. Nesse caso, as penalidades em termos de custo tendem a ser menores. Por fim, políticas de conteúdo local tendem a ser mais relevantes quando associadas a oportunidades de aprendizado únicas. Quando a diferença entre valor privado e social do investimento é pequena, seja porque o aprendizado poderia ser obtido de outra forma ou porque existem usos alternativos dos recursos com benefícios similares para a sociedade, a política de conteúdo local tende a ter impacto pequeno ou mesmo negativo.

Outra justificativa econômica para políticas de fomento de determinados setores por meio de compras do governo recai sobre variações do argumento de "indústria nascente". Nesse sentido, um dos pré-requisitos para a validade do mesmo é a presença de externalidades no aprendizado dinâmico, ou seja, diminuição do custo marginal de produção de cada firma com o volume produzido por todas as firmas ao longo do tempo (*learning by doing*) (Melitz, 2005, para referências). Como as firmas pioneiras não internalizam a redução de custos que sua produção irá proporcionar para as demais firmas no futuro, existe a possibilidade de que, se o custo inicial de produção for suficientemente alto e sem intervenção do governo, a economia não produza este bem.

Nesse caso, a provisão de subsídios para o setor que apresenta aprendizado dinâmico será ótima se o aprendizado for rápido o suficiente — o que reduziria o custo da política — e se o grau de substituição entre o bem doméstico e o importado for suficientemente pequeno (Melitz, 2005). Cabe lembrar que, mesmo quando o subsídio é a escolha ótima, este deve ser escolhido de modo a ser reduzido ao longo do tempo, na medida em que os custos das firmas vão sendo reduzidos, e deve ser eliminado quando esgotadas as possibilidades de aprendizado (Melitz, 2005).

Em um contexto de equilíbrio geral com economias abertas, Redding (1999) também encontra que pode ser ótimo subsidiar setores caracterizados por externalidades no aprendizado, embora admita que a seleção dos setores que devem recebê-lo é bastante difícil, dada a quantidade de informação necessária. Esse argumento se torna ainda mais relevante quando se leva em conta que o governo não conhece a curva de aprendizado das firmas. Em Dinopoulos, Lewis e Sappington (1995), é mostrado que, sob assimetria de informação com relação à curva de aprendizado, a intervenção pública não é ótima em muitos casos em que seria justificada se a informação fosse simétrica. Ou seja, a assimetria de informação diminui o escopo de atuação do governo para aumentar o bem-estar na presença de *learning by doing*.

De modo resumido, fica claro que a proteção deve ser temporária, suficiente apenas para o estabelecimento do setor em níveis competitivos. No entanto, do ponto de vista político, a retirada da proteção mostra-se difícil. Um exemplo claro é a política de conteúdo local na compra de equipamentos para exploração de petróleo e gás: passada mais de uma década de sua existência, ao contrário da prescrição teórica, ela deverá ser aprofundada. A este respeito é bastante documentado o impacto negativo de políticas deste tipo na eficiência e produtividade do setor (Kashani, 2005). No âmbito do Promef, já existem pressões para que a exigência de conteúdo local seja ampliada (Cais do Porto, 2008).

Este tipo de política de fomento aos produtores locais gera um aumento de custo que pode, por exemplo, prejudicar o objetivo de massificação da banda larga, declarado pelo PNBL. De todo, em se fazendo esta opção, o maior desafio da política industrial será construir instituições que permitam conseguir o comprometimento necessário para garantir que a proteção à indústria seja reduzida ao longo do tempo até sua eliminação.

Note-se que, do ponto de vista econômico, os empregos gerados nos setores fomentados não podem ser usados como justificativa para manutenção do programa por tempo indeterminado (em caso de fracasso ou mesmo de sucesso). Obviamente, a criação de empregos é uma das metas mais importantes de política econômica. Entretanto, o direcionamento de recursos públicos para setores específicos com este fim deve ser analisado tendo em vista o efeito no restante da economia. Os recursos para o financiamento dos programas de fomento têm origem na tributação indireta, que reduz a competitividade dos setores tributados e, ao onerar o preço final dos produtos, diminui a competitividade de diversos outros setores e, no limite, o poder de compra do consumidor final. Em ambos os casos a criação de emprego no restante da economia é prejudicada.

Obviamente, do ponto de vista político trata-se de decisão difícil de ser colocada em prática: os empregos criados nos setores fomentados são facilmente identificáveis, enquanto os postos de trabalho perdidos no restante da economia não o são. Assim, seria recomendável que o governo de antemão se comprometesse de forma crível que os programas serão descontinuados em caso de fracasso em termos de competitividade internacional e que, mesmo em caso de sucesso, o apoio será reduzido gradativamente.

3.3 A inovação na política industrial recente

Outra tendência da recente política industrial brasileira é o aumento dos desembolsos — da Finep e do BNDES — para o fomento da inovação. Boa parte deste aumento se deve à criação, com os recursos dos fundos setoriais, de novos instrumentos não reembolsáveis voltados para o apoio da inovação no âmbito da empresa. Esta mudança de orientação está de acordo com a visão de que os mecanismos de fomento anteriores geravam custos de transação excessivos, deprimindo a demanda das empresas por estes instrumentos de apoio (Milanez, 2007) e de que boa parte da inovação acontece no âmbito empresarial e, deste modo, a política de financiamento da inovação deve dar atenção à empresa (Pacheco e Corder, 2010).

Além disso, notou-se uma mudança de postura com relação ao uso dos recursos dos fundos setoriais. A partir da criação das "ações transversais" no âmbito da Pitce, a gestão compartilhada deu lugar a um processo menos burocratizado, porém mais centralizado e menos transparente de eleição de prioridades e alocação de recursos. Um desafio da política industrial é tornar a figura do Conselho Diretor (criado pela Lei nº 11.540/2007 e regulamentado pelo Decreto nº 6.938/2009), vinculado ao MCT e com a participação de representantes da comunidade científica e das empresas, um meio-termo entre gestão compartilhada e agilidade.

Um tema não abordado diretamente, mas que vale a pena ressaltar, é a constatação de que, embora haja amplas evidências do efeito da atividade de inovação na exportação, não haveria muita interação entre as políticas tecnológica e de comércio exterior. Aparentemente, a ausência de interação é resultado de dois fatores: (i) falta de uma visão estratégica de ambas as políticas, que oriente as ações de médio e longo prazo; (ii) fragilidade dos interesses envolvidos nessa formulação, incapazes de fugir de suas agendas particulares e trazer essas questões para o centro da agenda de política pública (Pacheco e Corder, 2010). Trata-se de mais um desafio da política industrial para os próximos anos.

3.4 Dos objetivos à institucionalidade da política industrial

Com relação aos objetivos da política industrial, em particular da PDP, notam-se duas características. Em primeiro lugar, as metas agregadas são pouco ambiciosas, conforme observaram alguns autores (Almeida, 2009). No caso específico dos investimentos, trata-se de atingir patamares consistentes com a trajetória da economia antes da execução da PDP. Esta constatação nos remete à questão da avaliação da política industrial. Deve estar na agenda dos formuladores de política a introdução de avaliações de causa e efeito das intervenções do governo, ou seja, substituir o "depois de" pelo "por causa de".

Além disso, o horizonte temporal é de curto prazo, dentro da vigência de ciclo eleitoral. Trata-se de deficiência comum aos países da América Latina. A este respeito o desafio dos formuladores de políticas públicas é construir instituições que permitam a construção de objetivos capazes de perpassar os ciclos políticos.

Neste sentido, cabe avaliar em que medida os resultados e rumos da recente política industrial resultam do arcabouço institucional vigente. Uma lista ampla de instituições envolvidas na política industrial brasileira e uma análise dos principais problemas podem ser encontradas em Suzigan e Furtado (2010). O objetivo deste artigo é menos ambicioso, mas tomar alguns pontos levantados por estes autores pode ser um ponto de partida bastante útil.

Por um lado, a despeito da criação da ABDI e do CNDI, aparentemente há alguma dificuldade de fazer com que as diversas instituições atuem de forma sistêmica, coordenada e articulada. Não por acaso, as iniciativas que escapam do emaranhado institucional associado à política industrial são justamente as que obtiveram melhores resultados, pelo menos em termos de recursos financeiros mobilizados. Políticas de conteúdo local postas em prática por empresas estatais e políticas de financiamento a cargo do BNDES não sofrem da restrição e contingenciamento de recursos das políticas de inovação (seção 2). Mesmo dentro do sistema de apoio à inovação, são justamente as ações transversais — que também conseguem escapar da burocracia institucional vigente — as que conseguem ser colocadas mais facilmente em prática.

Por outro lado, há evidências de que as iniciativas que escapam das instituições já consolidadas de política industrial pecam pela falta de transparência. No que se refere à inovação, tal fato está documentado na seção 2, mas críticas semelhantes podem ser encontradas a respeito da atuação do BNDES (Almeida, 2009). Haveria de certa forma um descolamento entre os objetivos gerais declarados e as políticas efetivamente postas em prática. A este respeito, um grande desafio seria a criação de instituições que combinassem agilidade e transparência, tarefa que está longe de ser trivial. Provavelmente isso somente será possível com a dotação do sistema de uma instituição de comando, possivelmente ligada à Presidência da República, voltada para a articulação e coordenação das diferentes esferas públicas e privadas (Suzigan e Furtado, 2010).

4. Considerações finais

Nos últimos anos observou-se um retorno ao uso de políticas industriais no Brasil e em toda a América Latina, e aparentemente não há sinais de mudança desse padrão. Existe um amplo debate sobre a necessidade de política industrial — entendida como intervenções setoriais voltadas para mudar a especialização da economia — na agenda de desenvolvimento brasileiro, em particular no que diz respeito à competitividade. No entanto, há certo consenso entre as diferentes correntes de pensamento de que a inovação é uma atividade elegível como objeto de política pública. Também se percebe que boa parte das medidas adotadas recentemente — de caráter horizontal — dificilmente seria objeto de contestação. Em resumo, há mais convergência entre as diferentes correntes de pensamento do que se costuma pressupor.

Nesse sentido, este artigo analisou a recente experiência brasileira sobre o tema e, em torno deste consenso, procurou identificar a lógica da política industrial em vigor, bem como extrair algumas reflexões sobre seu futuro. Em resumo, a recente política industrial acerta ao — pelo menos nas intenções — dar ênfase à inovação. No entanto, embora tenha havido avanços, é justamente o arcabouço institucional voltado para o fomento desta atividade que apresenta mais dificuldades de mobilizar recursos e colocar em prática as políticas públicas. Por outro lado, políticas industriais cuja racionalidade econômica é duvidosa e/ou que implicam custos econômicos e sociais altos conseguem escapar da armadilha institucional e são facilmente colocadas em prática.

Assim, entende-se que as políticas de fomento à inovação, bem como as instituições associadas a estas políticas, devem ser aprimoradas, mas que certas políticas verticais voltadas para setores "tradicionais" deveriam ser mais bem explicitadas em termos de seus custos para a sociedade. Ademais, é preciso desenvolver instituições que permitam definir e perseguir objetivos que perpassem o ciclo eleitoral e avaliar as políticas públicas em termos de causa e efeito.

Referências

AGHION, P.; GRIFFITH, R. *Competition and growth*: reconciling theory and evidence. Cambridge, London: MIT Press, 2005.

ALMEIDA, M. Desafios da real política industrial brasileira do século XXI. *Texto para Discussão do IPEA*, n. 1452, 2009.

AVELLAR, A.P. Impacto das políticas de fomento à inovação no Brasil sobre o gasto em atividades inovativas e em atividades de P&D das empresas. *Estudos Econômicos*, v. 39, p. 629-649, 2009.

BRASIL. *Diretrizes de política industrial, tecnológica e de comércio exterior*. 2003. Disponível em: <www.desenvolvimento.gov.br>.

____. *Política de desenvolvimento produtivo*. Inovar e investir para sustentar o crescimento. 2008. Disponível em: <www.desenvolvimento.gov.br/pdp/public/arquivos/Livreto.pdf>.

____. *Relatório de macrometas*. Política de desenvolvimento produtivo. Maio/2008-fev./2010. Versão atualizada. Disponível em: <www.pdp.gov.br/paginas/relatorios.aspx?path=Relatórios>.

CAIS DO PORTO (2008). Entrevista — César Prata. 6. ed. 2008. Disponível em: <www.caisdoporto.com/detalhe-materias.php?id=1&idmateria=102&pg=>.

CANÊDO-PINHEIRO, M. et al. Por que o Brasil não precisa de política industrial. *Ensaios Econômicos da EPGE*, n. 644, 2007.

CZARNITZKI, D.; KRAFT, K.; ETRO, F. The effect of entry on R&D investment of leaders: theory and empirical evidence. *ZEW — Centre for European Economic Research Discussion Paper*, n. 08-078, 2008.

DE NEGRI, F.; DE NEGRI, J.A.; LEMOS, M.B. Impactos do Adten e do FNDCT sobre o desempenho e os esforços tecnológicos das firmas industriais brasileiras. *Revista Brasileira de Inovação*, v. 8, p. 211-254, 2009.

DINOPOULOS, E.; LEWIS, T.R.; SAPPINGTON, D.E.M. Optimal industrial targeting with unknown learning-by-doing. *Journal of International Economics*, v. 38, p. 275-295, 1995.

FERREIRA, P.C. Sobre a inexistente relação entre política industrial e comércio exterior. *Economia Aplicada*, v. 9, p. 523-541, 2005.

____; HAMDAN, G. Política industrial no Brasil: ineficaz e regressiva. *Econômica*, v. 5, p. 305-316, 2003.

HAUSMANN, R. *In search of the chains that hold Brazil back*. Paper prepared for the Brazilian Center for Public Leadership. 2008.

____; RODRIK, D. Economic development as self-discovery. *Journal of Development Economics*, v. 72, p. 603-633, 2003.

HOFF, K. Bayesian learning in an infant industry model. *Journal of International Economics*, v. 43, p. 409-436, 1997.

IEDI (2008). *Carta IEDI n. 313*: a política de desenvolvimento produtivo. Disponível em: <www.iedi.org.br/cgi/cgilua.exe/sys/start.htm?1=70&sid=20&infoid=3571>.

IMBS, J.; WACZIARG, R. Stages of diversification. *American Economic Review*, v. 93, p. 63-86, 2003.

KASHANI, H.A. State intervention causing inefficiency: an empirical analysis of the Norwegian Continental Shelf. *Energy Economics*, v. 33, p. 1998-2009, 2005.

KUPFER, D. Política industrial. *Econômica*, v. 5, p. 281-298, 2003.

MELITZ, M. J. When and how should infant industries be protected? *Journal of International Economics*, v. 66, p. 177-196, 2005.

MELO, L. M. Financiamento à inovação no Brasil: análise da aplicação dos recursos do Fundo Nacional de Desenvolvimento Científico e Tecnológico (FNDCT) e da Financiadora de Estudos e Projetos (Finep). *Revista Brasileira de Inovação*, v. 8, p. 87-120, 2009.

MILANEZ, A.Y. Os fundos setoriais são instituições adequadas para promover o desenvolvimento industrial do Brasil? *Revista do BNDES*, v. 14, p. 123-140, 2007.

NASSIF, A. Uma contribuição ao debate sobre a nova política industrial brasileira. *Texto para Discussão do BNDES*, n. 101, 2003.

NOLAND, M.; PACK, H. Industrial policies and growth: lessons from international experience. In: LOYAZA, N.; SOTO, R. (Ed.). *Economic growth*: sources, trends, and cycles. Santiago: Central Bank of Chile, 2002. p. 251-307.

____; ____. *Industrial policy in an era of globalization*: lessons from Asia. Washington: Institute for International Economics, 2003.

PACHECO, C.A.; CORDER, S. *Mapeamento institucional e de medidas de política com impacto sobre a inovação produtiva e a diversificação das exportações*. 2010. Cepal — Colección Documentos de Proyectos.

PERES, W. The slow comeback of industrial policies in Latin America and the Caribbean. *Cepal Review*, v. 88, p. 67-83, 2006.

____; PRIMI, A. Theory and practice of industrial policy. Evidence from Latin America experience. *Serie Desarrollo Productivo CEPAL*, n. 187, 2009.

REDDING, S. Dynamic comparative advantage and the welfare effects of trade. *Oxford Economic Papers*, v. 51, p. 15-39, 1999.

SUZIGAN, W.; FURTADO, J. Política industrial e desenvolvimento. *Revista de Economia Política*, v. 26, p. 163-185, 2006.

____; ____. Instituições políticas industriais e tecnológicas: reflexões a partir da experiência brasileira. *Estudos Econômicos*, v. 40, p. 7-41, 2010.

TAVARES, W.M.L. *Execução orçamentária dos fundos setoriais*. Brasília: Diretoria Legislativa, Consultoria Legislativa, 2008.

VELOSO, F.M. Understanding local content decisions: economic analysis and an application to the automotive industry. *Journal of Regional Science*, v. 46, p. 747-772, 2006.

XAVIER, C. Conteúdo local nas rodadas de licitação da ANP e o papel da Petrobras: evidências recentes. *Radar*, n. 8, p. 9-15, 2010.

ZUCOLOTO, G.F. Lei do Bem: impactos nas atividades de P&D no Brasil. *Radar*, n. 6, p. 14-20, 2010.

CAPÍTULO 5

As diretrizes da política de comércio exterior e a competitividade: o que mudou?

Lia Valls Pereira*

1. Introdução

O crescimento do comércio mundial, a diversificação dos mercados de destino das exportações, a alta dos preços das *commodities* e fatores de competitividade levaram a um *boom* das exportações brasileiras a partir de 2002/03, conforme analisado no capítulo 11 deste volume. O tema da vulnerabilidade externa, que havia dominado o debate no final dos anos 1990, passou para segundo plano à medida que o país registrava superávits em transações correntes entre 2003 e 2007. No entanto, a participação crescente das exportações de produtos básicos na pauta brasileira e o aumento da concorrência com as importações, em especial chinesas, passaram a ser alvo de debates na agenda da política de comércio exterior junto com a valorização da taxa de câmbio.

Após a crise de 2008, alguns dos pontos acima ganharam maior relevância. Em 2010, a participação dos produtos básicos superou a de manufaturas nas exportações brasileiras pela primeira vez desde 1979. A lenta recuperação dos países desenvolvidos, a alta taxa de juros, um cenário favorável para a entrada de capital estrangeiro (relativa estabilidade macroeconômica) e o aumento dos preços das *commodities* continuaram a pressionar a tendência de queda do câmbio. O coeficiente das exportações seguiu sua trajetória declinante, iniciada em 2007, e chegou em 2010 a 18%. Já o coeficiente de importações atingiu o maior percentual registrado na série, desde 1996, 21% (Ribeiro e Pourchet, 2011). De forma

---

* Pesquisadora do Centro de Estudos do Setor Externo do Ibre e professora adjunta da Faculdade de Ciências Econômicas da Universidade do Estado do Rio de Janeiro (Uerj).

diferente do início dos anos 2000, porém, o déficit em conta-corrente cresceu a partir de 2008.

Dois debates devem ser separados. Um é relativo ao déficit em conta-corrente e a valorização cambial, do ponto de vista macroeconômico, os quais podem ensejar medidas de política comercial.[1] Aqui a análise está associada ao tema da restrição externa e crescimento econômico. O outro se refere ao desenho da política de comércio exterior e o tema da competitividade. É em relação a esse último debate que este capítulo propõe reflexões.

Os anos 1990 não registraram bons resultados para o setor externo brasileiro. Esperava-se que a abertura comercial associada à reforma tarifária de 1990 interrompesse a trajetória de superávits comerciais obtidos, em parte, pelas restrições às importações. Ao mesmo tempo, porém, os ganhos de produtividade decorrentes de um cenário de estabilidade macroeconômica e abertura comercial iriam atenuar esse efeito, pois elevariam a competitividade das exportações. No entanto, a forte valorização da moeda associada ao uso do regime de bandas cambiais como âncora do plano de estabilização de julho de 1994 levou a um crescente déficit da balança comercial e do saldo em transações correntes. Em adição, a crise asiática de 1997 interrompeu o cenário otimista quanto à entrada de capital estrangeiro no país, sendo o pessimismo reforçado com a crise russa em 1998. Nesse último ano o governo anunciou o Programa Especial de Exportações, o qual visava dobrar as exportações em cinco anos — meta de US$ 100 bilhões em 2002. O programa, porém, não foi detalhado e nem se traduziu em uma nova política de exportações. Em janeiro de 1999, a ameaça de uma crise cambial levou o governo a desvalorizar a moeda e a instaurar um regime de câmbio livre.

A balança comercial voltou a registrar saldos positivos, a partir de 2001. No entanto, o resultado não foi fruto de um significativo aumento das exportações. Comparando os anos de 2002 e 2001, quando o superávit passou de US$ 2,7 bilhões para US$ 13,2 bilhões, o crescimento das exportações foi de 4% e a queda das importações, de 15%.

Na campanha presidencial de 2002, a afirmação de que o Brasil precisava diminuir sua vulnerabilidade externa foi um tema ressaltado por todos os principais candidatos (Pereira, 2003). Embora a motivação fosse similar à das décadas anteriores, uma volta ao protecionismo e a concessão de amplos subsídios para a promoção das exportações estavam descartadas. De

---

[1] Ver Cadernos FGV Projetos (2010) que reúne artigos com diferentes posições sobre a questão cambial e o déficit em transações correntes.

um lado, o marco regulatório da Organização Mundial do Comércio (OMC) impunha restrições à volta das políticas das décadas de 1970 e 1980. Por outro, havia certo consenso de que as diretrizes da política de comércio exterior deveriam se pautar pela preservação da abertura comercial e de políticas que reduzissem o Custo Brasil. Inovação tecnológica, aumento do número de empresas exportadoras, infraestrutura e logística, aparato institucional, melhora nos mecanismos de financiamento eram alguns dos temas.

Assim como em 2002, o tema do Custo Brasil continuou na agenda da campanha presidencial de 2010. No entanto, uma nova dimensão foi acrescida ao debate a partir da literatura econômica e de estudos realizados sobre o desempenho exportador brasileiro. Nesse caso, o foco está nos fatores que explicam o comportamento das firmas exportadoras. Em adição, os papéis da inovação tecnológica e do perfil exportador são destacados como indutores de crescimento econômico (Hausmann e Rodrik, 2003). Assim, uma nova agenda de competitividade focada nos fatores microeconômicos passou a fazer parte do debate (Veiga, 2011).

No plano das relações comerciais, havia certo otimismo em 2002 com respeito às negociações multilaterais com o início da Rodada de Doha. Estratégias relativas à agenda de acordos comerciais, como a Área de Livre Comércio das Américas (Alca), o acordo com a União Europeia e a superação da crise do Mercosul faziam parte do debate. No início da segunda década dos anos 2000, o término da Rodada de Doha parece distante. O debate sobre a agenda de acordos Sul-Sul ganhou espaço, e o tema da consolidação do Mercosul ainda está em discussão.

Nesse sentido, o objetivo do texto é apresentar reflexões sobre o debate das diretrizes da política de comércio exterior. Foram selecionados temas que continuam na agenda das políticas governamentais. Assim, a segunda seção trata de questões que integram as políticas de exportações. A terceira aborda a política de importações e a última conclui o capítulo. O tema dos acordos comerciais é analisado brevemente, inserido no contexto da política de importações.

Foge ao escopo deste texto fazer uma descrição detalhada dos instrumentos da política de comércio exterior brasileira nos últimos anos. Uma boa fonte para a descrição dos instrumentos é o *Trade policy review*, documento publicado pela OMC que analisa periodicamente as políticas dos seus países-membros.[2] Em adição, trabalhos recentes como os de Iglesias

---

[2] Na *web site* da OMC (www.wto.org) estão disponíveis os relatórios sobre a política comercial do Brasil divulgados em 1996, 2000, 2004 e 2009.

e Rios (2010) e Cindes (2010) descrevem as medidas tomadas pelo governo na área de comércio exterior nos últimos anos.

2. As políticas de exportação: principais questões

2.1 As diretrizes das políticas de exportações

A desvalorização do real em 1999 interrompeu o fraco desempenho das exportações brasileiras que vinha desde 1994. No entanto, em 2002 elas voltaram a crescer abaixo da taxa mundial. Para muitos analistas, outros fatores, além do câmbio, contribuíam para esse resultado. A coincidência desse fato com um ano de eleição presidencial levou a um debate sobre as diretrizes da política de comércio exterior.

Baumann (2002:120) concorda com Bonelli (2001) que as principais ações na área de comércio exterior já estavam delineadas no início dos anos 2000:

> 1) esforço para reduzir o "custo Brasil"; 2) elevação do valor agregado dos produtos exportados; 3) promoção comercial externa mais intensa; 4) estímulo à expansão da capacidade produtiva visando às exportações; 5) estímulo à internacionalização das empresas locais; 6) estímulo às vendas pela Internet; 7) apoio à exportação de produtos associados às tecnologia da informação (programas de *software*, telecomunicações, biotecnologia); e, 8) poucas mudanças no aparato institucional, com a Câmara de Comércio Exterior (Camex) continuando a ser o principal órgão formulador da política de comércio exterior.[3]

Embora as grandes diretrizes estivessem delineadas, Baumann (2002) chamava a atenção para: a descontinuidade das políticas; a superposição de órgãos que tratam do comércio exterior (a Camex não estaria funcionando de forma adequada); a necessidade de medidas de desburocratização; a importância de avançar no processo de integração do Mercosul; a identificação das distorções que impediam o acesso universal ao financiamento pós-embarque das exportações; e estratégias para explorar a questão da concessão

---

[3] A Camex foi criada em 1995, ligada diretamente à Presidência da República. Ao longo dos anos seu regimento mudou: é atualmente um Conselho de Governo composto por representantes dos Ministérios da Fazenda, Desenvolvimento, Agricultura, Planejamento, Desenvolvimento Agrário, Relações Exteriores e Casa Civil.

de subsídios à tecnologia associados às exportações. Além disso, o autor enfatiza que o governo não deveria escolher "setores campeões", apenas as políticas necessárias em cada caso para a promoção das exportações.

Pinheiro (2002b), ao introduzir uma coletânea de artigos no livro *O desafio das Exportações*, advoga que o enfoque do debate sobre os instrumentos deve partir de uma avaliação precisa sobre a "necessidade de atuação do Estado". Esse tema se desdobra na identificação do problema a ser resolvido, que pode ser uma falha de mercado, recursos insuficientes e/ou mau uso dos mesmos. Por exemplo, na questão dos recursos para financiamento das pequenas empresas é preciso antes entender qual é a natureza do gargalo. Conceder mais recursos públicos poderá não resolver a questão. Em adição, toda política pública que envolve dispêndio deve ser analisada a partir de seus custos e benefícios. Logo, o autor considera que, embora os problemas estejam identificados, a forma de solucioná-los exige um ponto de partida diferente.

Veiga (2010), ao analisar o debate no ano de 2002, recomenda cautela na divisão ideológica entre políticas horizontais *versus* políticas verticais. A primeira seria identificada com o Consenso de Washington, alvo de críticas após as crises dos anos 1990, e a segunda defendida como políticas ativas do governo. Para o autor, a escolha das políticas deve partir da explicitação dos objetivos estratégicos de médio prazo (não subordinar as políticas aos temas conjunturais da instabilidade macroeconômica). Nesse caso, o aumento da produtividade é o caminho para elevar a competitividade e, logo, devem ser eliminados os entraves que dificultam o elo entre essas duas variáveis. Tributação, arcabouço institucional, questões de financiamento são citados. Além disso, o autor confere importância aos temas da internacionalização das empresas e da agenda de negociações internacionais.

Os artigos apresentados no livro organizado por Pinheiro e colaboradores (2002a) e os artigos citados de Baumann, Bonelli e Veiga destacavam questões presentes na agenda da política comercial no início dos anos 2000. Algumas das recomendações que constam nesses artigos foram adotadas, aperfeiçoadas e/ou continuaram na agenda no período pós-2002.

Em seguida, são analisadas questões selecionadas por Pereira (2003) a partir dos textos já citados e de alguns outros que faziam parte do debate no ano de 2002 e que continuam no debate atual.[4]

---

[4] Parte do texto referente às questões selecionadas reproduz a análise da autora realizada no estudo de 2003.

2.2 Questões selecionadas

No início dos anos 2000 havia um consenso sobre o fim da política de promoção às exportações ancorada na concessão de amplos subsídios fiscais e creditícios. As políticas horizontais associadas à redução do Custo Brasil continuavam na lista de prioridades, mas ações que permitissem um maior dinamismo das exportações brasileiras também eram propostas.

O aumento do valor adicionado das exportações através da incorporação de produtos intensivos em tecnologia

No início dos anos 2000, Tigre (2002) chamava a atenção que no Brasil as políticas tecnológicas estavam desvinculadas das políticas comerciais e industriais. A formulação da política tecnológica deveria estar voltada para políticas de inovação que visassem solucionar questões específicas e que considerassem as características geográficas regionais. Exemplos bem-sucedidos gerariam a possibilidade de se explorar vantagens no mercado internacional.[5] Outro ponto importante seria a difusão de informações para a melhoria de tecnologias industriais básicas através do controle de normas técnicas e de qualidade, que também auxiliaria a criação de vantagens competitivas no mercado internacional.

O ponto básico do autor, portanto, era que um programa de exportações associado à tecnologia não se pauta na escolha de setores industriais, mas em um trabalho conjunto de governo e empresa na busca por soluções inovadoras e/ou na assistência à conformação das regras tecnológicas pelas firmas.

Essa não era a única proposta em termos de aumento do valor adicionado da pauta de exportações. Coutinho e colaboradores (2003) sugeriam que a prioridade da política deveria ser a busca de estratégias que assegurassem através de negociações a maior incorporação de valor adicionado pelas subsidiárias. Além disso, o autor recomendava políticas de conteúdo local e/ou de comércio administrado, cautela nas propostas de desgravação tarifária em acordos comerciais e políticas de desenvolvimento tecnológico.

---

[5] Os exemplos citados pelo autor são: tecnologia de águas profundas para a exploração do petróleo, produção agrícola no Cerrado, aviões da Embraer.

O debate sobre política industrial, tecnológica e de comércio exterior ganhou proeminência nos últimos anos. No ano de 2004, o governo lançou a Política Industrial, Tecnológica e de Comércio Exterior (Picte) e, em 2008, foi anunciada a Política de Desenvolvimento Produtivo (PDP). A ênfase conferida ao papel da inovação através de políticas horizontais como fator de desenvolvimento industrial foi consolidada. No entanto, a eleição de setores líderes, a inclusão de um vasto número de indústrias tradicionais e o uso de compras governamentais como forma de assegurar produção com conteúdo local têm sido objeto de críticas.[6] Em adição, como ressalta Canêdo-Pinheiro (2010), é preciso criar instituições e mecanismos de avaliação das políticas públicas.

Novas abordagens que ampliaram o debate sobre a competitividade das exportações surgiram nos anos recentes nos temas da inovação e diversificação da pauta. O ponto de partida comum é a análise do ambiente microeconômico em que as firmas operam. Assim, Reis e Farole (2010:2) advogam que as políticas devem se pautar em três pilares. O primeiro é garantir que o entorno macroeconômico não produza um viés antiexportador (câmbio alinhado, sistema tributário eficiente, regulações que assegurem a eficiência dos mercados, por exemplo). O segundo é a redução de todos os custos de transação que afetam as atividades do comércio exterior. E o terceiro é a implementação de políticas para corrigir falhas de mercado.

Os dois primeiros pilares estão na agenda de redução do Custo Brasil e o terceiro, que não é novo, é que representa o maior desafio. Bastam políticas horizontais ou a inovação requer iniciativas seletivas? Como identificar e corrigir a falha de mercado? O artigo de Hausmann e Rodrik (2003) é destacado nessa abordagem por associar diversificação da pauta, inovação e crescimento econômico. A incerteza é a falha de mercado associada à introdução de novas atividades exportadoras. Nesse caso, os autores defendem políticas de proteção (créditos subsidiados) para assegurar que as firmas pioneiras capturem suas rendas extras.

Veiga (2011:23) considera que há sempre o risco de o governo errar na escolha de setores. Logo, "caberia às políticas públicas incentivar não apenas as inovações, mas sua difusão através de instrumentos capazes de fomentar a competição entre produtores domésticos e entre estes e

---

[6] Ver Canêdo-Pinheiro (2010) para uma análise da Picte e da PDP, do ponto de vista da política industrial e de inovação.

os produtores estrangeiros". Nesse contexto, um ambiente competitivo é um fator que ajuda a difusão das inovações.

Bonelli e Pinheiro (2007), partindo do arcabouço teórico de Hausmann e Rodrik (2003), estudaram três casos de sucesso das exportações brasileiras: aviões, telefones celulares e carne suína. Concluem que o governo deve concentrar suas ações em medidas que garantam um ambiente propício à inovação e à expansão das atividades exportadoras. São destacadas as seguintes iniciativas: i) apoio tecnológico através de instituições públicas; ii) assegurar um sistema de difusão de informações sobre os mercados externos para reduzir a incerteza; iii) promover as exportações brasileiras através de estratégias de marketing via Apex; iv) melhorar a infraestrutura logística; v) criar centros de distribuição no exterior, quando esse for um fator de competitividade para o setor; vi) criar institutos junto com os setores exportadores para assegurar que os requisitos de certificação de qualidade sejam assegurados; e vii) apoiar a formação de *clusters* em torno de firmas/setores exportadores. A formação de uma rede de fornecedores para uma empresa reconhecida internacionalmente poderá estimular a entrada dos fornecedores na atividade de exportação.

Logo, o desafio é criar um arcabouço institucional com flexibilidade e que possa atender as diferentes demandas das possíveis firmas exportadoras. Diversas agências do governo, como Apex, Inmetro, Finep, já cumprem esse papel. Logo, é necessário o contínuo aprimoramento e avaliação dos instrumentos voltados para o apoio às atividades de inovação. Em adição, o tema inovação deve ser entendido de forma ampla. Inclui exportação de produtos já existentes na pauta de exportações, mas também os novos mercados, a capacidade de adaptação a novos mercados, o *upgrading* e a diferenciação de produtos. Inovação não é simplesmente estar produzindo na fronteira tecnológica.

Por último, a questão da inovação e de "maior conteúdo tecnológico" inclui os produtos agropecuários e minerais. Setores, aliás, nos quais o país tem demonstrado capacidade de liderança.

O aumento da base exportadora via incorporação de novas empresas, em especial, pequenas empresas

No ano de 2002, 9.137 pequenas e microempresas (PMEs) respondiam por 47% do total das empresas exportadoras e a participação no total exportado era de 2,2%. No ano de 2008, o número dessas empresas somava 11.120 e elas explicavam 1,2% do total exportado.[7]

Um estudo de Markwald e Puga (2002) concluiu que o principal problema para as PMEs não eram os entraves à entrada nas atividades do comércio exterior, mas o baixo grau de sobrevivência das empresas nesse campo. Logo, segundo o autor, deveria se discutir, no caso brasileiro, não tanto o tema de incentivos à entrada de novas firmas, mas medidas que assegurassem a permanência dessas empresas. Isso requeriria programas que normalmente não estavam na pauta prioritária da política de comércio exterior, como disseminação de informações e assistência técnica em promoção de produtos para mercados externos.

O que avançou? Um exemplo é o programa "Exporta Fácil" dos Correios, iniciado no ano 2000, que hoje permite o preenchimento de todos os procedimentos burocráticos exigidos para as operações de exportações e importações através de um *web site*.[8] No entanto, o tema das pequenas e microempresas (PMEs) na base exportadora continua na pauta de prioridades da política de comércio exterior brasileira. Isso pode ser constatado pelas observações a seguir.

Quase todos os documentos oficiais que tratam da promoção às exportações incluem como objetivo aumentar o número das empresas de pequeno porte. Por exemplo, uma das macrometas da PDP anunciada em 2008 era chegar em 2010 com 12.971 PMEs exportadoras. Ressalta-se que antes da PDP o apoio a esse grupo de empresas já estava aumentando nos últimos anos através do Serviço Brasileiro de Apoio às Micro e Pequenas Empresas (Sebrae) e da Agência de Promoção às Exportações (Apex). No entanto, o crescimento de 29% entre 2002 e 2005 e depois queda de 6% no número das PMEs revela que o tema da sobrevivência continua na agenda. Aqui a valorização da taxa de câmbio deve ter influenciado a redução do número de PMEs, mas o tema não se reduz a essa questão.

No ano de 2008, a Apex lançou um programa para estimular a participação das PMEs através do Projeto Tradings (Pereira e Boavista, 2010). O projeto partia do diagnóstico de que as PMEs não possuíam recursos para arcarem com os custos iniciais de permanência no mercado exter-

---

[7] No ano de 2009, esse número caiu para 9.871 devido à crise. A redução da participação no valor exportado está associada ao aumento da importância das exportações de *commodities* na pauta brasileira, que são realizadas por grandes empresas.

[8] O programa foi criado para atender faixas de valores comercializadas, em geral, por micro e pequenas empresas.

no, enfrentavam dificuldades para obtenção de financiamento, desconheciam informações sobre oportunidades de negócios e normas sobre certificações de qualidade do comércio internacional. No entanto, o "candidato natural" para cumprir a função de inserir as PMEs no circuito exportador — as *trading companies* — era especializado nas exportações de *commodities* e não estava interessado no comércio "de varejo" das PMEs. Quem comercializava os produtos das PMEs eram as empresas comerciais exportadoras, em geral firmas de pequeno porte.

Também foi identificado que um dos entraves ao aumento da participação das PMEs nas exportações era o financiamento.[9] O BNDES tinha uma linha pré-embarque — empresa-âncora — que apoiava a exportação indireta de bens produzidos pelas PMEs e médias empresas. O banco dava o financiamento para a empresa-âncora (a empresa comercial) através de seus agentes credenciados. Logo, o banco tentava atingir as PMEs através de um agente (a empresa-âncora) que pudesse apresentar melhores condições de oferecer garantias. No entanto, as empresas que poderiam se enquadrar na oferta de melhores garantias — as *trading companies stricto sensu* — não tinham incentivos para trabalhar com PMEs. Ademais, os agentes ofertantes (bancos) preferiam ofertar Adiantamentos de Contrato de Câmbio (ACCs), que eram mais lucrativos — o financiamento empresa-âncora era pouco conhecido dos clientes. Logo, as empresas comerciais exportadoras, que eram as "empresas âncoras" das PMEs, tinham pouco acesso ao financiamento.

O caso das PMEs e o financiamento do BNDES ilustram uma das questões ressaltadas por Pinheiro (2002b) — informações. Nesse caso foi criada uma linha de crédito que não atendia ao objetivo da política — o apoio indireto às exportações das PMEs.[10]

Não faltam iniciativas que apoiam a participação das PMEs na base exportadora do país. No entanto, o Projeto Tradings ilustrou que é preciso uma avaliação detalhada desses programas. É importante enfatizar, porém, que a iniciativa da avaliação do projeto partiu da própria agência no sentido de aprimorar a política proposta.

No debate do início dos anos 2000, Pereira (2003) concluía que a incorporação de forma permanente das PMEs na base exportadora não

---

[9] Essa questão já constava no debate de 2002.

[10] No estudo de Pereira e Boavista (2010) essa questão é detalhada. É sugerido que uma maneira de quebrar este círculo seria a utilização, por parte das comerciais exportadoras, do fundo de garantia de exportações para empresas de pequeno porte.

garantia um aumento significativo das exportações brasileiras, o que continua válido, na opinião da autora. A defesa de políticas voltadas para as PMEs pode, no entanto, além da geração de emprego, estar associada a outras questões. Por exemplo, a experiência de participação no comércio internacional pode ser uma forma de incentivar a busca por maior eficiência e melhorias tecnológicas. Nesse contexto, propostas de articulação de empresas nacionais de pequeno porte através de *clusters* tecnológicos ou outras formas de associação podem levar a uma melhora da qualidade da oferta exportadora brasileira (Guimarães, 2002). Essa conclusão continua valendo. No entanto, o tema da "sobrevivência" continua na agenda e o estímulo à formação de consórcios de exportações e *tradings* ainda está pendente. Ademais, num cenário de câmbio valorizado, o aumento da base exportadora das PMEs é pouco provável.

A internacionalização das empresas brasileiras

Em 2002, Iglesias e Veiga concluíram que o tema da internacionalização não fazia parte da agenda de prioridades das empresas exportadoras. Cerca de 70% das empresas analisadas a partir de um questionário informaram que não planejam investir no exterior — seus produtos não exigiam esses investimentos. No final da primeira década dos anos 2000, o tema da internacionalização está na agenda da política de comércio exterior da PDP. Em especial, é ressaltada a importância de políticas que assegurem a liderança mundial das grandes empresas nos setores de mineração, petróleo e petroquímica, celulose e papel, e carnes.

A atuação do BNDES é fundamental para esse processo através de operações de empréstimo e de capitalização por meio do BNDES Participações S/A. Segundo Hiratuka e Sarti (2011:41), foram desembolsados para financiamentos, entre os anos de 2005-09, R$ 4,5 bilhões, "com destaque para as operações do grupo JBS-Friboi". Em adição, o banco abriu um escritório em Montevidéu e uma subsidiária em Londres para poder fazer operações de captação de recursos e empréstimos sem precisar internalizá-los no Brasil.

A estratégia de internacionalização é também associada ao tema da integração sul-americana sob dois aspectos. Um é a construção da infraestrutura associada à Iniciativa para Integração da Infraestrutura Regional

Sul-Americana (IIRSA), que beneficia as empresas brasileiras de engenharia que já tinham experiências de investimentos no exterior na década de 1980. Outra é que o financiamento de empresas brasileiras na região pode ser uma forma de incrementar o comércio intraindústria na região e contribuir para atenuar o caráter de comércio Norte-Sul que o Brasil tem com a maior parte de seus parceiros na região.

A reforma tributária

Algumas medidas na área tributária foram anunciadas na PDP: eliminação do imposto de renda incidente sobre as remessas para pagamento de serviços de logística e de montagem de feiras e exposições; e suspensão do PIS/Cofins na compra de insumos destinados aos bens exportados.

No entanto, o Custo Brasil continua na pauta dos pleitos do setor empresarial, em especial no que se refere à demanda por desoneração tributária das exportações. A OMC reconhece o direito de os países exportarem sem impostos indiretos. No Brasil, o caráter cumulativo dos impostos e a complicação dos trâmites burocráticos para a devolução dos créditos do ICMS, IPI, PIS/Pasep e Cofins faz com esse seja uma das principais reivindicações dos setores exportadores (Spíndola, 2010). Estudo da Fiesp, citado por Iglesias e Rios (2010:34), calcula que a "carga tributária alcança em média 22,9% do valor da receita bruta, mas destes apenas 17,1% poderiam ser recuperáveis".

No passado, quando o tema da Reforma Tributária parecia ser possível de ser equacionado, o debate era associado à instituição do imposto único sobre o valor adicionado, que facilita a restituição. Agora, as propostas procuram formas de atenuar o problema. Uma é a securitização do ICMS, com o governo federal assumindo a responsabilidade pelo "crédito decorrente das operações interestaduais [...] temporária e perduraria até que uma Reforma Tributária resolva a causa principal de sua acumulação" (Resende, 2010:49).

Outra forma de atenuar o efeito distorcivo dos tributos tem sido através do uso do *draw back* que, no caso brasileiro, permite a isenção dos impostos de importação, impostos indiretos, PIS/Cofins e do Adicional de Frete da Marinha Mercante dos insumos importados utilizados nos bens exportados. Em maio de 2010, foi instituído o *draw back* verde-amarelo para englobar os insumos de produção doméstica. No entanto, conforme relatado em Cindes (2010), o mecanismo é de difícil acesso e é pouco conhecido pelos exportadores.

Financiamento

O financiamento é o principal instrumento de apoio às exportações. O BNDES Exim possui uma carteira ampla que cobre diversas modalidades. As principais são:

i) operações de pré-embarque: abrange produtos da lista de financiáveis pelo banco (ampla) que atendam os critérios estabelecidos de índices de nacionalização e sejam enquadrados nos processos produtivos básicos.[11] Nessa modalidade existe um financiamento especial (condições mais favoráveis) para bens de capital (índice de nacionalização acima/igual a 60%), automóveis e empresa âncora (*tradings*, já analisado).

ii) operações de pós-embarque que financia empresas exportadoras (*supplier credits*) e importadoras (*buyer credits*).

Segundo o BNDES (2011), os desembolsos para apoio às exportações eram de US$ 4 bilhões em 2003 e chegaram a US$ 6,6 bilhões em 2006. Será, no entanto, a partir da crise de 2008, que os desembolsos mudam de patamar e atingem US$ 11,2 bilhões (2010). A tabela 1 mostra a participação dos principais setores nos desembolsos acumulados de 2003-05 (US$ 13,7 bilhões) e de 2008-10 (US$ 26,2 bilhões).

Há uma concentração na indústria de transformação, mas no último triênio cresceu a importância da construção associada aos projetos de infraestrutura na região sul-americana. Máquinas, veículos e produtos alimentícios, além das aeronaves, são os que recebem os maiores recursos em termos de valor. No entanto, a queda da participação do setor de outros equipamentos de transportes (aeronaves) — de 46,6% para 14,7% — abriu espaço para a diversificação dos desembolsos. Aumentaram os financiamentos para os setores de química, farmacêuticos e de metalurgia.

A diversificação dos financiamentos é em princípio bem-vinda. No entanto, falta avaliar o custo e os benefícios desses financiamentos. No pacote de medidas anunciadas em maio de 2010, por exemplo, o go-

---

[11] Processo Produtivo Básico (PPB) foi definido por meio da Lei nº 8.387, de 30 de dezembro de 1991, como "o conjunto mínimo de operações, no estabelecimento fabril, que caracteriza a efetiva industrialização de determinado produto".

verno estendeu para os bens de consumo as condições do financiamento subsidiado concedido aos bens de capital.

Tabela 1
Desembolsos do sistema BNDES para apoio às exportações

Setores	2002-05	2008-10
Agropecuária	0,5	0,1
Indústria de transformação	93,5	84,4
Produtos alimentícios	5,4	7,1
Máquinas e equipamentos	7,0	10,3
Veículos, reboque e carrocerias	23,2	25,6
Outros equipamentos de transportes	46,6	14,7
Comércio e serviços	6,0	15,5
Construção	4,7	11,6
Total	100,0	100,0

Fonte: Desembolso anual do Sistema BNDES. Apoio à exportação. Disponível em: <www.bndes.gov.br>.

O outro principal instrumento de financiamento é o Programa de Financiamento à Exportação (Proex) do Banco do Brasil, mas nesse caso os desembolsos são inferiores ao do BNDES. Em 2010, o total foi de US$ 432,4 bilhões. Além disso, o foco são as pequenas e médias empresas que explicaram 85% do total das operações realizadas.[12]

A segunda modalidade é o Proex para Equalização de Taxas de Juros, que utiliza recursos do Tesouro Nacional (emissão de títulos). O Proex arca com parte dos encargos financeiros incidentes nas operações de financiamento às exportações realizadas pelas instituições privadas, de forma a tornar as taxas de juros equivalentes às praticadas internacionalmente.

Uma das respostas do governo à crise de 2008 foi ampliar a oferta de financiamento do Proex (aumentou o valor bruto do faturamento para R$ 600 milhões das empresas enquadráveis no programa), que inclui a modalidade de pré-embarque para as pequenas e médias empresas e elevação do gasto anual com equalização da taxa de juros de US$ 10 milhões para US$ 20 milhões para operações *intercompanies* (Cindes, 2010).

---

[12] Disponível em: <www.comexdobrasil.com.br/proex-financiamento>. Acesso em: 18 jun. 2011.

Por último, o governo criou em 2004 o Comitê de Financiamento e Garantia das Exportações (Cofig), que é um colegiado integrante da Câmara de Comércio Exterior (Camex). A função do Cofig é a de enquadrar e acompanhar as operações do Proex e do Fundo de Garantia à Exportação (FGE), estabelecendo os parâmetros e condições para concessão de assistência financeira às exportações e de prestação de garantia da União. Uma demanda que estava na agenda de 2002. No entanto, as empresas de construção civil, em especial, continuaram a demandar garantias especiais não disponíveis no mercado privado e nas instâncias multilaterais para operações em áreas de risco elevado, mas que gerariam elevadas externalidades, como a integração da infraestrutura sul-americana (Schehtman, Pereira e Costa, 2005). A criação de Fundo Garantidor do Comércio Exterior para a cobertura de riscos "não cobertos pelo mercado" poderá atender esse pleito. Além disso, foi anunciada a criação de uma Empresa Brasileira de Seguros. No entanto, faltam regulações para entender o papel desse novo fundo e da empresa seguradora.

Repete-se a mesma observação realizada sobre o papel dos financiamentos do BNDES. É preciso avaliar e acompanhar a eficácia e a relação custo × benefício do Proex e das iniciativas sobre o seguro crédito. Em comparação com 2002, em especial após a crise de 2008, o governo ampliou a sua política de concessão de financiamentos às exportações.

3. A política de importações

A teoria de comércio internacional pautada nas vantagens comparativas conduz à conclusão de que a liberalização comercial aumenta a eficiência alocativa dos recursos. Numa perspectiva dinâmica, o ambiente competitivo pode favorecer o crescimento econômico na medida em que a busca por eficiência se transforme em ganhos de produtividade. Estudos empíricos relacionando quantitativamente o grau de abertura e o crescimento econômico têm sido alvo de intenso debate. A principal crítica refere-se à influência de outras variáveis sobre o crescimento econômico que podem estar atuando no momento da liberalização, como reformas institucionais. Um exemplo citado na literatura é o trabalho de Dollar e Kraay (2000), que, utilizando técnicas econométricas que permitem controlar a influência de outras variáveis, como taxa de câmbio, mostra a correlação positiva entre crescimento do comércio, investimento direto e crescimento econômico. No entanto, essa proposição geral é condicionada a diversos fatores apontados na literatura.

Assim, o crescimento econômico depende do capital humano e físico e do progresso tecnológico. As vantagens comparativas são dinâmicas no comércio internacional e os mercados não são perfeitos. A liberalização pode levar a uma maior especialização em setores tradicionais onde estejam ausentes os ganhos associados às economias de escala que são cruciais para o crescimento (Grossman e Helpman, 1991). Além da dotação e da qualidade do capital humano e físico, questões associadas ao quadro regulatório doméstico, ao desenho das políticas macroeconômicas e setoriais, à qualidade da governança local influenciam a possibilidade de os países usufruírem os benefícios do processo de liberalização (Rodrik, 1999).

A mera liberalização não é condição suficiente para o aumento de produtividade, assim como a proteção também não é. Ademais, passado o período de estímulo à industrialização por substituição de importações, o protecionismo cria um ambiente desfavorável para a elevação da competitividade numa economia com uma estrutura produtiva diversificada, como a do Brasil.

A história recente da política de importações brasileira não revela alterações significativas. Por um lado, os compromissos na OMC limitam o teto máximo da tarifa de importações (para produtos industriais, o Brasil consolidou sua tarifa em 35%). Por outro lado, exceto no âmbito dos acordos comerciais preferenciais, após 1994 o país não promoveu novas rodadas de redução tarifária de caráter permanente.

A crise de 2008 trouxe novamente à tona o tema do protecionismo. Em adição, a valorização da moeda brasileira e o avanço das importações oriundas da China levaram a um intenso debate sobre a necessidade de medidas de defesa comercial.

A tarifa externa comum e as tarifas vigentes

A tarifa média de importações do Brasil caiu de 44% para 12,7% entre 1989 e 1994. Essa queda foi iniciada com um processo de liberalização unilateral que foi aprofundado e consolidado com o Protocolo de Ouro Preto, que institui a tarifa externa comum (TEC) do Mercosul.[13] Desde então, as principais mudanças que ainda vigoram são:

---

[13] A reforma tarifária unilateral foi iniciada em 1988 e uma ampla redução tarifária foi anunciada em 1990.

i) a alíquota máxima da TEC de 1994 era de 20% e passou para 35% no final da década de 1990;
ii) as listas nacionais de exceção à TEC, que deveriam ter sido extintas em 1999, tiveram seus prazos prorrogados ao longo dos anos e, atualmente, permitem a inclusão de 100 códigos tarifários;[14] e,
iii) as listas comuns de exceção à TEC — bens de capital (BK), que terminaria em 2001, e bens de informática e telecomunicações (BIT), em 2006 — continuam em vigor.

No *web site* do Departamento de Negociações Internacionais (DNIT) da Secretaria de Comércio Exterior são disponibilizados dois tipos de pedidos de alteração da TEC — permanentes e temporários. No caso dos temporários, são previstos três casos: por motivos de desabastecimento; para inclusão na lista de exceção nacional; e, "ex-tarifários" BK E BIT. Esse último é uma prática brasileira para reduzir tarifas de importações incidentes sobre produtos não fabricados no país (não disponíveis a tempo ou outro motivo) associados a investimentos e a processos de modernização.

O atraso no cronograma da plena vigência da TEC e a proliferação das exceções nacionais levou à criação de outra lista, o Regime Comum de Bens de Capital Não Produzidos. São BK que todos os países do Mercosul concordam quanto ao regime "ex-tarifário" — tarifa de 2% por dois anos.

As "perfurações" na TEC e exceções ao livre-comércio intrarregional são alvo de um intenso debate, que se arrasta desde o início dos anos 2000, sobre o formato da integração — área de livre-comércio *versus* união aduaneira. Essa questão será brevemente tratada na próxima seção. Aqui, o objetivo é analisar a diretriz da política de proteção.

Na segunda metade dos anos 1990, Brasil e Argentina adotaram políticas de controle inflacionário ancoradas em bandas cambiais e câmbio fixo, respectivamente. A crise asiática e o consequente temor de fuga de capital levaram a que os países concordassem em elevar todas as alíquotas da TEC em três pontos percentuais, mas o compromisso de reverter essa medida foi cumprido em dezembro de 2003.

No ano de 1995, o Brasil institui o Regime Automotivo para responder às pressões do setor automobilístico, preocupado com o aumento das importações em função da entrada em vigor da alíquota de 20% (Pereira,

---

[14] Deveria ter sido extinta em 31 de dezembro de 2010 e mais uma vez foi prorrogada para 31 de dezembro de 2011.

2006). As tarifas de importações foram elevadas para 70% (veículos produzidos por montadoras não instaladas no Brasil) e para 35% (veículos importados por montadoras com fábricas no Brasil). Em 2000 foi criado o Regime Automotivo do Mercosul; previsto para durar até 2006 e prorrogado, por enquanto, até 2014, implementou tarifas de 35% para as importações extrabloco e um regime de cotas para o comércio intrarregional. No ano 2000, a tarifa nominal média do Mercosul era de 14,7%. Depois, caiu para 11,1% e subiu para 11,5% em 2008.

A comparação da estrutura das tarifas nominais aplicadas descrita por Castilho (2009) revela que, apesar de a média tarifária ter caído entre 2000 e 2008, houve alterações no sentido da proteção. Foi registrado aumento de alíquotas concentrado nos setores tradicionais (artigos de vestuário de 22,4% para 32,9%, alimentos e bebidas de 13,1% para 20%, têxteis de 19,2% para 22,5%) e de material de transporte (automóveis de 21,2% para 28,6% e caminhões e ônibus de 20,6% para 30,7%).

Por outro lado, foram registradas quedas na indústria de máquinas para escritório e equipamentos de informática (20,6% para 9,5%) e máquinas eletrônicas e equipamentos de comunicação (19,9% para 10,6%).[15]

No caso das indústrias tradicionais, o aumento seria recente e associado à concorrência com os produtos chineses (vestuário e têxteis). Já as quedas nas indústrias nos setores de alta tecnologia refletiriam o uso dos "ex-tarifários".[16] No entanto, o viés protecionista se mantém, pois são "medidas temporárias".

A tabela 2 mostra as alíquotas aplicadas pelo Brasil, Índia, China, Rússia, África do Sul no ano de 2009. O Brasil aplica tarifas de importações nos produtos não agrícolas mais elevadas que seus parceiros Brics (com África do Sul). Logo, mesmo que seja aceito o argumento (Castilho, 2009:65) de que a política segue a lógica da escalada tarifária "compatível com objetivos de incentivar os setores de maior grau de sofisticação [...] estratégia adotada por muitos países, inclusive de maior grau de industrialização", o protecionismo industrial é maior. Os parceiros, exceto a África do Sul, registram maiores tarifas no setor agrícola, mas a média brasileira é a maior de todas.

---

[15] As maiores quedas, porém, estão associadas a questões de abastecimento, como metais não ferrosos de 11,3% para zero e produtos de metal (exceto máquinas) de 19,3% para 0,6%.

[16] Um instrumento bastante utilizado pelo governo (Castilho, 2009).

Tabela 2
Tarifas nominais aplicadas em 2009 (%)

Países	Média	Bens agrícolas	Bens não agrícolas
África do Sul	7,7	8,9	7,5
Brasil	13,6	10,2	14,1
China	9,6	15,6	8,7
Índia	12,9	31,8	10,1
Rússia	10,5	13,2	10,1

Fonte: <www.wto.org>.

A crise levou a um aumento do protecionismo, expresso nas tarifas de importações? Não. Houve aumento de tarifas de produtos siderúrgicos, lácteos e têxteis, algumas de caráter temporário. Por outro lado, foram registradas várias reduções tarifárias motivadas por risco de desabastecimento (PC em Foco, 2010 e 2011).

O grau de proteção efetiva, entretanto, deve considerar as alíquotas incidentes sobre os insumos importados, além de outras barreiras não tarifárias e impostos. Castilho (2009) fez esse cálculo para os setores brasileiros nos anos 2000 e 2005. A média da proteção efetiva é alta, embora caia de 27,5% para 25,8%. O elevado desvio padrão — aumenta de 15,9% para 33,3% — revela uma política que prioriza setores de forma relativamente marcante. Quais são os setores associados com o maior grau de proteção efetiva? No ano de 2005, automóveis (180%), caminhões (128,3%) e produtos de fumo (51%). A racionalidade dessa alta proteção só pode ser explicada por argumentos da economia política, o poder de barganha dos setores para extraírem proteção do Estado.

A defesa comercial

No comércio exterior, os instrumentos de defesa comercial são as investigações de práticas desleais (*dumping* e subsídios) e as salvaguardas. As disciplinas acordadas na OMC levaram a uma redução dos subsídios permitidos em relação aos produtos industriais. A salvaguarda exige a comprovação da existência de um surto inesperado de importações associado a alguma redução no nível de proteção. Logo, as medidas *antidumping* constituem um dos instrumentos mais utilizados como forma de proteção temporária.

No Brasil, a legislação sobre investigações de práticas desleais é de 1988. Em 1994, o Congresso Brasileiro aprovou a Ata Final que incorporou os resultados da Rodada Uruguai, incluindo os novos Acordos Antidumping, de Subsídios e Medidas Compensatórias e de Salvaguardas.

Os dados da OMC sobre a abertura de investigações sobre *dumping* mostram que a China é o país mais investigado. No total de 3.752 investigações abertas entre 1995 e julho de 2010, o país é a parte "acusada" em 784 processos, seguido pela República da Coreia (268) e pelos Estados Unidos (2010).

A Índia substitui os Estados Unidos como principal usuária do instrumento, desde 2001. Assim, no total das investigações abertas, o país iniciou 613 processos, os Estados Unidos, 442 e o Brasil, 184. O Brasil está em sétimo lugar na lista dos principais investigadores, após a Argentina (quarto lugar) e África do Sul (sexto lugar).

A crise de 2008 deslanchou um salto no número de investigações, num primeiro momento, mas depois o movimento arrefeceu.[17]

No Brasil, a demanda pela utilização mais intensa das medidas de defesa comercial foi acirrada com a crise e a valorização da moeda. Segundo o Departamento de Defesa Comercial, o número de investigações aumentou de 28 (2008), para 18 (2009) e 40 (2010). Seria esperado que o número de investigações aumentasse em períodos de valorização da moeda, pois aumenta a concorrência com os produtos importados. No entanto, o elevado número de investigações, em 2010, pode ser interpretado como um sinal de que o governo estaria atendendo de forma mais rápida os pleitos empresarias de abertura de processos. No entanto, segundo o informe PC em Foco (2011), persistiriam dificuldades em função do tamanho da equipe e entendimentos entre a Receita Federal e a Secretaria de Comércio Exterior, que envolvem troca de informações sobre a evolução de séries de preços utilizadas nas investigações.

Outra demonstração de que o governo estaria atento ao uso das investigações como forma de atenuar os efeitos da concorrência foi a implementação de regras para impedir triangulação de mercadorias, no final de 2010. O alvo foi a China, que transferiria parte da sua produção para os vizinhos asiáticos, que agregam pouco valor à mercadoria. Ressalta-se que

---

[17] O número de investigações foi de 165, em 2007, aumentou para 213 (2008) e caiu para 209 (2009). No primeiro semestre de 2010 foram abertas 69 investigações.

os países asiáticos estão integrados em cadeias produtivas que partiam de investimentos japoneses e, agora, de forma crescente, dos investimentos chineses (Baumann, 2010). Logo, essa distinção da triangulação e da fragmentação das cadeias produtivas é uma questão que requer novos estudos e dificulta a definição da "origem do produto".

No final de junho de 2011 o governo criou o Grupo de Inteligência de Comércio Exterior (GI-CEX), órgão que será vinculado ao Ministério do Desenvolvimento, Indústria e Comércio Exterior e ao Ministério da Fazenda. O objetivo é o de defender a indústria nacional contra importações ilegais e desleais. Foi anunciado que o grupo será formado por pelo menos dois servidores e dois suplentes da Receita Federal do Brasil (RFB) e da Secretaria de Comércio Exterior e reunirá informações hoje disponíveis nesses órgãos no monitoramento e na vigilância das importações.

Essa é uma medida, entretanto, que não garante a solução de uma questão de caráter estrutural que está no processo decisório da aplicação das medidas referentes aos processos de práticas desleais e salvaguardas no Brasil.

A decisão sobre a aplicação dos direitos definitivos e provisórios dos processos que compõem os instrumentos da defesa comercial é realizada pela Camex. A composição desse conselho, que agrega representantes do Ministério da Fazenda, Desenvolvimento, Planejamento, Agricultura, Desenvolvimento Agrário, Relações Exteriores e Casa Civil, tem vantagens e desvantagens. Permite a conciliação dos objetivos da Fazenda (minimizar os efeitos de aumentos de alíquotas sobre a oferta de produtos e, logo, da taxa de inflação) e do Ministério do Desenvolvimento e da Agricultura (defesa dos setores produtores domésticos) na avaliação da aplicação dos direitos. Por outro lado, pode "politizar" uma decisão de caráter exclusivamente técnico, como a aplicação dos direitos *antidumping*.[18]

Araújo Jr. (2010) chama atenção para outra questão na análise sobre as investigações a respeito das práticas desleais. Uma das principais formas de estimular a busca por eficiência é através das regras de concorrência, que devem evitar comportamentos abusivos de poder de mercado por parte das empresas. O autor considera que as decisões da Camex ignoram essa questão. Relata que 80% das investigações sobre *dumping* se referem

---

[18] É diferente, por exemplo, do caso de aplicação de salvaguardas, onde as relações comerciais do Brasil devem ser apreciadas. Nos Estados Unidos, as decisões sobre *dumping* e subsídios ficam a cargo dos departamentos técnicos, mas as salvaguardas passam pelo United States Trade Representative (USTR) — um "similar" da Camex.

a produtos intermediários, que tendem a concentrar empresas de mercados com elevado grau de oligopólio/monopólio. Logo, está-se reforçando uma proteção que já é relativamente alta para esses produtos, pois as alíquotas estão na faixa de 10% a 16%.

Nesse contexto, a garantia de um ambiente propício para a busca pela competitividade tem como uma de suas condições um sistema de Defesa Comercial que atue de forma conjunta nas regras que definem a concorrência no mercado doméstico, onde importação é uma das variáveis.

Os acordos comerciais e as negociações multilaterais

O processo de liberalização do Brasil foi unilateral, mas o Mercosul teve um papel importante ao consolidar e aprofundar o compromisso com a abertura em 1994. Desde então, as mudanças permanentes na estrutura tarifária do Brasil dependem de alterações na TEC.

Mencionamos acima que a "disciplina TEC" tem sido rompida frequentemente. Uma opção seria uma negociação de revisão de toda a TEC, em que a consolidação da questão das "tarifas temporárias mais baixas para BK e BIT" seria negociada. No entanto, não parece haver consenso no âmbito do debate doméstico e entre os membros do Mercosul sobre esse tema. Além disso, diferentemente do início dos anos 1990 — quando o projeto Mercosul foi capaz de consolidar os processos de liberalização em andamento nos países —, a credibilidade da disciplina do acordo é, no mínimo, questionada desde o final da década de 1990.

Os acordos negociados pelo Brasil desde 1994 como membro do Mercosul não são interpretados pelos setores brasileiros como desafios à competitividade de seus produtos — caso do acordo com o Chile e a Bolívia, em 2006. O mesmo em relação a outros países andinos (Colômbia, Equador, Peru e Venezuela), embora nesse caso tenha surgido uma crítica em relação ao nível de concessões mais generoso do Brasil em relação a seus parceiros.[19] Em relação a países com algum grau de contestação ao mercado brasileiro, como a Índia, o acordo compreendeu poucos produtos. (Pereira, 2006).

---

[19] Além da disciplina Mercosul ter sido rompida, a maioria dos cronogramas é bilateral (cada membro do Mercosul negociou acordos separados com cada país), o Brasil ofereceu acesso livre a seu mercado num prazo quase imediato e o cronograma dos outros países abrangeu prazos de 10 a 15 anos (Pereira, 2006).

As negociações entre o Mercosul e a União Europeia iniciadas em 1998 não têm conseguido conciliar os interesses agrícolas e industriais dos parceiros. Novas tentativas para fechar o acordo foram iniciadas em 2008, com prazo previsto para 2011. No entanto, a crise mundial afetou, em especial, para os países europeus, a realização de compromissos de aberturas de mercados.

No âmbito multilateral, as negociações da Rodada de Doha, supondo que haverá algum desfecho até 2011/12, serão de compromissos mínimos. Acordos de livre-comércio com regiões/países que possam ter um impacto na estrutura de concorrência no mercado brasileiro parecem distantes, num cenário mundial de incertezas.

Logo, é pouco provável nos próximos anos que o Brasil promova algum compromisso unilateral, bilateral, regional ou multilateral de redução de tarifas.

4. Conclusões

O título desse capítulo se refere às mudanças nas diretrizes da política de comércio exterior. O ponto de partida foi o início dos anos 2000, quando o tema da competitividade e as políticas de promoção às exportações ganharam destaque, após as reformas dos anos 1990 e a desvalorização cambial. Havia um consenso de que o protecionismo e a concessão de subsídios fiscais/creditícios seletivos como os principais instrumentos da política comercial faziam parte do passado. Logo, era preciso identificar os principais obstáculos para o crescimento das exportações brasileiras.

O que mudou? A recuperação do debate do início dos anos 2000 foi para mostrar que alguns dos temas permanecem na agenda da política de comércio exterior, mas num contexto diferente. O tema da vulnerabilidade externa expresso nas restrições para o financiamento da conta-corrente parece distante, a estrutura da pauta de exportações mudou com a queda da participação de bens manufaturados e o efeito China no comércio exterior passou a ser uma das prioridades na agenda.

O capítulo ressaltou os seguintes pontos.

No campo das exportações, Pereira (2003) concluiu que o Brasil possuía uma estrutura industrial relativamente diversificada. Havia certo consenso de que o aumento das exportações em direção aos setores dinâmicos do comércio internacional dependeria de ações conjuntas do setor privado e do governo. Ademais, a relativa escassez dos recursos públicos tornava a definição de prioridades um elemento essencial no desenho de qualquer política. Por último, o enfoque setorial deveria ser substituído pelo enfoque de políticas direcionadas para o *upgrading* tecnológico, gerencial e de estratégias de comercialização das firmas.

Essas mesmas observações valem para a política atual. O retorno a uma ênfase setorial implícita na PDP deve ser analisado com cuidado. Exemplos de sucesso no caso brasileiro revelam que a ação pública é exitosa quando fornece incentivos e apoio para lidar com "falhas de mercado" específicas a cada setor. Nesse caso, ações conjuntas do setor privado e do governo que identifiquem os entraves para o aumento da competitividade são bem-vindas.

O comércio internacional do início da segunda década dos anos 2000, porém, apresenta alguns novos desafios. O primeiro se refere ao crescimento das cadeias produtivas globais. Grandes empresas tendem a fragmentar sua produção. Logo, quanto da produção exportada adiciona de valor domesticamente depende de em que elo da cadeia produtiva o país está localizado. Países desenvolvidos adicionam relativamente mais valor através dos serviços (inovações, *design*, planos de logística, oferta de serviços financeiros, entre outros) do que países em desenvolvimento, que realizam a produção física.[20]

Os países sul-americanos, diferente dos asiáticos, alguns da América Central e do México, não se destacam por estarem integrados nas cadeias produtivas globais. No entanto essa é uma tendência mundial. Ademais, a internacionalização das empresas brasileiras poderá levar à formação de cadeias produtivas regionais. Nesse contexto, políticas de estímulo à inovação tecnológica e promoção das exportações de serviços são fundamentais.

O caso da Embraer, sempre citado, é um exemplo. A vantagem competitiva brasileira é o projeto de engenharia para a fabricação das aeronaves. No caso dos produtos agrícolas, como a soja, a produtividade e, logo, sua competitividade estão associadas às tecnologias desenvolvidas pela Embrapa, em especial para as culturas localizadas no cerrado.

O segundo aspecto se refere a políticas voltadas especialmente para as exportações de serviços (Pereira, Sennes e Mulder, 2009). Nas contas

---

[20] A OMC instituiu um projeto, o Made in the World, para promover estudos que mensurem os fluxos do comércio exterior dos países por valor adicionado e não pelo registro do valor do faturamento das exportações e importações.

do balanço de pagamentos, os principais serviços com saldos positivos nos anos recentes são: financeiros; projetos de engenharia; e outros empresariais e técnicos. Logo, além do turismo, que é um gargalo no país, formas de promoção às exportações de serviços devem ser buscadas pelo governo e pelo setor privado. Um exemplo recente foi a isenção do imposto de renda, já mencionada, das remessas para a montagem de feiras no exterior, que é uma exportação de serviços. No campo de serviços, dada a heterogeneidade dos setores, o trabalho conjunto governo e setor privado é crucial. Além disso, embora já tenha se tornado um tema "repetitivo", a realização da Copa Mundial e das Olimpíadas irá testar a eficiência da oferta de serviços brasileiros, muitos dos quais são exportáveis, como a própria elaboração de projetos para a realização de eventos.

A abertura comercial do início dos anos 1990 foi implementada num cenário em que os limites do modelo protecionista de substituição de importações como promotor do desenvolvimento industrial estavam esgotados.

No campo das exportações, a literatura econômica e os estudos empíricos recentes mostram que o foco da análise sobre competitividade deve partir dos fatores que determinam o "potencial exportador" dos setores/ firmas. Em adição, a política pública deve ser um fator que ajude a remover possíveis obstáculos para a realização desse potencial e não o "criador desse potencial".

No campo das importações, pleitos protecionistas associados à valorização cambial e à concorrência chinesa deverão permanecer na agenda no horizonte próximo. Mesmo supondo um cenário de "menor valorização da moeda nacional", o tema da importação de produtos chineses deverá continuar. Por outro lado, existem na literatura, conforme foi analisado, sugestões de que seria o momento de uma nova rodada de redução tarifária para assegurar um ambiente competitivo.

Logo, a política de importações deve responder a essas duas questões. Aprimorar o arcabouço institucional para lidar com "importações desleais" e, ao mesmo tempo, assegurar que a estrutura tarifária não seja um fator de perda de competitividade. Não é excludente promover reduções tarifárias que promovam um ambiente propício à busca pela eficiência e ter disponível um mecanismo de defesa comercial que atue sobre práticas desleais comprovadas. Isso exige, porém, que as investigações incorporem estudos detalhados sobre a configuração dos mercados em que os produtos atuam — o grau de oligopólio — para que a aplicação dos direitos *antidumping* não seja identificada meramente como um expediente rápido de conter importações. No entanto, deve ser reconhecido que essa proposta, num cenário de valorização cambial, é pouco atraente. O Brasil segue o que outros países fazem em momentos de "surtos de importações". Fica, porém, a ideia de associar o tema da defesa comercial ao da competitividade, conforme Araújo Jr. defende.

Por último no campo das importações, o tema de uma nova rodada ampla de redução tarifária é associado ao futuro da tarifa externa comum. A redução unilateral, se proposta, implica abandonar de vez o projeto da união aduaneira. Por outro lado, as dificuldades de manutenção da disciplina TEC colocam em dúvida o efeito Mercosul como promotor de uma nova reforma.

O debate sobre políticas horizontais e verticais (setoriais) do início dos anos 2000 continua, mas pode ser analisado de outra perspectiva. As políticas públicas devem ofertar a infraestrutura mínima — atendimento a questões comuns de todos os setores. Concomitantemente, as instituições públicas devem ser flexíveis para atender num esforço conjunto a demandas setoriais específicas. Essa proposta não é novidade. O Programa de Apoio Tecnológico às Exportações (Progex) é um exemplo. O programa auxilia as pequenas e microempresas que desejam exportar ou exportam a atenderem os requisitos de certificação de qualidade e outras demandas associadas a inovações/adaptações tecnológicas. Existe uma "oferta comum de serviços", mas que é customizada na relação do programa com a empresa solicitante do serviço.

O papel das políticas de financiamento direcionadas para as PMEs é outro exemplo. A mera oferta de créditos do BNDES para as empresas que comercializariam produtos das PMES não levou em devida conta as questões específicas que envolvem as relações entre as *tradings* e as PMEs. Logo, nesse caso, a oferta de financiamento continua importante, mas é preciso adequá-la.

Ressalta-se que da mesma forma que a política de financiamento deve identificar os gargalos, deverá "identificar" onde não é mais necessária.

Em suma, a avaliação e o desenho da política de comércio exterior não deve se prender ao debate de políticas horizontais *versus* seletivas (verticais). O que importa é a eficácia da política, que deve partir de um bom diagnóstico, análise dos custos e benefícios das escolhas dos instrumentos e sua contínua avaliação.

Referências

ARAÚJO JR., J.T. Antitruste e protecionismo: a experiência brasileira recente. *Brevíssimos Cindes*, n. 14, ago. 2010. Disponível em: <www.cindesbrasil.org>.

BAUMANN, R. *Desenvolvimento em debate*: exportação e competitividade. 2002. Disponível em: <www.bndes.gov.br>.

_____. Os desafios da exportação. In: VILELLA, A.; VEIGA, P.M.; _____. Regional trade and growth in Asia and Latin America: the importance of productive complementarity. *Documento CEPAL do Escritório de Brasília*, LC/BRS/R238, nov. 2010.

BNDES. *Exportação e inserção internacional*: mecanismos de apoio, 2011. Disponível em: <www.bndes.gov.br>.

BONELLI, R. Políticas de competitividade industrial no Brasil — 1995/2000. *Texto para Discussão Ipea* 810, out. 2001.

_____; PINHEIRO, A.C. New export activities in Brazil: comparative advantage, policy or self-discovery? *Texto para Discussão Ipea* 1269a, Rio de Janeiro, abr. 2007.

CADERNOS FGV PROJETOS, n. 14, FGV Projetos, 2010. Disponível em: <www.fgv.br/fgvprojetos>.

CANÊDO-PINHEIRO, M. A política industrial brasileira dos governos Lula. *Breves Cindes*, n. 39, ago. 2010. Disponível em: <www.cindesbrasil.org>.

CASTILHO, M. (Coord.). Estrutura do comércio exterior. Estudo Transversal 01. *Projeto Perspectivas do Investimento no Brasil*. Instituto de Economia da UFRJ e Instituto de Economia da Unicamp, ago. 2009.

CINDES. A política comercial brasileira: novas motivações e tendências. *Breves Cindes*, n. 37, ago. 2010.

COUTINHO, L. et al. (Coord.). *Estudo da competitividade das cadeias produtivas brasileiras*. 2003. Disponível em: <www.inovacao.unicamp.br>.

DOLLAR, D.; KRAAY, A. *Growth is good for the poor*. Development Research Group. The Word Bank, 2000.

GROSSMAN, G.; HELPMAN, E. *Innovation and growth in the global economy*. Cambridge: MIT Press, 1991.

GUIMARÃES, E.P. Política de exportação brasileira para as pequenas e médias empresas. In: PINHEIRO, A.C.; MARKWALD R.; PEREIRA, L.V. (Org.). *O desafio das exportações*. Rio de Janeiro: Banco Nacional de Desenvolvimento Econômico, 2002. p. 447-503.

HAUSMANN, R.; RODRIK, D. Economic development as self-discovery. *Journal of Development Economics*, v. 72, n. 2, p. 603-633, 2003.

HIRAKUTA, C.; SARTI, F. Investimento direto e internacionalização de empresas brasileiras no período recente. *Texto para Discussão Ipea* 1610, Brasília, abr. 2011.

IGLESIAS, R.M.; RIOS, S.P. Desempenho das exportações brasileiras no pós-boom exportador: características e determinantes. *Estudo Cindes*, set. 2010. Disponível em: <www.cindesbrasil.org>.

_____; VEIGA, P.M. Promoção das exportações via internacionalização das firmas de capital brasileiro. In: PINHEIRO, A.C.; MARKWALD R.; PEREIRA, L.V. (Org.). *O desafio das exportações*. Rio de Janeiro: Banco Nacional de Desenvolvimento Econômico, 2002. p. 367-446.

KLINGER, B. (New) Export competitiveness. *Center for International Development*, Harvard University, Feb. 2010.

MARKWALD, R.; PUGA, F.P. Focando a política de promoção das exportações. In: PINHEIRO, A.C.; MARKWALD R.; PEREIRA, L.V (Org.). *O desafio das exportações*. Rio de Janeiro: Banco Nacional de Desenvolvimento Econômico, 2002. p. 97-154.

PC EM FOCO. Observatório de política comercial, Centro de Estudos de Integração e Desenvolvimento, vários números. 2010, 2011. Disponível em: <www.cindesbrasil.org.br>.

PEREIRA, L.V. A agenda brasileira de crescimento das exportações: principais questões. *Working Paper Series CBS 44*, Centre for Brazilian Studies, Oxford University, 2003.

_____. Brazil trade liberalization program. In: LAIRD, Sam; FERNANDES DE CORDOBA, Santiago (Org.). *Coping with trade reforms*: a developing-country perspective on the WTO industrial tariff negotiations. Hampshire: Palgrave MacMillan, 2006.

_____. Os acordos Sul-Sul firmados pelo Mercosul: uma avaliação sob a ótica brasileira. In: VEIGA, Pedro da Motta (Coord.). *Comércio e política comercial no Brasil*: desempenho, interesses e estratégias. São Paulo: Singular, 2006. p. 57-76.

_____; BOAVISTA, M. Trading companies no Brasil. *Revista Brasileira de Comércio Exterior*, Rio de Janeiro, ano XXIV, n. 103, p. 71-87, abr./jun. 2010.

_____; SENNES, R.; MULDER, N. Brazil's emergence as the regional export leader in services: a case of specialization in business services. *Série de Comércio Internacional*, n. 94, Cepal, Santiago do Chile, 2009.

PINHEIRO, A.C. Encarando o desafio das exportações. In: ____; MARKWALD, R.; PEREIRA, L.V. (Org.). *O desafio das exportações*. Rio de Janeiro: Banco Nacional de Desenvolvimento Econômico, 2002b. p. 5-25.

____; MARKWALD, R.; PEREIRA, L.V. (Org.). *O desafio das exportações*. Rio de Janeiro: Banco Nacional de Desenvolvimento Econômico, 2002a.

REIS, J.G.; FAROLE, T. Trade and the competitiveness agenda. *Economic Premise*, n. 18, The World Bank, June 2010. Disponível em: <www.worldbank.org/economicpremise>.

RESENDE, F. Acumulação de créditos de ICMS nas exportações: o problema e proposta de solução. *Revista Brasileira de Comércio Exterior*, Rio de Janeiro, ano XXIV, n. 102, p. 45-49, jan./mar. 2010.

RIBEIRO, F.J.; POURCHET, H. Reflexões sobre exportações e desempenho da indústria com base nos coeficientes de comércio exterior. *Revista Brasileira de Comércio Exterior*, Rio de Janeiro, ano XXV, n. 107, p. 4-17, abr./jun. 2011

RODRIK, D. *Making openess work*: the new global economy and the developing countries. Washington, DC: Overseas Development Council, 1999.

SCHEHTMAN, J.; PEREIRA, L.V.; COSTA, S.G.O. Bases para a criação de um fundo multilateral de cooperação de garantia para projetos de infraestrutura e integração regional na América do Sul. *Relatório de Pesquisa*, Ibre/FGV, 2005.

SPÍNDOLA, L. Imunidade das exportações. *Revista Brasileira de Comércio Exterior*, Rio de Janeiro, ano XXIV, n. 102, p. 3-5, jan./mar. 2010.

TIGRE, P. O papel da política tecnológica na promoção das exportações. In: PINHEIRO, A.C.; MARKWALD, R.; PEREIRA, L.V. (Org.). *O desafio das exportações*. Rio de Janeiro: Banco Nacional de Desenvolvimento Econômico, 2002. p. 245-282.

VEIGA, P.M. Os condicionantes microeconômicos das exportações. *Breves Cindes*, n. 43, jan. 2011. Disponível em: <www.cindesbrasil.org>.

____. Política comercial, indústria e exportações: vamos voltar a falar de produtividade e competitividade. In: VILELLA, A.; VEIGA, P.M.; BAUMANN, R. Regional trade and growth in Asia and Latin America: the importance of productive complementarity. *Documento CEPAL do Escritório de Brasília*, LC/BRS/R238, nov. 2010.

CAPÍTULO 6

Impactos da infraestrutura sobre a competitividade

Pedro Cavalcanti Ferreira
Joísa Campanher Dutra*

1. Introdução

Setores de infraestrutura são essenciais para alcançar crescimento econômico sustentável, mitigar e dirimir pobreza e aumentar a competitividade internacional. Em seu índice de competitividade, o Global Competitiveness Index, o World Economic Forum considera a infraestrutura o segundo entre 12 pilares, por sua capacidade de incentivar o aumento da produtividade e da competitividade de uma economia. Investimentos vultosos e eficientes em infraestrutura são críticos para assegurar o funcionamento adequado da atividade econômica. Uma infraestrutura bem desenvolvida reduz a distância entre as regiões, integrando mercados internos e conectando mercados internos e externos a custos reduzidos. Uma rede de transportes que una diferentes modais ou uma eficiente rede de comunicações possui a capacidade de integrar e permitir o acesso de comunidades mais distantes e talvez menos desenvolvidas a atividades econômicas e serviços essenciais.

No tocante ao segmento de transportes, uma alta qualidade das estradas, ferrovias, portos e aeroportos permite aos produtores ter seus produtos entregues de modo seguro e em tempo adequado, facilitando ainda o deslocamento de trabalhadores na direção de melhores oportunidades de ocupação. Uma rede robusta e extensa de telecomunicações viabiliza trocas de informações rápidas, de modo a veicular decisões que incorporam toda a informação relevante. No caso de serviços de eletricidade, a produção de mercadorias depende de modo crítico de oferta adequada e de qualidade, livre de interrupções e estável, mas também a preços compatíveis com um equilíbrio capaz de assegurar retorno adequado aos investidores.

---

* Professores da Escola de Pós-graduação em Economia (EPGE/FGV).

O reconhecimento da relevância da infraestrutura tem motivado reformas em diversos países nas duas últimas décadas. No Brasil as reformas tiveram lugar na década de 1990 com a reestruturação no setor de telecomunicações e a abertura na indústria de petróleo e gás, por exemplo.

O objetivo deste artigo é discutir as relações entre competitividade e infraestrutura. Nesse contexto, a seção 2 apresenta evidências empíricas da literatura econômica acerca dos efeitos de infraestrutura sobre o crescimento e a competitividade. Na seção 3 introduzimos uma discussão sobre a regulação de serviços de infraestrutura. Essa relação já é bem conhecida, principalmente no tocante ao conteúdo da regulação; ou seja, requisitos de preços, quantidade e disponibilidade e qualidade, entre outros. Nossa intenção aqui é chamar a atenção para outros aspectos da relação entre regulação e infraestrutura. Em economias em desenvolvimento não apenas o conteúdo da regulação, mas a forma que esta assume tem efeitos importantes sobre os incentivos dos agentes a investir e ofertar a preços adequados, em face de menores riscos associados. Existem efeitos positivos da adoção de boas práticas de governança regulatória traduzidos, por exemplo, em autonomia política e financeira, adoção de um processo decisório transparente, com clareza na atribuição de funções entre as várias partes envolvidas e mediante *accountability* ou responsabilização.

Discussões abrangentes sobre regulação em infraestrutura constam do capítulo 8 deste livro, que trata de modo mais detalhado da experiência recente nos setores de telecomunicações, petróleo e eletricidade, bem como seus reflexos sobre a competitividade. Na seção 4 deste artigo apresentamos uma discussão do setor de transportes, centrada nos principais pontos levantados nas duas seções anteriores. Através de seus diferentes modais — rodoviário, ferroviário, transporte aéreo —, esse segmento tem-se caracterizado como um gargalo com reflexos negativos importantes sobre a competitividade no país. A trajetória do setor tem destruído oportunidades de trocas ao tornar mais caros os produtos internos relativamente aos externos, penalizando assim nossa competitividade. Efeitos perversos também decorrem de incertezas quanto à real capacidade de garantir a oferta de infraestrutura de transporte necessária para viabilizar a realização no país de eventos de porte internacional, como a Copa do Mundo de 2014 e os Jogos Olímpicos de 2016, a serem sediados no Rio de Janeiro. A seção 5 conclui destacando alguns dos elementos da necessária relação entre investimentos em infraestrutura e seus determinantes e competitividade.

2. Impactos produtivos da infraestrutura

A partir de artigo seminal de Aschauer (1989) desenvolveu-se uma vasta literatura que busca estimar os impactos da infraestrutura sobre a produção e a produtividade dos países. Para tanto, este artigo, e grande parte dos que se seguiram, utiliza uma função de produção ampliada pela presença de alguma medida de infraestrutura. A função de produção agregada *per capita* pode ser expressa de uma maneira geral por:

$$Y_t = F(A_t, G_t, K_t, H_t) = A_t K_t^\theta G_t^\phi H_t^{1-\theta-\phi} \qquad (1)$$

onde Y representa o produto por trabalhador, A é a produtividade total dos fatores, G denota uma medida de infraestrutura, K é o capital e H é uma medida de trabalho eficiente ou capital humano. As várias estimativas existentes na literatura partem de variações desta função de produção para estimar a elasticidade do produto em relação à infraestrutura. Métodos e bases de dados variam muito. No último caso, existem estimações para um único país, utilizando método de série de tempo, e para um conjunto de países (ou regiões de um mesmo país), utilizando métodos para dados em painéis ou *cross-section*.

Aschauer (1989) utiliza o método de mínimos quadrados (sujeito a críticas, dada a possibilidade de simultaneidade entre produto e capital) e estima que um aumento de 1% no capital público implicaria um aumento entre 0,36% e 0,39% no produto. Munnell (1990) reporta estimativas semelhantes, obtidas a partir de dados regionais americanos. Utilizando a série de infraestrutura *core* (ruas, rodovias, aeroportos, serviços de gás e eletricidade, sistemas de águas e esgotos e transporte de massa), Aschauer obtem uma estimativa para a elasticidade-renda de 0,24. Adicionalmente, Uchimura e Gao (1993) estimaram em 0,19 a elasticidade do PIB com relação ao capital de infraestrutura para a Coreia e em 0,24 para Taiwan, enquanto Shah (1992) estima um valor de 0,05 para o México.

Em suma, embora as magnitudes variem consideravelmente, as estimativas em geral[1] tendem a confirmar a hipótese de que o capital público afeta positivamente a produtividade e o produto da economia.[2] Outra

---

[1] Além dos estudos citados, veja-se, por exemplo, Creel, Monperrus-Veroni e Saraceno (2006), Ai e Cassou (1995), Dufy-Deno e Eberts (1991) e Easterly e Rebelo (1993).
[2] Cumpre destacar que existem exceções importantes, a exemplo de Holtz-Eakin (1992) e Hulten e Schwab (1992).

maneira de interpretar este resultado é que a ausência de investimentos no setor tende a aumentar os custos de produção; ou seja, como uma mesma quantidade de insumos gera menor quantidade de produção, o custo total dos insumos por unidade de produto é maior.

Entre os estudos mais recentes, talvez o mais relevante para nossos objetivos seja o de Calderón e Servén (2003). Este artigo parte do diagnóstico de que nos últimos 20 anos a América Latina ficou para trás em termos de quantidade e qualidade da infraestrutura *vis-à-vis* outras regiões em desenvolvimento e desenvolvidas. Praticamente todos os países e setores de infraestrutura na região foram afetados por essa relativa desaceleração, que foi particularmente acentuada na década de 1980 e parte da de 1990.

A análise do trabalho de Calderón e Servén (2003) mostra que este crescente hiato de oferta de infraestrutura é capaz de explicar uma fração considerável do aumento da diferença nas taxas de crescimento do PIB da América Latina e das economias do Leste Asiático nas décadas de 1980 e 1990. Atrasos nas telecomunicações, na capacidade instalada de geração de energia e na rede de rodovias contribuíram para a perda de terreno de nosso continente em termos de produção por trabalhador.

Este comportamento é observado não apenas quando se analisa a região como um todo. Também na análise de país a país, as estimativas indicam que um atraso relativo nos investimentos em infraestrutura contribuiu significativamente para um menor crescimento do produto e da produtividade. Segundo as estimativas dos autores, cerca de um terço da diferença de crescimento entre a América Latina e o Leste Asiático no período seria explicado por um crescimento relativo de 50% no estoque de estradas, de 60% em telecomunicações e de quase 100% na capacidade de geração de eletricidade. Em alguns casos, como Chile, Panamá e Guatemala, mais de 50% da diferença de crescimento é explicada pela maior disponibilidade de infraestrutura.

De forma semelhante, Calderón, Easterly e Servén (2003) estimam que as restrições de infraestrutura ao longo dos anos 1990 reduziram o crescimento de longo prazo em cerca de 3 pontos percentuais ao ano na Argentina, Bolívia e Brasil, e entre 1,5% e 2% ao ano no Chile, México e Peru. No caso do Brasil, as simulações de Calderón e Servén (2003) mostram que, se o nosso estoque de infraestrutura tivesse crescido no mesmo ritmo que aquele observado nos Tigres Asiáticos, cerca de 37% da diferença de crescimento deixaria de existir. A maior contribuição para essa performance insatisfatória decorre do setor rodoviário.

Em relação a estimativas para a economia brasileira, Ferreira e Maliagros (1998) e Ferreira e Araújo (2007) utilizam técnicas de série de tempo para estimar o impacto de diferentes medidas de capital público e infraestrutura sobre o PIB e a produtividade. O segundo artigo estima inicialmente variações da equação (1). A média das estimações do coeficiente ϕ da infraestrutura é de 0,12, embora na regressão *benchmark* seja superior ao dobro deste valor. Como implicação, tem-se que um aumento de 10% no estoque de infraestrutura aumentaria o produto por trabalhador em aproximadamente 2%.

Em uma segunda seção do artigo estima-se um sistema VAR dinâmico com quatro equações relativas ao produto por trabalhador, capital humano, capital físico e capital público (uma *proxy* para a infraestrutura). Este sistema é utilizado em seguida para simular a resposta destas variáveis a choques de infraestrutura. A figura abaixo evidencia o efeito de longo prazo de um choque advindo de um aumento nos gastos de infraestrutura da ordem de 1% do PIB. A linha inferior ilustra o aumento percentual do produto em relação a sua trajetória anterior. Assim, vemos que o aumento dos gastos em infraestrutura acarreta uma expansão de 11% do produto *per capita*. A linha superior repete o mesmo exercício para o capital privado.

Figura

Resposta cumulativa do produto por trabalhador do capital físico a um choque/impulso nos gastos de infraestrutura em 2004

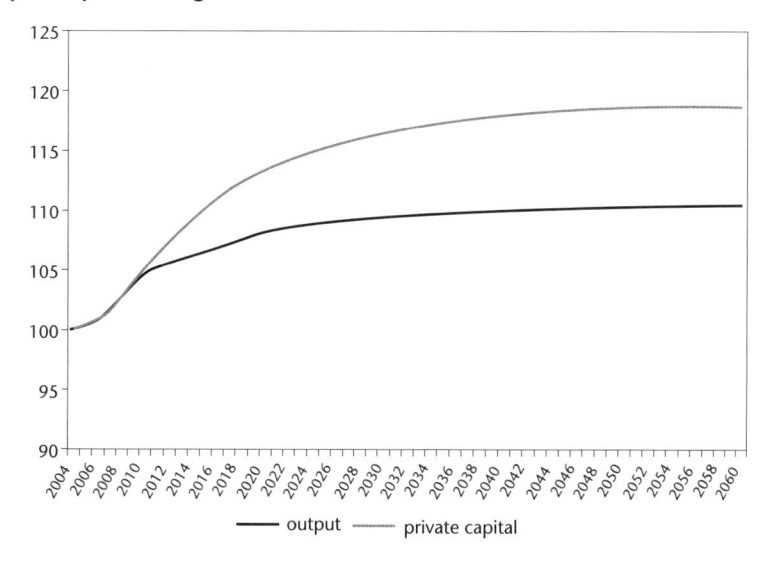

O impacto cumulativo de alterações de capital público sobre o produto *per capita* é considerável, principalmente se levarmos em conta a resposta a longo prazo, de aproximadamente 10%. Uma possível razão para a magnitude desta resposta é a escassez de infraestrutura no Brasil, comparativamente à Europa e aos EUA, por exemplo. Os ganhos para uma determinada alteração são maiores no primeiro do que nos últimos países, já que o retorno marginal é muito maior.[3] Assim, o efeito cumulativo do choque de infraestrutura sobre a produtividade é significativo e bastante forte, bem acima das estimativas para o mundo desenvolvido.

Uma forma alternativa de investigar impactos produtivos dos gastos em infraestrutura é utilizar simulações de modelos recursivos dinâmicos. Enquanto os estudos mencionados acima utilizam variantes de modelos de equilíbrio parcial, as simulações neste caso são feitas a partir de modelos de equilíbrio geral, onde todos os preços são determinados endogenamente e agentes (família e firmas, principalmente) tomam suas decisões de forma ótima. Via de regra, as famílias ofertam trabalho e escolhem consumo, poupança e investimento e as firmas contratam trabalho e capital e decidem sobre o nível de produção. O governo, por sua vez, cobra impostos e decide como dividir seus gastos entre consumo e investimento. Obviamente há inúmeras variações possíveis (tais como introduzir educação e capital humano) e diferentes maneiras de incorporar o governo nestes modelos (a exemplo da introdução de previdência).

Em diversos estudos de infraestrutura[4] a função de produção segue a equação (1). Em Ferreira e Nascimento (2006) busca-se investigar quais os ganhos de médio e longo prazo de mudanças na composição dos gastos públicos. Neste sentido, a estrutura tributária é calibrada de forma a replicar a brasileira, enquanto a distribuição de gastos busca também seguir a atual divisão entre gastos correntes, formação bruta de capital, pagamento de juros e transferências. Os demais parâmetros do modelo são calibrados de forma a reproduzir a situação atual da economia brasileira.

Entre os diversos experimentos de política fiscal de Ferreira e Nascimento (2006), o mais interessante para nossos propósitos mostra que, se

---

[3] Cabe destacar o caráter autorregressivo do crescimento do produto, com impactos de *feedback* significativos em todas as equações do sistema e na propagação do choque inicial. O efeito final sobre infraestrutura é um aumento de 7%.

[4] Ver, por exemplo, Ferreira e Nascimento (2006), Ferreira e Pereira (2010) e Glomm e Rioja (2006).

os investimentos públicos passassem de 2,2% (seu valor de 2005) para 4% do PIB e fossem financiados por meio de uma redução proporcional nos gastos correntes, seria possível obter um aumento da taxa de crescimento do PIB de 1,8 ponto percentual por 10 anos. Este aumento é bastante significativo, considerando-se que nos oito anos de governo Lula a taxa de crescimento do PIB foi de 3,9%.

Aumentos na taxa de investimento do governo financiados por impostos também geram ganhos de produto e na taxa de crescimento no longo prazo; porém, de magnitude inferior. Esta última seria somente 0,15% maior, em termos *per capita*. O caso menos favorável é aquele experimentado nos anos 1980 e 1990: estagnação dos investimentos e expansão dos impostos. Ferreira e Nascimento (2006) mostram que um aumento de 1% da carga tributária, mantidos constantes todos os demais parâmetros de política fiscal e tributária, implica uma redução de 1% no produto *per capita* em cinco anos e de 2% em 10 anos.

Em resumo: seja através de estudos econométricos ou de simulações de modelos dinâmicos, a evidência é que o impacto dos gastos em infraestrutura sobre o nível e a taxa de crescimento do produto é significativo e de alta magnitude. Assim, restrições ao setor na forma de queda de investimento ou má regulação ou gestão (como veremos a seguir) potencialmente afetam a produtividade e a competitividade da economia como um todo.

3. Regulação, gestão e produtividade

A seção anterior registrou evidências presentes na literatura econômica acerca da relação entre infraestrutura e crescimento. Mas deve-se destacar que não apenas aspectos macroeconômicos são relevantes para uma adequada análise desse segmento. As atividades de infraestrutura são caracterizadas por elevados requisitos de investimento em ativos com alto grau de especificidade. Esses altos requisitos de recursos tornam necessários investimentos privados, dada a complementaridade entre investimentos públicos e privados e a incapacidade de se realizar todos os aportes de recursos necessários através do Estado. Assim, governos aceitam se comprometer de modo crível, assegurando direitos de propriedade no tempo e delegando autoridade a reguladores independentes. A regulação, ou o uso de poder coercitivo do Estado, como forma de garantir estabilidade nas regras do jogo assume importância vital nesse contexto. Essa forma de delegação aparece então como solução para o problema de garantir as necessárias estabilidades de regras e credibilidade.

Uma análise de regulação deve ser capaz de explicar as formas que assume a regulação, que se manifestam em medidas como regulação de preço, quantidade, qualidade, controle de entrada ou saída em uma determinada indústria ou mercado. Preços elevados, dificuldades de acesso, níveis insuficientes de qualidade e/ou confiabilidade se traduzem em prejuízos à competitividade da produção.

Além desses elementos conhecidos da regulação, recentemente tem sido destacado um segundo canal pelo qual a regulação afeta os incentivos dos agentes a investir. Trata-se de analisar a forma da regulação ou a governança regulatória. Desta forma, devem-se levar em conta alguns atributos de boas práticas de governança regulatória, como autonomia, independência, clareza na atribuição de funções, responsabilização ou *accountability* e transparência.

Diversos são os estudos que têm reportado efeitos positivos sobre investimentos advindos de boas práticas de governança regulatória, principalmente em países com instituições pouco robustas ou em desenvolvimento, nos quais a percepção de risco regulatório é relativamente grande.

Levy e Spiller (1996), por exemplo, argumentam que o sucesso de processos de reestruturação e privatização em *utilities* depende de comprometimento com um regime regulatório. Por sua vez, tal comprometimento deve considerar a dotação institucional de um país, dotação esta constituída pelas instituições abrangidas pelos Poderes Legislativo e Executivo, pelos sistemas e instituições judiciais, pelo conjunto de normas e padrões que restringem explícita ou tacitamente as ações de indivíduos e instituições, bem como pela capacidade administrativa disponível e pelos interesses da sociedade. De acordo com esses autores, a governança regulatória afeta os incentivos regulatórios, ou seja, os prêmios ou incentivos auferidos em caso de uma performance superior ao padrão mínimo.

Kessides (2004) argumenta que uma regulação capaz de encorajar de modo sustentado investimentos privados em infraestrutura promove competição e aumenta o acesso a serviços básicos. Considerando o caráter essencial dos serviços de infraestrutura enquanto insumos, o nível de oferta disponível e os preços aos quais são ofertados afetam significativamente custos e, consequentemente, a competitividade internacional.

Cubbin e Stern (2004) avaliam os efeitos da existência de uma lei regulatória e de mecanismos de governança regulatória de qualidade superior sobre a performance do setor elétrico. A amostra analisada inclui dados observados em 28 países, entre eles o Brasil, no período de 1980 a 2001. Como resultado, a análise empírica conclui que, controlando algumas variáveis relevantes e admitindo-se um componente de efeitos fixos para o país, a existência de uma lei regulatória e de boa governança regulatória é positiva e significantemente correlacionada com níveis superiores de capacidade de geração *per capita* e taxas mais elevadas de utilização dessa capacidade. Outro importante efeito detectado na análise é o impacto regulatório positivo da experiência, representada pelo tempo de existência da comissão regulatória.

Correa e colaboradores (2006) definem governança regulatória como o conjunto das condições que permitem a aplicação (*enforcement*) das leis e dos contratos pelos reguladores. Na visão dos autores, esses elementos condicionantes se constituem em importante componente do risco regulatório. Os autores apresentam uma avaliação de alguns desses condicionantes, a saber: autonomia (política e financeira), processo de tomada de decisão, instrumentos disponíveis (inclusive capital humano) e responsabilização. O objetivo dos autores é promover uma avaliação dos insumos regulatórios e não de seu resultado. Para tanto, conduzem pesquisas em 21 agências regulatórias em funcionamento no Brasil, no ano de 2005. Entre estas se incluem agências federais, como a Agência Nacional de Telecomunicações (Anatel), a Agência Nacional de Energia Elétrica (Aneel) e a Agência Nacional de Petróleo (ANP), além de agências reguladoras estaduais.

As conclusões obtidas são que: (i) há semelhança em termos de governança regulatória entre os 21 entes reguladores avaliados; (ii) existe um hiato sensível entre reguladores federais e estaduais; (iii) atributos formais nem sempre se traduzem em governança efetiva; e (iv) os atributos mais desenvolvidos são independência e responsabilização. Aspectos como processos de tomada de decisão e instrumentos regulatórios, que incluem capital humano e ferramentas regulatórias, apresentam menor grau de desenvolvimento na análise. Adicionalmente, os dados parecem sugerir uma melhoria no processo regulatório ao longo do tempo, na forma de senioridade. Essa observação é coerente com os resultados de Cubbin e Stern (2004).

Alaimo e colaboradores (2009a) investigam o efeito de variáveis que representam o ambiente de investimentos como determinante da produtividade do trabalho nas firmas. Entre os 10 atributos do clima de investimentos, seis estão relacionados à governança e à qualidade das instituições. A *compliance* regulatória é medida pela proporção das vendas declarada para propósitos fiscais. Uma maior proporção reflete uma melhor qualidade das regras e da regulação, bem como maior capacidade de *enforcement* das mesmas. A análise da experiência na América Latina revela que o maior ganho de produtividade do trabalho está associado à *compliance* regulatória. Ademais, seis entre 10 das variáveis que aparecem como determinantes da produtividade do trabalho pertencem ao grupo de qualidade da regulação e governança.

Alaimo e elaboradores (2009b) reportam um conjunto de simulações que visa avaliar o efeito de ganhos potenciais em áreas particulares sobre a produtividade das firmas e dos consumidores na América Latina. De acordo com os resultados obtidos, os maiores ganhos pelos produtores estão associados a melhorias na *compliance* regulatória. Os benefícios advindos de aspectos como tecnologia, qualidade da infraestrutura, acesso a fontes de financiamento e treinamento são de menor magnitude e maior heterogeneidade. No caso do Brasil, a análise dos diferentes fatores capazes de incentivar aumento do crescimento aponta a estrutura regulatória (através de *compliance* regulatória) como o fator capaz de gerar maiores ganhos de produtividade do trabalho.

Essas análises evidenciam a relevância da qualidade e do acesso à infraestrutura, tecnologia e financiabilidade; porém, deficiências na qualidade e na governança das instituições na América Latina parecem aumentar a importância relativa destes fatores sobre a performance das firmas. Como veremos a seguir, estes são pontos essenciais na determinação do comportamento recente do setor de transporte no Brasil; isto é, além dos baixos níveis de investimento, problemas na gestão dos processos regulatórios têm sido um fator que explica o (mau) desempenho do setor.

4. Setor de transportes

Tanto do ponto de vista macroeconômico tratado na seção 2 — isto é, dos impactos produtivos — quanto de uma perspectiva de regulação, como tratada na seção 3, o setor de transportes é um bom exemplo dos problemas de infraestrutura enfrentados pelo Brasil. No primeiro caso, em todos os subsetores (rodoviário, aéreo, portuário etc.) há evidências de escassez de investimentos, como veremos a seguir. Como resultado observa-se insuficiente qualidade do serviço, alto custo e menor produtividade. No segundo caso, há sérios problemas de gestão nos órgãos regulatórios do setor — o que se observa, por exemplo, na politização de órgãos como o DNIT e as Docas. Isto também afeta o desempenho do setor, agravando ainda mais os problemas causados por suas deficiências físicas, ou mesmo sendo parcialmente responsáveis por elas. Isto tudo sem falar da falta de um planejamento coordenado de todos os modais, algo virtualmente inexistente no país desde que foi extinto o Geipot.

4.1 Transporte rodoviário

Em um país onde a grande maioria do transporte de carga e de pessoas se dá através de seu sistema rodoviário, era de se esperar que os investimentos em estradas fossem mantidos em níveis adequados e que a qualidade destas fosse elevada; entretanto, os investimentos são baixos e a qualidade, insatisfatória.

Segundo dados da Confederação Nacional do Transporte (CNT), dos 27 corredores rodoviários existentes no país, apenas dois apresentam classificação geral considerada ótima. São eles: São Paulo-Curitiba e São Paulo-Rio de Janeiro. Em outros cinco, a qualidade foi considerada boa. Nos demais a qualidade foi classificada como ruim ou regular. Esse quadro é ainda mais grave quando se considera que para a extensão total das rodovias, de 89.552 km, apenas 13,5% foram enquadradas como ótimas e 17,5% como boas; na análise promovida pela CNT isso equivale a dizer que, sob estas duas categorias, os veículos podem trafegar com tranquilidade. Entre os 69% restantes, classificados como de má qualidade, cerca de 25% foram classificados como de ruim ou péssima qualidade; ou seja, trata-se de trechos considerados perigosos.[5]

Além da falta de investimentos, que veremos a seguir, há problemas de gestão subjacentes a estes números. A tabela a seguir mostra a classificação de qualidade de acordo com a forma de gestão, se pública ou concedida ao setor privado.

---

[5] Em algumas regiões o problema é ainda mais grave. Na região Norte, 40% das rodovias são consideradas ruins ou péssimas e somente 6%, ótimas ou boas. No Nordeste, 32% das estradas estão em estado considerado ruim ou péssimo.

Tabela
Qualidade das rodovias brasileiras

Estado Geral	Gestão Concedida		Gestão Pública	
	Km	%	Km	%
Ótimo	6.055	42,6	5.998	8,0
Bom	4.813	33,9	10.847	14,4
Regular	3.083	21,7	37.252	49,4
Ruim	264	1,9	14.886	19,8
Péssimo	-	-	6.354	8,4
TOTAL	14.215	100,0	75.337	100,0

Fica claro que as regras de concessão/privatização de rodovias implicam melhores resultados no que toca à manutenção de qualidade: cerca de 77% da extensão das rodovias sob este regime são consideradas de qualidade ótima ou boa e menos de 2% são ruins. Por outro lado, somente 22,4% das rodovias sob gestão pública são consideradas ótimas ou boas, enquanto mais de um quarto delas é péssima ou ruim. Parte deste quadro pode ser explicada pelo baixo nível de investimentos federais em rodovias e parte por problemas de gestão e "politização" dos órgãos responsáveis.

A redução dos investimentos em rodovias no país se deu principalmente no final das décadas de 1970 e 1980[6] e, em que pese uma pequena recuperação recente a partir de 2004, jamais atingiu níveis próximos de seu pico. Os investimentos do governo federal em rodovias correspondiam a cerca de 1,8% do PIB em 1975, reduzindo-se continuamente a partir dessa data até atingirem 0,1% em 1990, mantendo-se em níveis próximos deste valor até 2003. Deste ano em diante, crescem continuamente de forma moderada e, em 2008, atingem 0,22% do PIB, menos que um quarto da média da década de 1970. Os investimentos federais nos primeiros anos da década de 1990 foram cerca de 60% inferiores à média dos anos 1970, a valores de 1995 (Ferreira e Maliagros, 1998). Somente em 2006 os investimentos federais em rodovias ultrapassaram a média da década de 1970, em termos reais, o que dá uma ideia da inadequação destes valores.

Em períodos de crise e ajuste fiscal é politicamente mais viável cortar gastos que afetam interesses de grupos de pressão menores e menos

---

[6] Veja-se Ferreira e Araújo (2007) e Ferreira e Maliagros (1998).

articulados, e em que os efeitos são de longo prazo, sendo sentidos após o fim do mandato. Esse é o caso da maioria dos projetos de infraestrutura. Somando-se a isto a crescente rigidez do orçamento público nos últimos anos pode-se entender a queda dos investimentos públicos, particularmente aguda no setor de transportes. Este quadro é preocupante, considerando-se ainda que as rodovias respondem nos últimos 20 anos por mais de 60% do total transportado no país. Caso se exclua o transporte do minério de ferro, que se dá por ferrovia (Ipea, 2010b), esse volume corresponde a 70% do transporte total das cargas. Analisados conjuntamente, tais fatores explicam também a lenta recuperação dos investimentos no setor.

Verifica-se também um sério problema de gestão e execução nos órgãos responsáveis: segundo o Siafi, de um empenho de R$ 20,6 bilhões em 2010 para o Ministério do Transporte, somente R$ 10,9 bilhões foram efetivamente gastos. A nomeação por critérios políticos e não por eficiência ou competência técnica para cargos executivos no Departamento Nacional de Infraestrutura de Transporte (DNIT), órgão gestor e executor das rodovias federais, é parte do problema e certamente não contribui para a boa gestão do setor e a eficiência dos gastos.

Contrastando com este quadro, o investimento nas rodovias concedidas ao setor privado é relativamente alto (Frischtak, 2008) e até o ano de 2003 o investimento total foi superior ao investimento do governo federal no setor. Embora em 2007 os gastos em capital nas rodovias concedidas fossem somente de um terço dos gastos públicos, a análise do gasto por quilômetro executado era consideravelmente superior, atingindo duas vezes e meia. Esta diferença — juntamente com melhor gestão — ajuda a entender a diferença de qualidade entre as rodovias sob gestão privada e gestão pública.

O aumento do custo de transporte é o resultado dos investimentos aquém das necessidades do país e da baixa qualidade das rodovias. A título de ilustração: por não ter sido asfaltada a rodovia BR-163, que liga Mato Grosso ao porto de Santarém, o escoamento da soja produzida naquela região se dá pelo porto de Paranaguá, o que significa triplicar a distância percorrida.[7] De acordo com previsões iniciais, seu asfaltamento estaria concluído no ano 2000; entretanto, ainda que em 2008 tenha sido in-

---

[7] Relativamente de acesso aos portos de Paranaguá e Santos, a BR-163 diminuiria em até 1.000 km a distância rodoviária para o escoamento de produtos exportados, a exemplo da soja. Para referências, veja-se Brandão e Saraiva (2007).

cluída no Plano de Aceleração de Crescimento (PAC), o cronograma de conclusão da obra tem sido objeto de sucessivos adiamentos.

Uma alternativa seria avançar nas concessões de rodovias brasileiras à iniciativa privada. Esta opção, entretanto, por motivos mais ideológicos do que por considerações de eficiência, foi praticamente descartada no último governo. Conforme o Ipea (2010b), o Brasil está atrás de países como o México, no que diz respeito à privatização de estradas. Até 2006 apenas 0,6% da rede rodoviária do Brasil, correspondente a cerca de 15 mil quilômetros, era objeto de concessão, enquanto no México as estradas privatizadas chegavam a 1,8% da malha rodoviária. Há claramente espaço para se ampliar a presença privada, o que garantiria aumento dos investimentos e melhoria da qualidade, o que por sua vez teria impactos positivos sobre a produtividade e a competitividade da produção nacional.

4.2 Portos

Esse contraste entre eficiência operacional nas concessões privadas e ineficiência das operações sobre gestão pública se repete no setor de portos. Da mesma forma, a politização do órgão público setorial explica parcialmente esta diferença. A Lei de Modernização dos Portos de 1993 e a Lei de Concessões, a Lei nº 8.987, de 1995, foram bem-sucedidas na privatização de importantes terminais privados, o que implicou significativo aumento de produtividade e consequente redução de custos (Frischtak, 2008). De acordo com dados da CNI (2007), o custo de movimentação de grãos nos principais portos do país experimentou redução, passando de US$ 17,00 a US$ 20,00 por tonelada, para US$ 8,00 a US$ 10,00 por tonelada. Enquanto os portos sob administração pública movimentavam de 8 a 12 contêineres por hora, as concessionárias privadas movimentam agora de 25 a 30 no mesmo período de tempo. Consequentemente, o custo médio unitário neste setor caiu mais de 50%.

Os investimentos privados anuais no setor apresentaram, entre 2001 e 2007, aumentos significativos, passando de R$ 200 para R$ 500 milhões (Frischtak, 2008). Este ritmo não foi acompanhado pelo setor público. Em 2001, os investimentos da União e os das Companhias Docas em portos correspondiam a 66% dos investimentos privados, mas esta participação diminuiu para 45% em 2007. Em face da complementaridade entre investimentos públicos e privados, a queda nos primeiros — na forma de menos recursos alocados para, por exemplo, infraestrutura de acesso e navegabilidade de portos — impacta negativamente a produtividade geral do setor.

Essa situação tende a se deteriorar. Estudo do Ipea (2010a) aponta para a necessidade de 265 obras para resolver gargalos futuros e presentes no setor; contudo, destas, apenas 51 estão previstas no PAC. Enquanto o valor estimado dos investimentos envolvidos nestas 265 obras é de R$ 42,9 bilhões, as 51 obras contempladas pelo PAC demandam investimentos da ordem de R$ 9,85 bilhões. Os principais gargalos são aqueles ligados a obras de dragagem e de acesso por rodovias e ferrovias aos portos. Segundo o estudo, todos os portos brasileiros apresentaram problemas sérios de drenagem.

Além do baixo investimento, a questão da gestão dos portos é muito relevante. Ainda que o custo de embarque propriamente dito de grãos tenha experimentado redução significativa, a necessidade de enfrentar longa espera na chegada, conjugada com fatores como a falta de agilidade na prestação dos serviços e jornadas de trabalho de curta duração, resulta em estrangulamentos capazes de atrasar o embarque e o desembarque de mercadorias. Isto obviamente impacta negativamente o custo final do produto e sua competitividade.

Frischtak (2008) argumenta que a regulação do setor é fragilizada por uma inadequada atribuição de funções, que atribui ao concessionário responsável pela administração o exercício de funções típicas de poder concedente.[8] Ingerências políticas no setor, por exemplo, através de nomeações que não seguem critérios técnicos, um sistema administrativo obsoleto e pouco profissional e a fragilidade regulatória do setor ajudam a explicar esse quadro. Dificulta-se assim a possibilidade de levar a termo um adequado planejamento de longo prazo. Uma solução definitiva consiste em avançar nas concessões à iniciativa privada, implantando uma gestão portuária profissional, de modo a minimizar ingerências políticas no setor.

4.3 Aeroportos

O transporte aéreo também sofre com a falta de investimentos, má gestão e problemas regulatórios. No último caso, após o "apagão aéreo" de

---

[8] Esse é o caso, por exemplo, da capacidade que tem o administrador do porto de proceder a licitações pelo direito de explorar terminais em um porto organizado, nos termos da Lei nº 8.630/1993. Cumpre lembrar que clareza na atribuição de funções representa um princípio de boas práticas de governança regulatória, com efeitos positivos sobre os incentivos dos agentes a investir.

2008 e a consequente intervenção na Agência Nacional de Aviação Civil (Anac), os problemas parecem ter sido sanados, embora o mesmo arranjo institucional que permitiu os problemas do passado ainda persista. O que mudou foi a qualidade dos reguladores e a independência obtida após a crise, mas a instabilidade da ação reguladora persiste.

O volume de investimentos tem sido insuficiente, considerando-se o aumento acelerado do número de passageiros. O ano de 2010 apresentou aumento de 24%, relativamente aos 16% verificados em 2009. A título de comparação, na China foi verificado aumento de cerca de 15% em 2010. O mercado brasileiro totaliza 150 milhões de embarques e desembarques anualmente. No período de 1996 e 2010 houve um aumento de 80% em bilhões de passageiros por quilômetro transportado no período (Ipea, 2010c), o que equivale a mais do que o dobro do crescimento observado na América do Norte, de 36%.

Comparado a este aumento, o volume esperado de passageiros adicionais durante a Copa do Mundo, de 3 milhões de embarques e desembarques, e que tem concentrado a atenção dos analistas, parece ser um problema menor; entretanto, a exposição internacional, bem como os problemas políticos que o mau funcionamento dos aeroportos durante este evento poderá acarretar evidenciam a importância de um equacionamento para o setor. Neste sentido, estão previstos investimentos de mais de R$ 5,2 bilhões até 2014 em 13 aeroportos que atendem as cidades-sedes da Copa. Este montante inclui obras de vulto, a exemplo do aeroporto de Cumbica em Guarulhos (entre outras obras, envolve a ampliação do sistema de pistas e pátios e construção de mais um terminal de passageiros em um total de R$ 1,2 bilhão), além de outras menos complexas, caso do aeroporto dos Guararapes, em Recife, para o qual estão previstos investimentos de R$ 45 milhões.

Destaque-se, entretanto, que as obras estão bastante atrasadas, à exceção de dois aeroportos. No caso de Cumbica, o atraso é superior a seis anos. Diversos fatores conjugados permitem explicar tal atraso, como: problemas severos de gestão, dificuldades de orçamento, causadas também por contingenciamentos de recursos no passado, dificuldades de licenciamento ambiental, questionamentos do Tribunal de Contas da União (TCU) que acabam por interromper obras[9] e mesmo escassez de projetos.

---

[9] Por exemplo, o TCU determinou à Empresa Brasileira de Infraestrutura Aeroportuária (Infraero) que suspendesse a licitação para as obras de reforma do terminal de passageiros do Aeroporto Internacional Tancredo Neves, em Confins, na região metropolitana de Belo

Ademais, a média de investimentos realizados em infraestrutura aeroportuária e aeronáutica entre 2000 e 2007 foi de R$ 660 milhões, o que corresponde a cerca de um terço da média dos investimentos anuais previstos nos 13 aeroportos das cidades-sedes. Levando-se em conta que estes não configuram a totalidade dos aeroportos brasileiros, há mais do que razão para ceticismo quanto à capacidade de se ver realizados os investimentos planejados. Ainda que tenha sido apresentada pela Anac, em 2010, proposta para concessão de aeroportos, existe apenas um plano piloto, para o Aeroporto Internacional Augusto Severo, em Natal.

Além dos problemas de escassez de investimento e gestão inadequada, a elevada carga tributária acaba por encarecer ainda mais o transporte aéreo no país. De acordo com Lopes (2010), em 2001 a carga tributária comprometia cerca de 37% de toda a receita da aviação civil brasileira, ante 17% nos EUA e 9% na França.

4.4 Transportes ferroviários

O setor ferroviário é atualmente responsável pelo transporte de 25% da carga total no país (em 2005, conforme Ipea, 2010d). As ferrovias são operadas por empresas privadas sob contratos de concessão. A privatização do setor se deu entre 1996 e 1997 e os contratos de concessão têm duração de 30 anos, renováveis por mais 30.

Embora sofram competição de transporte rodoviário (responsável por 58% das cargas) e aquaviário (13% das cargas), na prática as ferrovias são monopolistas para grande parcela de tipos de carga, a exemplo de minérios e combustíveis. Ainda que os contratos de concessão incluam metas de aumentos de produtividade, na forma de aumento da carga transportada, o que teoricamente aumentaria a oferta de serviços do setor (Ferreira e Oliveira, 2003), não contempla compromissos de expansão da malha ferroviária. Como resultado, não houve desde a privatização investimentos significativos em expansão das linhas. A disponibilidade permanece essencialmente inalterada desde inícios dos anos 1990; entretanto, cabe destacar que estes contratos foram assinados an-

---

Horizonte, em Minas Gerais. Os motivos apontados são sobrepreços e indícios de irregularidade nos processos de contratação de obras preparatórias para a Copa do Mundo. Notícia capturada no portal http://www.asasbrasil.com.br/flight/?p=1796. Criada por lei, em 1972, a Infraero é uma empresa pública federal, vinculada ao Ministério da Defesa, e responsável pela administração dos principais aeroportos do país.

tes do estabelecimento das agências reguladoras, o que ajuda a explicar a ausência de punição pelo não cumprimento das metas, verificada na grande maioria dos casos.

De todo modo, observa-se significativo aumento de investimentos no setor, especialmente pelos concessionários: R$ 2,7 bilhões em 2007 contra R$ 759 milhões em média entre 2000-02 (Frischtak, 2008). Desse modo, foi viabilizado o aumento na produção do setor, em termos de TKU (toneladas transportadas por quilômetro útil) transportado, que passa de R$ 160 bilhões, em média, no período 2000-02, para R$ 257 bilhões, em 2007. Ainda assim, os preços cobrados para uma série de cargas, a exemplo da soja, ainda são pouco competitivos e superiores aos preços praticados para frete rodoviário.

Algumas explicações apontadas para esse comportamento de preços envolvem certo poder de monopólio, uma vez que as cargas "exclusivas" como minério e combustível limitam a oferta residual, além de elevação de custos que resulta da insuficiente complementaridade nos investimentos do setor público. Como os contratos privados não implicam extensão da rede, caberia ao setor público investir na construção de contornos ferroviários e correções geográficas. Ademais, um grande volume de invasões nas linhas férreas[10] ajuda a compor um quadro que resulta na redução da velocidade e consequente diminuição da produtividade e aumento de custos.

5. Conclusão

As décadas de 1980 e 1990 foram caracterizadas por um alargamento do hiato de infraestrutura entre os países da América Latina e as economias do Sudeste asiático. Esse fenômeno se verificou tanto em termos de qualidade como de quantidade. Considerando as evidências na literatura da relação entre produtividade e infraestrutura, o impacto estimado sobre a economia da região foi significativo.

No caso brasileiro, além de problemas fiscais e da crise econômica generalizada até 1995, o orçamento público tem se tornado cada vez mais rígido nos últimos anos, com despesas obrigatórias em educação e saúde, por exemplo, e crescentes despesas associadas a folha de pagamento, se-

---

[10] Frischtak (2008) registra estimativas de invasões de 200 mil famílias em mais de 400 invasões.

gurança social, além de diversos programas sociais e juros. Ademais, as metas fiscais, a exemplo da meta de superávit primário, como de costume, não fazem diferenciação entre despesas correntes e de capital. A conjugação desses fatores leva, de modo não surpreendente, a uma redução do investimento público em geral, e das despesas de capital e infraestrutura, em especial, comportamento observado no Brasil.

Guasch (2005) mostra que deficiências em infraestrutura e na disponibilidade de transporte tendem a aumentar custos de logística, que correspondem a 25% do valor do produto na América Latina, comparativamente a 9% no caso dos países da OECD. Como resultado, compromete-se a competitividade dos produtos, limitando o acesso das pessoas aos mercados, com efeitos perversos sobre a pobreza e a atividade econômica. A experiência recente desse segmento no Brasil não parece divergir desse quadro, conforme mostrado na seção 4, que trata da infraestrutura de transporte no Brasil.

Este artigo explorou também a relação entre regulação e infraestrutura. Em economias menos desenvolvidas, em geral caracterizadas por instituições menos robustas, é importante avaliar os efeitos da qualidade ou da forma da regulação sobre os incentivos que os agentes têm a investir. Foram reportadas análises que — para além de evidenciar a relevância de fatores como a qualidade e o acesso à infraestrutura, tecnologia e "financiabilidade" — mostram que deficiências na qualidade e na governança das instituições regulatórias parecem aumentar a importância relativa destes mesmos fatores sobre a performance das firmas. Esses efeitos, observados em investigações de países da América Latina em geral, se aplicam ao caso brasileiro, em particular, como exemplificado no caso do setor de transporte.

Essas evidências destacam a importância de promover reformas microeconômicas que visem melhorar a qualidade das estruturas regulatórias (isto é, blindando-as de intervenção e nomeações políticas) e do aparato legal, os quais demandam não apenas intervenção pública, mas também ação privada. A coordenação desses agentes tende a produzir melhoras no ambiente de investimento, propiciando infraestrutura com condições adequadas e a preços que viabilizem acesso a uma maior parcela da população. Ao mesmo tempo, deve ser preservada a capacidade de auferir retornos sobre os investimentos. Verificadas essas condições, a oferta de infraestrutura terá certamente capacidade de garantir a competitividade da economia no Brasil.

Referências

AI, C.; CASSOU, S. A normative analysis of public capital. *Applied Economics*, n. 27, p. 1201-1209, 1995.

ASCHAUER, D. Is public expenditure productive? *Journal of Monetary Economics*, n. 23, p. 177-200, 1989.

ALAIMO, V. et al. The investment climate in Latin America. In: FAJNZYLBER, P.J.; GUASCH, L.; LÓPEZ, J.H. Does the investment climate matter?: microfoundations of growth in Latin America. Washington, DC: Palgrave MacMillan and The World Bank, 2009a.

_____ et al. What would be the effect of a better investment climate for all? In: FAJNZYLBER, P.J.; GUASCH, L.; LÓPEZ, J.H. Does the investment climate matter?: microfoundations of growth in Latin America. Washington, DC: Palgrave MacMillan/The World Bank, 2009b.

BRANDÃO, L.; SARAIVA, E. Garantias governamentais em projetos de PPP: uma avaliação por opções reais. *Pesquisa e Planejamento Econômico*, v. 37, n. 3, 2007.

CALDERÓN, C.; SERVÉN, L. The output cost of Latin America's infrastructure gap. In: EASTERLY, W.; SERVÉN, L. (Ed.). The limits of stabilization: infrastructure, public deficits, and growth in Latin America. Stanford University Press/World Bank, 2003.

_____; EASTERLY, W.; _____. Infrastructure compression and public sector solvency in Latin America. In: EASTERLY, W.; SERVÉN, L. (Ed.). The limits of stabilization. Infrastructure, public deficits, and growth in Latin America. Washington, DC: Stanford University Press/World Bank, 2003.

CNI. Confederação Nacional da Indústria. *Reforma portuária*: o que falta fazer. Brasília, 2007.

CORREA, P. et al. *Regulatory governance in infrastructure industries*. Washington, DC: The World Bank, 2006.

CREEL, J.; MONPERRUS-VERONI, P.; SARACENO, F. Estimating the impact of public investment for the United Kingdom: has the golden rule of public finance made a difference?. 2006. Mimeografado, OFCE.

CUBBIN, J.; STERN, J. *Regulatory effectiveness*: the impact of good regulatory governance on electricity industry capacity and efficiency in developing countries. Working Paper. 2004. Disponível em: <http://facultyresearch.london.edu/docs/paper57.pdf>.

DUFFY-DENO, K.; EBERTS, R.W. Public infrastructure and regional economic development: a simultaneous equations approach. *Journal of Urban Economics*, n. 30, p. 329-343, 1991.

EASTERLY, W.; REBELO, S. Fiscal policy and economic growth: an empirical investigation. *Journal of Monetary Economics*, n. 32, p. 417-458, 1993.

FERREIRA, P.C.; ARAÚJO, C.H. de. Growth and fiscal effects of infrastructure investment in Brazil. In: PERRY, Guillermo; SERVÉN, Luis; SUESCÚN, Rodrigo (Org.). *Fiscal policy, stabilization, and growth*. Washington: The World Bank, 2007.

____; MALIAGROS, T. Impactos produtivos da infraestrutura no Brasil — 1950/95. *Pesquisa e Planejamento Econômico*, v. 28, n. 2, p. 315-338, 1998.

____; NASCIMENTO, L. Welfare and growth effects of alternative fiscal rules for infrastructure investment in Brazil. *Ensaios Econômicos*, n. 604, 2006.

____; OLIVEIRA, L.S. La experiencia de Brasil en eletricidad, telefonía celular, carreteras y ferrocarriles. In: CHONG, Alberto; SÁNCHEZ, José Miguel (Org.). *Medios privados para fines públicos*. Washington: Banco Interamericano de Desarrollo, 2003. p. 15-66.

____; PEREIRA, Ricardo. Avaliação dos impactos macroeconômicos e de bem-estar da reforma tributária no Brasil. *Revista Brasileira de Economia*, v. 64/2, p. 191-208, 2010.

FRISCHTAK, C. O investimento em infraestrutura no Brasil: histórico recente e perspectivas. *Pesquisa e Planejamento Econômico*, v. 38, n. 2, p. 307-348, 2008.

GLOMM, G.; RIOJA, F. Fiscal policy and long-run growth in Brazil. 2006. Mimeografado, Indiana University.

GUASCH, L. *Granting and renegotiating infrastructure concessions*: doing it right. Washington, DC: World Bank, 2005.

HOLTZ-EAKIN, D. Public sector capital and productivity puzzle. *NBER Working Paper*, n. 4.122, 1992.

HULTEN, C.; SCHWAB, R. Public capital formation and the growth of regional manufacturing industries. *National Tax Journal*, v. 45, n. 4, p. 121-143, 1992.

IPEA. Portos brasileiros: diagnóstico, políticas e perspectivas. *Comunicados do Ipea*, n. 48, 2010a.

____. Rodovias brasileiras: gargalos, investimentos, concessões e preocupações com o futuro. *Comunicados do Ipea*, n. 52, 2010b.

____. Panorama e perspectivas para o transporte aéreo no Brasil e no mundo. *Comunicados do Ipea*, n. 54, 2010c.

____. Eixos do desenvolvimento brasileiro — transporte ferroviário de cargas. *Comunicados do Ipea*, n. 50, 2010d.

KESSIDES, I.N. Reforming infrastructure, privatization, regulation, competition. Washington: World Bank/Oxford University Press, 2004.

LEVY, B.; SPILLER, P. A framework for resolving the regulatory problem. In: _____; _____ (Ed.). *Regulation, institutions and commitment.* Cambridge University Press, 1996. p. 1-35.

LOPES, L.P. *Redução de tributos para o setor aéreo.* 2010. Disponível em: <http://migre.me/m4CB>.

MUNNELL, A.H. How does public infrastructure affect regional economic performance. *New England Economic Review*, Sept./Oct. 1990.

ROUBINI, N.; SACHS, J. Government spending and budget deficits in the industrial countries. *Economic Policy*, n. 8, p. 99-132, 1989.

SHAH, A. Dynamics of public infrastructure and private sector profitability and productivity. World Bank, 1992. Mimeografado.

UCHIMURA, K.; GAO, H. The importance of infrastructure on economic development. Washington, DC: World Bank, Latin America and the Caribbean Regional Office, 1993.

CAPÍTULO 7

O papel do BNDES no financiamento do desenvolvimento: novos e velhos desafios

Mansueto Almeida*

1. Introdução

O Brasil voltou a fazer uso intenso de políticas industriais desde 2003. O governo lançou a Política Industrial, Tecnológica e de Comércio Exterior (Pitce) no primeiro governo do presidente Luiz Inácio Lula da Silva com o objetivo de apoiar a promoção de setores estratégicos (software, semicondutores, bens de capital, fármacos e medicamentos), atividades portadoras de futuro (biotecnologia, nanotecnologia e energias renováveis) e incentivos à inovação para todos os setores industriais. Em 2008, essa política foi substituída por outra mais ampla, a PDP, com incentivos para diversos setores da economia.

Adicionalmente, o governo lançou em 2007 um ambicioso plano de investimento público, o Programa de Aceleração do Crescimento (PAC), que consistia de uma listagem de obras públicas e investimentos privados prioritários que seriam apoiados pelo governo por meio de empréstimos de bancos públicos: em especial, o Banco Nacional de Desenvolvimento Econômico e Social (BNDES). O único problema dessa estratégia foi que a tarefa de financiamento do desenvolvimento ficou maior do que a capacidade financeira dos bancos públicos, algo que ficou claro ao longo do segundo mandato do presidente Lula (2007-10).

Há que se reconhecer que os bancos públicos foram importantes para combater a restrição de crédito que teve início no último trimestre de 2008 no Brasil, após a falência do banco Lehman Brothers. No entanto,

---

* O autor, técnico de planejamento e pesquisa do Instituto de Pesquisa Econômica Aplicada (Ipea), agradece aos comentários de Fábio Giambiagi (BNDES) e Regis Bonelli (Ibre/FGV). Como de praxe, as opiniões aqui expressas, bem como os eventuais erros e omissões, são de sua inteira responsabilidade.

o crescimento dos bancos públicos não se restringiu ao período da crise, e a concessão de empréstimos desses bancos, em especial do BNDES, baseava-se também em uma estratégia de financiamento vinculada aos objetivos da política industrial e aos investimentos do PAC.

Os bancos públicos no Brasil passaram a perseguir uma agenda de financiamento muito mais audaciosa do que haviam executado no período pré-crise, sem que o governo tenha definido junto à sociedade a fonte de recursos para esse papel mais ativo — em especial do BNDES. Se, por um lado, o fortalecimento dos bancos públicos possibilitou oferta de crédito mais barato para a compra de máquinas e equipamentos, aumentou o financiamento de longo prazo para a infraestrutura, o financiamento de diversas operações de fusões e aquisições (F&A) e facilitou a estratégia de internacionalização de empresas brasileiras, o outro lado da moeda desse papel mais forte foi o aumento da dívida pública da União. Essa foi a forma de disponibilizar recursos para que esses bancos passassem a ter papel mais ativo na oferta de crédito.[1] Assim, de 2006 a 2010 os empréstimos do Tesouro Nacional para os bancos públicos passaram de R$ 9,6 bilhões (empréstimo para o BNDES) para R$ 255,7 bilhões. Esse rápido crescimento foi, na verdade, concentrado entre o final de 2008 e os anos de 2009 e 2010. Como será abordado neste capítulo, essas operações têm um custo elevado para o Tesouro Nacional e aumentam os gastos do setor público com pagamento de juros. Não são, portanto, um mecanismo sustentável para o fortalecimento dos bancos públicos. Além disso, impedem o desenvolvimento de um mercado de capitais de longo prazo em nosso país.

Assim, a continuidade do papel mais ativo dos bancos públicos na economia brasileira requer que sejam definidas novas fontes de recursos para esses bancos, ou que as operações desses agentes financeiros passem a ser mais seletivas, priorizando alguns investimentos em detrimento de outros. Neste sentido, este texto objetiva explicar o debate atual acerca do papel dos bancos públicos no financiamento do desenvolvimento no Brasil e levantar questões que ainda precisam ser respondidas nesta segunda década do século atual, na qual as perspectivas de investimento e

---

[1] Em dezembro de 2008, os empréstimos dos bancos públicos eram equivalentes a 14,8% do PIB e correspondiam a 36,3% dos empréstimos totais do sistema financeiro. Em dezembro de 2009, esses valores haviam crescido, respectivamente, para 18,4% do PIB e 41,5% dos empréstimos totais. Em 2010, os bancos públicos mantiveram sua participação no saldo dos empréstimos, o que indica, pelo menos até o início de 2011, que o fortalecimento desses bancos não foi algo temporário.

crescimento do país são positivas. Mas que, como se suspeita, ainda irá exigir um esforço adicional no sentido de aumentar a poupança doméstica para que o novo ciclo de crescimento não dependa excessivamente da utilização de poupança externa.

Além desta introdução, este artigo está dividido em quatro seções. Na segunda abordam-se diversas justificativas para a existência de bancos públicos e sua relação com a política industrial, destacando o fato de que estratégias de política industrial estão intimamente relacionadas com o *modus operandi* dos bancos públicos. Na terceira seção discute-se o crescimento recente do BNDES e a fonte de recursos para a expansão de suas operações. Na quarta seção explica-se o custo fiscal do fortalecimento dos bancos públicos por meio da expansão da dívida alertando-se que a não explicitação desses custos prejudica o debate na definição de prioridades de políticas públicas. A última sessão destaca questões que precisam ser respondidas antes que se exija dos bancos públicos um papel mais ativo no financiamento do investimento, que hoje, dada a estrutura de *funding* desses bancos, eles não têm.

2. Por que precisamos de bancos públicos — e, em especial, do BNDES?

Em uma economia com mercados completos e sem a presença de externalidades não haveria a necessidade de existirem bancos públicos. Em uma economia sem a existência de externalidades[2] o retorno dos investimentos seria analisado puramente pelo seu retorno privado e, assim, bancos privados poderiam financiar os bons projetos de investimento. Da mesma forma, a existência de mercados completos significa que haveria oferta de crédito pelo setor privado tanto para operações de curto prazo (capital de giro) quanto para o financiamento de longo prazo (por exemplo, financiamento à construção de um metrô ou hidrelétrica).

No entanto, as condições acima não são satisfeitas no mundo real. No caso do Brasil, os bancos ainda são reticentes em ofertar crédito para investimento de longo prazo, já que há uma elevada disponibilidade de

---

[2] Entende-se por externalidades o efeito positivo ou negativo que ações de agentes individuais ocasionam em outros que não participaram da tomada de decisão. Por exemplo, a construção de um metrô em uma cidade ocasiona várias externalidades positivas, como menor congestionamento e poluição, independentemente da decisão de utilizar ou não este meio de transporte.

títulos públicos que pagam um bom retorno em um período curto. Adicionalmente, o perfil de captação dos bancos no Brasil ainda é curto, o que limita a oferta de crédito de longo prazo. Assim, a existência de bancos públicos que contam com um *funding* mais estável e de longo prazo decorrente de recursos de poupança forçada ou de empréstimos de longo prazo financiado por contribuições compulsórias pagas pelos trabalhadores seria uma forma de o governo tornar disponível crédito de longo prazo não ofertado por bancos privados. É possível que esses mecanismos de poupança forçada sejam repassados a bancos privados, mas isso não resolveria o problema das externalidades, quando o retorno privado dos projetos de investimento é diferente do retorno social.

Normalmente, como mostram Giambiagi e colaboradores (2009), a diferença entre o custo/retorno privado e social dos projetos de investimento está associada a longo prazo de maturação de alguns projetos, necessidade de financiamento elevado e alto risco. As meras transferências dos recursos públicos para bancos privados poderiam não ser solução para o financiamento de projetos com retorno social maior que o privado, já que os bancos privados poderiam continuar selecionando aqueles projetos de maior retorno privado, e não aqueles de maior retorno social. No caso dos bancos públicos, segundo Giambiagi e colaboradores (2009), seus analistas são treinados para selecionar projetos em que o retorno social supera o retorno privado.

Crédit Mobilier e o financiamento de longo prazo

A origem de bancos voltados para o financiamento de projetos de longo prazo surgiu de uma experiência de um banco privado, como indica Gerschenkron (1962) ao comentar sobre a importância do banco Crédit Mobilier dos irmãos Pereire na França do século XIX. Gerschenkron mostra que esses banqueiros haviam desenvolvido um novo modelo bancário mais voltado para o financiamento de ferrovias, minas, portos, canais de navegação e modernização de cidades (financiamento de longo prazo), diferente do modelo bancário que então prevalecia focado no financiamento ao Estado e nas transações comerciais em diferentes moedas (financiamento de curto prazo).

A experiência dos irmãos Pereire influenciou um novo modelo de atuação dos bancos que, segundo Gerschenkron, mostra a importância de mo-

> bilização do crédito para aumentar a taxa de investimento. De acordo com esse autor, ao contrário da Revolução Industrial, que não exigiu um papel forte dos bancos no financiamento do investimento, já que a acumulação de riqueza se dava de forma gradual, no novo capitalismo do século XIX e também no século XX, o esforço de industrialização nos países em desenvolvimento exigiria investimentos vultosos para que empresas atingissem escala mínima de produção e pudessem alcançar o estado das artes das empresas nos países líderes. O papel de mobilizar poupança e sua canalização para o financiamento do investimento de longo prazo seria um papel essencial para o Estado e, logo, para bancos públicos nos países em desenvolvimento no século XX.

A justificativa de um papel mais ativo dos bancos públicos no financiamento ao desenvolvimento (como defendido por Gerschenkron, 1962) não está ligada, necessariamente, ao problema de externalidades a que nos referimos acima, mas sim a uma visão de que o governo teria o poder de facilitar o processo de industrialização e crescimento por meio do direcionamento do crédito para alguns setores. Essa hipótese teve e tem ainda grande influência no *modus operandi* de bancos públicos.[3]

Mas será que hoje governos ainda fazem uso do direcionamento do crédito para setores que querem promover? É fácil olhar para o papel ativo dos bancos públicos na China e na experiência recente dos bancos públicos no Brasil para afirmar que sim, a ideia de fomento setorial foi e continua sendo parte importante da atuação, por exemplo, do BNDES.

A partir de 2003 o BNDES passou a ter uma atuação cada vez mais ativa na promoção de algumas empresas e setores, o que reflete uma estratégia de política industrial e mesmo de formação de grandes grupos nacionais em setores nos quais o Brasil já possui vantagens comparativas. Em 2009, o presidente do BNDES deixou explícito que a formação de grandes empresas nacionais passou a fazer parte de uma estratégia de atuação do banco. Em entrevista concedida ao jornal *Valor Econômico*

---

[3] No caso da Coreia, por exemplo, Amsden (1989:144) mostra que ao longo de mais de duas décadas o governo direcionou crédito de longo prazo subsidiado para setores específicos da indústria que queria incentivar e esse direcionamento do crédito ocorreu também em outros países como Brasil, Taiwan, Índia, Turquia, México (Amsden, 2001:136-139).

em 22 de setembro de 2009, ao ser perguntado se era estratégia do BNDES criar campeãs nacionais, o presidente do BNDES, Luciano Coutinho, respondeu:

> Eu diria que o Brasil precisa ter campeãs mundiais. Pelo seu peso, a economia brasileira tem condições inigualáveis de competitividade em algumas cadeias. O país já desenvolveu empresas muito competentes. É natural a sua projeção no espaço global. Mas o Brasil dispõe, relativamente ao seu tamanho e potencial, de poucas empresas de classe mundial. É absolutamente natural que, na expansão dessas empresas, o BNDES, em condições de mercado, possa apoiar essas oportunidades. Obviamente, não há nada de artificial nesse processo, uma vez que ele corresponde ao desenvolvimento de competências inegáveis. Não há aqui um processo artificial de fabricação de empresas. O que há é que empresas que se revelaram altamente competitivas são apoiadas pelo BNDES. Está na política industrial do governo permitir o desenvolvimento de atores globais brasileiros, com escala mundial (Romero, 2009).

Essa estratégia de formação de grandes empresas nacionais tem sido alvo de debate recente sob a política de atuação do banco. Desde 2003, o BNDES esteve presente em quase todas as grandes operações de F&A no Brasil e no processo de internacionalização de empresas brasileiras.[4] Alguns exemplos são suficientes para corroborar essa afirmação.

2.1 Exemplos recentes da atuação ativa do BNDES: qual a racionalidade?[5]

Um exemplo da atuação ativa do BNDES ocorreu no processo de fusão das empresas de telecomunicação Brasil Telecom e Telemar/Oi em 2008 — uma fusão que contou com a garantia de empréstimo do banco antes mesmo de a legislação da época permitir tal concentração — e com a exigência de que o BNDESPar teria prioridade na compra do controle da nova empresa caso os grupos controladores nacionais decidissem vender suas participações no futuro. Apenas após a operação ter sido totalmente

---

[4] É relevante destacar que o BNDES, além de financiar investimento de longo prazo, atua por meio do BNDESPar, uma *holding* brasileira de sua propriedade, criada para administrar as participações do banco em diversas empresas.

[5] Ver Almeida (2009).

estruturada e ter garantido o financiamento de R$ 2,6 bilhões do BNDES e de R$ 4,3 bilhões do Banco do Brasil à nova empresa é que a Agência Nacional de Telecomunicações (Anatel) aprovou, no dia 16 de outubro de 2008, por três votos a dois, o novo Plano Geral de Outorgas do setor de telecomunicação que flexibilizava as regras do setor de telecomunicação no Brasil e permitiu a venda da Brasil Telecom para a Telemar/Oi.[6] Esse episódio mostra de forma clara que o governo optou por criar uma companhia nacional grande no setor de telecomunicação, e que essa estratégia só foi passível de implementação devido à atuação dos dois bancos públicos, BNDES e Banco do Brasil.

Outro exemplo da forte presença do BNDES ocorreu quando da atuação do banco no processo de concentração do setor de carnes a partir de 2008. Naquele ano o JBS/Friboi obteve R$ 1,1 bilhão de empréstimos com o BNDES; em 2009, mais R$ 3,5 bilhões, e em 2010, R$ 200 milhões adicionais. Como o JBS comprou o grupo Bertin (que tinha recebido R$ 2,5 bilhões de empréstimos diretos do BNDES em 2008 e mais R$ 200 milhões em 2009), todos esses empréstimos totalizaram R$ 7,5 bilhões em um prazo de três anos. Além desses empréstimos diretos, o BNDESPar comprou participação no JBS e no grupo Bertin, que hoje são a mesma empresa.

Os empréstimos do BNDES para o grupo JBS/Friboi foi essencial para o agressivo movimento de F&A desse frigorífico no Brasil e no exterior que, desde 2005, comprou frigoríficos como o Swift, National Beef e Smithfield Beef nos Estados Unidos, Argentina e Austrália, e em setembro de 2009 adquiriu a Pilgrim's Pride, a maior empresa dos EUA na venda de aves. Posteriormente, com a compra do grupo Bertin, o JBS/Friboi tornou-se a maior empresa de proteínas animal do mundo, com um faturamento de US$ 28,7 bilhões.[7]

O grupo JBS/Friboi não aparecia entre as 400 maiores empresas em atividade no Brasil até 2002. No entanto, desde 2005, o crescimento deste grupo foi meteórico, passando da 61ª posição, em 2006, para o quinto

---

[6] Além do empréstimo de R$ 6,9 bilhões de bancos públicos para viabilizar a venda da Brasil Telecom para a Telemar, os fundos de pensão estatais (Previ, Petros e Funcef) participaram ativamente da operação e passaram a ter cerca de 34% do capital da nova empresa de telecomunicações.

[7] De acordo com o balanço patrimonial do BNDES de junho de 2010, o BNDES possuía 17,32% do JBS/Friboi, algo como R$ 3,9 bilhões (participação societária ao custo de dezembro de 2009). Essa participação coloca o JBS entre aquelas empresas nas quais o BNDESPar é um grande acionista.

lugar entre os 200 maiores grupos do Brasil, em 2009.[8] Se retirarmos a Petrobras e os grupos financeiros desta lista, o grupo JBS/Friboi passou a ser o maior grupo industrial privado do Brasil, maior que grupos do porte da Vale, Odebrecht, Gerdau e Votorantim. Por trás desse rápido crescimento está o apoio financeiro do BNDES, já que não há modelo de negócios que explique como o crescimento do faturamento do grupo JBS/Friboi passou de US$ 1,9 bilhão, em 2006, para US$ 28,7 bilhões, em 2009, exceto uma agressiva política de compras de empresas com o apoio do BNDES (Lethbridge e Juliboni, 2009).

Um dos melhores exemplos dessa nova fase de atuação ativa do BNDES talvez seja o forte apoio financeiro que o banco tem dado à Petrobras (Almeida, 2010a). O BNDES foi um importante financiador na política recente de expansão dos investimentos da Petrobras e o maior apoio financeiro do BNDES a esta empresa é uma estratégia de governo (tabela 1). Os empréstimos dos bancos públicos para o grupo Petrobras eram contabilizados no limite de exposição dos bancos ao setor público, o qual estabelece que os empréstimos dos bancos ao setor público não podem ultrapassar o limite de 25% do patrimônio líquido de referência (PLR). No entanto, em setembro de 2008 (Resolução Bacen nº 315, de 30 de setembro de 2008), essa regra foi modificada, retirando-se os empréstimos para a Petrobras do limite de empréstimos do BNDES ao setor público. Na prática, isso significa que o limite de empréstimos dos BNDES ao setor público mais Petrobras, computado em relação ao PLR deste banco, passou de 25% para 50%.

Adicionalmente, nesta mesma Resolução permitiu-se, no seu art. 1º, que os empréstimos para as empresas do grupo Petrobras fossem considerados empréstimos independentes para o cumprimento da regra de Basileia, que limita a exposição de risco por grupo empresarial a 25% do PLR de cada banco. Assim, essa maior liberdade de exposição do BNDES ao grupo Petrobras levou a um empréstimo de R$ 25 bilhões, em 2009. Além disso, em 2010, por ocasião da capitalização da Petrobras, o Tesouro Nacional emprestou quase R$ 25 bilhões para que o BNDES participasse com R$ 24,7 bilhões da capitalização da Petrobras. Essa participação do BNDES na capitalização da Petrobras foi, a nosso ver, uma operação desnecessária, pois o Tesouro havia recebido do Congresso Nacional autorização para utilizar a cessão onerosa, equivalente

---

[8] Os cinco maiores grupos em operação no Brasil são, respectivamente: Petrobras, Itaú SA, Bradesco, Banco do Brasil e JBS-Friboi.

em até 5 bilhões de barris de petróleo (ou R$ 74,8 bilhões) no processo de capitalização da estatal.[9]

Tabela 1
Passivo da Petrobras com bancos públicos — R$ bilhões

	BNDES	BB	CEF	TOTAL
2006	7,17	-9,73	-	-2,56
2007	6,73	-2,21	-	4,52
2008	10,73	4,35	3,62	18,69
2009	34,93	5,81	3,95	44,69
2010*	36,38	8,21	5,61	50,21

Fonte: Balanços Petrobras.

Obs.: Em 2006 e 2007, os ativos da Petrobras no Banco do Brasil eram superiores ao passivo; * posição de 30 de junho de 2010.

Em junho de 2010, a Petrobras tinha uma exposição de R$ 50 bilhões junto aos bancos públicos, uma dívida 11 vezes maior do que em 2007, o que mostra a importância da disponibilidade de recursos desses bancos para o financiamento da petroleira. Desse total, R$ 36,4 bilhões são dívidas junto ao BNDES. Adicionalmente, quando computadas as aplicações do BNDESPar em ações da Petrobras e a parcela da emissão primária adquirida pelo BNDES no leilão de setembro de 2010, chega-se à conclusão de que o tamanho da exposição do BNDES ao grupo Petrobras era, em setembro de 2010, próxima a R$ 80 bilhões, ante R$ 24 bilhões em 2006. Esse nível de exposição do BNDES é elevado, dado que o banco, em 30 de junho de 2010, possuía um PLR consolidado de R$ 58,2 bilhões.[10] Essa elevada exposição do BNDES a uma única *holding* empresarial só foi possível devido às mudanças na legislação mencionadas anteriormente, o que deixa claro que essa maior exposição do BNDES é uma política de governo e não uma simples operação de financiamento.

[9] O que de fato aconteceu foi que, ao emprestar recursos para que o BNDES participasse da capitalização da Petrobras, o governo federal transformou uma dívida em receita primária, pois parte da cessão onerosa de barris de petróleo para a Petrobras foi paga por esta empresa com recursos que o BNDES utilizou na capitalização da empresa que eram, em última instância, recursos provenientes do aumento da dívida pública bruta. Essa operação passou a ser duramente criticada por analistas independentes que passaram a falar em "contabilidade criativa". Ver Almeida (2010c).

[10] Patrimônio de Referência Consolidado (PLR), sendo R$ 34,6 bilhões do nível I e R$ 25,6 bilhões do nível II, totalizando R$ 58,2 bilhões em 30 de junho de 2010.

Tabela 2
Exposição do BNDES à Petrobras — R$ bilhões

	R$ Bilhões	Mês/Ano
Empréstimos	36,38	jun./10
Ações	18,69	jun./10
Capitalização	24,75	set./10
TOTAL	79,82	-

Fontes: Balanço do BNDES e Balanço da Petrobras.

É importante destacar que seria normal o BNDES aumentar os empréstimos para a Petrobras, já que, com a descoberta do petróleo no pré-sal, uma reserva de petróleo importante para o país, a Petrobras precisaria de mais recursos para executar seu plano de investimentos. No entanto, sabe-se que um país se beneficia da descoberta de uma riqueza natural, como o pré-sal, pelo uso que o governo dá aos impostos adicionais que passará a recolher da exploração dessa nova riqueza, independentemente de quem extrai o petróleo (se uma companhia estatal ou se várias companhias privadas). Assim, a decisão de tornar a Petrobras operadora única nas novas licitações do pré-sal, uma decisão que aumentou em muito a exigência de novos recursos para a empresa, só pôde ser tomada dada à relativa facilidade que esta empresa tem no acesso a recursos de bancos públicos (BNDES, BB e CEF). O que se questiona aqui não são os empréstimos do BNDES para a Petrobras, mas o volume talvez exagerado dos mesmos para esta empresa, que tem fácil acesso ao financiamento via mercado de capitais e no mercado internacional de crédito, inclusive, a taxas competitivas.

Por fim, além das empresas acima, o BNDES teve papel importante na venda da Sadia para a Perdigão para formar a empresa Brasil Foods, em 2009; na venda da Aracruz Celulose para a VCP, formando a empresa Fibria; compra do controle acionário da Azaleia pela Vulcabras, aquisições do frigorífico Marfrig, que comprou a Keystone, maior fornecedor mundial de várias redes de *fast food*, e em sucessivos aportes de recursos (capitalização) e financiamento do plano de investimento da Vale. Essa lógica de atuação está longe de ser pautada apenas pela complexidade das operações ou pela diferença entre retorno social e privado das operações. Essas operações do BNDES refletem muito mais uma ação coordenada para ajudar no processo de crescimento e/ou internacionalização de algumas empresas em setores escolhidos apoiados pela PDP.

2.2 Qual o problema em relação ao fortalecimento dos bancos públicos?

Dado que os bancos públicos, em especial o BNDES, passaram a ter novamente uma atuação mais ativa na concessão de crédito e na participação no capital de algumas empresas como uma estratégia de política industrial, qual o problema com essa forma de operação? A nosso ver, os problemas com as recentes operações de fortalecimento do BNDES são pelo menos dois.

Primeiro, a política de fortalecimento do BNDES se deu por meio de empréstimos porque, neste caso, não há o impacto fiscal imediato dessas operações — como ocorreria com uma capitalização pura e simples, feita pelo Tesouro Nacional. Nessas operações de empréstimos tem-se a criação de um crédito e um débito que se compensam. Mas como são corrigidos a taxas diferentes — o custo do débito (Selic) para o Tesouro Nacional sendo muito maior que a remuneração do crédito (TJLP) paga pelo BNDES —, a Dívida Líquida do Setor Público (DLSP) aumenta ao longo do tempo. Como o custo dessas operações nunca é explicitado pelo Tesouro Nacional, corre-se o risco de passar a impressão para a sociedade de que esse tipo de operação, no qual o Tesouro se endivida para emprestar recursos para os bancos públicos, é uma forma legítima de financiar o desenvolvimento.

Segundo, a demanda por empréstimos de bancos públicos, em especial do BNDES, é claramente maior do que a capacidade financeira do banco, como abordaremos na próxima sessão. Dado que não há "dinheiro sobrando" nos bancos públicos, o BNDES deveria explicitar claramente quais suas prioridades na política de empréstimos, tal como foi feito na época de sua criação, como mostramos anteriormente. Por exemplo, a Petrobras é a única empresa da América do Sul na lista das 50 empresas mais inovadoras do mundo, de acordo com levantamento feito pelo Boston Consulting Group. Ela é também a empresa brasileira mais bem colocada no *ranking* das 500 maiores corporações do mundo, segundo a revista *Fortune*. Além disso, com as mudanças recentes na Lei do Petróleo, a Petrobras passou a ser operadora única dos campos do pré-sal a serem licitados. Uma empresa desse tipo tem acesso a financiamento em qualquer país do mundo. Por que a Petrobras precisou de um empréstimo subsidiado do BNDES de R$ 25 bilhões em 2009, e da ajuda do banco em seu processo de capitalização em 2010?

Na verdade, quando se olha a lista dos maiores empréstimos diretos do BNDES, destacam-se nesta lista os maiores grupos empresariais brasileiros (Vale, Gerdau, Odebrecht, Votorantim etc.) que atuam em setores nos quais o Brasil tem clara vantagem competitiva e que já têm fácil acesso ao mercado de capitais e financiamento em qualquer banco privado do mundo. O debate que se coloca hoje na economia brasileira é que, dada a restrição de recursos dos bancos públicos para fazer frente à demanda por empréstimos, que tipos de operações devem ser prioritárias para esses entes financeiros? É claro que uma opção seria debater com a sociedade um aumento do *funding* desses bancos. Mas essa questão parece estar no momento fora de cogitação no Brasil, cuja carga tributária, em torno de 36% do PIB, é igual à média dos países da OCDE.

O debate acerca do papel dos bancos públicos é especialmente importante porque nos últimos três anos (2008 a 2010) a expansão do crédito do BNDES só foi possível pelo forte aumento da dívida pública bruta. A próxima seção aborda este problema, mostrando que, sem a definição de uma nova fonte de recursos ou mesmo a adoção de critérios mais seletivos para as operações de empréstimo do banco, a única fonte de recurso para os bancos públicos continuará sendo a expansão da dívida pública, com impactos fiscais não desprezíveis.

3. A expansão recente do BNDES

Qualquer que seja o critério para analisar o comportamento recente do BNDES, chega-se à mesma conclusão: a expansão dos seus empréstimos foi acelerada a partir de 2007, ano no qual começam os desembolsos sequenciais do Tesouro Nacional para o banco. Como se observa no gráfico 1, entre 1998 e 2007 os desembolsos do BNDES flutuaram entre 2% e 2,5% do PIB.

Gráfico 1
Desembolsos do BNDES 1995-2010 (R$ milhões de 2010 e % do PIB)

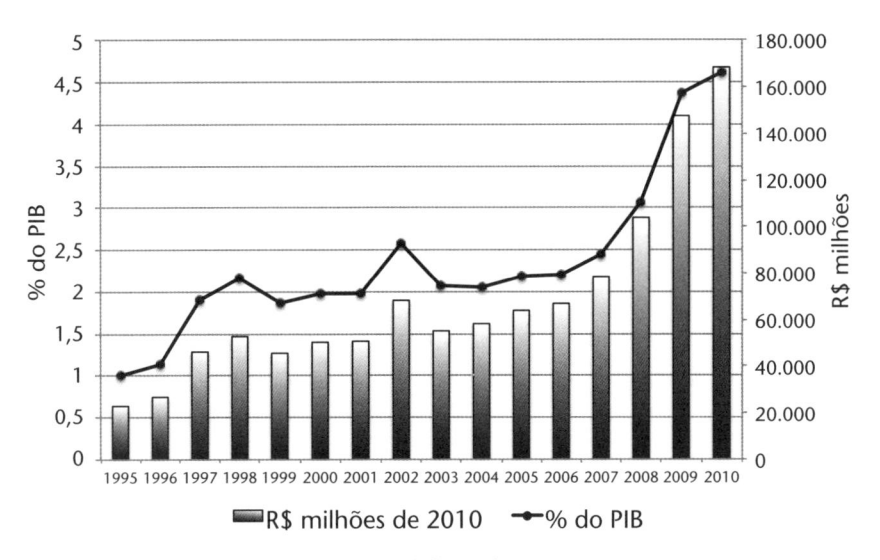

Fonte. BNDES; Valores atualizados pelo deflator do PIB.

A partir de 2008, os desembolsos do banco passaram a crescer continuamente e chegaram a 4,61% do PIB em 2010, mais do que o dobro dos desembolsos de 2006 (% do PIB). De 2006 a 2010, os desembolsos do BNDES passam de R$ 66,9 bilhões (valores de 2010) para R$ 168,4 bilhões, um crescimento excepcional de 152% em termos reais. Esse expressivo crescimento dos desembolsos ocorre para todos os setores da economia (agropecuária, indústria, infraestrutura, comércio e serviços) e pode ser explicado por três fatores. Primeiro, houve sucessivos repasses do Tesouro Nacional para o Banco, o que permitiu que adotasse uma posição de agressiva expansão do crédito, em um momento em que os bancos privados cortaram temporariamente o crédito em decorrência da crise financeira mundial no último trimestre de 2008. Essa expansão dos empréstimos do BNDES ocorre, simultaneamente, a uma posição mais agressiva do banco, que resultou do papel deste banco no desenho e implementação da Política de Desenvolvimento Produtivo (PDP) de 2008, quando o banco passou a financiar operações de F&A e internacionalização de empresas.

Segundo, o aumento do *funding* do BNDES foi seguido de maiores subsídios para a concessão de empréstimos para investimento em capital fixo.[11] Em 29 de junho de 2009, em plena crise econômica, o governo editou a Medida Provisória (MP) nº 465, que criou o Programa de Sustentação do Investimento (PSI). Este programa permitia que o BNDES cobrasse para algumas linhas de empréstimo para investimento uma taxa de juros até mesmo menor do que a Taxa de Juros de Longo Prazo (TJLP), que é a taxa que corrige os repasses do Fundo de Amparo ao Trabalhador (FAT) para o BNDES. Essa MP limitava o total de empréstimos passíveis de subsídios em R$ 44 bilhões. No entanto, em 26 de abril de 2010, uma nova MP foi editada (MP nº 487, de 26 de abril de 2010), não apenas renovando o PSI, mas também aumentando o volume total de empréstimos que poderiam ser subsidiados: de R$ 44 bilhões para até R$ 124 bilhões. Ou seja, em um momento no qual a economia já estava em plena recuperação e aumentava a demanda por investimentos, o governo aumentou os subsídios do PSI. Isso, naturalmente, aumentou ainda mais a demanda por recursos do BNDES.[12]

Terceiro, o BNDES passou a ter papel mais agressivo no financiamento de projetos de infraestrutura decorrentes de contratos de concessão. Normalmente, as condições de financiamento de um projeto de infraestrutura, como uma hidrelétrica, estariam definidas antes do leilão de concessão, qualquer que fosse o grupo vencedor, supondo que os grupos empresariais tivessem capacidade financeira para construir a obra e se endividar perante o BNDES. Na prática, o papel do BNDES no financia-

---

[11] É importante esclarecer que o PSI é um programa de governo executado pelo BNDES. Não é um programa concebido pelo corpo técnico do BNDES. Assim, os subsídios na operacionalização deste programa aconteceriam qualquer que fosse o órgão que executasse essa política. É uma política oficial da qual o BNDES é mero agente. É diferente de outras escolhas ou opções, como a estratégia da Política de Desenvolvimento Produtivo (PDP) e a decisão de fomentar a formação de empresas multinacionais, que foi uma política que nasceu no BNDES.

[12] Na exposição de motivos da MP nº 487 que prorrogou e ampliou o PSI, uma das justificativas para a prorrogação do programa era que: "a demanda por essas operações superou todas as expectativas iniciais e fez com que o limite estabelecido fosse insuficiente para atender as necessidades do setor. Considerando-se todas as modalidades operacionais do BNDES, a média diária das operações saltou de um patamar de aproximadamente R$ 325.000.000,00 (trezentos e vinte cinco milhões de reais) em novembro para aproximadamente R$ 730.000.000,00 (setecentos e trinta milhões de reais) em dezembro". Mas, se a demanda por investimento havia aumentado, por que então se decidiu pelo aumento do subsídio ao programa? Coincidência ou não, o Banco Central aumentou a taxa de juros básica da economia, a Selic, nas duas reuniões seguintes à ampliação dos subsídios do PSI. Enquanto o Banco Central sinalizava a existência de um excesso de demanda, o Ministério da Fazenda aumentava os subsídios para o financiamento do investimento via BNDES e contribuía ainda mais para o aumento da demanda. Ou seja, a prorrogação e a ampliação do PSI ocorreram em um contexto no qual ficou nítido que Ministério da Fazenda e Banco Central trabalhavam com modelos diferentes.

mento da infraestrutura tem sido um pouco diferente, e o caso da construção da hidrelétrica de Belo Monte é um bom exemplo. Neste projeto de R$ 19 bilhões, o BNDES foi utilizado para melhorar as condições de financiamento da obra de modo a atrair mais candidatos e garantir a manutenção de uma tarifa a mais baixa possível. No caso das grandes obras públicas, como foi o caso das usinas do rio Madeira, sua viabilidade financeira quanto ao preço de tarifa estipulado nos leilões parece ter sido possível porque o BNDES financia com juros subsidiados entre 65% e 70% do custo da construção: 65,7% para Santo Antônio, 68,5% para Jirau e 70% para Belo Monte.[13]

O grande problema do expressivo crescimento recente do BNDES foi que essa expansão das operações do banco ocorreu sem que se definisse uma nova fonte de recursos. A rigor, definição de *funding* para o BNDES é algo controverso desde sua criação em 1952. A fonte de recursos para o então BNDE, nos anos iniciais após sua criação, foi um empréstimo compulsório cobrado como adicional do imposto de renda para ser posteriormente devolvido em cinco anos. Esse período para devolução foi depois prorrogado por 10 anos e, posteriormente, substituído por um imposto permanente (Campos, 1994:192).

No período de 1967 a 1973[14] o BNDE foi dependente de transferências do orçamento fiscal e monetário. A partir de 1974, o banco passou a contar com uma fonte mais estável de recursos proveniente da arrecadação do Programa de Integração Social (PIS) e do Programa de Formação do Patrimônio do Servidor Público (Pasep) para financiamento de programas especiais de investimentos no âmbito dos Planos Nacionais de Desenvolvimento (PND). A partir de 1988, a Constituição Federal estabeleceu em seu art. 239 que, no mínimo, 40% da arrecadação das contribuições para o PIS e o Pasep seriam emprestadas para o BNDES financiar projetos de desenvolvimento econômico. Adicionalmente, a partir da década de 1980, o banco passou a contar cada vez mais com recursos provenientes do retorno de empréstimos passados.

O que pode ser dito da atual capacidade financeira do BNDES para financiar o desenvolvimento? As duas principais fontes de recursos para o

---

[13] O financiamento do BNDES para Belo Monte será de R$ 13,5 bilhões, o segundo maior empréstimo do banco. Em abril de 2010, no debate que se seguiu à divulgação do valor da obra a ser financiado pelo BNDES, o então ministro de Minas e Energia, Márcio Zimmermann, descartou que o apoio do BNDES tenha sido uma forma de o governo viabilizar uma obra considerada cara demais.

[14] Ver Prochnik e Machado (2008) sobre as fontes de recursos do BNDES.

BNDES são os empréstimos de 40% do FAT e o retorno dos empréstimos antigos. No caso do FAT, no entanto, dado o aumento da formalização e também do gasto com seguro-desemprego, não há como o BNDES contar apenas com a expansão dos empréstimos do FAT para financiar o crescimento dos seus empréstimos. Na verdade, o período de forte crescimento nos desembolsos recentes do BNDES, a partir de 2007, coincide com a redução nos ingressos líquidos do FAT no banco. De 2007 a 2009, o ingresso líquido médio de recursos do FAT no BNDES foi inferior a R$ 2 bilhões (anexo 1).[15]

Giambiagi e colaboradores (2009:279-280) mostram que a redução crescente dos repasses líquidos da arrecadação do PIS-Pasep/FAT para o BNDES já era esperada. Com o acúmulo das transferências dos empréstimos do FAT para o BNDES, o estoque da dívida do banco junto ao FAT cresce e, eventualmente, os ingressos líquidos, na simulação dos autores, passariam a ser negativos — supondo um crescimento real da economia de 4,5% a.a. e uma taxa de juros de 6% a.a., que o BNDES pagaria sobre sua dívida junto ao FAT. Assim, há um problema que ainda não foi equacionado em relação à definição de uma nova fonte de recursos para o BNDES.

A fonte de recursos de maior importância desde os anos 1980 é o retorno das operações de empréstimo. Em 2009, por exemplo, o ingresso decorrente do retorno dos empréstimos passados alcançou R$ 69,2 bilhões. Esse valor foi muito inferior ao valor desembolsado em 2009 pelo BNDES, que foi de R$ 137,4 bilhões. No início da década de 2000, o retorno líquido dos empréstimos do BNDES era suficiente para financiar até 90% dos desembolsos do BNDES, e esse percentual foi reduzido para cerca de 30% em 2009 e 2010. No gráfico a seguir pode-se observar de forma clara o crescente *gap* entre os desembolsos do banco e o retorno das operações passadas de empréstimos, que têm sido sua fonte mais importante de recursos.

---

[15] É importante destacar que, além da previsão constitucional de 40% da arrecadação do PIS/PASEP repassada como empréstimo do FAT ao BNDES, no passado, parcela da disponibilidade financeira do FAT era repassada ao BNDES, de acordo com a Lei nº 8.352/91, para financiar programas específicos aprovados pelo Conselho Deliberativo do FAT. Em 31 de dezembro de 2010, o saldo do FAT depósitos especiais no BNDES era de R$ 21,57 bilhões e o BNDES vem pagando uma grande parcela dessa dívida desde 2007 (tabela 2 do texto). De 2007 a 2009, por exemplo, o BNDES pagou cerca de R$ 8 bilhões de sua dívida junto ao FAT referente a depósitos especiais.

Gráfico 2
Retornos anuais dos empréstimos do BNDES e desembolsos (2006-2009) — R$ milhões

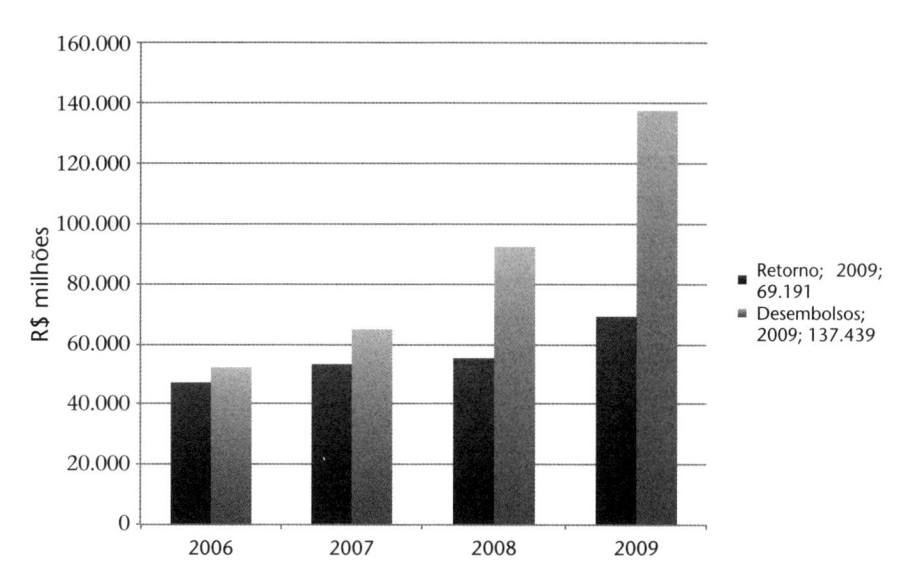

Ano	Retorno	Desembolsos
2006	~47.000	~52.000
2007	~53.000	~65.000
2008	~55.000	~92.000
2009	69.191	137.439

Fonte: BNDES.

Conclui-se que o novo BNDES, que surgiu ao longo da crise de 2008 e no imediato pós-crise, tem um problema ainda não resolvido: as fontes de recursos do banco são claramente insuficientes para o volume prospectivo de demanda por financiamento. O BNDES não tem a capacidade financeira para ser ao mesmo tempo o banco da política industrial, o banco da infraestrutura e o banco financiador das grandes operações de F&A e internacionalização de empresas.[16] Assim, o BNDES teve de recorrer ao Tesouro Nacional, que passou a ser a fonte de recursos mais importante para a expansão de seus empréstimos. Isso pode ser observado no gráfico 3, que mostra o crescimento da dívida do BNDES junto ao Tesouro Nacional que, em 2009, alcançou 40% do passivo total ou R$ 144,3 bilhões (anexo 2).

---

[16] É importante ressaltar que o BNDES tem, sim, autonomia financeira para emprestar recursos perto de R$ 90 bilhões ao ano. De acordo com dados de 2008 do anexo 2, que mostra o fluxo de recursos para o BNDES, pode-se ver que, em 2008, a entrada de recursos líquidos de captações do Tesouro no banco foi de R$ 124,05 bilhões. Se retirarmos desse valor as saídas de recursos do banco com serviço da dívida e pagamento de tributos, restam R$ 87,6 bilhões que podem ser aplicados em títulos públicos e/ou desembolsados como empréstimos. Assim, baseado nos dados de 2008, essa era a capacidade do banco de emprestar recursos sem a necessidade de recorrer a empréstimos do Tesouro Nacional.

Gráfico 3
**Dívida do BNDES com o Tesouro
Nacional — 2001-2009, % do passivo total**

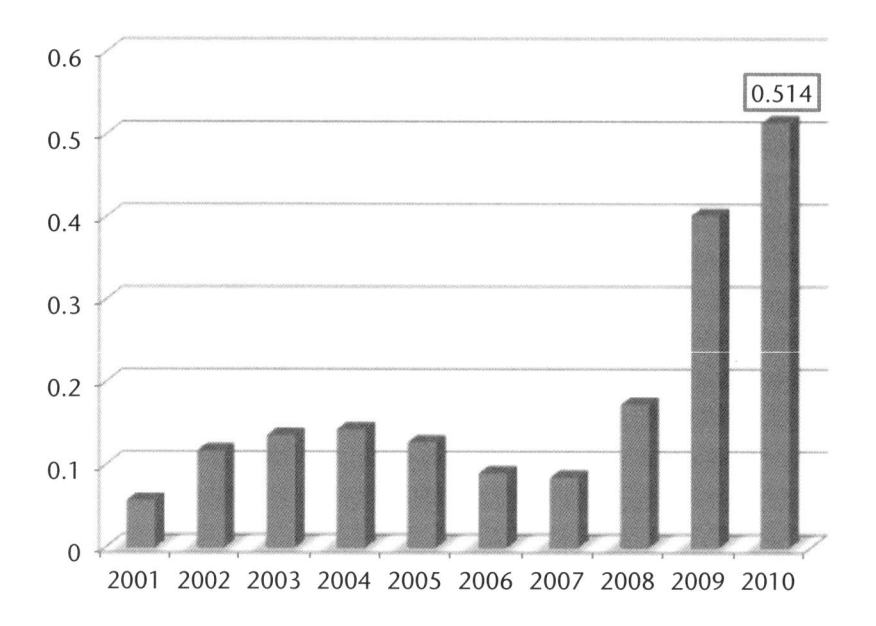

Fonte: BNDES.

Se for desejo da sociedade ter um BNDES com maior capacidade de empréstimo, será necessário definir uma nova fonte de recursos para o banco, pois a expansão por meio de dívida junto ao Tesouro Nacional não é sustentável, já que aumenta o pagamento de juros ao longo do tempo e pode, até mesmo, afetar reduções adicionais da taxa de juros básica da economia. A seção seguinte analisa de forma aproximada o custo fiscal embutido nas operações de expansão do BNDES. Em nenhum momento o governo divulgou estimativa desse custo, deixando a falsa impressão de que as operações cada vez mais comuns entre Tesouro Nacional e BNDES são operações que trazem apenas benefícios.

4. O custo fiscal da expansão do BNDES por meio de dívida pública

Quanto o Tesouro Nacional emprestou ao BNDES? Essa deveria ser uma pergunta simples de responder, mas não é porque o Tesouro não esclarece os volumes de empréstimos ao BNDES nem tampouco o seu custo.[17] A tabela 3 foi retirada do relatório do BNDES enviado ao Congresso Nacional em outubro de 2010. Nessa tabela não estão incluídos os empréstimos do Tesouro Nacional ao BNDES em 2008, nem o recente empréstimo de cerca de R$ 23,8 bilhões para que o BNDES participasse da capitalização da Petrobras.

Há dois pontos interessantes na tabela 3. Primeiro, para o total de R$ 180 bilhões liberados para o BNDES até maio de 2010, no âmbito do programa de combate aos efeitos da crise financeira, o Banco teve de pagar de juros ao Tesouro Nacional R$ 9,7 bilhões. Esse valor é claramente inferior ao custo que o Tesouro Nacional tem para levantar R$ 180 bilhões no mercado — no final de 2010 esse custo era de, no mínimo, R$ 19,3 bilhões ao ano. Assim, no final de 2010, esses recursos já representavam um custo líquido para o Tesouro. Segundo, pode-se ver na tabela que houve, claramente, uma substituição de fonte. Os empréstimos mais caros, R$ 13 bilhões da MP nº 453 corrigidos por TJLP+2,5% ao ano, já começaram a ser pagos e foram substituídos por empréstimos que cobram apenas a TJLP.

Os empréstimos do Tesouro Nacional ao BNDES já são superiores aos valores divulgados na tabela acima. É possível calcular o valor exato pela tabela dos fatores condicionantes da Dívida Líquida do Setor Público (DLSP), quadro 9 da Nota Fiscal publicada todos os meses pelo Banco Central do Brasil para o período mais recente, e mesmo pelos balanços do BNDES. Por essa tabela, o estoque de empréstimos do Tesouro Nacional ao BNDES, em outubro de 2010, era de R$ 235,9 bilhões, valor superior em quase R$ 60 bilhões ao identificado na tabela 3.

---

[17] No dia 5 de agosto de 2010, várias entidades empresariais divulgaram uma nota nos principais jornais do Brasil sob o título "em defesa do investimento" para defenderem o BNDES de ataques sofridos pelo banco. A nota em defesa do investimento é interessante por vários motivos, mas destaco dois. Primeiro, as associações empresariais que subscrevem a nota são, em sua maioria, formadas por empresas grandes com fácil acesso a recursos do BNDES e defendem subsídios para o investimento. Segundo, a própria nota das associações reconhece que: "Sem dúvida, reconhecemos que o desembolso feito pelo Tesouro é um custo para a sociedade. Portanto, é indispensável que ela tenha conhecimento disso e decida se quer ou não continuar pagando a conta. Para tanto, para tomar a decisão correta, é conveniente que ela conheça os prós e os contras e avalie a relação entre os custos e os benefícios desses incentivos". Passados mais de dois anos dos sucessivos empréstimos do Tesouro Nacional ao BNDES, o Tesouro Nacional nunca divulgou nenhuma estimativa do custo dessas operações.

Tabela 3
Empréstimos do Tesouro para o BNDES — 2009/10

Legislação	Data	Tranches	Valor R$ bilhões	Custo	Juros R$ bilhões	Correção	Valores R$ bilhões PAGOS	Saldo R$ bilhões DEVEDOR
MP 453	31/3/09	1ª Tranche	13	TJLP + 2,5% a.a.	1,17		6,8	7,37
MP 462	15/6/09	2ª Tranche	26	TJLP + 1% a.a.	2,33		1,88	26,45
	30/7/09	Única	16,3	TJLP	1,13		1,09	16,34
	30/7/09	Única	8,7	5,97% a.a.	0,55	-0,95	0,54	7,77
MP 465	21/8/09	1ª Tranche	8,54	TJLP	0,57		0,39	8,72
	25/8/09	2ª Tranche	21,23	TJLP	1,4		0,96	21,67
	27/8/09	3ª Tranche	6,24	TJLP	0,41		0,28	6,37
MP 472	20/4/10	1ª Tranche	74,2	TJLP	1,98		0,61	75,57
	4/5/10	2ª Tranche	5,8	TJLP	0,14		0,04	5,9
TOTAIS			180		9,68	-0,95	12,59	176,14

Fonte: BNDES, Relatório Gerencial (3º trim. 2010:11).

Obs.: A coluna "Correção" refere-se à variação cambial do dólar americano aplicado sobre a captação realizada em 30/7/2009.

Tabela 4
Empréstimos do Tesouro Nacional para bancos públicos (2006-10) — R$ bilhões

	2006	2007	2008	2009	2010*
Inst. Híbridos de Capital e Dívida		5,66		15,55	
Créditos junto ao BNDES	9,62	8,24	35,45	129,24	235,93
TOTAL	9,62	13,90	43,09	144,79	255,75

Fonte: Banco Central — Dívida Líquida do Setor Público.
* posição de outubro de 2010.

De acordo com o quadro 11 da Nota Fiscal do Banco Central, 82% do estoque da dívida do BNDES junto ao Tesouro Nacional é corrigido apenas pela TJLP, como pode ser observado na tabela 5. O valor da tabela 4 já inclui um crédito extra de R$ 23,8 bilhões de setembro, que resultou do empréstimo para que o BNDES participasse da capitalização da Petrobras.

Tabela 5
Indexadores dos empréstimos do Tesouro Nacional ao BNDES

	R$ bilhões	% do total
Cambial	35,2	15%
Selic	4,8	2%
TR	3,1	1%
TJLP	192,9	82%
TOTAL	235,9	100%

Fonte: Banco Central, Tabela 11 Nota Fiscal (out. 2010).

As tabelas 4 e 5 ainda não incluem duas novas operações que poderão ocorrer no início do governo da presidente Dilma Rouseff: (1) um novo empréstimo de R$ 20 bilhões para o BNDES financiar o consórcio vencedor do Trem Bala; e (2) um novo empréstimo de R$ 50 bilhões para fortalecer o potencial de empréstimos do BNDES para 2011. Sem esse fortalecimento o BNDES não tem como fazer frente à demanda de recursos para investimento público e privado esperados do banco. Dado que esses novos empréstimos não haviam sido confirmados até janeiro de 2011, eles não serão considerados no cálculo do custo fiscal.

Como já destacado, o problema envolvendo as operações de fortalecimento do BNDES está relacionado à expansão da Dívida Bruta do Setor Público. Não haveria problema algum se o governo tivesse decidido aumentar sua economia, o resultado primário, para fazer capitalizações do BNDES — tal como foi feito com o Fundo Soberano (FS) e que, na época, gerou uma despesa primária equivalente a sua capitalização. No caso do fortalecimento do BNDES, optou-se por aumentar os empréstimos para o banco financiado por dívida, algo impossível de se fazer, por exemplo, para as áreas de educação e saúde, já que a Lei de Responsabilidade Fiscal (LRF) exige que seja definida uma fonte permanente de recursos para aumentar os gastos com essas áreas.

Poder-se-ia argumentar que os aportes para o BNDES são empréstimos e que o dinheiro retornaria ao Tesouro Nacional. Mas há que se ter em mente que: (1) esses empréstimos não são neutros do ponto de vista fiscal. Como o Tesouro Nacional paga, no mínimo, Selic (11,25% ao ano em janeiro de 2011) para se endividar, e empresta recursos para o BNDES a uma taxa de juros menor (TJLP, de 6% ao ano), esses empréstimos têm um impacto no crescimento da Dívida Líquida do Setor Público (DSLP) que seria equivalente ao diferencial de juros; e (2) sabe-se que o investimento em capital humano é tão importante quanto o investimento em capital físico para o crescimento econômico; assim, não há por que priorizar o financiamento ao capital físico em relação ao investimento em capital humano.[18]

Dado o estoque acima da dívida do BNDES junto ao Tesouro Nacional de R$ 235,9 bilhões, qual o impacto dessas operações no crescimento da DLSP? Essa conta poderia ser feita para o custo total, considerando o fluxo do pagamento de juros a partir de simulações diferentes para Selic e TJLP ao longo dos próximos 30 anos e trazendo todo o fluxo de pagamento para valor presente (Pereira e Simões, 2010). Mas o que se faz aqui é algo muito mais simples: calcula-se o custo anual, baseado nos valores da TJLP, Selic e juros da NTN-F do final de janeiro de 2011.

Do total de R$ 235,9 bilhões dos empréstimos do Tesouro Nacional ao BNDES, retiram-se R$ 43 bilhões, que é a soma da parcela dos emprés-

---

[18] Barbosa Filho e Pessôa (2008) estimaram que a taxa interna de retorno real da pré-escola no Brasil é de 15,7% ao ano; uma taxa que seria muito superior à taxa de juros real que o governo paga para se financiar. No entanto, a LRF não permite que se endivide para aumentar o investimento na pré-escola. Ao que parece, políticas setoriais ainda têm um *status* especial na contabilidade pública já que esse tipo de política é uma das poucas que não precisam definir fonte de recursos. Como não é necessário definir fonte de recursos, passa-se a impressão para a sociedade de que não há limites para os empréstimos e fortalecimento do BNDES, o que é, claramente, uma ideia equivocada.

timos corrigida pela variação do câmbio (R$ 35,1 bilhões); Selic (R$ 4,8 bilhões) e TR (R$ 3 bilhões). Assim, restam R$ 192,9 bilhões. As tabelas 6 e 7 detalham o cálculo do custo fiscal, que é a diferença entre o que o Tesouro Nacional recebe do BNDES e o que paga para se endividar: Selic ou NTN-F, título pré-fixado com vencimento em 1/1/2021 no Leilão de 21/1/2011, que foi vendido a uma taxa média de 12,78% ao ano.

Tabela 6

Simulação dos juros que o Tesouro recebe do BNDES e juros pagos ao mercado

Indexador	Saldo devedor BNDES	Juros anuais pagos pelo BNDES — (a)	Custo para o Tesouro se endividar (R$ milhões)	
	R$ bilhões	R$ bilhões	Selic - (b)	NTN-F - (c)
TJLP+2,5% a.a.	7,37	0,63	0,83	0,94
TJLP+1% a.a.	26,45	1,85	2,98	3,38
5,97%	7,77	0,46	0,87	0,99
TJLP	151,32	9,08	17,02	19,34
TOTAL	192,91	12,02	21,70	24,65

Elaboração: do autor.

Tabela 7

Custo fiscal do diferencial de juros — impacto sobre a dívida líquida em 2011 — R$ bilhões

Saldo devedor BNDES	Diferencial de juros: (b) — (a)	Diferencial de juros: (c) — (a)
7,37	0,20	0,32
26,45	1,12	1,53
7,77	0,41	0,53
151,32	7,94	10,26
192,91	9,68	12,63

Elaboração: do autor.

Em resumo, para levantar R$ 192,9 bilhões no mercado no início de 2011 o Tesouro teria de pagar de juros ao ano R$ 21,7 bilhões (Selic = 11,25% a.a.) ou R$ 24,6 bilhões (NTN-F 12,78% a.a.). Fazendo a diferença em relação ao que o Tesouro vai receber do BNDES, essa diferença em 12 meses no início de 2011 seria de R$ 9,7 bilhões, ou de R$ 12,6 bilhões ao ano.

No entanto, além do custo financeiro decorrente do diferencial de juros, as operações do BNDES no âmbito do Programa de Sustentação do Investimento (PSI) têm também um adicional, um custo orçamentário, que pode ser de até R$ 5 bilhões ao ano.[19] Esse segundo custo é um custo orçamentário, que o Tesouro Nacional paga diretamente ao BNDES e a seus agentes financeiros, como hoje é feito com os empréstimos do crédito agrícola que são diretamente subsidiados pelo Tesouro Nacional.

Somando-se ao custo do diferencial de juros o custo orçamentário do PSI, o custo do fortalecimento do BNDES por meio de emissão de dívidas e de equalização de taxa de juros (do programa PSI) traz um custo fiscal equivalente a R$ 14,7 bilhões (quanto ao diferencial de juros, é calculado pela Selic) ou de R$ 17,6 bilhões ao ano (quanto ao diferencial de juros, é calculado pela NTN-F). Esse é o impacto dos empréstimos do Tesouro Nacional ao BNDES, anualizados de acordo com as taxas TJLP, Selic e NTN-F em vigor em janeiro de 2011. Esse custo será decrescente à medida que a taxa de juros Selic (ou NTN-F) seja reduzida e que os empréstimos sejam pagos. Ele aumenta se a Selic aumentar e se os empréstimos não forem pagos.

Por esse cálculo simples pode-se ver que não há como continuar com a forte expansão dos empréstimos do Tesouro Nacional para o BNDES. Se a sociedade quiser um BNDES mais forte nos próximos anos, isso significa que será preciso definir uma nova fonte de recurso para o banco. Caso contrário, corre-se o risco de que novas operações de empréstimo do Tesouro para o BNDES terminem por alterar a trajetória de redução da DLSP e da própria Selic.

5. Conclusão: o que queremos do BNDES?[20]

A demanda por maior transparência quanto ao custo dos empréstimos do Tesouro Nacional ao BNDES se transformou numa falsa batalha entre quem é a favor e quem é contra o banco. Esse debate deveria focar, em vez disso, duas questões simples: o que se espera do BNDES e qual a fonte de recursos para que esse banco possa continuar desempenhando seu importante papel de financiar o desenvolvimento.

---

[19] De acordo com declarações do ministro da Fazenda, em 20 de julho de 2010, ao jornal *Valor Econômico*.

[20] Essa seção baseia-se no texto publicado pelo autor no jornal o *Estado de S. Paulo*. Ver Almeida (2010b).

O BNDES executa uma política de governo e, como tem uma excelente capacidade de análise técnica de projetos e de execução, seria normal esperar que a maior disponibilidade de recursos para o banco se transformasse em aumento dos desembolsos. Mas o debate não é sobre o volume de empréstimo do BNDES, e sim sobre as fontes de recursos do banco. Questionam-se também algumas operações que poderiam ter sido financiadas pelo mercado privado. Neste debate, seria importante esclarecer os quatro pontos destacados abaixo.

Primeiro, existe a ideia de que o endividamento do Tesouro Nacional para capitalizar o BNDES gera lucro para o banco, que volta na forma de dividendos para o Tesouro. De 2001 a 2009, o ano de maior lucro para o BNDES foi o de 2007, quando lucrou R$ 7,3 bilhões — antes, portanto, do início dos elevados empréstimos do Tesouro. Mas nota-se pelo gráfico 4 que, apesar do crescimento das operações do banco nos anos posteriores, o lucro do banco até 2009 ainda era inferior ao valor de 2007.

Gráfico 4
Lucro do BNDES — R$ milhões — 2001-09

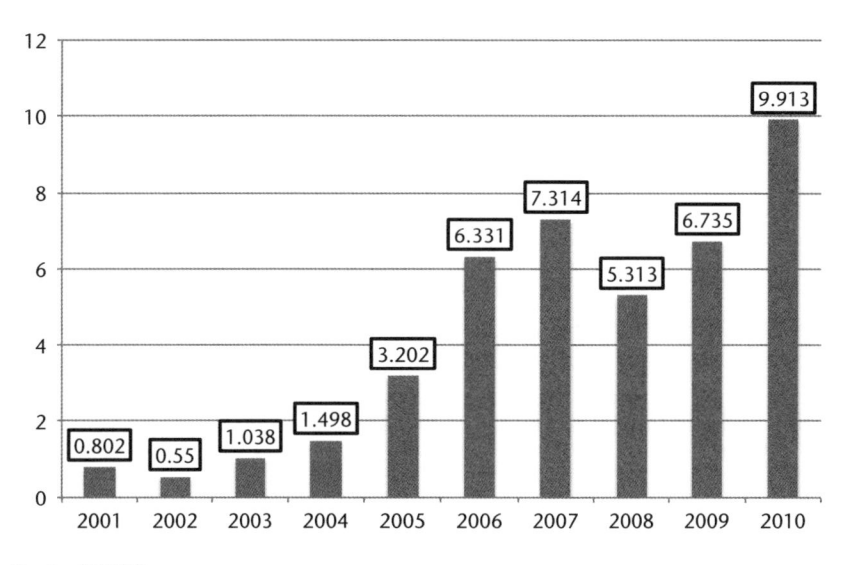

Ano	Lucro
2001	0,802
2002	0,55
2003	1.038
2004	1.498
2005	3.202
2006	6.331
2007	7.314
2008	5.313
2009	6.735
2010	9.913

Fonte: BNDES.

Ademais, apesar de parte do lucro do BNDES se transformar em dividendos para a União, não é clara a política de distribuição de dividendos desse agente. Por exemplo, não está claro porque nos últimos três anos

(2008 a 2010) cresceu tanto a distribuição de dividendos do BNDES para a União, em um momento no qual o banco precisava de novos recursos para fazer frente à expansão das operações de empréstimos (gráfico 5). Na verdade, como havia a necessidade de novos recursos, o correto seria ter diminuído, e não aumentado a distribuição de dividendos.

Gráfico 5
Dividendos recolhidos pelo BNDES à União — R$ milhões (2001-10)

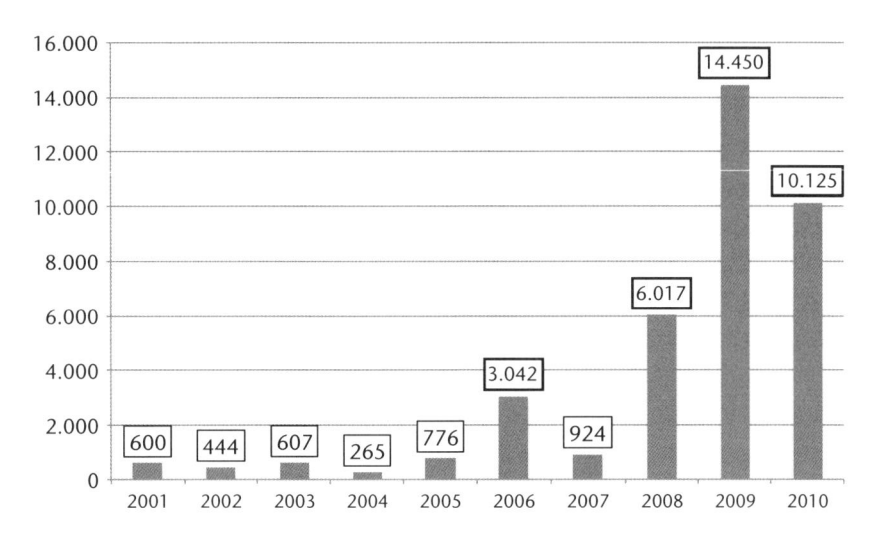

Ano	Valor
2001	600
2002	444
2003	607
2004	265
2005	776
2006	3.042
2007	924
2008	6.017
2009	14.450
2010	10.125

Fonte: Tesouro Nacional.

Do ponto de vista econômico, pouco importa se o dividendo é distribuído e retorna ao banco na forma de empréstimo ou se o dividendo não é pago, substituindo parte dos empréstimos que seriam liberados do Tesouro para o BNDES. Nas duas operações o custo de oportunidade para a União é o mesmo. No entanto, do ponto de vista da contabilidade fiscal, as duas operações são diferentes. A distribuição de dividendos gera uma receita primária nova para o Tesouro, ajudando a melhorar o superávit primário, mesmo que, simultaneamente, o Tesouro se endivide e empreste montante semelhante ao BNDES — uma operação que não tem impacto primário já que o débito (aumento da dívida do Tesouro) se compensa com o crédito (aumento do empréstimo para o BNDES) e o impacto financeiro da operação só aparece ao longo do tempo por seu efeito no crescimento da Dívida Líquida do Setor Público (DLSP).

Segundo, argumenta-se que é possível que a diferença entre TJLP e Selic desapareça ao longo do tempo e, assim, o custo fiscal dos empréstimos do Tesouro ao BNDES poderia desaparecer. Sim, é possível que haja uma convergência entre essas taxas no longo prazo, mas é também verdade que, em janeiro de 2011, a diferença de 5,25 pontos porcentuais entre essas taxas representava um custo financeiro próximo a R$ 10 bilhões ao ano. Adicionalmente, a sequência de aumentos da dívida pública bruta altera a trajetória da Selic e dificulta a convergência. Quanto mais o governo emitir títulos para esterilizar a acumulação de reservas e/ou emprestar ao BNDES, maior será a taxa de juros cobrada pelo mercado, dada a baixa poupança doméstica, e mais difícil será essa convergência.

Terceiro, tem sido cada vez mais comum que se culpe o Banco Central e as elevadas taxas de juros pelo custo fiscal das operações com o BNDES, quando na verdade o problema principal no Brasil para que se eleve a taxa de investimento e de crescimento é outro: a baixa taxa de poupança doméstica. A experiência de crescimento do Brasil nas últimas quatro décadas mostra que a poupança doméstica elevada foi importante para a manutenção dos períodos de crescimento econômico. De fato, os dados sugerem também que, quando o Brasil passa a depender de forma excessiva da poupança externa para sustentar as taxas de investimento e crescer, prenuncia-se uma crise[21] (Almeida e Silva, 2010). No início dos anos 1970, por exemplo, quando a economia brasileira vivia seu "milagre econômico", a poupança total do Brasil estava acima de 21% do PIB, e a poupança pública era expressiva (5,86% do PIB). Hoje, a poupança pública no Brasil é negativa.

Quarto, existe um grupo de analistas e empresários que defende a existência de empréstimos subsidiados do Tesouro ao BNDES porque as taxas de juros dos empréstimos na China são menores e, assim, o governo, via BNDES, tem o dever de baratear o custo do crédito para as empresas brasileiras que competem num mundo globalizado. Há muitas coisas no Brasil que são diferentes da China — como a carga tributária, que é de menos

---

[21] É fato que alguns países, como a Austrália, crescem há mais de duas décadas com o uso de poupança externa (déficit em transações correntes), mas é também verdade que esse modelo "australiano" requer, entre outras coisas, que os riscos privados não sejam assumidos pelo setor público, ou seja, que a dívida privada não se transforme em dívida pública em épocas de crise. Contudo, tanto nos anos 1970 quanto no ano passado decisões privadas erradas foram estatizadas. Nos anos 1970, o setor público assumiu o elevado endividamento privado externo e arcou com o aperto monetário internacional e, no caso mais recente, o BNDES com "empréstimos" do Tesouro Nacional socorreu empresas que tiveram problemas com derivativos cambiais.

de 20% do PIB na China e de 36% do PIB aqui, além de nosso ainda baixo investimento em infraestrutura.

De fato, existe atualmente uma corrente que acredita que os problemas de crescimento do Brasil podem ser resolvidos pelo fortalecimento do BNDES, sem que se discuta de quanto o banco precisa para essa hercúlea tarefa. As duas principais fontes de recursos do banco, os empréstimos do FAT e o retorno das operações de empréstimo passadas, são hoje claramente insuficientes para fazer frente ao papel crescente que o BNDES vem assumindo como o banco da PDP, o banco da infraestrutura e o financiador das operações de F&A e internacionalização de empresas. Somando-se os ingressos líquidos do FAT ao retorno das operações de empréstimo tem-se um banco com capacidade de desembolsos anuais não muito superiores a R$ 90 bilhões, cifra bastante aquém do que o BNDES emprestou em 2008 (R$ 92,2 bilhões), em 2009 (R$ 137,4 bilhões) e em 2010 (R$ 168,4 bilhões).

É legítimo que o governo queira fazer política industrial e influenciar de forma mais direta o aumento da taxa de investimento em alguns setores. No entanto, dado que a economia brasileira ainda tem uma taxa de poupança baixa, e que os recursos do BNDES são limitados, já seria o momento de se definir o que se espera do BNDES. Deve ele ser um banco voltado principalmente para o financiamento de projetos de infraestrutura? E de que tipo de projetos? Qualquer projeto? Ou, de preferência, aqueles em que o retorno social seja maior do que o privado? Que volume de recursos o banco deverá pôr à disposição para financiar as exportações e os investimentos de longo prazo? O BNDES deve financiar a internacionalização de empresas? Que tipo de empresas, em que condições, e qual o volume de recursos alocados para essa finalidade? O BNDES deve financiar operações de fusões e aquisições? Caso positivo, em que setores e por quê?

Adicionalmente, como não há limite para o crescimento da dívida bruta do governo federal, não houve até o momento uma preocupação do governo em definir uma nova fonte permanente de recursos para financiar as políticas setoriais e aumentar o investimento público. No Brasil, é muito mais fácil expandir a dívida pública em R$ 200 bilhões para financiar novos programas setoriais do que aumentar os gastos anuais com educação em R$ 0,5 bilhão, já que neste caso a Lei de Responsabilidade Fiscal (Lei Complementar nº 101) exige a definição de uma fonte permanente de recursos e, no caso de novas emissões de dívida para que se faça política setorial via crédito subsidiado, não há essa exigência. Como não há uma explicitação dos custos das políticas setoriais, não se discute o uso alternativo desses recursos e, assim, o fomento setorial ainda toma uma importância maior do que o crescimento dos investimentos em educação, saúde e inovação, por exemplo.

O que os "supostos críticos" do BNDES querem é que as perguntas levantadas ao longo deste capítulo sejam respondidas. A sociedade pode até decidir que é necessário aumentar alguns impostos ou criar um novo para aumentar a capacidade de empréstimo do banco. O atual presidente do BNDES talvez entenda o dilema envolvido na expansão do BNDES e no financiamento de longo prazo no Brasil e por isso tenha defendido a necessidade de aumentar a poupança pública.[22]

A recente atuação do BNDES de fato resulta em aumento da dívida pública para aumentar o investimento público e privado — algo que já se fez no Brasil na segunda metade dos anos 1970, com resultados não totalmente favoráveis, como se recorda pelo histórico dos anos de crise que se seguiram. Infelizmente, ao contrário do senso comum, o financiamento de longo prazo não pode ser criado por bancos públicos antes que se defina a fonte de recursos para a expansão desses bancos. Esta deveria vir, preferencialmente, de um aumento da poupança pública pela redução do gasto público, ao invés de pelo crescimento de uma carga tributária já excessivamente elevada. Este debate é um dos grandes desafios para a sociedade brasileira nos próximos anos.

Referências

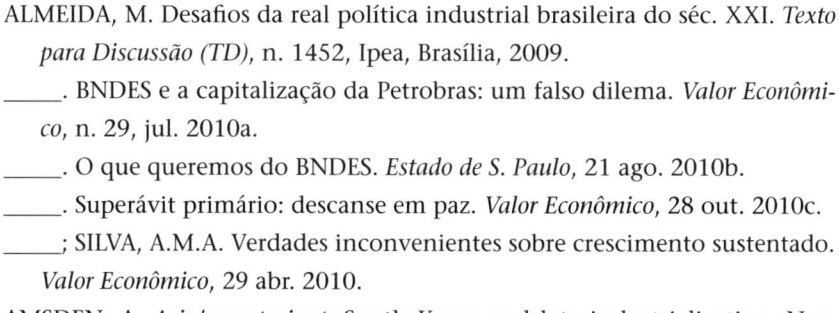

ALMEIDA, M. Desafios da real política industrial brasileira do séc. XXI. *Texto para Discussão (TD)*, n. 1452, Ipea, Brasília, 2009.

_____. BNDES e a capitalização da Petrobras: um falso dilema. *Valor Econômico*, n. 29, jul. 2010a.

_____. O que queremos do BNDES. *Estado de S. Paulo*, 21 ago. 2010b.

_____. Superávit primário: descanse em paz. *Valor Econômico*, 28 out. 2010c.

_____; SILVA, A.M.A. Verdades inconvenientes sobre crescimento sustentado. *Valor Econômico*, 29 abr. 2010.

AMSDEN, A. *Asia's next giant*: South Korea and late industrialization. New York: Oxford University Press, 1989.

---

[22] Ver entrevista do dr. Luciano Coutinho ao jornal *O Estado de S. Paulo*, 25 out. 2009.

_____. *The rise of the rest*: challenges to the west from late-industrializing economies. New York: Oxford University Press, 2001.

BARBOSA FILHO, F.H.B.; PESSÔA, S. Retorno da educação no Brasil. *Pesquisa e Planejamento Econômico (PPE)*, v. 38, n. 1, p. 97-126, 2008.

CAMPOS, R. *A lanterna na popa*: memórias 1. Rio de Janeiro: Topbooks, 1994.

GERSCHENKRON, A. *Economic backwardness in historical perspective*. Cambridge, Mass.: Harvard University, 1962.

GIAMBIAGI, F. et al. O financiamento de longo-prazo e o futuro do BNDES. In: _____; BARROS, O. (Ed.). *Brasil pós-crise*. Rio de Janeiro: Elsevier/Campus, 2009. p. 267-288.

_____; RIECHE, F.; AMORIM, M. As finanças do BNDES: evolução recente e tendências. *Revista do BNDES*, v. 16, n. 31, p. 3-40, jun. 2009.

LETHBRIDGE, T.; JULIBONI, M. A incrível aventura global do Friboi. *Revista Exame*, n. 953, 7 out. 2009.

PEREIRA, T.R.; SIMÕES, A.N. O papel do BNDES na alocação de recursos: avaliação do custo fiscal do empréstimo de R$ 100 bilhões concedido pela União em 2009. *Revista do BNDES*, n. 33, p. 5-54, jun. 2010.

PROCHNIK, M.; MACHADO, V. (2008). Fontes de recursos do BNDES. *Revista do BNDES*, v. 14, n. 29, p. 3-34, 2008.

ROMERO, C. Coutinho sugere consolidação do setor siderúrgico. *Valor Econômico*, 22 set. 2009.

Anexo I
Entrada e saída de recursos do FAT no BNDES — R$ milhões

	2001	2002	2003	2004	2005	2006	2007	2008	2009
Entrada recursos FAT	5.487	7.798	7.924	10.025	14.143	13.745	10.906	11.755	10.127
FAT Constitucional	3.692	4.198	5.364	6.893	6.823	7.644	7.739	10.055	9.626
FAT Dep. Especiais	1.795	3.600	2.560	3.132	7.320	6.101	3.167	1.700	501
Saída recursos FAT	3.222	3.605	5.926	4.685	5.992	7.077	8.784	8.576	9.454
FAT Constitucional	2.012	2.309	2.435	2.834	3.196	3.625	3.962	4.466	5.108
FAT Dep. Especiais	1.210	1.296	3.491	1.851	2.796	3.452	4.822	4.110	4.346
Resultado líquido	2.265	4.193	1.998	5.340	8.151	6.668	2.122	3.179	673
FAT Constitucional	1.680	1.889	2.929	4.059	3.627	4.019	3.777	5.589	4.518
FAT Dep. Especiais	585	2.304	-931	1.281	4.524	2.649	-1.655	-2.410	-3.845

Fonte: BNDES.

Anexo II
Fluxo de recursos do BNDES — R$ milhões

	2006	2007	2008
A — Saldo inicial	7.382	6.264	4.544
B — Entradas	80.751	84.578	146.551
Retorno	47.124	53.377	55.344
FAT Constitucional + Depósitos Especiais	13.745	10.906	11.755
FAT Constitucional	*7.644*	*7.739*	*10.055*
FAT Depósitos Especiais	*6.101*	*3.167*	*1.700*
FND	1.248	745	635
Captação externa: organismos internacionais	1.805	1.606	934
Captação externa: bônus e empréstimos	0	0	1.614
Captação interna: mercado	539	1.347	0
Carteira de renda variável	4.786	9.296	7.073
Venda de ações			*4.442*
Dividendos e juros sobre ações			*1.788*
Outros			*843*
Carteira de renda fixa	3.721	3.847	10.231
Títulos públicos			*8.914*
Debêntures (resgate e juros)			*1.317*
Captação curto prazo (CDB, CDI e compromissadas)	0	0	15.340
Rolagem de operações compromissadas	0	0	7.107
FGTS	0	0	13.000
Captação Tesouro Nacional, receitas financeiras e outras	7.783	3.454	23.518
Captação Tesouro Nacional			*22.500*
Receita de aplicações financeiras			*705*
Outras entradas			*313*
C — Saídas	29.837	22.250	52.420
Serviço dívida: FAT Constitucional+Depósit. Especiais	7.077	8.784	8.576
FAT Constitucional	3.625	3.962	4.466
Depósitos Especiais	3.452	4.822	4.110
Serviço da dívida: PIS-Pasep	1.217	1.260	1.410

(continua)

(continuação)

Serviço da dívida: outros	10.335	7.771	7.641
Serviço da dívida: FND			*2.056*
Serviço da dívida: Tesouro Nacional			*1.961*
Serviço da dívida: demais dívidas internas			*911*
Serviço da dívida externa: organismos internacionais			*849*
Serviço da dívida externa: bônus e empréstimos			*1.864*
Aquisição de títulos	0	0	16.000
Liquidação de operações compromissadas	0	0	8.207
Dividendos pagos à União	1.762	924	6.017
Despesas tributárias, administrativas e outras saídas	9.446	3.511	4.569
D — Desembolsos (exclui recursos vinculados)	**52.032**	**64.048**	**90.214**
E — Programas governamentais			
F — Saldo final (A+B-C-D-E)	**6.264**	**4.544**	**8.461**

Fonte: Giambiagi, Rieche e Amorim (2009).

Obs.: Os desembolsos excluem recursos vinculados.

CAPÍTULO 8

Aspectos institucionais: regulação e competitividade – telecomunicações, petróleo e energia elétrica

Mauricio Canêdo-Pinheiro
Joísa Campanher Dutra
Adriana Hernandez-Perez*

1. Introdução

A regulação adequada de indústrias de infraestrutura se relaciona por pelo menos dois canais com o conceito de competitividade, tal como definido no capítulo introdutório deste volume. A primeira, mais óbvia, diz respeito ao impacto do estoque de infraestrutura sobre a produtividade da economia, pela elevação da produtividade dos demais fatores de produção. Nesse sentido, a título de ilustração, o World Economic Forum publica anualmente *Global Competitiveness Index – GCI*, índice que avalia a evolução da competitividade de 139 países.[1] O *GCI* é estruturado com base na compilação de fatores que constituem 12 pilares. Não por acaso, o estoque e/ou qualidade da infraestrutura (transporte, energia e comunicações) é um desses pilares, e é apontado como especialmente importante — o que significa receber um peso maior no índice — em economias em estágio inicial de desenvolvimento.[2]

O outro canal se refere aos preços dos insumos em comparação aos demais países. O Brasil tem sérios problemas de disponibilidade de infraestrutura adequada, principalmente no que se refere ao transporte (portos, aeroportos e estradas). No entanto, em outros setores aparentemente o problema maior não se refere à disponibilidade, mas ao preço da infraestrutura. Em resumo, o mesmo nível de oferta de determinado tipo de infraestrutura — incluindo a qualidade da mesma

---

* Os autores são respectivamente: do Ibre/FGV, da EPGE/FGV e do Itaú Unibanco.

[1] Aliás, o Brasil não tem apresentado melhoria sensível em sua competitividade, de acordo com o *GCI*.

[2] Para mais detalhes sobre a metodologia ver Wef (2010).

— pode ser atingido a diferentes custos, dependendo de como o setor é regulado.

Nesse particular, embora seja um desafio aumentar a disseminação de alguns serviços nos setores de energia elétrica e comunicações, o problema mais grave parece ser o preço dos serviços. Este diagnóstico é confirmado quando se observa que a posição relativa do Brasil nesses setores no âmbito do *GCI* é bem superior à dos setores ligados ao transporte.

A evolução recente das indústrias de eletricidade e de comunicações tem como característica marcante uma mudança na orientação dos objetivos da regulação e da própria política. Observa-se uma reorientação de uma abordagem marcada por aspectos de eficiência para uma abordagem de ênfase mais distributivista. O aumento na participação de encargos setoriais e o desenvolvimento do Programa Luz Para Todos são exemplos dessa mudança. Teve lugar um aumento expressivo no conjunto e na participação dos encargos setoriais, veículos da política pública. Como resultado, houve expressiva elevação das tarifas de energia elétrica. Movimentos semelhantes podem ser identificados nas comunicações e em outros setores.

Esse forte viés distributivo — que, em último caso, tende a ser resultado do "contrato social" vigente no Brasil — pode ter motivado elevados requisitos de universalização tanto em termos de quantidade (extensão das redes e tarifas sociais), como qualidade, em prejuízo da competitividade dos segmentos produtivos que têm na energia elétrica e nas comunicações um importante insumo. Este capítulo tem como objetivo abordar esta questão, avaliando em que medida a disseminação desses serviços pode ser alcançada do modo mais eficiente, ou seja, a menores custos, penalizando menos o país em termos de sua competitividade.

Aliás, a metodologia do *GCI* classifica o Brasil como um país em estágio intermediário de desenvolvimento, no qual fatores relacionados à eficiência da economia passam a ter papel mais relevante no desenvolvimento e, portanto, maior peso no índice. Em outras palavras, dado o estágio de desenvolvimento brasileiro, a questão da eficiência tende a ser tornar cada vez mais importante na agenda de política econômica. Nesse sentido, não é por acaso que muitos dos componentes associados à eficiência incluídos no referido índice serão objeto de discussão nesse capítulo (tributação e competição, por exemplo).

Assim, além dessa seção introdutória, este capítulo conta com quatro seções. A seção 0 aborda o setor de comunicações, em particular no que diz respeito a telefonia fixa e móvel e a serviços de banda larga. A seção 0 trata do setor de energia elétrica (geração, transmissão e distribuição). Por sua vez, a seção 0 diz respeito ao setor petróleo, em particular à atividade de exploração e produção, alvo de importante mudança no marco regulatório por conta das recentes descobertas do pré-sal. Embora não seja exatamente um setor de infraestrutura, é regulado e levanta questões similares às dos demais setores analisados.[3] Uma breve seção conclui o texto com considerações finais.

2. Comunicações

2.1 Telefonia móvel no Brasil: sucesso?

No Brasil, as telecomunicações são provavelmente o setor no qual as reformas liberalizantes da década de 1990 foram mais profundas e bem-sucedidas. O segmento de telefonia móvel é emblemático: todas as empresas relevantes são privadas, a competição foi estabelecida, o acesso aos serviços aumentou significativamente e os investimentos se mantiveram elevados. Não é exagero afirmar que no Brasil a massificação das telecomunicações é, em grande medida, resultado da expansão dos serviços móveis, em especial na modalidade pré-paga.[4]

Figura 1
Disseminação da telefonia — comparações internacionais

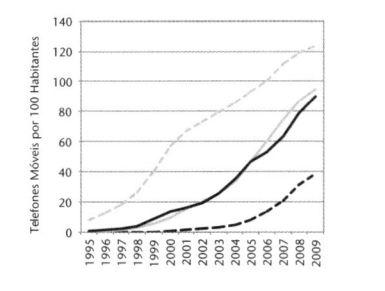

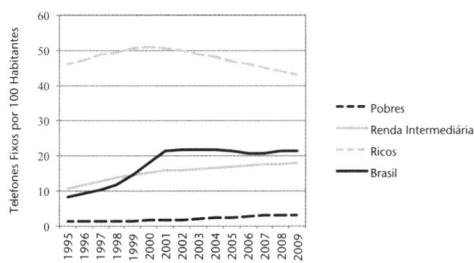

Fonte: ITU (2010b).

---

[3] As seções não apresentam descrições exaustivas do marco regulatório de cada setor; somente o suficiente para abordar as questões de interesse deste capítulo.

[4] Em 2009, de acordo com dados da PNAD, 84,3% dos domicílios possuíam telefone: 41,2% somente celular, 5,8% somente telefone fixo e 37,3% ambos. Para os domicílios de renda mais baixa, a prevalência do serviço móvel é ainda mais acentuada.

No entanto, há duas constatações que podem contrariar o diagnóstico de sucesso na disseminação da telefonia móvel no Brasil. A primeira diz respeito à densidade de telefones móveis e ao uso desses serviços: por um lado, não há como negar o aumento vertiginoso do acesso; por outro, este aumento tem ocorrido na maioria dos países e a comparação com os de renda e características similares às brasileiras indica que a densidade de telefones móveis é relativamente inferior no Brasil (figura 1).[5] O mesmo pode ser dito com relação ao uso do serviço (Merrill Lynch, 2010).

A segunda constatação, que provavelmente está relacionada com a primeira, se refere aos preços dos serviços. Em diversas comparações internacionais, com diferentes metodologias, o Brasil sempre aparece entre os países cujos serviços móveis são mais caros (Barrantes e Galperin, 2008; e ITU, 2010a).

Deste ponto de vista, o sucesso da telefonia móvel no Brasil deve ao menos ser qualificado. Além disso, essas constatações explicitam uma contradição. Se a observação dos índices de concentração indica que há concorrência (figura 2), o que explicaria o acesso e o uso relativamente baixos e os preços elevados?

Figura 2
Concentração de mercado e lucratividade na telefonia móvel

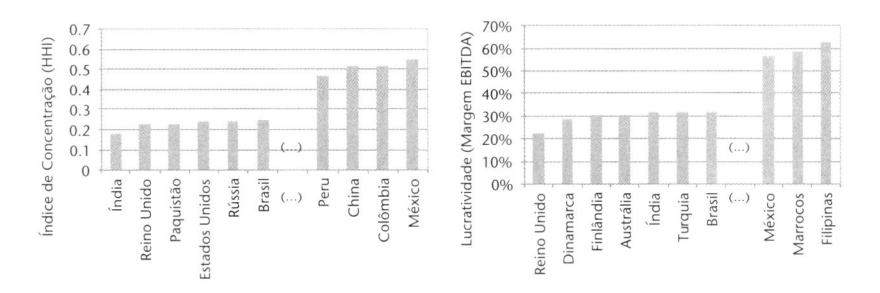

Fonte: Merrill Lynch (2010).

Notas: Índice de concentração de Herfindahl-Hirschman (HHI) calculado como a soma dos quadrados das participações de mercado (quanto mais perto de zero menos concentrado é o mercado). Lucratividade calculada como a razão entre o EBITDA — equivalente ao lucro operacional — e a receita líquida. Valores extraídos de uma amostra de 50 países.

---

[5] A comparação também foi feita com relação à densidade esperada para um país com as características socioeconômicas e demográficas do Brasil, tal como em Canêdo-Pinheiro (2010) para banda larga, e o resultado confirma que o Brasil possui menos telefones celulares do que se esperaria.

A explicação poderia estar do lado da demanda. Países menos urbanizados, com renda *per capita* menor e menos educados tendem a demandar menos serviços de telecomunicações. No entanto, conforme já salientado, as evidências indicam que, mesmo levando em conta esses fatores, a densidade de telefones móveis no Brasil é inferior ao que se esperaria. Aparentemente não se trata de um fenômeno de demanda.

Do lado da oferta, a despeito da baixa concentração de mercado, as empresas — tácita ou explicitamente — podem estar agindo de forma coordenada para aumentar os preços. Entretanto, a lucratividade das empresas de telefonia móvel brasileiras está entre as mais baixas do mundo (Figura 2), tornando esta explicação pouco plausível. Esta conclusão é reforçada quando se leva em consideração que no Brasil (mas não em diversos países em desenvolvimento) é mandatória a portabilidade numérica, medida que reduz o custo em se trocar de operadora — e, portanto, o poder de mercado dessas empresas e o preço dos serviços ofertados por elas.[6]

Assim, somente restaria investigar os custos incorridos na prestação dos serviços móveis no Brasil. Seriam eles mais altos do que em outros países? Nesse particular, o primeiro aspecto que chama atenção é a carga tributária que incide sobre os serviços de telecomunicações. Tipicamente, a alíquota nominal incidente sobre serviços de telecomunicações é de 30,15%, o que significa uma alíquota efetiva de 43,16% sobre a receita líquida.[7] No caso específico da telefonia móvel, além dos impostos indiretos, ainda incidem sobre cada aparelho celular ativo taxas relativas ao Fundo de Fiscalização das Telecomunicações (Fistel): R$ 26,83 quando da ativação e R$ 13,42 pagos anualmente.

Trata-se de uma das cargas tributárias mais altas do mundo sobre as telecomunicações (Deloitte, 2007). A título de ilustração, existe um amplo debate nos Estados Unidos sobre a necessidade e os ganhos associados à redução da tributação sobre esses serviços (Hausman, 2000; Ingraham e Sidak, 2004). Se este debate é relevante no contexto norte-americano — em que a renda e a disseminação dos serviços móveis são maiores e no qual a carga tributária é significativamente menor com relação ao Brasil

---

[6] Para evidências a este respeito, ver Maicas, Polo e Sese (2009); Lyons (2010).

[7] A alíquota nominal (τ) é a que incide sobre a receita bruta, a alíquota efetiva é a que incide sobre a receita líquida, sendo definida por $\tau/(1-\tau)$. Os 30,15% são obtidos pela soma das alíquotas da Cofins (3%), PIS/Pasep (0,65%), ICMS (25%), Fundo de Universalização dos Serviços de Telecomunicações (Fust) (1%) e Fundo para o Desenvolvimento Tecnológico das Telecomunicações (Funttel) (0,5%). No entanto, a alíquota nominal do ICMS pode chegar a 35% da receita bruta, como em Rondônia (o que somados os outros tributos equivaleria à alíquota efetiva de 67,08% sobre a receita líquida).

—, certamente também é importante no contexto brasileiro. Nesse sentido, estimativas preliminares indicam que a redução da carga tributária sobre os serviços móveis em nível da que prevalece nos Estados Unidos geraria um aumento de bem-estar de aproximadamente R$ 1,6 bilhão por ano (FGV, 2007).[8] Este valor se refere ao ano de 2006 e provavelmente é superior para anos mais recentes.

Ainda com relação aos custos, a prestação de serviços móveis depende criticamente da disponibilidade de frequências, um recurso escasso. Nesse sentido, quanto menor a disponibilidade, maior o custo. Há evidências de que os países da América Latina, em particular o Brasil, obteriam redução no preço dos serviços se aumentassem a oferta de frequências, bem como adotassem mecanismos mais flexíveis de alocação das mesmas (Hazlett e Muñoz, 2009).

Outra possível explicação pelo alto preço dos serviços móveis poderia ser o modelo de remuneração das redes das operadoras de telefonia móvel (incluindo o valor das tarifas). Atualmente no Brasil — e na maioria dos países — o regime de remuneração é do tipo Calling Party Pays (CPP), ou seja, quem paga pelo uso da rede é a operadora associada a quem faz a chamada. Nos Estados Unidos e em alguns países da Ásia, o regime é do tipo Receiving Party Pays (RPP), no qual a empresa associada ao consumidor que recebe a chamada paga (em parte) pelo uso da rede. Evidências teóricas e empíricas indicam que o RPP gera redução no preço do serviço. No entanto, esta discussão foge do escopo desse capítulo. Ademais, na medida em que a maioria dos países também adota o CPP é, portanto, pouco provável que seja esta a principal causa da diferença entre o preço no Brasil e no restante do mundo.[9]

2.2 A experiência brasileira com telefonia fixa

Se a telefonia móvel é usualmente apontada como sucesso do ponto de vista da regulação dos serviços de comunicação no Brasil, o mesmo não costuma ocorrer com a telefonia fixa. Inspirando-se na experiência norte-americana, o Brasil foi dividido em três regiões, concedidas para concessio-

---

[8] Ressalte-se que esse ganho de bem-estar se refere à soma dos ganhos de consumidores, empresas e governo. Nesse sentido, não inclui os efeitos meramente distributivos, em que o ganho de bem-estar de um agente é simplesmente a perda de bem-estar de outro.

[9] Mais detalhes sobre este tema, ver Valletti e Houpis (2005) e Littlechild (2006).

nárias locais distintas constituídas pela privatização das antigas empresas estaduais (Oi, Brasil Telecom e Telefonica).[10] Também foi privatizada a Embratel, constituída como uma empresa prestadora de serviços de longa distância. Também foi prevista a presença das chamadas "empresas-espelho", que competiriam com as concessionárias locais.[11] Entretanto, na maioria das regiões a empresa concessionária ainda possui participação de mercado expressiva no serviço local e os preços dos serviços também se mostram relativamente altos quando comparados com outros países.[12]

Apesar disso, ao contrário dos serviços móveis, o Brasil possui densidade de telefones fixos superior aos países com renda intermediária, embora em queda (figura 51).[13] Esse sucesso relativo pode ser em parte atribuído a uma política agressiva de universalização, na qual mesmo em pequenas localidades o acesso fixo individual deve estar disponível em, no máximo, uma semana.[14] Nesse sentido, se a disseminação dos telefones fixos não é maior no Brasil, certamente não se trata de um problema de ausência de infraestrutura. Na verdade, em boa parte das localidades objeto da política de universalização a demanda por acesso individual é muito pequena (muitas vezes nula) (Schymura e Canêdo-Pinheiro, 2006). Em outras palavras, fica claro que o sucesso da política de disseminação dos serviços de comunicação vai bastante além da mera construção de infraestrutura.

Como nos serviços móveis, este panorama remete à discussão sobre os preços dos serviços fixos. Nesse caso, a redução dos impostos certamente cumpre papel importante na redução dos preços (principalmente da assinatura mensal, maior barreira para a adoção do serviço), mas também a introdução de competição, principalmente a partir de infraestruturas alternativas (empresas de TV a cabo, por exemplo).[15] Este tema será retomado mais adiante na discussão sobre banda larga.

---

[10] Recentemente houve uma fusão entre a Oi e a Brasil Telecom.
[11] Mais detalhes, ver Mattos e Coutinho (2005).
[12] Segundo a Agência Nacional de Telecomunicações (Anatel), as concessionárias detinham 80,4% dos acessos fixos locais no final de 2009. Nos serviços de longa distância a participação é mais equilibrada entre as concessionárias locais, a Embratel e mesmo empresas de serviços móveis.
[13] A queda nos acessos fixos no Brasil (e em outros países) certamente também tem relação com a disseminação dos serviços móveis, em particular na modalidade pré-paga, que tende a comprometer uma parcela menor da renda das famílias. Para uma resenha da literatura que trata da substituição entre os dois serviços, ver Vogelsang (2010).
[14] Atualmente essa regra vale para localidades com mais de 300 habitantes.
[15] No entanto, as evidências apontam que, na média, reduções na assinatura mensal tendem a ter pequeno impacto na demanda por acessos fixos (Canêdo-Pinheiro e Lima, 2007), embora nas regiões rurais este efeito tenda a ser mais significativo (Canêdo-Pinheiro, 2010).

2.3 Banda larga: a próxima fronteira de expansão

Diversas iniciativas do governo, que culminaram com o lançamento do Plano Nacional de Banda Larga (PNBL), indicam que, em termos de comunicações, uma das prioridades nos próximos anos será a massificação dos serviços de banda larga.[16]

A maior novidade do PNBL é a reativação da Telebrás, empresa estatal que terá como uma de suas atribuições o provimento de oferta de infraestrutura de telecomunicações. A princípio trata-se de oferta de capacidade de rede no atacado para empresas interessadas em prestar o serviço ao usuário final, embora não seja descartada a entrada no varejo em casos excepcionais em que não houver oferta adequada.

Não se pretende aqui fazer uma análise minuciosa do PNBL, mesmo porque de fato poucas medidas foram colocadas em prática. Tendo como pano de fundo a questão da competitividade, o objetivo é, a partir da experiência brasileira com telefonia móvel e fixa e da literatura sobre o tema, apontar em linhas gerais que medidas têm maior chance de obter sucesso no que diz respeito à massificação da banda larga.

As ações do PNBL são fixadas pelo Comitê Gestor do Programa de Inclusão Digital (CGPID).[17] Nesse sentido, a página do CGPID na internet apresenta as ações do PNBL, algumas delas em curso mesmo antes do anúncio oficial do programa ou já previstas no Plano Geral de Atualização da Regulamentação das Telecomunicações no Brasil (PGR) da Anatel.[18] É a partir dessas ações que o PNBL será analisado.

Custos

Do ponto de vista dos custos para a oferta do serviço é possível tirar algumas lições da experiência brasileira com telefonia fixa e móvel e da literatura sobre o tema. Assim como no caso das telecomunicações, a carga tributária sobre os serviços de banda larga é pesada. Dado que se trata de serviço cuja elasticidade-preço é alta (Flamm e Chaudhuri, 2007; Cardo-

---

[16] O PNBL foi instituído pelo Decreto nº 7.175/2010.

[17] O CGPID foi instituído pelo Decreto nº 6.948/2009 e conta com diversos ministérios e secretarias de âmbito federal, sendo presidido pela Casa Civil.

[18] O PGR foi instituído pela Resolução nº 516/2008 da Anatel.

na et al., 2009), espera-se que o impacto da desoneração tributária desses serviços seja significativo.

Nesse particular, existem iniciativas em curso em alguns estados, mas restritas a determinados planos populares. Este tipo de iniciativa tende a beneficiar somente os consumidores mais pobres em regiões que já possuem infraestrutura. Uma desoneração mais abrangente tenderia a tornar economicamente viáveis regiões em que atualmente não há infraestrutura de rede disponível, atraindo investimentos das empresas do setor e tornando desnecessárias políticas de universalização voltadas para a construção de redes.

Ainda com relação aos impostos, seria desejável que a tributação sobre os equipamentos fosse reduzida, tanto no que diz respeito aos equipamentos usados pelos consumidores finais (computadores, *modems* e telefones celulares capazes de acessar a internet) quanto com relação aos equipamentos necessários para a construção das redes por parte das empresas.

Nesse sentido, existe uma política deliberada de desenvolvimento da indústria brasileira de equipamentos associada ao PNBL. Embora a estratégia adotada ainda não esteja muito clara, há indícios de que haverá algum tipo de preferência por equipamentos nacionais por parte da Telebrás, nos moldes definidos pelo Decreto nº 7.174/2010.[19] Se for este o caso, há enorme risco de que os custos de construção dessas redes sejam onerados. Nesse sentido, fica claro que o modo como se pretende atingir o objetivo de desenvolver a indústria nacional de equipamentos atrapalha o objetivo de massificar a banda larga.

Competição

Fica evidente da experiência brasileira em telefonia e da literatura sobre o tema que a competição é um dos principais motores da expansão do acesso e do uso dos serviços de comunicação. Nesse sentido, a competição pode assumir duas formas: com e sem infraestrutura própria.

A esse respeito, a literatura aponta que, por um lado, a competição entre infraestruturas tem efeito significativo (e positivo) sobre investimen-

---

[19] Este decreto regulamenta a possibilidade de preferência a produtos e serviços nacionais em licitações públicas até o limite de 25% de sobrepreço. Na mesma linha, na fusão entre Oi e Brasil Telecom a Anatel impôs alguns condicionantes quanto à compra de equipamentos no Brasil.

tos, produtividade e disseminação dos serviços de comunicação. Trata-se de evidência válida tanto para serviços de voz (Ros, 1999; Wallsten, 2001; Gutiérrez, 2003; Fink, Mattoo e Rathindran, 2003; Li e Xu, 2004), quanto para serviços de dados (Cava-Ferreruela e Alabau-Muñoz, 2006).

Por outro lado, o efeito positivo da competição de empresas que não detêm infraestrutura própria é bem menos documentado. Este tipo de competição se dá basicamente pelo acesso de concorrentes às redes das empresas dominantes. Este acesso usualmente é garantido em bases competitivas por conta de dois tipos de política: (i) separação vertical (ou desverticalização); (ii) desagregação de elementos de rede.

A separação vertical tem como objetivo reduzir os incentivos para discriminação de rivais não integrados que, para prestar seus serviços, precisam ter acesso à rede das empresas dominantes verticalmente integradas. Podem ser vislumbrados oito níveis de separação (listados em ordem crescente de intervenção): (i) separação contábil; (ii) criação de divisões distintas; (iii) separação virtual; (iv) separação de negócios; (v) separação de negócios com incentivos localizados para os executivos; (vi) separação de negócios com estrutura de governança independente; (vii) separação legal sob o mesmo controle; (viii) separação legal com diferentes controladores (Cave, 2006).[20]

Por sua vez, a desagregação de elementos de rede (*unbundling*) implica que, ao mesmo tempo, a empresa dominante deve: (i) negociar elementos específicos de sua rede (ou combinações destes) com as entrantes; (ii) não vender estes elementos em um pacote fechado, a não ser que seja o desejo das entrantes (Mattos, 2006). O propósito desse tipo de política é evitar que a incumbente aumente deliberadamente os custos dos rivais por meio da inclusão de elementos dispensáveis da rede nas transações com as entrantes.[21]

---

[20] É importante destacar que também existem custos associados à separação vertical, os quais devem ser confrontados com os potenciais benefícios quando do desenho da política regulatória. Resumidamente, esses custos se referem a: (i) perdas na coordenação entre investimento em infraestrutura e prestação de serviços; (ii) perdas de economias de escala e escopo; (iii) divisão de ativos indivisíveis; (iv) colocação em prática da política por parte do regulador (Crandall e Sidak, 2002). A estes custos somam-se os custos tributários no caso de separações que impliquem a criação de empresas distintas (que no Brasil tendem a ser grandes). Desse modo, mostra-se necessária uma análise custo-benefício antes de se colocar em prática qualquer tipo de separação. Ademais, não está claro se os resultados obtidos nas experiências mais conhecidas de separação em telecomunicações — Estados Unidos, Itália e Reino Unido — poderiam ser obtidos com intervenções menos drásticas na estrutura organizacional das empresas (Amendola, Castelli e Serdengecti, 2007; Jamison e Sichter, 2010).

[21] Resumidamente, o *unbundling* pode assumir várias formas, desde o Unbundled Network Element — Plataform (UNE-P), no qual a entrante requisita, separadamente, os elementos de rede que necessita, até a revenda, em que o entrante revende todos os serviços da empresa dominante, incluindo voz e banda larga (ou seja, a incumbente controla completamente a

Nesse sentido, conforme salientado anteriormente, as evidências de que a competição sem a construção de infraestrutura própria tem efeitos significativos são bastante escassas (Garcia-Murillo, 2005; Lee e Brown, 2008). Na verdade, vários autores argumentam que a desagregação de rede desestimula o investimento e a infraestrutura (ver, por exemplo, Pindyck, 2007), tese confirmada por vasta evidência empírica (Ingraham e Sidak, 2003; Hausman e Sidak, 2005; Wallsten, 2006; Boyle, Howell e Zhang, 2008; Wallsten e Hausladen, 2009) ou que o efeito da competição com o uso de infraestrutura alheia é inferior ao obtido pela construção de infraestrutura alternativa (Distaso, Lupi e Manenti, 2006). Desse modo, a literatura teórica e empírica sobre o efeito do *unbundling* no investimento em infraestrutura de banda larga é no mínimo inconclusiva (Cambini e Jiang, 2009). Assim, dado o suporte teórico e empírico do efeito da competição pela construção de infraestrutura, seria mais prudente, em termos de política pública, apostar mais nessa solução. Esta prescrição se mostra ainda mais importante na medida em que o PNBL prevê várias medidas para regulamentar o acesso às redes das empresas dominantes, mas pouco apresenta no que se refere à competição entre redes.

Nesse particular, há evidência de que a competição vigorosa das empresas de TV a cabo é primordial para a disseminação da banda larga (Cardona et al., 2009). A este respeito, a Anatel recentemente indicou que vai tornar mais flexível a concessão de autorizações para empresas de TV a cabo. Desde 2002 não eram aprovadas novas licenças, embora mais de mil pedidos tivessem sido feitos. No entanto, a atividade é regulada por lei diferente das telecomunicações (Lei nº 8.977/1995 — Lei do Cabo). É urgente que diferentes tecnologias para a prestação do mesmo serviço — telefonia, banda larga e televisão — sejam reguladas do mesmo modo.[22] A título de ilustração, diferentemente das empresas de telecomunicações, as empresas de TV a cabo têm restrição quanto à participação de capital externo (49%) e até o final de 2010 as concessionárias de telefonia fixa eram

---

operação da entrante). Nesse sentido é possível ordenar as categorias de *unbundling* de acordo com a pressão competitiva que elas geram: a construção de infraestrutura própria exerceria maior pressão competitiva e a mera revenda de serviços menor pressão (Mattos, 2006). Em outras palavras, a mera revenda dos serviços ofertados pelas incumbentes locais teria pouco valor em termos de aumento de competição. Entretanto, muitos autores encaram a entrada por meio de *unbundling* ou revenda como uma etapa que precede a entrada via construção de infraestrutura, teoria que ficou conhecida como "degraus de investimento" (*ladder of investment*) (Cave, 2004).

[22] Do ponto de vista organizacional, seria desejável que a Anatel passasse a ser uma agência reguladora de comunicações e não somente de telecomunicações, como aconteceu no Reino Unido.

proibidas de ofertar serviços de TV a cabo. Além disso, dada a importância da pressão competitiva exercida pelas empresas de TV a cabo nas empresas de telefonia fixa, é fundamental que se evite que uma mesma empresa detenha na mesma região redes importantes de ambas as tecnologias, sob a pena de significativa perda de bem-estar (Pereira e Ribeiro, 2010).

Mais ainda, não se deve desprezar o papel do acesso sem fio à banda larga, principalmente em regiões com baixa densidade populacional.[23] Existem evidências de que, para velocidades mais baixas de conexão, a banda larga sem fio pode exercer pressão competitiva sobre serviços com fio. Mais uma vez, a regulação deve ser tecnologicamente neutra.

Construção de redes e políticas de massificação

A experiência brasileira com políticas de universalização tem sido muito centrada em obrigações para construção de infraestrutura. A primeira incursão nessa estratégia foi com a telefonia fixa. Embora o acesso individual fixo tenha sido levado a virtualmente todas as localidades brasileiras, a demanda não se materializou, provavelmente por conta do preço da assinatura, muito alto para o padrão de renda brasileiro. O mesmo caminho foi seguido na telefonia móvel, em que no leilão das frequências voltadas para os serviços 3G foram incluídas obrigações de cobertura de todas as sedes dos municípios. Mais recentemente algumas metas de universalização foram trocadas por investimentos em *backhaul* de modo a levar este tipo de infraestrutura a todas as sedes de municípios (Decreto nº 6.424/2008).[24] A nova revisão do Plano Geral de Metas para a Universalização do Serviço Telefônico Fixo Comutado prestado no Regime Público (PGMU) parece apontar na mesma tendência.

Ficou claro da experiência brasileira com telefonia fixa que a mera construção de redes não é suficiente para massificação dos serviços de comunicação. É necessário enfrentar o problema do ponto de vista do custo dos serviços. Nesse sentido, mesmo com competição e redução de impostos, determinados consumidores, principalmente os de renda mais baixa, não devem demandar o serviço. Se a intenção é atingir esses consumido-

---

[23] Esta parece ser a aposta australiana — que, como o Brasil, pretende construir uma rede de infraestrutura estatal com acesso aberto —, cujos planos preveem atendimento de 10% dos usuários com tecnologias sem fio. Para construir e operar a rede foi criada uma empresa estatal, a National Broadband Network Company, mas há planos de privatizá-la em alguns anos.

[24] *Backhaul* é a infraestrutura de rede de suporte do serviço telefônico fixo para conexão em banda larga, interligando as redes de acesso ao *backbone* da operadora.

res, será necessário algum tipo de programa específico, semelhante aos programas sociais já existentes no Brasil. Nesse caso, é importante avaliar tal programa em termos de custo-benefício, com metodologia estatística e dados apropriados, em linha com o que está sendo feito, por exemplo, com o programa Bolsa-Família (Hauge e Prieger, 2010).

O papel da Telebrás

Por fim, cabe discutir o papel da Telebrás. Em primeiro lugar, é impensável um programa ambicioso de disseminação da banda larga sem a participação das concessionárias e empresas de serviços móveis. Mesmo que pequenas empresas tenham acesso a preços de atacado mais baixos do que os atualmente praticados, dificilmente teriam escala para comprar equipamentos para fazer a ligação com os consumidores finais (a chamada última milha) a preços competitivos.

É importante que a Telebrás não invista justamente em áreas que seriam atendidas pelas empresas estabelecidas em caso de melhores condições em termos de tributação e sob um ambiente mais propício em termos de competição. Nesse caso, a política pública consistiria apenas no deslocamento do investimento privado pelo investimento público, deixando de cobrir áreas que, mesmo sob condições ideais, não seriam objeto de investimento privado (Jullien et al.; 2010). Nesse sentido, é preciso que a Telebrás seja isolada de objetivos políticos, que podem fazer com que sejam feitos investimentos em áreas que poderiam ser atendidas pela iniciativa privada.[25] Esta prescrição torna-se ainda mais relevante quando se considera que, por provavelmente ter também um papel de fomentar a indústria nacional de equipamentos (e também por conta de escala), a Telebrás tende a ter custos superiores aos das empresas privadas.

3. Energia elétrica

Em linhas gerais, a reestruturação do setor elétrico em todo o mundo tem sido consistente com a análise de Joskow e Schmalensee (1983). Esses autores defendem um modelo caracterizado por um mercado competitivo na ge-

---

[25] A propósito, a presença de municípios como Campinas na lista de cidades a serem atingidas pela rede da Telebrás causa apreensão.

ração, unidades de transmissão operadas por uma entidade autônoma propiciando acesso às linhas de transmissão de uma forma não discriminatória, e competição também na comercialização, através de empresas (*marketers*), ou através de contratos diretos entre os consumidores de maior porte e as empresas geradoras, que dependeriam das empresas de distribuição para "entregar" a eletricidade ao consumidor final (residencial ou comercial).

A regulação dos mercados de atacado e varejo seria reduzida ao estabelecimento de certas exigências estruturais e procedimentos operacionais, incluindo o monitoramento do sistema. No entanto, os mercados de transmissão e distribuição seriam regulados. Essas mudanças implicariam, como ocorreu na prática, a separação entre transmissão e distribuição, revertendo a integração vertical das empresas de utilidade pública.

No Brasil, a tentativa de reestruturar a indústria de eletricidade, em parte pelo caráter incompleto do processo, desembocou em uma crise acompanhada de racionamento, em 2001.[26] Na tentativa de superar a crise, foi instituída uma Comissão de Gestão da Crise de Energia Elétrica, com poderes especiais que suplantavam aqueles da Aneel e do Mercado Atacadista de Energia (MAE).

A forma adotada para enfrentar os efeitos da referida crise foi estabelecer um sistema de quotas para consumidores, a partir de dados históricos e com níveis de meta a serem alcançados, com penalidades para descumprimento e prêmios para atendimento às metas fixadas.[27] Essa experiência mereceu aplausos internacionais como um bem-sucedido exemplo do funcionamento de mecanismo de gerenciamento de demanda.

3.1 O Novo Modelo do setor elétrico no Brasil

Em 2003 começaram a ser estabelecidos os contornos do que veio a ser conhecido como o Novo Modelo do setor elétrico. Regulamentado principalmente pela Lei nº 10.848/2004 e pelo Decreto nº 5.163/2004, os pilares desse Novo Modelo são: (i) o respeito a contratos; (ii) o aprofun-

---

[26] A crise resultou de uma conjunção de fatores, que incluem uma sequência de anos de baixas afluências em um país em que a participação da geração hidrelétrica representa mais de 70% da capacidade instalada de geração de eletricidade, e de atrasos na entrada em operação de empreendimentos de geração e transmissão.

[27] Tais mecanismos de gerenciamento de demanda se mostraram bem-sucedidos, permitindo reduzir o consumo de energia em até 25% para consumidores residenciais, 15% a 20% para consumidores industriais e 10% a 25% para consumidores comerciais (Krishnaswamy e Stuggins, 2007).

damento da universalização do acesso aos serviços de energia elétrica;[28] (iii) o necessário equilíbrio entre confiabilidade do suprimento e preços e tarifas adequados, capazes de garantir o retorno compatível com o risco de investir no setor e ao mesmo tempo serem "módicos".[29]

O Novo Modelo estabeleceu dois ambientes separados para a comercialização de energia elétrica: o ambiente de contratação regulada e o ambiente de contratação livre. O primeiro se refere à comercialização de energia elétrica destinada ao atendimento aos consumidores cativos, aqueles cujo fornecimento é de responsabilidade da distribuidora de energia elétrica. Por sua vez, no ambiente livre de contratação os consumidores que têm direito de escolha, de maior porte (volume contratado superior a 500 kW para consumidores especiais e 3 mil kW para consumidores livres), devem firmar contratos capazes de respaldar suas necessidades de energia elétrica.[30] A representatividade do ambiente livre cresceu expressivamente no Novo Modelo, alcançando uma participação superior a 25% do volume total de energia comercializada.[31]

Uma das características mais marcantes do ambiente de contratação regulada é a necessidade de que distribuidores de energia elétrica assegurem a contratação das necessidades previstas para o atendimento a seus mercados com período de cinco anos de antecedência. Tal requisito deve ser satisfeito através de transações realizadas em uma sequência de leilões, que incluem contratação de energia proveniente de novos empreendimentos de geração de energia, geradoras a partir de fontes alternativas, contratação de energia de reserva, bem como de plantas já instaladas/existentes. Adicionalmente, necessidades suplementares de energia elétrica podem ser atendidas por meio de contratação em leilões de ajuste, que comercializam energia de prazo não superior a dois anos.

A figura 3 ilustra o conjunto de alternativas de contratação. À medida que se aproxima o período de suprimento, as companhias de distribuição

---

[28] O Programa Luz para Todos foi instituído por meio do Decreto nº 4.873/2003 e representou uma antecipação e aprofundamento das metas de universalização pactuadas em programa anterior (Luz no Campo). A alocação de custos também é distinta nos dois programas.

[29] Conforme disposto no art. 1º, inciso X, da Lei nº 10.848/2004.

[30] O consumidor livre é aquele que exerce a opção de adquirir energia elétrica de fornecedor distinto da concessionária local de distribuição. Por sua vez, o consumidor livre especial é o consumidor livre que contrata energia elétrica produzida a partir de fontes renováveis e cuja demanda contratada é não inferior a 500 kW.

[31] De acordo com dados da Câmara de Comercialização de Energia Elétrica (CCEE), em outubro de 2009, 24,7% da energia elétrica do Sistema Interligado Nacional (SIN) foi comercializada no mercado livre. Em 2007 essa participação havia alcançado 25,2%.

têm a possibilidade de atualizar suas estimativas de demanda, ajustando seu perfil de contratos. Um incentivo à sobrecontratação — o direito de repassar até 3% de excesso de contratos em relação à demanda — garante os incentivos à expansão da oferta.

Figura 3
Alternativas de contratação de energia elétrica no ambiente regulado

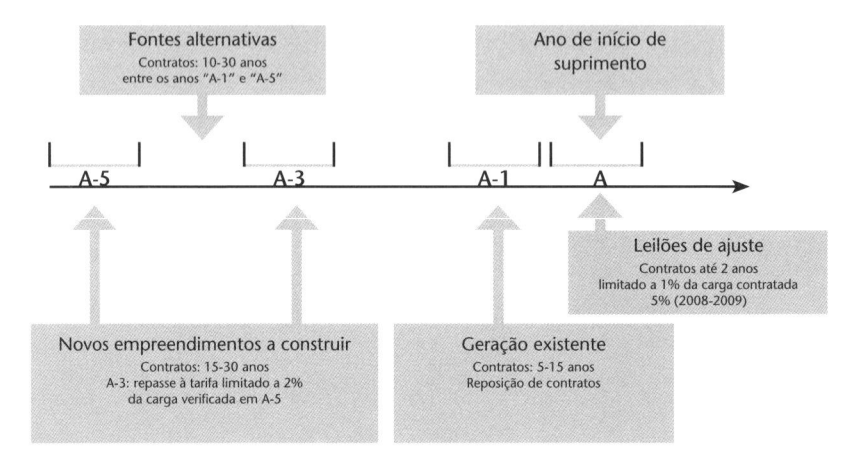

[Figura: linha do tempo com marcos A-5, A-3, A-1 e A, mostrando:
- Fontes alternativas: Contratos: 10-30 anos entre os anos "A-1" e "A-5"
- Ano de início de suprimento
- Leilões de ajuste: Contratos até 2 anos limitado a 1% da carga contratada 5% (2008-2009)
- Novos empreendimentos a construir: Contratos: 15-30 anos A-3: repasse à tarifa limitado a 2% da carga verificada em A-5
- Geração existente: Contratos: 5-15 anos Reposição de contratos]

Fonte: CCEE.

3.2 Histórico de contratação no contexto do Novo Modelo

Desde 2004 foram realizados mais de 20 leilões para a contratação de energia elétrica no ambiente regulado. Naquele primeiro ano teve lugar um grande leilão destinado a realocar contratos lastreados pela energia que seria descontratada com o fim dos chamados Contratos Iniciais. Esses contratos são característicos de processos de reestruturação acompanhada de desverticalização. As empresas, que inicialmente exerciam atividades de geração, transmissão em redes de alta tensão e distribuição, passaram por processo de separação vertical.[32] Objetivava-se manter em empresas distintas as atividades exercidas em regime de monopólio, como distribuição e transmissão de energia elétrica, e a produção, que pode ser reali-

---

[32] No caso da energia elétrica a racionalidade para a separação vertical é similar à das telecomunicações e demais indústrias de rede. Ver seção 0 deste capítulo para mais detalhes.

zada de modo competitivo.³³ Entretanto, no Brasil é facultada a operação conjunta de atividades de transmissão e geração de eletricidade.

A partir de 2005 foram conduzidos leilões destinados a garantir a expansão da oferta, os quais se caracterizam como mecanismos de alocação de contratos de prazos longos, com características de recebíveis, do tipo PPA (Purchase Power Agreements). Os vencedores, detentores de tais contratos, encontram alternativas de acesso facilitado a fontes de recursos, capazes de garantir o financiamento da expansão.

Um aspecto marcante e, de certo modo, paradoxal é que restrições ambientais nos leilões iniciais resultaram na contratação de um montante expressivo de energia elétrica a ser produzida a partir de combustíveis com altos níveis de emissões.³⁴ Tal viés de contratação foi acarretado por preocupações com relação aos impactos ambientais advindos da construção de usinas hidrelétricas.³⁵

No Novo Modelo, a participação de projetos como candidatos nos chamados leilões de energia depende da obtenção de licença prévia. Todavia, a obtenção das licenças requeridas é muito mais complexa no caso de empreendimentos hidrelétricos, relativamente a usinas termelétricas. Essa maior complexidade reflete o caráter mais abrangente do processo de licenciamento característico das usinas hidrelétricas (UHEs), relativamente a geradoras termelétricas, que são avaliadas em seus impactos locais.

Apenas em 2007 começa a ter lugar uma reversão neste quadro, com a realização do primeiro leilão de UHEs apontadas como de interesse es-

---

³³ Para referências sobre a experiência de reestruturação em indústrias de rede ver, por exemplo, Armstrong, Cowan e Vickers (1994) e Newbery (1999).

³⁴ De acordo com dados da CCEE (jan. 2011), a proporção de energia termelétrica negociada em leilões de novos empreendimentos é de 49% (11.059 MW). Conjuntamente, a participação do óleo combustível, do carvão mineral e do óleo diesel corresponde a cerca de 30% (6.811 MW) desse total.

³⁵ O Novo Modelo objetivava resolver o impasse colocado pela dificuldade de se obter as licenças requeridas para a instalação de empreendimentos de geração que teriam sido licitados antes de 2003. No regime então vigente, julgava-se que maior agilidade e eficiência seriam alcançadas caso competisse ao empreendedor envidar esforços para obter as licenças pertinentes. Ao contrário, vários anos se passariam sem que tais licenças fossem obtidas, também em face de mudanças no processo, que se tornou mais rigoroso não apenas no cenário nacional. O arranjo encontrado para viabilizar a expansão da geração no Novo Modelo envolvia licitação de usinas geradoras para as quais licenças já tivessem sido obtidas; entretanto, é possível argumentar que em muitos casos apenas se verificou deslocamento dos entraves enfrentados para o momento anterior à licitação. Ainda assim, resta o benefício de não ter atribuído ao potencial investidor um risco excessivo e de caráter alheio a aspectos sob seu controle. Entretanto, a experiência no segmento de transmissão não sofreu alterações. No segmento de transmissão de eletricidade permaneceu sob atribuição do agente responsável pela instalação do empreendimento a incumbência de obter as licenças necessárias.

tratégico. Tratava-se da contratação de eletricidade a ser produzida pela UHE Santo Antônio, no rio Madeira. Também caracterizados como estratégicos, nos anos de 2008 e 2010 foram realizados os leilões para energia proveniente das usinas hidrelétricas de Jirau (no rio Madeira) e Belo Monte, respectivamente. Considerando ainda o aproveitamento hidrelétrico de Teles Pires, os mencionados leilões são responsáveis pela contratação de 19.503 MW de capacidade instalada.[36]

3.3 Avaliação dos resultados na geração

De modo geral, pode-se afirmar que o Novo Modelo teve êxito no tocante a viabilizar a contratação de energia elétrica em montante suficiente para garantir a expansão, compatível com as necessidades do país. Uma pergunta é: em que medida essa capacidade de geração é suficiente para abrigar o crescimento esperado da economia? Ainda que existam posições divergentes, de modo geral as avaliações convergem para uma resposta favorável.[37]

No entanto, é preciso não apenas analisar a quantidade total de produção que estará disponível nos próximos anos, ainda que essa seja a visão adotada pelo World Economic Forum ao falar de competitividade. A competitividade deve ser também avaliada sob os aspectos de preços e qualidade.

A matriz energética brasileira é considerada adequada, principalmente em face da grande participação de fontes renováveis, majoritariamente provenientes de usinas hidrelétricas (maiores custos de instalação e menores custos de operação). Ademais, remanesceriam importantes alternativas de aproveitamento de potenciais hidráulicos para a geração de energia elétrica. Entretanto, o processo de licenciamento ambiental tem suscitado a expansão com base em hidrelétricas sem reservatórios de regularização (ou acumulação de água) e usinas termelétricas. Limita-se assim a capacidade de expandir o sistema em suas bases atuais.

Adicionalmente, sob o aspecto de financiabilidade, ainda que os PPAs firmados como resultado dos leilões tenham garantido uma situação favorável de adimplência setorial, canalizando recursos para a expansão da oferta, do ponto de vista econômico, o custo marginal de expansão é determina-

---

[36] Esse volume é expressivo, considerando-se que o sistema elétrico brasileiro contava com aproximadamente 105 GW de capacidade instalada em 2009.

[37] O Instituto Acende Brasil tem reportado estimativas que se contrapõem a esses argumentos.

do pela fonte marginal (necessária ao atendimento da demanda). No caso, trata-se de geração termelétrica, de maior valor. Esses e outros fatores têm acarretado expressivos aumentos nos preços e tarifas de energia elétrica, resultando em valores elevados relativamente ao cenário internacional.[38]

3.4 Avaliação dos resultados na transmissão

A opção pelo desenvolvimento de uma rede capaz de integrar as diferentes regiões do país ganhou força nos anos recentes, viabilizando a transferência de grandes blocos de energia, aspecto relevante se considerado o fato de que a carga apresenta localização esparsa e distribuída no território nacional. A própria representatividade da geração hidrelétrica em regiões distantes dos chamados centros de carga (concentração de demanda, em sentido econômico) ajuda a justificar tal decisão.

Embora diversos países tenham encontrado dificuldades de canalizar os necessários e vultosos recursos necessários para investimentos nesse segmento, os arranjos estabelecidos no âmbito do setor elétrico brasileiro têm permitido alcançar a desejada expansão da capacidade de transmissão de energia elétrica a preços adequados. Importa, contudo, destacar que o segmento de transmissão tem ganhado peso proporcionalmente a outros segmentos da cadeia. Esse movimento reflete o aumento da participação relativa das interligações e o baixo nível de carregamento (ou maior ociosidade) das redes.

O sistema de transmissão do país conta com um grande sistema interconectado, o Sistema Interligado Nacional (SIN), que consiste de linhas de transmissão em alta tensão, as quais permitem escoar a energia produzida por grandes extensões, de modo a aproveitar complementaridades entre diferentes regiões. Essas instalações resultam do planejamento do sistema, a cargo da Empresa de Pesquisa Energética.[39] A maior parte da expansão do sistema de transmissão se dá a partir de leilões, na forma de *franchise bidding* ou competição pelo mercado.[40] Através destes procedimentos competitivos,

---

[38] Ainda que haja grande potencial de aproveitamento hidrelétrico no país, com consequente redução do custo total de geração relativamente a países com matrizes mais diversificadas, a dependência de geração hidrelétrica aumenta a vulnerabilidade a choques de oferta. Para detalhes e mais referências, ver o estudo de caso sobre o Brasil em Krishnaswamy e Stuggins (2007).

[39] Empresa pública, criada através da Lei nº 10.847/2004, que tem atribuição de "prestar serviços na área de estudos e pesquisas destinadas a subsidiar o planejamento do setor energético [...]", conforme art. 2º da referida lei.

[40] Para referências, ver Demsetz (1968).

os agentes submetem lances pelo direito de construir, operar e manter (pelo período da concessão) instalações de transmissão. O mecanismo escolhido é um leilão sequencial, no qual os diversos itens são oferecidos para disputa.

Os lances submetidos representam a receita anual requerida, ou Receita Anual Permitida (RAP), a ser recebida pelos agentes para construir, operar e manter as referidas instalações de transmissão. Uma vez disponibilizadas as instalações, a operação se dá sob comando do Operador Nacional do Sistema (ONS).[41]

Um número expressivo de concorrentes tem participado de tais processos, o que garante preços em muitos casos consideravelmente inferiores aos máximos valores estabelecidos para a RAP. A própria estabilidade da regulação e a segurança do ambiente ajudam a explicar a atratividade dos investimentos que têm sido realizados nesse segmento, inclusive com diversos exemplos de início antecipado da operação comercial.

De modo geral, tais leilões são considerados bem-sucedidos. Analisando uma amostra de dados observados nos leilões de transmissão entre 2000 e 2008, Carlos e Dutra (2010) investigam a hipótese de que as expressivas reduções relativamente ao lance inicial se devem a sinergias positivas, decorrentes de economias de escala na construção e operação de instalações de transmissão localizadas proximamente. Entre outros fatores, os resultados apontam para reduções tanto maiores quanto maior o número de competidores, permitindo também identificar um efeito positivo (preços menores) da localização, compatível com a hipótese de que o fato de um agente já deter instalações próximas daquelas que são objeto de competição incentiva um comportamento agressivo de lance. Consequentemente, observam-se reduções expressivas na RAP demandada.

Cabe destacar que o efeito benéfico da participação evidencia certa estabilidade do arcabouço regulatório, coerente com a associação positiva entre boas práticas de governança regulatória e investimentos.

3.5 Avaliação dos resultados na distribuição

No contexto do Novo Modelo, uma das principais mudanças foi a necessidade de que distribuidores de energia elétrica atendam a seus consumidores através de contratos capazes de lastrear a totalidade de seus mercados. Para

---

[41] Criado em 1998 (Lei nº 9.648/1998), o ONS é a entidade responsável pela coordenação e controle da geração e transmissão de energia elétrica no SIN, sistema este que abrange mais de 97% da capacidade de produção de eletricidade no Brasil.

tanto, eles devem regularmente, em bases anuais, submeter ao Ministério de Minas e Energia suas estimativas de demanda para cinco anos à frente. Uma vez consolidadas essas informações, a demanda é uma informação inserida pelo poder concedente nos leilões de energia que têm lugar para a contratação no mercado regulado. Como resultado, são firmados contratos entre os vendedores e cada um dos distribuidores com demanda positiva para aquele leilão, na proporção de suas necessidades declaradas. Visando incentivar a contratação, os distribuidores têm a possibilidade de repassar às tarifas custos incorridos na aquisição de até 103% da energia necessária ao atendimento dos seus respectivos mercados.

A compra no regime de *pool*, em um modelo de comprador único, através da agregação das demandas de todas as concessionárias, tem evitado concentração de riscos e garantido adimplência setorial, o que favorece a expansão necessária da oferta.

O fornecimento de energia elétrica se dá principalmente por meio de concessionárias que operam em todo o território nacional. Em cada concessão (território geográfico, no qual se dá a distribuição de energia em regime de monopólio) os consumidores enfrentam tarifas distintas em diferentes áreas de concessão.[42] Essa situação foi estabelecida pela Lei nº 8.631/1993, que estabelece a necessidade de fixar tarifas de acordo com características específicas de cada empresa, e pela Lei nº 8.987/1995, que garantiu o equilíbrio econômico financeiro para as concessões.

Como resultado, as tarifas de energia são fixadas de acordo com especificidades de cada região, tais como número de consumidores, extensão das redes, tamanho do mercado (quantidade de energia atendida por uma determinada infraestrutura), custo da energia comprada, tributos estaduais e outros.

Uma restrição a ser considerada é a configuração inicial das áreas de concessão. O elevado grau de diferenciação dessas áreas tem resultado em certa regressividade nas tarifas, de modo que não raro consumidores em áreas caracterizadas com menor Índice de Desenvolvimento Humano (IDH) enfrentam tarifas maiores. Essa disparidade é explicada por diversos fatores, tais como densidade da localização dos consumidores, nível de perdas (técnicas e não técnicas), forma de rateio de encargos que incidem sobre as tarifas e custos de compra de energia.

---

[42] Consumidores livres e especiais têm a prerrogativa de adquirir energia de qualquer fornecedor (desde que produtores a partir de fontes incentivadas, no caso de consumidores especiais), contratando apenas o transporte de energia junto à concessionária local de distribuição de energia.

Essa configuração de tarifas afeta a atratividade de determinadas regiões. Consumidores que se deparam com preços diferenciados para a energia elétrica, insumo que pode representar proporção expressiva de seus custos, podem alterar sua decisão de localização de modo ineficiente. Esse seria o caso de decisões motivadas por distorções nos mecanismos de alocação de custos e/ou em face de restrições iniciais decorrentes da definição inicial das áreas de concessão. A título de ilustração, a configuração inicial do segmento apresenta áreas de concessão de dimensões reduzidas inseridas em outras de maiores dimensões. O caráter não contíguo dessas áreas pode prejudicar expressivamente o aproveitamento de economias de escala/escopo características do segmento de distribuição de energia elétrica.

Algumas dessas concessões têm término contratualmente estabelecido para o ano de 2015 e seguintes. Aspectos de racionalidade econômica têm sido objeto de preocupação nas discussões sobre o tema, pois uma reconfiguração geográfica pode permitir um aproveitamento maior do potencial de economias de escala/escopo características da atividade de distribuição. Ademais, a própria decisão sobre as concessões tem efeitos sobre os incentivos a investir dos agentes, principalmente considerando que aproximadamente 20% da capacidade instalada de geração, 82% da rede básica do SIN e 33% da energia comercializada no ambiente regulado (37 concessionárias de distribuição) são objeto dessa discussão.[43]

Um aspecto que merece destaque é o grau de aprofundamento dos programas de universalização rural e urbana alcançados no país, certamente inéditos em países com estágio de desenvolvimento comparável. O acesso aos serviços de energia elétrica hoje alcança mais de 97% da população. Parte de seu sucesso deve ser creditada ao fato de que a responsabilidade pela conexão das unidades consumidoras ao sistema se deu de modo descentralizado, através da distribuidora/operadora local. A alocação dos custos envolve uma equação que inclui recursos provenientes de encargos cobrados de todos os consumidores e outros de usuários pagadores da própria área de concessão.

3.6 Evolução recente do mercado livre

Consumidores de maior porte têm a prerrogativa de adquirir energia elétrica de outros fornecedores, bastando comprovar contratação *ex-post* à verificação da medição, assumindo a condição de consumidores livres. Adicional-

---

[43] Para referências, ver Batista (2009).

mente, consumidores com demanda contratada superior a 500 kW podem adquirir energia de fornecedor distinto do distribuidor que atua na área de concessão na qual se localizam desde que a energia seja gerada por fontes alternativas.[44] Trata-se neste caso da figura do consumidor (livre) especial.

Dessa forma, cria-se uma situação de contestabilidade no mercado de eletricidade, facultando a esses consumidores a busca de alternativas para o atendimento a suas necessidades. No caso dos consumidores especiais, incentiva-se ainda a expansão da oferta a partir de fontes alternativas, a exemplo de energia eólica, solar, biomassa. Ademais, essas fontes dispõem de benefícios, na forma de redução nas tarifas de transporte (em montante não inferior a 50%, conforme autorização da agência reguladora, estabelecida no ato de outorga). Tais subsídios são também justificados por incentivarem a instalação de unidades geradoras próximas aos chamados centros de carga e induzirem diversificação da matriz energética, com consequente mitigação do risco de escassez.

A expansão do mercado livre foi impulsionada com o advento do Novo Modelo. A Câmara de Comercialização de Energia Elétrica (CCEE), instituída como sucessora do Mercado Atacadista de Energia Elétrica (MAE) em 2003, conta atualmente com 1.250 agentes e alcança níveis expressivos de adimplência nas liquidações de contratos.[45]

O desenvolvimento recente do mercado livre tem encontrado óbices no acesso limitado à contratação da energia em leilões de grandes empreendimentos de geração hidrelétrica. Nesse contexto, consumidores têm defendido maiores oportunidades de acesso a contratação de energia a ser produzida a partir de fontes mais atrativas do ponto de vista de preços. Esse movimento tem inclusive ocasionado o retorno de consumidores à condição de cativos, adquirindo energia da distribuidora de energia elétrica.[46]

4. Petróleo

Apesar do desempenho positivo observado na indústria nacional de petróleo desde a promulgação da Lei nº 9.478/1997 (Lei do Petróleo), existe

---

[44] Conforme art. 26, § 5º da Lei nº 9.427/1996.
[45] A CCEE, que atua como bolsa para as transações como energia elétrica, realiza operações meramente financeiras, dado que no Brasil o preço de mercado de curto prazo é resultado da política de operação e calculado através de modelos computacionais.
[46] Alterações legais estão em discussão no Congresso Nacional visando incentivar a participação dos agentes no mercado e, consequentemente, aumentar investimentos em expansão da oferta.

uma série de desafios para o Brasil alcançar a adequação da expansão da atividade de exploração e produção (E&P) ao menor custo e, portanto, maior benefício para a sociedade. As limitações de efetividade da Lei do Petróleo, a lenta desconcentração de mercado, o fechamento do acesso à infraestrutura instalada em áreas maduras são exemplos de condições não atrativas ao investimento (e à entrada de novas empresas), mesmo sob um cenário de grandes perspectivas de oferta (Hernandez-Perez, 2011b).

Nesse contexto, em 2008 foram confirmadas descobertas inéditas na história brasileira de reservas prováveis na área de Tupi e em Iara, na área da camada pré-sal da bacia de Santos. Tais descobertas motivaram a rediscussão do modelo regulatório em vigor.

Iniciada em 2010 com a submissão de quatro Projetos de Lei, cujo escopo se restringe às áreas do pré-sal e a outras áreas a serem definidas como estratégicas, a revisão submetida pelo executivo propõe: (i) a adoção do modelo de contrato de partilha de produção e a concentração da operação destas áreas por uma única empresa operadora, a Petrobras, que terá participação de pelo menos 30% do capital do consórcio (PL 5.938); (ii) a criação de nova empresa estatal para gestão dos contratos de partilha e de comercialização dos hidrocarbonetos da União (PL 5.939); (iii) a instituição de um fundo social (PL 5.940); (iv) a capitalização da Petrobras em limite de recursos fixado em 5 bilhões de barris de óleo equivalente (boe) (PL 5.941).

Em essência, o objetivo do novo modelo é a maior participação do Estado nos ganhos da indústria e maior controle sobre a produção do petróleo, através do aumento da concentração do setor na Petrobras e mudança do tipo de contrato para o de partilha.

Em linha com o objetivo deste livro, o propósito desta subseção é ilustrar os desafios que o novo modelo proposto representa para o fortalecimento da competitividade na economia nacional. Para tal será dado enfoque a alguns aspectos do conjunto de projetos de lei: a adoção do contrato de partilha e a concentração da operação das atividades de Exploração e Produção (E&P) da área do pré-sal numa única empresa, qual seja, a Petrobras.

4.1 Impactos do modelo de contrato

Do ponto de vista econômico, os contratos típicos de E&P diferem quanto às regras de remuneração, às regras de controle da atividade e à natureza jurídica do petróleo produzido. A reforma regulatória no Brasil permite que os próximos contratos de E&P na área do pré-sal sejam do tipo de partilha de produção. Estes contratos são comumente associados a: (i) uma regra de remuneração que privilegia o reembolso parcial (ou integral) dos custos; (ii) propriedade do Estado do petróleo produzido.

Saliente-se que o controle da propriedade do petróleo é irrelevante do ponto de vista econômico, pois o Estado consegue, via contrato, regular sua produção sem dificuldades, e regras de remuneração que privilegiam o reembolso parcial dos custos da atividade de E&P já estariam previstas no regime contratual vigente.

Nesse sentido, não parece razoável, do ponto de vista da análise econômica, a mudança de regime contratual, uma vez que o vigente possui instrumentos suficientes para acomodar aspectos do contrato de partilha de produção, ou seja, a chamada Participação Especial, que incide sobre os lucros das empresas de E&P.

De fato, como determinado pelo Decreto nº 2.705/1998, a Participação Especial é uma taxa que incide sobre os lucros no lugar da receita bruta, conforme é o caso dos *royalties*, não ultrapassando os 40% sobre lucros. Sob o regime vigente, a Participação Especial é progressiva no nível de produção de petróleo, mas a lei de 1997 também permite que ela varie segundo a rentabilidade dos campos de petróleo. Finalmente, a Participação Especial muda segundo a localização do campo de petróleo e o ano de produção. Dada a natureza jurídica do decreto, bastaria, portanto, calibrar os valores deste instrumento de modo a alinhar os interesses das empresas de E&P aos interesses do Estado/sociedade, sob a nova perspectiva de receita do pré-sal.

A mudança da regra de remuneração para uma que privilegie o reembolso de custos se justifica em situações em que os agentes são avessos ao risco e há incerteza quanto aos resultados da atividade. Por exemplo, se a incerteza tecnológica é muito elevada, é possível que empresas vejam o projeto exploratório e de desenvolvimento como proibitivo. Restrições de liquidez também podem ser suavizadas diante de regras deste tipo, facilitando a entrada tanto de novas empresas como de incumbentes em áreas novas.

Neste sentido, as mudanças das regras de reembolso levam à transferência de risco da atividade de E&P para o Estado. Aqui, cabem alguns esclarecimentos. Essa transferência, motivada pela percepção do então governo Lula de que o risco geológico foi reduzido, se dá num cenário internacional adverso, já que o risco percebido das atividades econômicas em geral e, em particular, da indústria de petróleo com o grande acidente ambiental da British Petroleum no golfo do México está sendo reestimado para cima. Logo, se o risco geológico caiu, o mesmo não parece ocorrer com o risco ambiental e comercial da atividade. Ademais, tem-se o aumento do risco político, que se refletiu na queda de valor de mercado da Petrobras ao longo do segundo semestre do ano passado, reflexo do atraso e da pouca clareza na discussão de aspectos do novo modelo. Não é possível saber com certeza como estes riscos combinados afetarão os ganhos da Petrobras que, mesmo sendo a empresa de referência internacional em águas profundas, vislumbra desafios tecnológicos e de atendimento crescente de demandas sociais, estas derivadas do aumento do controle do governo sobre suas atividades.

Finalmente, são notórias as dificuldades em auditar custos de empresas, e isto não é diferente para as empresas reguladas. Se, por um lado, a empresa tem como estratégia racional reportar custos mais elevados para apropriar renda (informacional), por outro, o governo tem interesse em regulação que remunere a atividade privada o mínimo necessário. Quando a auditoria de custos é impossível ou onerosa, o ideal é propor contratos nos quais os custos não tenham que ser auditados. Este é o caso de contratos de *royalties*. A vantagem destes contratos é que a empresa terá forte incentivo para reduzir seus custos. A desvantagem é que o governo abre mão da chamada renda informacional, podendo "deixar na mesa" grande quantidade de recursos se a empresa tiver custos baixos de desenvolvimento e produção.[47]

Nos contratos de partilha, o reembolso dos custos não incentiva a eficiência produtiva, mas o governo tem maior controle sobre a renda. A evidência mostra que contratos de partilha são frequentes nos países cujas técnicas de auditoria são mais rudimentares e onde há maior risco de expropriação pelo Estado. Isto indica que os países preferem mitigar o risco de expropriação de modo a incentivar investimentos, mesmo que isto implique um monitoramento oneroso e redução da eficiência na indústria.

Assim, a adoção de um regime de partilha da produção implica que o Estado abre mão da eficiência em detrimento de maior controle da atividade de petróleo. Resta verificar se efetivamente a sociedade terá condições de controlar estas empresas e verificar se as rendas transferidas são reflexo dos reais custos de produção e desenvolvimento no pré-sal.

4.2 Impactos da concentração da operação

A reconcentração da operação das atividades de E&P nas mãos de uma única empresa potencialmente gerará benefícios derivados de economias de escala

---

[47] Sobre os *trade-offs* dos contratos de petróleo aplicados ao contexto da reforma regulatória brasileira, ver Hernandez-Perez (2011a).

e concentração do aprendizado de um modelo tecnológico específico. Todavia, há uma série de riscos deste novo desenho que devem ser considerados.

Aumento do custo regulatório

Um dos riscos considerados importantes do ponto de vista da regulação é um aumento da dificuldade do regulador em fiscalizar as atividades da empresa regulada, Petrobras, nas atividades de E&P localizadas no pré-sal, dado que serão introduzidas limitações à análise do desempenho da empresa.

O aumento da participação do Estado nos lucros implicará perdas para a sociedade derivadas do menor incentivo à redução de custos (ineficiência produtiva), maior incentivo à maquiagem contábil — o que exige um nível de especialização elevado das agências reguladoras — e acesso considerável a informações estratégicas das empresas. Estes últimos elementos aumentam o custo regulatório. Com o aumento da concentração do mercado, o custo regulatório tende a ser ainda mais elevado, pois não haveria possibilidade de o regulador "comparar o desempenho" da empresa com seus pares no pré-sal. Sem comparabilidade, dificulta-se o trabalho do regulador.

Menor incentivo à inovação

A concentração da operação em uma única empresa, mesmo que não afete os incentivos para investimento em inovação por parte dos fornecedores, provavelmente o fará pela supressão de outros operadores — o que reduz o incentivo criado pela competição das demais empresas. Este impacto tende a ser mais pronunciado nos setores que estão próximos da fronteira tecnológica, nos quais inovações bem-sucedidas permitem que as empresas estabelecidas escapem da ameaça dos rivais (Aghion et al.; 2004). Tendo em vista o caráter de fronteira tecnológica da atividade de exploração de petróleo, em particular em condições tão adversas como no pré-sal, este risco parece ser substancial.

Menor incentivo ao investimento

Além dos investimentos específicos em inovação, os investimentos em capital também serão objeto de retração com a concentração de mercado, se as regularidades encontradas nos diversos setores de infraestrutura nacionais e internacionais puderem ser transpostas ao setor de petróleo.[48]

Menor produtividade e eficiência

As evidências empíricas indicam que, independentemente de a atividade de E&P estar ou não sob controle estatal — por meio de uma empresa pública ou de capital misto —, a concorrência é o principal *driver* de aumento de produtividade e eficiência das empresas de um setor. É justamente esta pressão competitiva que provê incentivos para que a empresa (pública ou privada) opere de forma eficiente, ou seja, que acompanhe as inovações tecnológicas e que opere a custos competitivos. A própria experiência nacional, que demonstrou a sensível melhora no desempenho da Petrobras após ter seu capital aberto e, principalmente, após ser exposta à competição, é uma indicação forte em favor desta prescrição.

Menor oportunidade de descobertas na exploração

Tendo em vista a natureza do negócio de petróleo na fase de exploração, em que a interpretação de dados geológicos e geofísicos pode levar as empresas de petróleo a terem visões muito diferentes quanto à prospectividade de uma mesma área, a concentração da exploração sob um único operador aumenta a probabilidade de a área não ser explorada em toda sua plenitude. Assim, um operador único tenderia a não imprimir o pleno desenvolvimento do potencial da área, reduzindo o "tamanho do bolo" a ser partilhado com a sociedade. Num contexto onde o único operador sofre de restrição de recursos, este subaproveitamento seria ainda mais pronunciado.

Os riscos acima discutidos podem ser maiores que os benefícios da concentração da operação sob uma única empresa. Neste sentido, é premente uma discussão mais aprofundada dos reais méritos deste novo arranjo de mercado, sob risco de se exacerbarem perdas de competitividade da economia nacional.

---

[48] Neste caso, há uma extensa literatura sobre o impacto da competição no investimento. Para algumas referências, ver seção 0.

4.3 Impactos da política de conteúdo local no mercado de E&P

Há uma grande discussão nacional a respeito da necessidade de se favorecer o produtor nacional *vis-à-vis* a alternativa de importação. Esta preocupação fortaleceu uma política industrial já presente no setor de petróleo desde sua liberalização em 1997, que é a política de fomento ao conteúdo local nas atividades de exploração e desenvolvimento do petróleo no país.

Esta política se dá via metas de conteúdo local que deveriam ser objeto de lances nas concorrências por blocos de E&P realizadas pela ANP desde o primeiro leilão, em 1999. É importante ressaltar que, ao longo dos leilões, a importância destas metas ganhou peso maior, em particular a partir de 2003, com o estabelecimento de um mínimo de conteúdo local que deveria ter cada bloco explorado e eventualmente desenvolvido no país, sendo revista novamente em 2005.

O uso de metas de conteúdo local não é trivial por pelo menos dois motivos: exige um custo regulatório de verificação das metas, pois é preciso certificar empresas de conteúdo local, e aumenta o custo da produção de petróleo, o que pode tornar campos de petróleo que seriam considerados comerciais sem as metas de conteúdo local em campos inviáveis e, portanto, não desenvolvidos. Não por acaso, a revisão ocorrida na política de metas em 2005 justamente exigia um teto máximo (!) às metas de conteúdo local.

Cabe, portanto, neste ponto uma reflexão sobre o real interesse da sociedade em preservar ou fomentar uma indústria nacional sob o custo de deixar campos de petróleo caros demais e eventualmente não explorá-los.

5. Conclusões

Um dos aspectos da regulação que afeta a competitividade do país é sua capacidade de induzir o comportamento eficiente das empresas e, portanto, permitir que os serviços sejam ofertados a custos baixos. Nesse particular, percebe-se que, em muitos aspectos, a regulação nos setores de energia elétrica, comunicações e petróleo no Brasil não tem contemplado adequadamente essa dimensão.

Aparentemente há um forte viés distributivo — que, em último caso, tende a ser resultado do "contrato social" vigente no Brasil — que tem motivado elevados requisitos de universalização, tanto em termos de quantidade (extensão das redes e tarifas sociais), quanto de qualidade, em prejuízo da competitividade dos segmentos produtivos que têm na energia elétrica e nas comunicações um importante insumo.

Embora não trate especificamente de regulação, não menos importante tem sido o efeito dos impostos na majoração dos preços percebidos pelo consumidor. O impacto resultante tem penalizado severamente diversos segmentos produtivos da sociedade. A desoneração tributária dos serviços de comunicações e de energia por si só já impulsionaria significativamente a demanda.

Especificamente com relação às comunicações, nota-se que a política de universalização e de massificação dos serviços de voz e dados tem mantido o foco na construção de infraestrutura, sem o cotejamento da dimensão preço, que em última instância define o nível da demanda. Nesse sentido, além da desoneração tributária, são necessárias medidas que fomentem a competição entre diferentes tecnologias (principalmente entre empresas de TV a cabo e de telefonia). Ademais, dado que a Telebrás foi reativada, é importante que ela não invista em áreas que sob ambiente adequado seriam atendidas pela iniciativa privada.

No que diz respeito à energia elétrica, de modo geral os investimentos têm buscado assegurar o equilíbrio entre confiabilidade do suprimento e preços e aprofundamento do acesso, por meio da aceleração dos programas de universalização. Contudo, aumentos de tributos, tarifas e encargos acarretaram elevação superior a 100% dos custos de energia elétrica para a indústria nos últimos 10 anos, em prejuízo da competitividade do segmento. Importa avaliar em que medida tal movimento decorre de distorções alocativas ou de escolhas conscientes da sociedade.

Como indústria de rede, caracterizada por elevados custos fixos, o consumo *per capita* relativamente reduzido implica preços maiores ao consumidor, também explicados pela pequena capacidade de explorar economias de escala/escopo. Aliás, argumento similar pode ser usado para as comunicações. Esse aspecto é agravado pela configuração atual do mapa de concessões de distribuição, que está em fase de discussão no âmbito da renovação de um conjunto relevante de concessionárias de distribuição.

Nesse contexto, sem negar a importância de garantir confiabilidade no suprimento a preços adequados (que representa uma oferta não apenas sob o ponto de vista de quantidade, mas em muitos casos de qualidade, principalmente como insumo em diversos processos produtivos), é imperativo assegurar a oferta a preços que tornem viável a produção relativamente aos produtos concorrentes, não apenas disponíveis no país, mas também em nível internacional.

Sobre o setor de petróleo, as novas descobertas do pré-sal trazem grande potencial de desenvolvimento econômico e social. Recursos do petróleo podem ser direcionados a setores como educação e saúde e fomentar a inovação tecnológica. Para tal, é natural que sejam propostos ajustes no modelo regulatório. Do ponto de vista econômico, deve-se fazer uma reflexão sobre os termos dos contratos entre empresas de petróleo e Estado. Todavia, não parece claro, deste prisma, que uma mudança no tipo de contrato seja essencial, mas sim nas regras de remuneração, se o risco do negócio e os valores esperados da produção do petróleo na camada pré-sal se alterarem significativamente. Aqui, enquanto há divergências sobre o impacto líquido a respeito do risco da atividade — alega-se queda do risco geológico, mas há potencial aumento do risco político, comercial e ambiental —, há sim um aumento da receita esperado com o aumento, talvez duplicação, das reservas nacionais.

As mudanças propostas pelo novo modelo — e aqui o foco é na reconcentração do mercado em um único operador — podem ter impactos negativos sobre inovação, investimentos, produtividade e eficiência do setor, caso os ganhos de escala da concentração e de aprendizado da empresa Petrobras, favorecida no novo modelo, não forem elevados o suficiente.

Por fim, tudo indica que nas comunicações e no setor de petróleo haverá um aprofundamento na política industrial, materializada por requisitos de conteúdo nacional mínimo e preferência por equipamentos nacionais. Novamente, trata-se de estratégia que tende a aumentar os custos de novos investimentos e, em última instância, reduzir a competitividade do país.

Referências

AGHION, P. et al. Entry and productivity growth: evidence from micro-level panel data. *Journal of the European Economic Association*, v. 2. p. 265-276, 2004.

AMENDOLA, G. B.; CASTELLI, F.; SERDENGECTI, P. (2007). Is really functional separation the next milestone in telecommunications (de)regulation? In: EUROPEAN REGIONAL ITS CONFERENCE, 18th, 2007. Disponível em: <http://itseurope.org/ITS%20CONF/istanbul2007/downloads/paper/11.08.2007_Amendola-Castelli-Serdengecti.pdf>.

ARMSTRONG, M.; COWAN, S.; VICKERS, J. *Regulatory reform*: economic analysis and British experience. London: MIT Press, 1994.

BARRANTES, R.; GALPERIN, H. Can the poor afford mobile telephony? Evidence from Latin America. *Telecommunications Policy*, v. 32, p. 521-530, 2008.

BATISTA, R.O. *Debate sobre uma segunda prorrogação de concessões no setor elétrico (sem licitação)*: verdades, meias verdades e pontos para reflexão. Universidade de Brasília. 2009. Disponível em: <www.cni.org.br/portal/data/files/8A9015D0216AAFB5012178CDCD82586E/artigo_romario_unb.pdf>.

BOYLE, G.; HOWELL, B.; ZHANG, W. (2008). *Catching up broadband regressions: does local loop unbundling really lead to material increases in OECD broadband uptake?* New Zealand Institute for the Study of Competition and Regulation. 2008. Disponível em: <http://papers.ssrn.com/sol3/papers.cfm?abstract_id=1184339>.

CAMBINI, C.; JIANG, Y. Broadband investment and regulation: a literature review. *Telecommunications Policy*, v. 33, p. 559-574, 2009.

CANÊDO-PINHEIRO, M. A difusão da telefonia fixa nos domicílios brasileiros. In: ENCONTRO NACIONAL DE ECONOMIA, XXXVIII. *Anais...*, 2010.

_____. Comparando a adoção de internet banda larga entre países. *Texto para Discussão do Ibre*, n. 11, 2010.

_____; LIMA, L.R. Estimando a demanda domiciliar por telefones fixos com dados agregados brasileiros. In: ENCONTRO NACIONAL DE ECONOMIA, XXXV. *Anais...*, 2007.

CARDONA, M. et al. Demand estimation and market definition for broadband Internet services. *Journal of Regulatory Economics*, v. 35, p. 70-95, 2009.

CARLOS, A.P.; DUTRA, J. *Strategic behaviour of winning bids in the Brazilian transmission auctions*. 2010. Disponível em: <www.ibp.org.br/eventos/33iaee/pdfs/33IAEE_839_201004292150transmissionauctio.pdf>.

CAVA-FERRUELA, I.; ALABAU-MUÑOZ, A. Broadband policy assessment: A cross-national empirical analysis. *Telecommunications Policy*, v. 30, p. 445-463, 2006.

CAVE, M. Remedies for broadband services. *Journal of Network Industries*, v. 5, p. 23-50, 2004.

_____. Six degrees of separation: operational separation as a remedy in European telecommunications regulation. *Communications & Strategies*, v. 64, p. 89-103, 2006.

CRANDALL, R.W.; SIDAK, J.G. Is structural separation of incumbent local exchange carriers necessary for competition? *Yale Journal of Regulation*, v. 19, p. 335-411, 2002.

DELOITTE, GSMA *Global Mobile Tax Review 2006-2007*. 2007. Disponível em: <http://mobileactive.org/files/file_uploads/tax_review_06_07.pdf>.

DEMSETZ, H. Why regulate utilities? *Journal of Law and Economics*, v. 11, p. 55-66, 1968.

DISTASO, W.; LUPI, P.; MANENTI, F.M. Platform competition and broadband uptake: theory and empirical evidence from the European Union. *Information Economics and Policy*, v. 18, p. 87-106, 2006.

FGV. *O valor da telefonia móvel para a sociedade brasileira*. Relatório final. 2007. Disponível em: <www.acel.org.br/sites/300/331/00000076.pdf>.

FINK, C.; MATTOO, A.; RATHINDRAN, R. An assessment of telecommunications reform in developing countries. *Information Economics and Policy*, v. 15, p. 443-466, 2003.

FLAMM, K.; CHAUDHURI, A. An analysis of the determinants of broadband access. *Telecommunications Policy*, v. 31, p. 312-326, 2007.

GARCIA-MURILLO, M. International broadband deployment: the impact of unbundling. *Communications & Strategies*, n. 57, p. 83-105, 2005.

GUTIÉRREZ, L.F. The effect of endogenous regulation on telecommunications expansion and efficiency in Latin America. *Journal of Regulatory Economics*, v. 23, p. 257-286, 2003.

HAUGE, J.A.; PRIEGER, J.E. demand-side programs to stimulate adoption of broadband: what works? *Review of Network Economics*, v. 9, n. 3, article 4, 2010.

HAUSMAN, J. Efficiency effects on the U.S. economy from wireless taxation. *National Tax Journal*, v. 53, p. 733-742, 2000.

_____; SIDAK, J.G. Did mandatory unbundling achieve its purpose? Empirical evidence from five countries. *Journal of Competition Law and Economics*, v. 1, p. 173-245, 2005.

HAZLETT, T.W.; MUÑOZ, R.E. Spectrum allocation in Latin America: an economic analysis. *Information Economics and Policy*, v. 21, p. 261-278, 2009.

HERNANDEZ-PEREZ, A. Economics of oil regulation and the Brazilian reform: some issues. *Energy Policy*, v. 39, n. 1, p 57-65, 2011a.

_____. Oil and gas bidding with a dominant Incumbent: Evidence from the Brazilian oil block auctions. In: ENCONTRO DE ECONOMETRIA — SBE, XXXII. *Anais...*, 2011b.

INGRAHAM, A. T.; SIDAK, J. G. Do states tax wireless services inefficiently? Evidence on the price elasticity of demand. *Virginia Tax Review*, v. 24, p. 249-261, 2004.

_____; _____. Mandatory unbundling, UNE-P, and the cost of equity; does TELRIC pricing increase risk for incumbent local exchange carriers? *Yale Journal of Regulation*, v. 20, p. 389-406, 2003.

ITU. *Measuring the information society*. Genebra: International Telecommunication Union, 2010a.

_____. *World telecommunications/ICT indicators*. Genebra: International Telecommunication Union, 2010b.

JAMISON, M.A.; SICHTER, J. Business separation in telecommunications: lessons from the U.S. experience. *Review of Network Economics*, v. 9, n. 1, article 3, 2010.

JOSKOW, P.; SCHMALENSEE, R. *Market for power*. Cambridge: MIT Press, 1983.

JULLIEN, B.; POUYET, J.; SAND-ZANTMAN, W. Public and private investments in regulated network industries: coordination and competition issues. *Review of Network Economics*, v. 9, n. 4, article 3, 2010.

KRISHNASWAMY, V.; STUGGINS, G. Closing the electricity supply-demand gap. *Energy and Mining Sector Board Discussion Paper*, n. 20, World Bank, 2007.

LEE, S.; BROWN, J.S. Examining broadband adoption factors: and empirical analysis between countries. *Info*, v. 10, p. 25-39, 2008.

LITTLECHILD, S.C. Mobile termination charges: calling party pays versus receiving party pays. *Telecommunications Policy*, v. 30, p. 242-277, 2006.

LI, W.; XU, L.C. The impact of privatization and competition in the telecommunications sector around the world. *Journal of Law & Economics*, v. 47, p. 395-430, 2004.

LYONS, S. Measuring the effects of mobile number portability on service prices. *Journal of Telecommunications Management*, v. 2, n. 4, p. 357-368, 2010.

MAICAS, J.P.; POLO, Y.; SESE, F.J. Reducing the level of switching costs in mobile communications: the case of mobile number portability. *Telecommunications Policy*, v. 33, p. 544-554, 2009.

MATTOS, C. Unbundling policy in telecommunications: a survey. *Documento de Trabalho Seae/MF*, n. 34, 2006.

_____; COUTINHO, P. The Brazilian model of telecommunications reform. *Telecommunications Policy*, v. 29, p. 449-466, 2005.

MERRILL LYNCH. *Global wireless matrix 4Q10*. Merrill Lynch, 2010.

PEREIRA, P.; RIBEIRO, T. The impact on broadband access to the internet of the dual ownership of telephone and cable networks. *International Journal of Industrial Organization*, 2010. (no prelo)

NEWBERY, D. *Privatization restructuring and regulation of network utilities*. MIT Press, 1999.

PINDYCK, R.S. Mandatory unbundling and irreversible investment in telecom networks. *Review of Network Economics*, v. 6, n. 3, p. 274-298, 2007.

ROS, A.J. Does ownership or competition matter? The effects of telecommunications reform on network expansion and efficiency. *Journal of Regulatory Economics*, v. 15, p. 65-92, 1999.

SCHYMURA, L.G.; CANÊDO-PINHEIRO, M. Infraestrutura no Brasil: a inconsistência das políticas públicas. In: BRESSER-PEREIRA, L.C. (Org.). *Economia brasileira na encruzilhada*. São Paulo: FGV, 2006. p. 241-262.

VALLETTI, T.M.; HOUPIS, G. Mobile termination: what is the "right" charge? *Journal of Regulatory Economics*, v. 28, p. 235-258, 2005.

VOGELSANG, I. The relationship between mobile and fixed-line communications: a survey. *Information Economics and Policy*, v. 22, p. 4-17, 2010.

WALLSTEN, S.J. An econometric analysis of Telecom competition, privatization, and regulation in Africa and Latin America. *Journal of Industrial Economics*, v. 49, p. 1-19, 2001.

_____. Broadband and unbundling regulations in OECD countries. *AEI-Brookings Joint Center for Regulation Studies*, Working Paper n. 06-16, 2006.

_____; HAUSLADEN, S. Net neutrality, unbundling, and their effects on international investment in next-generation networks. *Review of Network Economics*, v. 8, n. 1, p. 90-112, 2009.

WEF. *The global competitiveness report 2010–2011*. Geneva: World Economic Forum, 2010.

PARTE III

Desempenho:
setores e atividades

CAPÍTULO 9

Desempenho da agropecuária: produtividade, competitividade e crescimento

Mauro de Rezende Lopes
Ignez G. V. Lopes
Daniela de Paula Rocha*

Introdução

O setor agropecuário ganhou competitividade no Brasil, sobretudo, nas décadas de 1990 e 2000. Os principais fatores que permitiram esse ganho foram as mudanças na política macroeconômica (abertura, estabilidade econômica e câmbio flexível), analisadas no capítulo 3 deste volume.

As políticas macroeconômicas seguidas no longo prazo pelo Brasil tiveram duas lógicas marcantes: a substituição das importações e, mais tarde, o combate à inflação. A primeira, a partir de 1950, impôs à agropecuária políticas discriminatórias de controles de preços, tributos e restrições às exportações. A segunda perpetrou severas intervenções nos mercados e nos preços agrícolas, intensificadas durante os planos de estabilização da economia. Ambas tiveram efeitos negativos sobre a competitividade e atrasaram a modernização do setor.

As políticas setoriais (crédito, preços mínimos) afetaram pouco o crescimento e a competitividade da agricultura. Elas tiveram mais um papel de políticas coadjuvantes, compensatórias dos efeitos negativos das políticas macro. É interessante observar que o período de dispêndios máximos com o crédito rural subsidiado (1975 a 1983) e sua virtual extinção entre 1986 e 1990 não tiveram impacto compatível na produção e na produtividade (nem positivos nem negativos).

A ruptura com o modelo econômico anterior (abertura, estabilização e, finalmente, cambio flexível) rompeu os obstáculos e permitiu à agricultura demonstrar seu potencial competitivo, mesmo com a reforma

---

* Os autores são membros do Centro de Estudos Agrícolas do Ibre/FGV, Rio de Janeiro. Os autores agradecem o apoio técnico de Rafael de Castro Bomfim.

da política agrícola que acarretou drástica contenção dos dispêndios com os principais instrumentos de apoio ao setor (crédito rural e preços mínimos).

O gráfico a seguir permite visualizar os principais marcos das políticas e seu impacto sobre o desempenho do segmento de grãos, principal alvo dessas políticas. Até 1985 o crescimento é modesto e marcado por forte crescimento da área plantada. Com a abertura econômica, a produção cresce de forma acelerada, a área inicia uma longa trajetória de declínio e a produtividade passa a responder sozinha pelo desempenho favorável do setor. A introdução do câmbio flexível trouxe novo surto de crescimento, marcado por novos patamares de produtividade e retomada da ampliação de área na região da fronteira agrícola. Desde 2007 a área se estabilizou, mas a produtividade segue em ritmo acelerado de crescimento.

Gráfico 1
Brasil — desempenho da área, produção e produtividade de grãos*

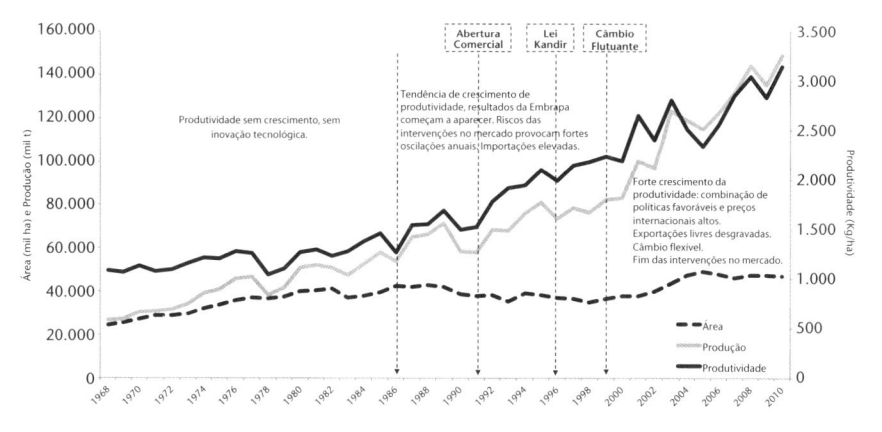

Fonte: IBGE (1968-76); Conab (1977-2010)

* Produtos selecionados (segundo a Conab): caroço de algodão, amendoim, arroz, aveia, centeio, cevada, feijão, girassol, mamona, milho, soja, sorgo, trigo e triticale.

O último Censo Agropecuário do IBGE (2006) identificou uma forte mudança na composição do valor bruto da produção (VBP) da agropecuária brasileira em relação ao censo anterior (1995/96): o VBP de grãos e demais segmentos da lavoura e da silvicultura cresceu 76,8% no período (saltando de R$ 63,8[1] para R$ 112,8 bilhões), enquanto a pecuária[2] de-

---
[1] Valor corrigido pelo IGP-DI.
[2] Bovinos/bubalinos, leite, suínos, aves e ovos.

cresceu 7,2% (de R$ 50,1 para R$ 46,5 bilhões) em valores de dezembro de 2006. O forte avanço da agricultura elevou de 45% para 68% a participação desse segmento, deixando a pecuária, que antes detinha 35% do total, com apenas 28% na composição do VBP da agropecuária brasileira. Portanto, a pecuária perdeu espaço diante do notável crescimento das lavouras nesse período.

Os maiores destaques foram os segmentos de grãos, cana-de-açúcar e algodão. A produção física de grãos nos últimos 10 anos teve um salto decorrente, sobretudo, dos ganhos de produtividade. Segundo os levantamentos da Conab, a produção de grãos cresceu à taxa média anual de 6% entre a safra 1999/2000 e a safra 2009/10, saltando de 83 milhões para 148 milhões de toneladas. No mesmo período, a taxa de crescimento da área foi de 2,3% ao ano (de 37 para 47 milhões de hectares). Esses dados implicam que a produtividade média cresceu continuadamente à taxa de 3,6% ano ao longo da década, o que revela um desempenho impressionante.[3]

Entre os produtos, impressiona o caso do milho, cuja área em nível nacional teve crescimento quase nulo no período entre as safras 1999/2000 e 2009/10, ao passo que a produção saltou de 31 milhões para 55 milhões de toneladas (taxa média de 5,9% ao ano). Para isso contribuiu o desempenho da safrinha, que hoje atinge, em alguns estados (Mato Grosso e Paraná), quantidade equivalente à produzida na safra de verão. Com a área estagnada, todo o ganho de produção de milho se deveu ao ganho sem precedentes de produtividade.[4]

A evolução da safra de grãos na década de 2000 contrasta com o que se observava na década anterior. Entre 1990 e 2000 a produção de grãos crescia à taxa anual de 3,6%, tendo passado de 58 milhões para 83 milhões de toneladas, ao passo que a área mantinha-se inalterada e até com tendência de queda, ao redor de 37 milhões de hectares. Essa taxa média é quase a metade da observada na década atual. Mesmo assim, o crescimento da produtividade foi, sozinho, responsável pelo aumento da produção nesse período, indicando que o salto qualitativo já vinha acontecendo.

---

[3] As regiões Norte, Sudeste e Sul foram as que mais se destacaram no crescimento da produtividade, com taxas médias anuais de 4,6% (as duas primeiras) e 4,2%, na produtividade média dos grãos. O Centro-Oeste foi a região que mais se destacou no crescimento da produção (taxa média de 7,5% ano), mas contou com expansão importante também da área (5,5% ao ano) e menor crescimento da produtividade (1,9% ao ano), que já era mais alta no início da década em relação às outras regiões.

[4] Sul e Sudeste foram, novamente, os maiores destaques. No Sul, a produtividade saltou de 2.794 kg/ha para 5.716 kg/ha, praticamente dobrando em 10 anos, sustentando um crescimento médio de 7,4% ao ano ao longo de toda a década.

O quadro apresentado não deixa qualquer dúvida de que houve uma verdadeira revolução no setor. Quais teriam sido os fatores responsáveis por esse robusto desempenho competitivo?

Os avanços recentes do setor agropecuário são fruto da pesquisa em tecnologia biológica e mecânica. A pesquisa tem efeito direto sobre a produtividade, mola mestra que impulsionou o ciclo de desenvolvimento acelerado do setor. Além da pesquisa, concorreu para o avanço da produtividade a competência do produtor, contribuindo com suas habilidades para decodificar a tecnologia, realizando as adaptações em nível do estabelecimento. Dele depende a escolha correta das melhores tecnologias ao alcance de seus recursos. A tecnologia está incorporada nos insumos e o produtor tem de fazer as escolhas corretas. Acabam melhorando as tecnologias geradas experimentando-as com competência. Essa combinação resultou em um novo patamar de produtividade e economicidade na agropecuária brasileira.

Os pilares do bom desempenho da agricultura brasileira foram, além da pesquisa e da competência dos agricultores em escolher, decodificar e implementar as novas tecnologias, a contribuição das indústrias de insumos, inclusive com o desenvolvimento de pesquisas, nas áreas de sementes, defensivos, fertilizantes, máquinas e equipamentos. Contribuíram para esse desempenho a "descoberta" das novas formas de financiar a agricultura por parte do mercado financeiro e, finalmente, os investimentos de grandes grupos nacionais de produtores com tradição no ramo, e o capital estrangeiro que passou a investir pesadamente na agricultura do país.

Este capítulo contempla os fatores que contribuíram para o desempenho surpreendente da agropecuária, além dos aspectos das mudanças de políticas explorados no capítulo 3. Valoriza o avanço tecnológico e a competência dos produtores brasileiros. Aborda o papel do crédito rural, a perda de importância desse instrumento e os novos instrumentos de financiamento do setor. Salienta a importância da produtividade, base do crescimento recente, o desempenho da agropecuária na exportação e a contribuição do setor na redução dos preços reais de alimentos, após o Plano Real. Um aspecto importante do desempenho da agropecuária é que ele poupou o meio ambiente na medida em que o crescimento da produtividade economizou milhões de hectares. O capítulo conclui com uma análise das limitações ao desempenho futuro do setor.

1. A contribuição da pesquisa para o desempenho da agricultura

O desempenho da agricultura resulta do avanço tecnológico. Historicamente, os melhoristas[5] aperfeiçoaram o processo de seleção de sementes e manejo das culturas — assim como o melhoramento genético e o manejo dos rebanhos da pecuária — usando técnicas de tentativa e erro; algo que consumia tempo inclusive dos pesquisadores. As inovações dos melhoristas foram impulsionadas pela pesquisa, que gerou economias de tempo nos experimentos e dos pesquisadores. Recentemente, os avanços da genética responderam por grandes avanços na produtividade e no desempenho da agricultura.

A pesquisa é uma política pública, na dimensão dos investimentos no Instituto Agronômico de Campinas (IAC), a quem o Brasil muito deve, na Embrapa e nos centros de pesquisa dos estados, conforme discutido na seção 2.2 do capítulo 3 deste volume. Mas há também a pesquisa privada desenvolvida nas organizações estaduais de cooperativas, um *pool* de cooperativas para a pesquisa e, também muito importante, as pesquisas conduzidas pelo setor privado.

O processo da geração e adoção de tecnologias

De acordo com Alves (2010a),

> Os agricultores têm um grande apetite por inovações [contudo,] é obvio que a nova tecnologia somente será adotada se ela reduzir o custo por unidade de produto. Em relação ao dispêndio por hectare, se ele aumentar, como consequência da nova tecnologia, a produtividade terá que crescer na magnitude necessária para mais que compensar o aumento de gasto.

Outro ponto importante assinalado por esse autor:

> Como ficam os fatores ligados à cultura e às tradições? Eles influenciam a maneira e a capacidade de decodificar as informações. [...] Apego às tradições retarda a aceitação de novas ideias e exige uma lucratividade maior para mover o agricultor a uma decisão favorável à nova ideia. [...] Os fatores culturais e as

---

[5] São produtores que realizam seleção de espécies vegetais mais produtivas em seus próprios estabelecimentos através da observação e de cruzamentos sucessivos.

tradições não têm o poder de impedir a adoção de uma tecnologia. Se ela for lucrativa quem não adotá-la se empobrecerá e será eliminado do mercado.

Ainda de acordo com Alves (2010a),

inovações relevantes à agricultura ocorrem na indústria de insumos. O fundamento de toda inovação tecnológica é que ela visa, principalmente, poupar os recursos que não são criados pelo homem, no nosso caso terra e trabalho. Se uma tecnologia dobra a produção de cada hectare é como se ela dobrasse a área do estabelecimento. Se uma tecnologia permite que cada trabalhador cultive o dobro da área que antes cultivava, é como se houvesse dobrado o número de trabalhadores. Os insumos incorporam as tecnologias relevantes. Insumos que aumentam a área que cada trabalhador cultiva, de natureza mecânica [...] incorporam os insumos que poupam terra, de natureza bioquímica. Poupar terra [é necessário], se esta ficou mais cara que o trabalho, e vice-versa. Dois tipos de tecnologias, poupadora terra e poupadora trabalho, norteiam a pesquisa.

2. O reconhecimento da competência dos produtores brasileiros

Os produtores do Sul migraram para o Centro-Oeste e chegaram até o Amapá. Hoje, desenvolvem uma agricultura moderna com aprimoradas técnicas de cultivo no Pará e na região do Mapito (Maranhão, Piauí e Tocantins) e nas novas fronteiras agrícolas do Brasil. Isso sem falar no Oeste da Bahia, uma das regiões de agricultura mais prósperas do mundo. As fronteiras do Centro-Oeste e as novas fronteiras não foram conquistadas sem grandes sacrifícios humanos desses migrantes e sem severas privações. No início da ocupação dessas áreas não havia infraestrutura.

A saga desses agricultores gaúchos, catarinenses, paulistas e paranaenses deve ser reconhecida. Eles levaram consigo um capital humano de inestimável valor para o desempenho da agricultura: o domínio da experiência com tecnologias biológicas e mecânicas. Nessas últimas, conheciam as operações de máquinas sofisticadas. Naquelas, detinham a competência de experimentar e, sobretudo, aprimorar as técnicas de cultivos e de manejo de cultivos e bovinos (inclusive aves e suínos). O exemplo mais expressivo dessa competência é a ocupação do Centro-Oeste e o domínio da agricultura de precisão.

Não basta que a tecnologia seja gerada pela instituição de pesquisa:

Os resultados de pesquisa são tecnologias que podem ser adotadas ou rejeitadas pelos agricultores. O julgamento final do mérito do trabalho realizado é o do agricultor. Usualmente, existe uma longa sequência de resultados até que a tecnologia esteja pronta para o aceite ou rejeição pelo usuário final. Esta sequência justifica os controles internos de qualidades que toda instituição de pesquisa deve ter. Mas a palavra final é a do agricultor. [...] A hipótese fundamental que baliza o comportamento dos agricultores é que estejam maximizando a renda líquida [Alves, 2010b].

Isso implica que os produtores são eficientes e, mais do que isso, têm que ser eficientes. Assim, por exemplo, quando os preços caem é necessário aumentar a eficiência para sobreviver em um setor tão competitivo quanto o agrícola, onde ou o produtor incorpora tecnologia ou sai do mercado.

O produtor brasileiro apresenta desempenho em funções múltiplas, de engenheiro agrônomo, médico veterinário, economista; além de outras habilidades específicas, tais como operador de informática, com o domínio da agricultura de precisão (com plantio e colheita com o uso de GPS e tecnologia de ponta); operador de máquinas sofisticadas de última geração, a um custo por unidade que atingiu, no caso das colheitadeiras, até R$ 900 mil; e muitos outros ativos do conhecimento. Os produtores têm de dominar áreas de conhecimento que envolvem câmbio, juros, operações bancárias, a economia em geral. Até esse ponto o produtor não se diferencia de qualquer empresário.

Em algumas áreas, as exigências de habilidades e competências são peculiares à agricultura. Tais são os casos do manejo dos rebanhos (bovinos, equinos, asininos, muares, suínos, aves e pequenos animais), infestação de ervas daninhas, pragas, doenças, fungos e diversos vetores de predadores biológicos. A falha em controlar qualquer dessas pragas e doenças e a falha em não dominar o manejo delas podem acarretar prejuízos irreparáveis.

3. A contribuição das indústrias de insumos para o desempenho da agricultura

A cadeia de desempenho da agricultura tem seu começo na pesquisa, passa pela indústria, pela revenda, todos os três elos gerando produtividade para o agricultor, que a transforma em produto. As etapas seguintes são o atacado, o varejo e as exportações. Essa não é uma cadeia de produtos físicos. É uma cadeia de valor adicionado. Todos os elos são importantes, porquanto nenhuma cadeia é mais forte que seu elo mais fraco. Nessa cadeia todos os elos são fortes — e as indústrias de insumos não são uma exceção à regra, tanto mais porque todas elas fazem pesquisa em tecnologia e adicionam valor que, em última instância, é onde se mede o desempenho do setor. Como em todos os elos da cadeia, a gestão competente transforma os ativos do conhecimento em resultados. Fica difícil entender e analisar o desempenho da agricultura sem analisar o desempenho das indústrias de insumos. Esses dois desempenhos são indissociáveis.

Os insumos modernos influenciam o crescimento da produtividade. O conhecimento científico da pesquisa em tecnologia biológica está incorporado nas sementes (e suas exigências de fertilizantes e defensivos) e o conhecimento científico da pesquisa em tecnologia mecânica está incorporado à mecanização das lavouras (tratores, colheitadeiras e implementos). A tecnologia biológica poupa terra, em regiões como o Sul do Brasil, onde a terra é escassa e a "fronteira velha" já está plenamente ocupada. A tecnologia mecânica poupa trabalho como no Centro-Oeste, onde o trabalho é escasso e a nova fronteira está sendo ocupada com grande eficiência. A combinação de ambas as tecnologias produz um impacto significativo na produtividade. Uma hipótese muito aceita é a de que a taxa de crescimento da produção decorre, em larga medida, da taxa de crescimento da oferta de insumos (de quantidade).

O Brasil desenvolveu tecnologia moderna, em particular, em sementes melhoradas, sementes de cultivos tradicionais e sementes transgênicas (soja, milho, algodão e agora o feijão resistente ao mosaico dourado). E não poderia ser diferente porque sementes não podem ser "transplantadas" de um país para outro porque são específicas para cada local, em função das condições particulares de solo e clima. A tecnologia mecânica em parte foi herdada dos centros de desenvolvimento do exterior. Mas uma parte significativa dos padrões de eficiência das máquinas foi desenvolvida pela engenharia agrícola nacional. Na área de implementos, uma parte maior da tecnologia existente é majoritariamente nacional.

3.1 Fertilizantes

A pujança da produção agrícola de um país pode ser medida pelo crescimento do consumo de fertilizantes. Mais importante que isso, os fertilizantes contribuíram para a produtividade e para o desempenho da agricultura, porquanto contribuem para a recuperação dos solos na medida em que os cultivos retiram dos solos fósforo, potássio e nitrogênio. A agricultura comercial, grande consumidora de adubos e fertilizantes, é a que contribui para a conservação do meio ambiente, pois, sem os fertilizantes, a produção cresceria com as plantas, extraindo nutrientes do solo, mineralizando-o e obrigando o produtor a aumentar a área.

A produção nacional de fertilizantes fosfatados cresceu tão rapidamente que a importação virtualmente "desapareceu". A produção, que era igual à importação até 1974 (em torno de 500 mil toneladas anuais), atingiu em média, nos anos 1980 e 1990, o recorde de 1,5 milhão de toneladas e a importação caiu para 150 mil toneladas. A partir dos anos 1990, a importação de fertilizantes começa a crescer aceleradamente para fazer face ao consumo, enquanto a produção nacional estabilizou-se. A partir de 2002, produção e consumo crescem aceleradamente como decorrência do crescimento agrícola no Brasil.

Quanto aos fertilizantes nitrogenados, a importação superou a produção até 1980, mas ambos caminhavam em níveis similares, em torno de 200 a 500 mil toneladas. Como no caso dos fertilizantes fosfatados, a produção interna de nitrogenados substituiu as importações de 1980 a 1998. A partir de 1998 as importações cresceram rapidamente, atingindo 2,4 milhões de toneladas em 2008, contra uma produção nacional de, no máximo, 1,1 milhão de toneladas.

De acordo com a Associação Nacional para Difusão de Adubos (Anda), quanto aos fertilizantes potássicos, o Brasil é um dos maiores consumidores do mundo. Importamos anualmente, nos últimos anos, cerca de 4 milhões de toneladas e não atingimos a produção de 500 mil toneladas. Tomados os três tipos de fertilizantes em conjunto, o Brasil importa no total cerca de 8,4 milhões de toneladas e produz cerca de 3,3 milhões. A dependência da agricultura brasileira do fertilizante importado é considerável.

Em 2008 o Brasil já ocupava a posição de quarto maior consumidor de fertilizantes do mundo (com 5,8 milhões de toneladas), atrás da Índia (com 15,4 milhões de toneladas), dos EUA (com 20 milhões de toneladas) e da China (com 35 milhões de toneladas).

3.2 Máquinas agrícolas automotrizes

As máquinas têm impacto direto sobre o desempenho da agricultura. Poupam o fator mais escasso da agricultura brasileira: o trabalho. Não fossem elas, o Brasil não teria ocupado os cerrados do Centro-Oeste brasileiro — de resto, uma região absolutamente carente de força de trabalho. Elas têm evoluído tecnologicamente de forma significativa, principalmente devido às vendas para o exterior.

De acordo com a Associação Nacional dos Fabricantes de Veículos Automotores (Anfavea), nas últimas três décadas, a produção de tratores de rodas quadruplicou. As vendas internas triplicaram. E o Brasil, de importador de tratores, passou a exportador. As exportações desses tratores aumentaram 24 vezes. A produção de colheitadeiras, em número de unidades, manteve-se relativamente constante desde 1995. Mas é nesse tipo de máquina que a tecnologia mais se destacou. O mesmo número de unidades produzidas colhe hoje uma área muito maior do que no passado. A modesta produção dessas máquinas cai com seu aumento extraordinário da potência e da eficiência. Isto se deve à pesquisa das montadoras, que aumentam muito a qualidade e eficiência da tecnologia mecânica.

Segundo dados dos censos agropecuários, houve um aumento no número de tratores nos estabelecimentos agropecuários.[6] No Censo 1975, o total de tratores era de 323,1 mil, passando para 820,7 mil em 2006; observando-se um aumento de 154% quando são comparados estes dois anos (IBGE, 2011).

Tabela 1

Número de tratores nos estabelecimentos agropecuários

	1970	1975	1980	1985	1995	2006
Tratores	165.870	323.113	545.205	665.280	803.742	820.673

Fonte: IBGE (2011).

3.3 Sementes

As sementes têm um papel na produtividade e no desempenho da agricultura. Poupam terra onde ela é escassa, como no Sul do Brasil. Em qua-

---

[6] Em relação ao pessoal ocupado na agricultura, constata-se ao longo dos últimos anos um decréscimo neste número. No Censo de 1985, o número era de 23,4 milhões, observando-se uma redução para 17,9 milhões (Censo Agropecuário de 1995/96). No Censo de 2006, verifica-se uma nova queda; passando o número para 16,6 milhões. Entre 2006-1985, a queda foi de 29,2%. Em valores médios, segundo o Censo Agropecuário de 1985, existiam 4,03 pessoas por estabelecimento; enquanto no Censo Agropecuário 2006 o valor médio foi de 3,2 pessoas por estabelecimento.

se todos os produtos a produção de sementes em toneladas caiu, com exceção das sementes de milho e soja. Como explicar essa queda com o aumento da produção? A produção de sementes diminuiu porque as novas variedades e os novos cultivares produzem rendimentos cada vez maiores. A produção de sementes de algodão decresceu dos anos 1980 para os anos 1990, mas cresceu recentemente devido à abertura de novas fronteiras de produção da fibra (Norte do Mato Grosso e Oeste da Bahia). Segundo a Associação Brasileira de Sementes e Mudas (Abrasem), a produção de sementes de arroz decresceu desde os anos 1980 devido a novas variedade mais produtivas e o plantio do arroz pré-germinado. Com essa técnica a produção de sementes para a rizicultura caiu de forma acelerada. A produção de sementes de feijão caiu sistematicamente até o final dos anos 1990 e início dos anos 2000. A partir daí a produção cresceu com ímpeto devido à produção do feijão com pivô central (irrigação), que garantia a oferta abundante de produto de qualidade. Nos casos do milho e da soja, a produção de sementes cresceu com grande ímpeto a partir do final dos anos 1990, quando foram abertas novas frentes pioneiras, tais como o chamado "nortão de Mato Grosso", Oeste da Bahia (Luiz Eduardo Magalhães, Barreiras, São Desidério e Correntina) e na região do Mapito (Maranhão, Piauí e Tocantins). Na questão da maior produtividade das variedades e novos cultivares, há que se reconhecer os investimentos em pesquisa feitos pelas empresas e pela competência dos produtores de trabalhar em campos cooperados com essas empresas.

3.4 Defensivos agrícolas

A maior parte dos defensivos agrícolas é poupadora de terra. Sem eles teríamos de expandir área indefinidamente — e, diga-se de passagem, sem possibilidade de sucesso — porque ao densificar as lavouras as pragas e doenças proliferam rapidamente. Os herbicidas poupam trabalho, pois dispensam um contingente muito grande de mão de obra nos tratos culturais, na limpeza das lavouras, quando infestadas de ervas daninhas.

De acordo com o Sindicato Nacional das Indústrias de Produtos para Defesa Agrícola (Sindag), as vendas de inseticidas aumentaram cinco vezes de 1990 até 2005. A produção de acaricidas, no mesmo período, manteve-se constante. Quanto aos fungicidas, a produção aumentou em meados dos anos 2000, com um crescimento de 4,8 vezes nos últimos 25 anos. Os herbicidas têm apresentado crescimento significativo nos últimos anos em virtude do crescimento dos cultivos, principalmente nas lavouras de soja. As vendas de defensivos no Brasil aumentaram 4,1 vezes nos últimos anos.

O impacto da indústria de defensivos agrícolas no desempenho do setor ocorreu via produtividade e qualidade. A pesquisa, no caso destes insumos, foi feita preponderantemente por suas indústrias produtoras, que são detentoras das patentes das moléculas dos princípios ativos desses produtos.

4. O papel do crédito rural e do financiamento da agricultura na produtividade e no desempenho do setor

O desempenho da agricultura no período de 1970 a 1980 se deveu ao crédito rural oficial e às diversas formas de financiamento do setor agropecuário, através do crédito de investimento (máquinas e equipamentos para a abertura de novas áreas), de custeio e financiamento da comercialização, conforme desenvolvido no capítulo 3. De uma política de crédito rural oficial, o setor evoluiu, a partir dos anos 1990, para formas mais avançadas de financiamento através de instrumentos mais modernos de financiamento que o mercado financeiro "descobriu". A partir dos anos 2000, por meio dos investimentos dos grandes grupos de investidores nacionais e estrangeiros, a agricultura passou para um novo patamar de desenvolvimento.

No período atual, as necessidades de financiamento da agricultura diferem muito do quadro dos anos 1970 a 1980, quando predominou o crédito rural. O agronegócio é hoje capital-intensivo; tem um capital fundiário muito diferente, exige máquinas, equipamentos, insumos caros e sofisticados; mudou a estrutura de capital tecnológico (agricultura de precisão). Em termos de financiamento, o setor triplicou suas necessidades, sem considerar todo o financiamento a montante e a jusante da produção. O setor sofre influência direta dos preços externos (o país produz cerca de 30% a mais do que consome); depende de uma política agrícola "inteligente", como são os novos instrumentos de apoio à comercialização, que dispensam a compra de produto pelo governo.

A principal questão é: como foi possível o aumento da produção com instrumentos do velho crédito rural, tão defasados da realidade da agricultura moderna?

Não se poderia avaliar o desempenho do setor sem a interferência de todos os condicionantes dos mercados financeiros rurais, uma vez que a agricultura, no processo produtivo, sem falar no investimento, é o único setor da economia que imobiliza recursos próprios ou de terceiros por seis meses para produzir (custeio), e por oito a 10 meses para vender (comercialização). Daí a necessidade do financiamento da atividade, mas não necessariamente através de uma política de crédito rural subsidiado. Apesar da falta do crédito rural oficial a agricultura não deixou de apresentar bom desempenho.

Nos anos recentes, como registram os estudos empíricos, a agricultura beneficiou-se muito mais da estabilidade da economia e dos novos instrumentos de financiamento, deixando para trás o crédito rural oficial. O setor, a julgar pelo seu desempenho, foi um dos que mais se beneficiou com o fim dos subsídios e da estabilização dos preços. Sem subsídios, a agricultura foi obrigada a exercitar sua "musculatura competitiva" para sobreviver.

4.1 A dívida agrícola

Antes de abordar os novos instrumentos de financiamento da agricultura, esta seção trata da dívida agrícola, assumida notadamente a partir do Plano Real e das medidas então adotadas para a correção das despesas financeiras do crédito rural oficial, com a contribuição também de outros fatores como secas e evolução dos preços e do câmbio.

De acordo com dados do Banco Central (Rezende e Kreter, 2007), o endividamento cresceu a partir de 1995, quando somava R$ 42,3 bilhões (em valores de maio de 2007), sendo R$ 28 bilhões nas modalidades custeio e comercialização e R$ 14,2 bilhões de investimento. O endividamento agrícola foi objeto de negociações prolongadas, a partir de 1995, que resultaram num primeiro programa de securitização. Apesar disso, o endividamento não parou de crescer. Na renegociação de um novo acordo de prorrogação em 2007, a dívida do setor alcançava R$ 87,5 bilhões, em valores de maio de 2007. Além de forte crescimento da dívida total, houve uma rápida expansão da dívida de investimento que quase dobrou no período.

Em termos da participação da dívida total do crédito rural em relação ao PIB da agropecuária, nota-se que ela partiu de 50,9%, em 1995, para

68,3%, em 2007 (em valores de maio de 2007). Destaca-se novamente o crescimento do crédito de investimento, que saltou de 17% do PIB setorial em 1995 e atingiu 34% em 2007; enquanto o crédito de custeio saiu de 23,8% para 30,9% como proporção do PIB setorial no mesmo período. Nestes montantes não estão somadas as dívidas de empréstimos feitos pelas indústrias fornecedoras de insumos e pelas *traders*; estas duas últimas modalidades sendo adiantamentos por conta de produção a ser entregue na safra.

Essa dívida agrícola decorre, em larga medida, do fato de que as políticas setoriais não lograram, ao longo de três décadas, estabilizar a renda agrícola. Os instrumentos, como os preços mínimos, os financiamentos de comercialização e as compras governamentais tentaram, mas fracassaram. Não houve recurso suficiente para "defender" essas políticas. Essas aplicações no crédito oficial e nos subsídios acabaram acarretando a erosão dos recursos no "fundo de crédito". Apesar da falta do crédito rural oficial e do endividamento, o gráfico 2 mostra que a trajetória de crescimento do setor ganha novo ímpeto a partir do final dos anos 1980. Como, então, explicar a evolução da produção e o notável desempenho da agricultura a partir do final desse período?

Gráfico 2
Evolução do crédito* e da produção** (1969-2009)

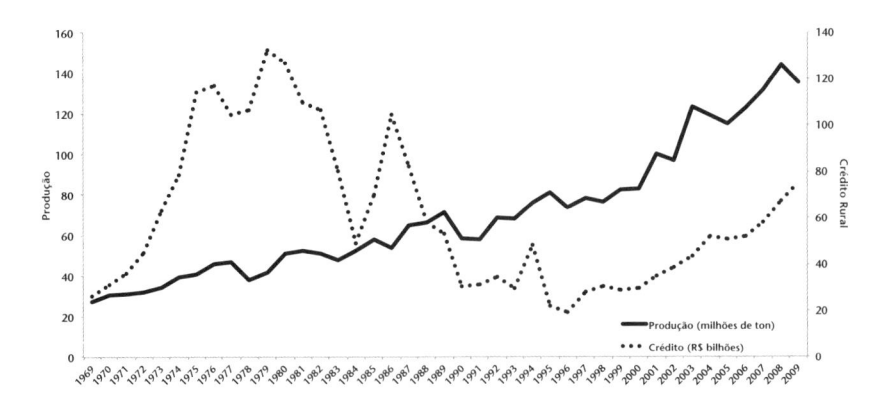

Fontes: Crédito rural: Banco Central do Brasil. *Anuário estatístico do crédito rural*. Produção: IBGE. *Anuário estatístico do Brasil* (1969 a 1976) e Conab (1977-2009).

* O Crédito Rural está em valores constantes de 2009 (IGP-DI — Índice médio anual).

** Produtos selecionados: caroço de algodão, amendoim, arroz, aveia, centeio, cevada, feijão, girassol, mamona, milho, soja, sorgo, trigo e triticale.

4.2 O financiamento de custeio em substituição ao crédito oficial

A principal questão é: como foi possível o aumento da produção com instrumentos do velho crédito rural ainda remanescentes, tão defasados da realidade da agricultura moderna? As razões estão na criatividade dos agentes de mercado e no avanço de novos instrumentos de financiamento introduzidos pelo setor privado. No início havia a "Soja Verde", venda antecipada feita pelo produtor para as *traders* para financiar o custeio agrícola. Essa forma não vingou: essa modalidade era similar aos "mercados a termo", um instrumento arriscado por não garantir a entrega da produção futura. A par disso, as indústrias de fertilizantes também fizeram adiantamentos para o custeio das safras.

Os novos instrumentos avançaram com a Cédula de Produto Rural (CPR), um título representativo de promessa de entrega do produto que permite ao emissor, o produtor rural, a venda antecipada da sua mercadoria para entrega futura. Esse sistema era mais seguro devido à necessidade de sua inscrição em Cartório de Registro de Imóveis. Mais tarde estes títulos eram registrados na Central de Custódia e de Liquidação Financeira de Títulos (Cetip) ou custodiados na BM&F. Estava criada a CPR Física. A CPR com liquidação financeira (CPRF) veio logo a seguir.

A CPRF permitia a negociação desse ativo no mercado financeiro, especialmente em função de restrições e dificuldades por parte de investidores, fundos de investimento e entidades de previdência privada complementar de operarem no físico. A partir da Medida Provisória nº 2.017/2000, convertida na Lei nº 10.200/2001, foi facultada a emissão de cédula com liquidação financeira, ampliando-se a base de investidores potenciais nesses ativos. O agronegócio passou a ter acesso direto ao mercado financeiro. Ambas as CPRs financiaram no início preponderantemente o custeio. Mais tarde foram usadas também na comercialização. Com elas o Brasil ganhou novo impulso no desempenho, sobretudo na exportação.

As CPRs avançaram em novos recursos. Além das modalidades de liquidação física e financeira, as CPRs passaram a ser liquidadas mediante emissão e negociação de novos títulos: o Certificado de Depósito Agropecuário (CDA), o Warrant Agropecuário, emitidos por armazéns certificados, a pedido do produtor. Os referidos títulos permitiram a extensão do financiamento original da produção para o período de armazenamento e comercialização futura do produto. Na prática o alcance das CPRs foi ampliado para o financiamento até o processamento industrial.

No momento em que a cédula passa a ter um *status* de ativo financeiro, o avanço representado por esse novo instrumento pode ser visto pelos resultados alcançados. Os produtos que exibem os maiores estoques de CPRs registradas na BM&F-Bovespa são bovinos, açúcar, café e soja. Em conjunto esses produtos representam mais de 50% das operações registradas com CPR Financeira. No caso da CPR com liquidação física, a predominância é do café.

De acordo com Lopes e Victal (2010), esse volume de operações revolucionou o financiamento das safras nas exportações. A emissão dessas CPRs substituiu parte dos recursos destinados pelo crédito oficial para o financiamento do custeio. O dado que impressiona é o crescimento das operações realizadas com as CPRs em termos de valor. De 2003 até 2008 o volume de CPRs registradas na BM&F-Bovespa aumentou de R$ 133,4 milhões para R$ 636,6 milhões (aumento de 4,8 vezes). Em termos de volume total de operações, as CPRs registradas na Cetip cresceram em volume de R$ 365,6 milhões em 2003, atingindo R$ 1,6 bilhão em 2008. O valor total de negociação de CPRs aumentou 4,3 vezes em cinco anos. Nesse período o número de CPRs com liquidação financeira aumentou 1,3 vez.

4.3 Uma nova geração de instrumentos

Foram criados ainda novos instrumentos, com as seguintes siglas, como são conhecidos no mercado: CDCA, LCA, CRA, CDA e WA. Passemos à análise de cada instrumento em maior detalhe. O Certificado de Direitos Creditórios do Agronegócio (CDCA) é um título emitido, com lastro em uma CPRF, por produtores, cooperativas, empresas de beneficiamento, comercialização, industrialização, empresas de venda de insumos, máquinas e equipamentos. Serve como instrumento de financiamento para atividades complementares do agronegócio, através da captação direta de recursos junto a investidores no mercado financeiro. Um antigo anseio do setor rural era justamente ter acesso direto aos mercados financeiros e aos investidores.

O Letra de Crédito do Agronegócio (LCA) é um título de crédito emitido por bancos, cooperativas de crédito, instituições financeiras para financiar a agricultura diretamente. São fonte de recursos fora dos sistemas regidos do crédito rural, das exigibilidades, recursos obrigatórios, ou próprios livres. São instrumentos muito mais flexíveis. O Certificado de Recebíveis do Agronegócio (CRA) é emitido por companhias securitizadoras de direitos creditórios do agronegócio. São úteis para cooperativas com grandes volumes de recebíveis (créditos a receber), de compradores, de cooperados que compraram insumos etc. Os certificados podem ser negociados no mercado financeiro.

O Certificado de Depósito Agropecuário (CDA) garante a propriedade da mercadoria recebida em depósito. O WA (Warrant Agropecuário) dá o direito de penhor para a negociação como lastro em empréstimos e uma grande flexibilidade de negociação. Os dois títulos são versões modernas dos que existiam na Lei de Armazéns Gerais de 1903, hoje, porém, com enorme flexibilidade.

Os números falam muito melhor do sucesso destes instrumentos do que quaisquer palavras. No caso do CDCA, em quatro anos, o volume negociado passou de R$ 28 milhões para R$ 1,6 bilhão e o número de registros passou de 25 para 799. Os registros do LCA cresceram no período de 148 para 6.038 e o valor passou de R$ 168 milhões para R$ 28 bilhões (2008). O valor total negociado apenas com estes dois títulos passou nos últimos anos de R$ 196 milhões para R$ 29,6 bilhões. No período foram negociados com esses dois títulos R$ 36,5 bilhões — um crescimento extraordinário (Lopes e Victal, 2010).

Quanto ao CDA e o WA não se tem informação em termos de valores, mas o crescimento do número de títulos emitidos não é menos significativo. O número de CDAs e WAs emitidos cresceu de 22 no ano de lançamento do título, em 2005, para 1.781, em 2008. Desde a criação do CDA e do WA, foram emitidos títulos no montante total de 4.893 registros.

Não restam dúvidas de que o setor privado encontra formas de financiamento da agricultura infinitamente mais ágeis do que o pesado Sistema de Crédito Rural, do qual o setor agropecuário herdou uma pesada dívida agrícola. Novos títulos estão sendo desenhados e concebidos. Não há dúvida pelo registro do que ocorreu até agora que serão muito bem-sucedidos. Esse avanço dos novos instrumentos permitiu a sustentação da produção e explica o desempenho no setor, em um período de escassez do crédito oficial.

4.4 O financiamento pelos grandes investidores nacionais e pelo capital estrangeiro

As "novas" empresas da agropecuária brasileira estão produzindo um impacto substantivo no desempenho do setor. Estão mudando a forma de organização dos negócios, o ambiente competitivo nos mercados de produtos, nos mercados de insumos, de máquinas e equipamentos, fertilizantes e na forma de financiamento das explorações, além, é claro, no mercado de terra.

Os pontos de partida (pressupostos) para as decisões estratégicas dos investidores nacionais de grande porte e os investidores estrangeiros são: a) as novas tendências quanto às formas de financiamento da agricultura estão influenciando decisivamente as formas de organização do agronegócio brasileiro; b) a alavancagem tradicional de recursos mediante utilização de ativos tangíveis como a terra está hoje sob forte questionamento; c) a atração de investidores internacionais para o mercado de terras agrícolas brasileiras, movimento este que é determinante para a valorização acelerada destes ativos no cenário atual, trouxe mudanças profundas na gestão estratégica do agronegócio principalmente nos arranjos financeiros; d) a sustentabilidade financeira de uma grande parcela de empreendimentos está comprometida em algumas regiões do Brasil.

As limitações da análise desse conjunto de pontos de partida para os investimentos dos grandes grupos na agricultura são: a) o Brasil tem uma grande diversidade de formas de exploração agropecuária: não podemos generalizar; b) há estabelecimentos rurais de 500 ha muito bem administrados e produtores com 10 mil ha com grandes restrições de capital. A escala é importante (tecnologia mecânica e biológica). Mas há outros pontos. Os sistemas são muito dinâmicos, os modelos de negócio mudam a cada ano.

O levantamento acerca dos grupos de investidores que estão comprando terras no Brasil revela que: a) há 17 grupos, nacionais e estrangeiros, com metas de exploração de 3 milhões de hectares; b) estimativas do mercado dizem que eles são mais ou menos 20 grupos, que cultivam 4 milhões de hectares; c) não foram incluídos nas estimativas os grandes projetos do Complexo Sucroalcooleiro. A origem desses compradores é diversificada: a) grupos (argentinos, ingleses, americanos); b) investidores individuais (americanos e alemães). Suas modalidades de organizações são a administração da produção e das finanças altamente especializadas e auditorias financeiras independentes. E predomina uma estruturação financeira sem imobilização excessiva de capital. Se comprarem 30 mil ha, serão cultivados todos os 30 mil ha com pacote tecnológico absolutamente adequado, de tecnologias biológicas e mecânicas adequadas. Não economizam em insumos. Assim os arranjos financeiros são adequados para o custeio e a comercialização (Lopes e Victal, 2010).

Os motivos pelos quais estes investidores estão comprando terra no Brasil decorrem da perspectiva mundial: a) nos próximos 20 anos teremos mais 2 bilhões de habitantes; para alimentá-los precisamos de mais 150 milhões de hectares (em 2050 o mundo terá 9,2 bilhões de habitantes); b) crescimento da demanda por alimentos nos países emergentes onde vivem 78% da população mundial; c) Há terras disponíveis, mas poucos países oferecem estabilidade da política macroeconômica, baixo risco político, baixo risco sociopolítico, altos níveis de compatibilidade cultural. Poucos países estão na categoria de "qualidade de investimento"; d) no mundo há cerca de 1 bilhão de hectares em processo de desertificação.

Quanto à origem dos recursos desses investimentos, os arranjos financeiros são: a) associação de grupos nacionais e estrangeiros com fundos e investidores internacionais; b) sócios estratégicos estrangeiros; c) compra de participação de empresa já existente; d) abertura de capital, as IPOs, e emissões de ações em mercados no exterior.

De acordo com o Banco Central, os ingressos de Investimentos Estrangeiros Diretos no Brasil na agricultura, pecuária e serviços associados ao setor saltaram de US$ 32,3 milhões, em 2001, para US$ 498 milhões, em 2008, e US$ 311,4 milhões, em 2009.

De acordo com o estudo já citado (Lopes e Victal, 2010), as estratégias utilizadas pelos investidores são:

1. Quanto às oportunidades que elas identificaram: a) combinações competentes de alta tecnologia com capital para custeio e investimento e gestão técnica, tudo no "estado das artes"; b) taxa interna de retorno entre 12% e 15% a.a. e entre 18% e 20% a.a. com avaliação "na ponta do lápis" por avaliadores independentes; c) combinação da operação da terra e lucro nas operações com a valorização da terra e do capital fundiário.

2. Os pontos fracos na gestão tradicional dos agricultores brasileiros são justamente onde esses grupos construíram suas estratégias, a saber: a) elevada imobilização em ativos para custeio e investimento (muitos investidores arrendam terra e não a compram); b) escassez de capital para custeio e investimento; c) falta de liquidez no "pico da safra"; d) gestão pobre de riscos de preços; e) restrições cadastrais para produtores-devedores; f) compra de insumos atomizada — os brasileiros não compram lotes grandes e negociam preços e os grandes investidores compram grandes quantidades e negociam preços irredutivelmente; g) os produtores brasileiros especulam com custos e o valor total da

produção, quando deveriam especular apenas com as margens (opções) — usam pouco os Mercados Futuros. Os investidores estrangeiros e os grandes grupos nacionais montaram seus negócios de forma contrária ao que constatamos antes, que são as formas de gestão de uma grande parte dos agricultores brasileiros.

3. Quanto à lógica de investimentos que eles usam: a) combinação de agricultura de precisão com "gestão de precisão"; b) capitalização no valor das terras dos investimentos em máquinas, equipamentos, silos etc.; c) compram terra por 30 sacas de soja por ha, fazem o desmatamento, preparam o solo com calagem, gastando cerca de 100 sacas de soja por ha para desenvolver a infraestrutura, e vendem a fazenda por 300 a 400 sacas por ha.

Como impactos na agricultura brasileira podemos citar os seguintes:

1. Quanto aos novos patamares de produtividade: a) uma diminuição no custo de produção médio, o que tende a reduzir os preços. Caso os agricultores de porte médio não se adaptem a esse novo cenário, estes podem terminar produzindo apenas para a subsistência; b) aumento na produtividade média dos cultivos no agro brasileiro; c) expansão da área cultivada em 5% a.a.; d) estabelecimento de um novo *benchmarking* de produtividade e gestão no Brasil (se o nível de excelência se eleva, o nível crítico se eleva também); e) novos patamares de rendimento — soja de 50 para 55 sacas/ha, algodão de 200 para 300 arroba por ha; f) haverá um impacto importante nos ambientes de negócios e mercados.

2. Quanto às novas práticas de gestão: a) a ocorrência de uma verdadeira revolução na agricultura brasileira no que diz respeito à organização e às formas de estruturação — será fundamental a estruturação da atividade com procedimentos de governança coorporativa, governança societária etc.; b) separação da administração do estabelecimento dos ativos e passivos do proprietário capitalista; c) separação da gestão da produção e do capital fundiário dos acionistas. Ponto de partida das fazendas corporativas.

5. Produtividade na agricultura como base para o desempenho do setor: produtividade total dos fatores

O conceito de produtividade total dos fatores (PTF) é importante porque empresta significado àquela parcela do crescimento da produção que não pode ser explicada pelo crescimento dos insumos. A vantagem da PTF é a medida para muitos produtos, com a medida de todos os gastos com insumos — um agregado abrangente que supera as medidas de produtividade de produtos individuais. Alega-se na literatura que se os insumos forem corretamente corrigidos, o crescimento deles explicaria o crescimento da produção. Por exemplo, o nível de educação cresceu de um período para o outro, então dever-se-ia fazer uma correção por algum fator para levar em conta a melhoria do fator trabalho. Da mesma forma, fertilizantes são atualmente mais eficientes que no passado; o que também se aplica a máquinas e equipamentos etc.

A taxa de crescimento da PTF é a taxa de crescimento da produção menos a taxa de crescimento dos insumos, ponderados por algum critério. As pesquisas empíricas têm mostrado que a produção cresce a taxas mais altas que as taxas de crescimento dos insumos. O resíduo é devido à ampliação dos conhecimentos não cristalizados em insumos, e gerados por uma grande diversidade de fontes. O conhecimento às vezes é mais importante do que o nível de educação formal. Muitos produtores com menores níveis relativos de educação formal operam sistemas sofisticados na agropecuária. A medida da PTF é a contribuição de conhecimentos para o crescimento da produção.

Como assinala Alves (2010b),

> O conhecimento que impacta a produção está nas mãos dos produtores. A pesquisa, a assistência técnica, as firmas que vendem insumos e processam a produção, as cooperativas e associações de agricultores (ou seja, o mercado), têm o papel de modificar o conhecimento existente. Mas, o conhecimento só expande a produção se incorporado pelos agricultores. Os conhecimentos — uns têm origem recente e se sabe onde e como foram gerados, outros são de ascendência complicada de ser descrita.

A origem pode estar na experimentação dos produtores-melhoristas, na pesquisa, na vivência das técnicas no próprio meio dos agricultores, na assistência técnica e na revenda de insumos e máquinas e equipamentos. Alguns exemplos de novas tecnologias inovadas pelos produtores e depois validadas pela pesquisa são um novo espaçamento, uma nova combinação de fertilizantes, com nova época de aplicação e quantidade, com nova época de plantio, uso de sementes precoces e tardias, plantio direto, agricultura de precisão etc.

5.1 A produtividade total dos fatores: evidências recentes

Estudo recente[7] indica que no período de 1975 a 2008 o produto agropecuário cresceu a uma taxa média anual de 3,68%. Embora esta seja uma taxa elevada, no período mais recente, 2000 a 2008, o crescimento foi ainda maior (5,59% ao ano). Esse aumento médio anual do produto, de 3,68% ao ano (no período de 1975 a 2008), superou em larga medida a taxa de crescimento de insumos, os quais tiveram taxa de crescimento quase nula, de 0,01% ao ano (Gasques et al., 2009:3).[8] Conclui-se que o crescimento da agricultura tem sido estimulado quase que exclusivamente pelos acréscimos de produtividade.

Nesse ponto, as interpretações diferem ligeiramente. Há pesquisadores que acreditam que ela resulta da diferença nos níveis de conhecimento, a qual teria sido a principal fonte de crescimento. No período entre 1975-2008, a utilização da mão de obra se reduziu em média 0,4% ao ano; o capital cresceu em média 0,3%; a terra (lavouras e pecuária) aumentou 0,12% a.a; e os insumos 0,01% ao ano (Gasques et al., 2009:4).

Em termos de produtividade da mão de obra, terra e capital, a produtividade do trabalho é a que mais tem crescido. A taxa anual de crescimento da produtividade da mão de obra é de 4,09 a.a. A do capital teve um crescimento médio anual no período de 1975 a 2008 de 3,37%.

O estudo citado fez a decomposição da produtividade do trabalho pela relação área/homem e pela produtividade da terra, e concluiu que a quase totalidade do aumento da produtividade do trabalho se deveu ao aumento da produtividade da terra e não à mecanização, indicada pela relação área/mão de obra. No período de 1975 a 2008, 87% do aumento da produtividade do trabalho se deveu ao aumento da produtividade da terra e apenas 13% se deveu à mecanização, representada pela relação entre área e mão de obra ocupada. Calculada a elasticidade produto-emprego, a estimativa obtida para o período de 1975 a 2008, foi de - 0,11. Concluiu-se que, para 10% de aumento do produto, há uma redução de 1,1% no emprego agropecuário como média do período de 1975 a 2008.

Como comparação apresentamos exemplos de crescimento da PTF na agricultura da Austrália (1960-2000), 2,12; Estados Unidos (1975-2006), 1,95; Brasil (1975-2008), 3,66; Brasil (2000-08), 4,98.

---

[7] Gasques et al. (2009). Esta seção segue de perto a exposição desse trabalho.

[8] Uma explicação é o aumento de precisão na aplicação de insumos. A aplicação de inseticidas hoje é recomendada somente a partir de determinado nível de infestação, cuja eficiência foi comprovada. A aplicação de fertilizante e calcário é feita segundo a necessidade de cada parcela do solo, com uso de GPS.

6. O desempenho da agricultura no abastecimento interno: a contribuição da agricultura para a redução dos preços reais dos alimentos

A expansão da oferta de alimentos foi um fator determinante para a diminuição do preço da cesta básica, contribuindo para a redução das pressões inflacionárias, principalmente pelas taxas da demanda interna/externa de alimentos terem crescido menos que as da oferta, conforme constatado em estudo recente (Alves et al., 2010). Os autores, comparando as cestas básicas da cidade de São Paulo de abril de 2010 e janeiro de 1975, evidenciaram que a cesta básica de 2010 era equivalente a 53% do valor observado na cesta de janeiro de 1975.

Analisando-se o período de 1991 a 2010, houve poucos momentos em que as pressões dos alimentos sobre a inflação foram consideráveis. Esse fato pode ser ilustrado pelas variações do IPC-DI Brasil e do IPC Brasil DI Alimentação, que são levantados desde 1990 pelo Ibre/FGV. Deve-se salientar que o peso dos alimentos no IPC Brasil-DI que era de mais de 40% passou para 27,06%.

Até o ano de 1994, as variações do IPC-DI Alimentação foram mais elevadas que as do IPC-DI Brasil. A partir do Plano Real, durante sete anos consecutivos (até 2002), as variações anuais do IPC-DI Alimentação ficaram abaixo do IPC-DI Brasil, contribuindo para a estabilidade dos preços, a ponto de a agricultura ser denominada a "âncora" do Plano.

Nos últimos 16 anos, em poucas ocasiões os alimentos voltaram a pressionar a inflação. Tal foi o caso dos anos de 2002 e 2003 e tem sido a partir de 2007, que em parte foram influenciados pelas elevações nos preços das *commodities* agrícolas em 2008, do preço do açúcar no mercado internacional causado pelos problemas climáticos ocorridos na Índia em 2009 e pela elevação dos preços da carne bovina em período mais recente. Em 2010 os preços dos alimentos se elevaram devido aos problemas climáticos (La Niña).

As inovações tecnológicas iniciadas com as instituições de pesquisa como o Instituto Agropecuário de Campinas (IAC), centros de pesquisa do setor privado, empresas da indústria de insumos e recentemente por cooperativas de pesquisa, impulsionadas pelas pesquisas da Embrapa, estão por trás da expansão da oferta de alimentos, que foi possível por uma série de fatores, tendo como destaque a maior utilização de máquinas agrícolas e de insumos modernos — que propiciaram elevados ganhos de produtividade, redução nos custos de produção e expansão da produção nas regiões Norte e Centro-Oeste. As mudanças foram de tamanha proporção que o Centro-Oeste, que, em 1977, era a terceira maior região produtora de soja, atualmente lidera a produção nacional deste produto. No total de grãos, a região ocupa a segunda posição. Parcela significativa do aumento da produção no Centro-Oeste decorreu do ganho de produtividade que foi possível pelo desenvolvimento de tecnologias apropriadas para o cerrado. Deve-se mencionar também que as regiões Norte e Centro-Oeste também tiveram crescimento substancial na área plantada de lavouras.

Com quedas acentuadas de preços, a agropecuária contribuiu para o controle da inflação e para a elevação da renda real dos trabalhadores e consumidores dos estratos mais pobres da população. Essa contribuição da agropecuária dispensou a criação de uma rede de proteção (*safety net*) para um "pouso suave" no período de transição de um regime inflacionário para um regime de estabilidade econômica.

Esse desempenho foi acompanhado por uma queda igualmente persistente dos preços dos produtos no nível do produtor, principalmente nos casos do arroz e do feijão. Os produtores deveriam ter reduzido a área dentro de uma realidade em termos de rentabilidade? Deveriam, mas isso não aconteceu em virtude de vários fatores. O primeiro é a chamada hipótese da "esteira de uma academia de ginástica" (hoje comprovada em estudos empíricos), a chamada Thread Mill Hypothesis, segundo a qual quanto mais caem os preços tanto mais os produtores usam tecnologia de ponta, acarretando, sucessivamente, aumento da oferta, nova queda de preços, seguida de incorporações de mais tecnologia, com o início de um novo ciclo de queda de preços. O produtor faz um enorme esforço de incorporar tecnologia e fica na "esteira de academia", no mesmo lugar.

O segundo fator é que, enquanto os produtores estiverem cobrindo com as receitas os custos variáveis, eles permanecem na produção, independentemente da amortização dos custos fixos e do capital fundiário. Eles repõem a fertilidade dos solos com fertilizantes e seguem produzindo. Em um setor competitivo, altamente competitivo, vale assinalar que ou o produtor usa as novas tecnologias, ou ele perecerá. Será levado gradualmente para a agricultura de subsistência.

A tendência de queda do preço da cesta básica está associada à grande capacidade de produção dos agricultores comerciais, aqui entendidos como o segmento dos agricultores que não se enquadra nas condições de acesso ao crédito do Pronaf. Esses produtores são responsáveis por 75% da produção brasileira de arroz, 68% do milho, 77% do café e 62% da horticultura (Lopes e Rocha, 2010). Ou seja, a agricultura está crescendo de forma mais concentrada, uma vez que esses produtores representam apenas cerca de 30% dos estabelecimentos rurais do país. Esses são os produtores que dominam a tecnologia e que possuem condições de assegurar o abastecimento interno e ainda contribuir para o aumento do consumo nos países emergentes, por meio das exportações. Por outro lado, a elevada produtividade desses produtores na produção de rações (milho e soja principalmente) viabiliza uma forte participação da agricultura familiar na produção animal, sobretudo leite e suínos.

7. A formação de grandes excedentes

O desempenho recente da agricultura brasileira foi marcado pela formação de excedentes crescentes de produtos com destaque para milho, algodão e soja.[9] No algodão, o indicador Excedente/Produção, no período 1988-2000, atingiu 34% e no período 2001-2011 o valor foi de 66%, revelando um desempenho mais vigoroso no crescimento da produção com novas variedades e liberdade de exportação. No indicador Exportação/Excedente, o percentual passou de 52% no período 1987-1992 para 42% no período 2001-2011, revelando menores exportações relativas de excedentes devido ao aumento do consumo interno, na medida em que a indústria têxtil passou a abastecer-se da fibra nacional, que passou a apresentar suprimento confiável e qualidade compatível com a fibra importada.

No indicador Importação/Consumo, o algodão apresenta resultados que surpreendem. No período 1993-2000, as importações atingiram, em média, 45,4% do consumo. Esse resultado decorre de importações com subsídios na origem de países exportadores para o Brasil. Em 1993 o Brasil importou 60,4% do consumo interno com produtos norte-americanos, com subsídios na origem e no crédito dos exportadores (Suppliers Credit). E essas importações persistiram, causando pesadas perdas aos cotonicultores. Foi feita uma primeira petição de investigação de práticas desleais de comércio, sendo comprovado o subsídio, o dano, mas as autoridades brasileiras, apesar das provas, não reconhecem o nexo causal entre os subsídios e os danos. Mais

[9] A análise baseia-se nos balanços de oferta e consumo elaborados pela Conab (Quadros de Suprimentos) e considera a estimativa da safra 2010/11.

tarde, outra petição de investigação de subsídios contra o algodão norte-americano logrou êxito, e o Brasil ganhou um painel na OMC e o direito de retaliação contra produtos importados pelo Brasil dos EUA.

No caso do milho, após o Plano Real, a geração de excedentes se manteve estável, em torno de 24,8% (de 1994 a 2011). Além disso, enquanto o percentual das exportações sobre os excedentes era de 1,3% por ano em média no período 1994-2000, esse percentual atingiu 47,3% no período 2001-2011. Esse desempenho foi importantíssimo para o milho, porquanto o crescimento continuado da oferta viabilizou-se através do escoamento dos excedentes para o mercado externo. As exportações de milho atingiram um recorde de 10,9 milhões de toneladas em 2007 (a partir de uma produção de 51,4 milhões de toneladas), crescendo de 6 milhões de toneladas em 2008 para 9,5 milhões de toneladas em 2009. O Brasil tornou-se um grande *player* exportador no mercado externo.

O Brasil produz um trigo apropriado para fazer bolachas, macarrões de preços mais em conta etc., mas não para fazer pão (para consumidores cada vez mais exigentes). Entretanto, melhores tecnologias aumentaram e melhoraram a produção nacional. O país passou a usar o trigo nacional em maiores quantidades no *mix* com o produto importado e passou até a exportar o produto nacional de qualidade relativamente inferior. De 1994 a 2003, os excedentes sobre a produção atingiram 27% e no período 2004-2011 atingiram, em média, 58%. O Brasil aumentou sua produção gerando consideráveis excedentes. Com isso, o país passou da posição de ausência no mercado exportador para a posição de "modesto" exportador. A exportação como percentual dos excedentes saltou de 0,5%, no período de 1994 a 2003, para 22,4%, no período de 2004 a 2010. O país continua importando trigo de qualidade superior, mas já consegue escoar os excedentes da produção nacional.

Nos casos de soja-grão, farelo e óleo, a agricultura brasileira desempenha um papel de destaque entre os países exportadores da oleaginosa e seus subprodutos. No período de 1981 a 2011 a geração de excedentes exportáveis de soja foi de 34,8% em média. Desse excedente exportamos 72,7%. Importamos alguma soja-grão (2,3% do consumo). No caso do farelo, geramos um excedente médio anual da ordem de 73,1% sobre a produção. Desse excedente, exportamos quase tudo (91%). E, no caso do óleo, no período considerado, geramos um excedente de produção da ordem de 40,6%. Exportamos desse excedente um montante médio anual da ordem de 85,2%.

No caso do feijão, os indicadores percentuais médios anuais de excedentes sobre a produção, de exportações de excedentes e de importações sobre o consumo são baixos. Uma coisa importante ocorreu com o feijão. As técnicas de irrigação com pivô central elevaram a produção a ponto de reduzir a já pequena importação do feijão de países vizinhos (Argentina). O feijão, com a abertura comercial, tornou-se um produto comercializável (*tradable*), com importação e exportação livres.

Lições aprendidas

A análise do desempenho por produto nos fornece algumas lições importantes. A liberação das exportações com importações mais espontâneas ocasiona maiores exportações de excedentes e "substituições de importações". O mercado externo é condição *sine qua non* para o crescimento da oferta na medida em que mobiliza o escoamento de excedentes. Quaisquer restrições às exportações "represariam" o produto no mercado interno, acarretando queda de preços em nível do produtor. Com as exportações decorrentes da abertura para exportações e importações, fica provado que é melhor abastecer o país exportando do que importando. Produtos como trigo e arroz são importados em volumes significativos e ao mesmo tempo exportados (em volumes crescentes). Deixados em condições de livre funcionamento, os agentes de mercado operam com racionalidade econômica. Os agentes do comércio exterior compram onde o produto está mais próximo (Mercosul), economizando fretes, e exportam para mercados onde somos competitivos (trigo e arroz em casca para diversos países do Meio Oriente e da Ásia).

Permitir a entrada livre de produtos agrícolas dos países do Mercosul é uma coisa (é o caso do arroz, por exemplo). Outra muito diferente é permitir a entrada de produtos com subsídio na origem. Esse foi o caso do algodão de 1993 a 2000. Sem um direito compensatório para neutralizar os subsídios na origem e permitindo aos exportadores financiarem os importadores nacionais por longos prazos e juros zero, acabamos permitindo a formação de excedentes invendáveis nas mãos dos produtores e da Conab. Como o governo garante preços mínimos aos produtores brasileiros, acabamos, ainda que indiretamente, fazendo garantia de preços mínimos para produtores de outros países. É preciso ter cuidado com os preços mínimos do arroz, milho e trigo, porquanto a proximidade do

Brasil com a Argentina e o Uruguai, grandes exportadores, pode acarretar "garantia de preços mínimos para nossos vizinhos".

8. Desempenho das exportações e importações

Os avanços tecnológicos, aliados ao cenário macroeconômico nos últimos 15 anos, beneficiaram o Brasil na manutenção da liderança na produção e exportação de produtos como açúcar, café, suco de laranja e fumo, e na escalada para as primeiras posições mundiais nas exportações de etanol, carne bovina e carne de frango (quadro seguinte). Em 2010, as exportações do agronegócio foram de US$ 76,4 bilhões (Mapa, 2011).

Quadro
Brasil no mundo — produção e exportação de produtos selecionados

Produtos	Produção	Exportação	Produtos	Produção	Exportação
Açúcar	1º	1º	Couros e Peles	2º	4º
Café	1º	1º	Carne de Frango	3º	1º
Suco de Laranja	1º	1º	Farelo de Soja	4º	2º
Etanol	2º	1º	Milho	4º	3º
Carne Bovina	2º	1º	Óleo de Soja	4º	2º
Fumo	2º	1º	Carne Suína	4º	4º
Soja em Grão	2º	2º	Algodão	4º	4º

Fonte: Secex/MDIC (2010).

O desempenho das exportações de carnes fica bastante visível quando se observa o salto deste produto para a contribuição do total exportado. Em 1997, a participação era de 6,8%, subindo, em 2010, para 17,83% (Mapa, 2010a, 2011). Neste último ano, as carnes de frango e bovina *in natura* representavam 74,2% (US$ 10,12 bilhões) do total exportado de carnes (US$ 13,6 bilhões), e o maior peso é proveniente das carnes de frango (45,9%). Na quantidade exportada, o valor que, em 1997, era de 938 mil toneladas, ficou em torno de 5,9 milhões de toneladas em 2010, tendo crescido 529,9% quando são comparados estes dois anos (tabela). A taxa de crescimento anual ao longo deste período foi de 15,2%, que é um percentual bastante considerável.

Destaques em termos de exportação e produção devem ser dados também aos produtos do complexo soja, que ocupam posições mundiais relevantes, especialmente a soja em grãos, além de ser o grupo que tem maior participação nas exportações do agronegócio, tendo sido um pouco mais de um quarto (26,6%) em 2009 e 22,38% em 2010. Em 2009, a soja participou com 17,6% do total exportado pelo agronegócio e em 2010 com 14,44%. Treze anos antes (1997), a participação havia sido de 9,8%.

Em relação aos lácteos, apesar do total exportado ainda ser baixo, o desempenho foi significativo. As exportações deste grupo que, em 1997, estavam na ordem dos US$ 11 milhões, saltaram para US$ 167 milhões em 2009.

O desempenho dos preços e da estabilidade de suprimento, de produtos *in natura* baratos, viabilizou a exportação de beneficiados, produtos processados e alimentos industrializados. De 2000 até 2009 a taxa de crescimento anual do valor da exportação de produtos primários *in natura* atingiu 19,3%. Os produtos semiprocessados apresentaram um crescimento anual do valor de cerca de 15,7%. Os produtos processados (alimentos industrializados) apresentaram um crescimento anual da ordem de 16,8%. O Brasil passou a exportar frutas e verduras a uma taxa anual de crescimento de 12,1%. Nos anos 1990 o Brasil exportava de US$ 100 a US$ 150 milhões de frutas. Hoje exporta anualmente mais de US$ 600 milhões.

Em termos de superávit da balança comercial brasileira, a partir de 1994 (Plano Real), por seis anos o saldo final da balança comercial foi negativo, em torno de US$ 1 a US$ 6 bilhões. Nesse período a agricultura contribuiu liquidamente para o resultado da balança comercial com um superávit do setor de US$ 12 a US$ 15 bilhões. A partir de 2000, enquanto o saldo da balança comercial do país cresceu entre US$ 13 e US$ 45 bilhões, o saldo da balança comercial da agricultura cresceu de US$ 20 para US$ 60 bilhões.

Outro destaque foi a diversificação da pauta. O desempenho da pecuária pode ser medido pelo peso total das carcaças abatidas (bovinos e aves), medido em toneladas, e em termos de litros para o caso do leite. No período 1975-2009 o peso total dos bovinos abatidos, em termos de carcaças, dos dianteiros e traseiros, aumentou 3,7 vezes, passando de 1,8 milhão de toneladas, em 1975, para 6,6 milhões de toneladas, com crescimento anual de 11,1%. Nesse mesmo período, o peso total de aves abatidas, em termos de carcaças, aumentou 27,4 vezes — passando de

372,3 mil toneladas, em 1975, para 10,2 milhões de toneladas, em 2009. Esse desempenho do setor agrícola, acima do desempenho do setor de bovinocultura, se deve ao fato de que a avicultura tem rendimento muito maior que a produção de bovinos, tem preços relativos melhores, usa a propaganda de forma eficiente e é mais saudável. Nesse período de 1975 a 2009, a produção de leite aumentou 3,4 vezes, passando de 8 milhões de litros, em 1975, para 27 milhões de litros, em 2009.

O quadro visto faz com que o agronegócio continue a ter peso nas exportações brasileiras. Em 2009, a participação do setor nas exportações totais foi de 42,3% e, em 2010, de 37,9% (Mapa, 2010a, 2011).

Os produtos que ainda pesam nas importações do agronegócio são o trigo, o malte e os produtos florestais. As importações de lácteos, em 2010, foram de US$ 336 milhões. Ocorreram momentos após 1997 em que as importações deste produto ficaram bem abaixo deste valor.

As mudanças constatadas na composição e na participação dos produtos exportados também foram acompanhadas de alterações nos destinos. Em 1998, 14,94% das exportações brasileiras tinham como destino os Estados Unidos; 9,2%, os Países Baixos; 6,1%, a Alemanha; 5,8%, a Bélgica; 4,2%, a Itália; 4,9%, o Japão; 3,1%, a Espanha; 2,8%, a Rússia; 2,7%, a China e 0,6%, a Venezuela. Os outros destinos representavam 45,7% do total exportado pelo agronegócio (Mapa, 2009).

Em 2010 o quadro era bem distinto, com a China se aproximando da posição que os Estados Unidos ocupavam em 1998, passando a ser o destino de 14,39% das exportações em 2010. Neste mesmo ano, os Estados Unidos representavam 7,07% do total exportado pelo agronegócio. O Brasil também ganhou mais mercado na Rússia e na Venezuela, representando, respectivamente, 5,32% e 2,82% das exportações do agronegócio brasileiro em 2010; e está cada vez mais ganhando participação na República Islâmica do Irã, Arábia Saudita, Hong Kong, República da Coreia do Sul, Egito, Emirados Árabes e Índia. Este é um bom indício de competitividade (Mapa, 2009, 2011).

Em termos de substituição de importações, tomando por base o período do nosso estudo (1970-2010), o Brasil deixou de ser grande importador de milho e leite em pó, passando a exportador desses produtos.

De 1980 a 2005, período que marca a expansão da produção de sementes de hortaliças de altíssima produtividade, o rendimento por hectare de produtos hortícolas passou de 10,9 para 22,5 toneladas, permitindo que o Brasil desse os primeiros passos para exportar esses produtos de alto valor e de elevadas elasticidade-renda da demanda. Hoje, a demanda por sucos de verduras e frutas, exceto os frutos cítricos, no mercado mundial, cresce a mais de 15% ao ano. Esse é o mercado no topo das tendências de crescimento hoje e no futuro, e o Brasil já está explorando esse mercado.

Finalmente, vale ressaltar que esse desempenho foi obtido no Brasil usando apenas 9% de seu território. De 1980 a 2005, a área plantada com cereais, fibras e oleaginosas aumentou 75,6%, a produção aumentou 385,5%[10] e a produtividade cresceu 2,76 vezes. No mesmo período, os agricultores brasileiros produziram 45,5 vezes mais soja, 3,9 vezes mais milho, 2,7 vezes mais trigo e 1,5 vez mais arroz e feijão.

De acordo com estudo feito pela Basf (2010), em 1940 um agricultor podia produzir alimentos para 49 pessoas. Em 1970 um agricultor alimentava 73 pessoas e, em 2010, um agricultor alimentava 155 pessoas.

Em suma, o conjunto de fatores abordados no capítulo 3 preparou o caminho para o Brasil se tornar um relevante *player* mundial, o que torna viável para que, em períodos cada vez mais curtos, possa ampliar sua inserção no comércio mundial de produtos agrícolas. Em 2001, a participação agrícola brasileira no comércio mundial era de 4,7%, passando para 6,8% em 2008 (Mapa, 2010c).

Com o desempenho da agricultura, podemos vê-la enfrentando novos desafios. Em 2010 a população mundial era de 6,8 bilhões de pessoas. Atingirá, em 2050, 9,3 bilhões. Em 10 anos a demanda por alimentos crescerá 20%. Devido ao desempenho recente da agricultura, vários estudos indicam que o Brasil terá condições de atender a 40% dessa demanda, sem causar maiores danos à natureza. O Brasil apresentou esse desempenho mantendo 69,4% da vegetação nativa do seu território, enquanto a Europa mantém apenas 0,36%.

9. A produção de agroenergia

A exemplo do que ocorreu com a pecuária, as exportações de açúcar e álcool foram impulsionadas pelo avanço na produção e na produtividade. Em 2010 o consumo de álcool superou o consumo de gasolina. Até 2020 a produção de energia a partir do bagaço de cana deverá superar a geração de energia de Itaipu (hidrelétrica responsável pelo fornecimento

---
[10] A taxa de crescimento anual foi de 4,9%.

de 20% do consumo de eletricidade do país). As novas tecnologias de caldeiras das usinas, de alto rendimento, tornaram mais lucrativo queimar o bagaço de cana para produzir energia elétrica, em conexão com as redes de distribuição de eletricidade, do que usar esse bagaço na produção de etanol.

Entre 1975 e 2010 a produção de cana passou de 89 para 696 milhões de toneladas. Nos últimos 12 anos a produtividade média de cana passou de 69 para 88 toneladas por hectare. Deve-se considerar que a produção no Nordeste é pouco maior do que a metade da média brasileira, enquanto em São Paulo os rendimentos superam 140 toneladas por hectare. Os rendimentos da nova fronteira da cana, em Goiás, atingem 100 toneladas por hectare — uma expansão que impressiona, em parte devido ao alcoolduto de Senador Canedo (Goiás) ao terminal da Transpetro em São Vicente (São Paulo).

O desempenho da produção de cana contribuiu para o aparecimento de grandes usinas de alta eficiência. Há 10 anos o *benchmarking* das usinas era o processamento de 3 a 5 milhões de toneladas de cana por ano. Hoje ele atinge de 6 a 8 milhões de toneladas/ano, havendo hoje uma usina que ultrapassa 12 milhões e tem como meta 17 milhões. Em eficiência, na agroenergia somos imbatíveis.

10. A produtividade e o desempenho da agricultura na conservação do meio ambiente

Um dos aspectos mais importantes do avanço tecnológico na agricultura foi a conservação do meio ambiente. A competência dos produtores em decodificar as tecnologias disponíveis elevou a produtividade dos cultivos a tais níveis que cada vez se produzia mais alimentos para abastecer o mercado interno e exportar cada vez mais com menos abertura de áreas para as atividades da agropecuária. Um exercício simples revela quantos hectares foram "economizados" com o desempenho dos produtores.

Tomando-se a produção brasileira de grãos (critérios da Conab que inclui caroço de algodão, amendoim, arroz, aveia, centeio, cevada, feijão, girassol, mamona, milho, soja, sorgo, trigo e triticale), apenas no período 2007-10, e estimando-se o número de hectares necessários para produzir todo esse volume com os rendimentos médios destas mesmas culturas no período 1970-73, chegamos à conclusão de que poupamos mais de 78 milhões de hectares. Essa área corresponde ao dobro da área total desmatada da Floresta Amazônica entre 1988 e 2010, segundo dados do Instituto Nacional de Pesquisas Espaciais (Inpe). Não fosse a competência dos produtores modernos, nós estaríamos abrindo novas áreas. Essa "economia" foi propiciada principalmente pela soja (32% da área total poupada), milho (31,5%), algodão (8,2%) e arroz (6,6%), para citar os mais importantes.

Isso sem falar dos avanços do manejo dos produtores dos rebanhos bovinos de alta linhagem (raças como o Nelore e o Guzerá). Com a melhoria da genética dos animas e, sobretudo, com o aprimoramento das técnicas de manejo dos animais, construímos o maior rebanho comercial do mundo, abastecendo o mercado interno e atingindo a posição de maior exportador mundial de carne bovina. Além desses recordes expressivos, "economizamos" em áreas de pastagens. Hoje produzimos "mais carne" em menores áreas de pastagens (inclusive com o avanço de técnicas de pastagens cultivadas, que economizam áreas). Sem as técnicas da bovinocultura, teríamos de seguir abrindo pastagens — principalmente na Amazônia. A tabela a seguir relata os resultados desse exercício.

Tabela 2
Área poupada pelo aumento da produtividade na agricultura

Produto	Produtividade[1] (Kg/ha)		Produção[1] (mil ton)		Área[1] (mil ha)	
	1970-73	2007-10	1970-73	2007-10	1970-3	2007-10
Algodão	480,3	3.672,5	2.075,1	3.539,0	4.319,2	963,3
Arroz	1.471,4	4.104,6	7.016,8	11.813,2	4.767,7	2.879,1
Feijão	644,2	863,5	2.451,9	3.404,1	3.801,9	3.951,4
Milho	1.406,1	3.885,4	14.355,8	54.248,5	10.217,8	13.989,8
Soja	1.302,7	2.798,7	2.955,0	61.065,8	2.210,4	21.802,7
Trigo	846,8	2.002,3	1.717,5	4.310,3	2.080,9	2.108,4
Prod. Selec.[2]	1.117,7	2.966,8	31.941,4	139.942,3	28.579,4	47.163,7
Produto	Área Necessária[3]		Área Poupada[4]		Contribuição (%)	
Algodão	7.368,7		6.405,4		8,2	
Arroz	8.028,8		5.149,7		6,6	
Feijão	5.284,2		1.332,8		1,7	
Milho	38.581,9		24.592,1		31,5	
Soja	46.876,4		25.073,7		32,1	

(continua)

(continuação)

Produto	Área Necessária[3]	Área Poupada[4]	Contribuição (%)
Trigo	5.090,1	2.981,8	3,8
Prod. Selec.[2]	125.204,1	78.040,4	100,0

Fonte: Elaboração CEA/Ibre/FGV a partir dos dados do IBGE (1970-73) e Conab (2007-10).

(1) Valores médios dos períodos 1970-73 e 2007-10. (2) Produtos selecionados (segundo Conab): caroço de algodão, amendoim, arroz, aveia, centeio, cevada, feijão, girassol, mamona, milho, soja, sorgo, trigo e triticale. (3) Área que seria necessária em 2007-10 para produzir a quantidade média deste período com a produtividade média de 1970-73. (4) Diferença entre a área média do período 2007-10 e a área necessária.

A área de pastagens decresceu de 180 para 160 milhões de hectares entre os censos de 1995 e de 2006. Isso foi possível devido ao desempenho da pecuária bovina de alta produtividade, com a melhoria da genética e do manejo dos rebanhos. Desses 20 milhões de hectares, uma boa parte é de pastagens degradadas, uma reserva que poucos países do mundo possuem. Elas poderão ser utilizadas em lavouras e na integração de lavoura e pecuária (ILP). O aumento recente das áreas em lavouras já se processa através da ocupação das áreas de pastagens que não estão sendo mais utilizadas com esta finalidade.

O avanço da tecnologia, aliado à competência dos produtores, tem resultado em práticas conservacionistas de grande efeito em poupar o meio ambiente. Técnicas poupadoras do meio ambiente são, em primeiro lugar, sementes transgênicas, que produzem mais com custos menores, sementes resistentes a pragas e doenças (como o mosaico dourado do feijão), e uso de tecnologia de controle biológico de pragas na lavoura. Em segundo lugar, destacam-se as tecnologias "poupadoras dos solos", tais como o plantio direto nas lavouras de cereais, fibras e oleaginosas, em todos os estados brasileiros, com destaque para o Centro-Oeste, e o plantio direto na palha no caso da rizicultura. Nos últimos 38 anos, a área plantada com as técnicas de plantio direto cresceu de 180 hectares para 26 milhões de hectares. No Centro-Oeste estima-se que 86% da área já é plantada com as técnicas do plantio direto.

11. Limites ao crescimento da agricultura

Os dados não deixam dúvidas de que o Brasil se tornou uma superpotência agrícola no século XXI. Para permanecermos como superpotência agroindustrial exportadora é preciso identificar com clareza os limites ao crescimento futuro. Nossos estudos recentes têm identificado os principais fatores limitantes do crescimento do complexo do agronegócio nos próximos anos.

O primeiro deles diz respeito, justamente, à posição de grande exportador mundial. Nessa posição assumida pelo Brasil, perdemos a condição de país que não afeta mais os preços internacionais, de país que é um tomador de preços. No passado, bastava que produzíssemos ligeiramente abaixo dos custos internacionais e a demanda externa era infinitamente elástica. Não havia limites às exportações. Tal não é mais o caso das exportações agrícolas brasileiras. O que o Brasil faz na produção repercute no mercado internacional e rebate no mercado interno. Um aumento substancial das exportações brasileiras reduz os preços do mercado internacional. Tem impacto significativo.

O segundo fator limitante é o câmbio. Os efeitos negativos da política cambial afetam proporcionalmente mais os setores exportadores e, portanto, a agricultura. Uma maneira de compensar o setor seria haver menor proteção na fronteira aos insumos agrícolas, prosseguindo, nesse setor também, em uma diretriz de redução de tarifas. Sem essa medida, a sobrevalorização cambial tem efeitos sobre a agricultura, seja na ótica dos produtos, seja na ótica dos insumos. Com o câmbio sobrevalorizado, a agricultura pouco ganha na compra dos insumos, porque a indústria que produz esses produtos é protegida. Até hoje não foi feito um esforço para a desregulamentação e o registro de importação livre e desgravada de insumos agrícolas do Mercosul. Resultado, os produtores do Paraguai, Uruguai e Argentina pagam entre 40% e 60% a menos pelos insumos do que pagam os produtores do Brasil.

Juros elevados causam impacto direto sobre a agricultura, que é o único setor da economia que imobiliza recursos próprios ou de terceiros por 180 dias para produzir e até 210 dias para comercializar; enquanto a indústria gira o capital em prazo muito inferior. Além disso, a agricultura tem de estocar por 12 meses o que produz nos três meses da safra. Com os juros desempenhando um papel tão importante, com período tão longo de gestação dos investimentos na produção, fica difícil a agricultura se viabilizar, mesmo com todas as vantagens comparativas por ela geradas — elas acabam dissipadas pelo custo do dinheiro (pela ótica dos custos) e pelo câmbio (pela ótica dos preços).

O terceiro fator limitante tem sido a incapacidade de os governos sustentarem os avanços obtidos com as reformas estruturais da economia brasileira. Muitos avanços trouxeram um alento e se constituíram em mudanças estruturais de fundo que determinaram o aumento da competitividade da agricultura. Entretanto, apesar de todos esses avanços, não tem sido possível lograr a manutenção de seus efeitos benéficos para a agricultura. Em primeiro lugar, o regime de taxa de câmbio flutuante foi essencial para a agricultura, mas não se conseguiu evitar a sobrevalorização cambial. Em segundo, a agricultura se beneficiou de uma política monetária, que trouxe estabilização da moeda. Entretanto, as taxas de juros criaram problema para a agricultura na ótica de custos e de preços. Em terceiro lugar, a Lei Kandir (1996) trouxe, por meio da desgravação das exportações (ICMS nas exportações), melhoria da condição de competitividade da agricultura. Mas há ainda o problema representado pela pressão dos governadores dos estados agroexportadores para o retorno à tributação das exportações. Alguns governos estaduais forçam os exportadores a declarar que parte do produto que escoa pelas estradas se destina ao mercado interno, só para cobrar o ICMS. Há o perigo de o Brasil voltar a exportar impostos, no caso, ICMS nas exportações de produtos agrícolas.

O quarto fator limitante refere-se ao risco de intervenções. O governo deixou de interferir nos mercados agrícolas — uma medida importante, porquanto ele vendia produto de seus estoques na "boca da safra", criando risco institucional, para o qual não há seguro. Essa intervenção foi reduzida devido ao fato de o crescimento da oferta de alimentos torná-la dispensável. O Brasil hoje está plenamente abastecido. Valeu o princípio de que era melhor abastecer o país exportando do que importando. Mas não são raras as propostas de formação de estoques reguladores e do retorno aos anos da intervenção *ex abrupto* nos mercados agrícolas. A desregulamentação dos mercados agrícolas foi um ponto muito importante. Mas o ponto mais importante das opções estratégicas feitas no passado recente foi o de haver poupado a política de pesquisa agropecuária dos cortes de recursos orçamentários, como foram feitos na Política de Preços Mínimos.

O quinto fator limitante é a infraestrutura. Em recente estudo, provamos que, em um regime competitivo por recursos fiscais extremamente escassos, as estradas de grande importância agrícola têm menores condições relativas de competir com estradas de forte impacto urbano e industrial. Quando levamos em consideração indicadores econômicos de geração de renda, emprego, PIB e outros fatores; indicadores de desenvolvimento social, e indicadores capazes de atrair investimentos, as "estradas rurais" ficam em uma hierarquia de prioridades em nível relativo inferior. As "estradas agrícolas" — por serem no mais das vezes corredores de exportação e, portanto, incapazes de gerar valor adicionado e tornar mais densa a atividade econômica em sua "faixa de domínio" — não têm condições de disputar os escassos recursos públicos com as estradas urbanas e industriais — que apresentam elevados níveis de sustentabilidade no longo prazo.

Nossos testes empíricos provam a superioridade das estradas "urbano-industriais", não havendo diferença substancial na posição relativa (muito melhor) dessas últimas, quando consideramos dois critérios: a) o critério de que a estrada induz o desenvolvimento; e, b) o critério de que o desenvolvimento ao longo das vias gera recursos para sustentar a estrada no longo prazo. Isto é, independentemente de adotarmos a ideia de que as estradas geram desenvolvimento ou de que o desenvolvimento é o que sustenta as estradas, na verdade as estradas urbanas e industriais serão sempre muito mais importantes, devido ao fato de que há uma densificação da atividade econômica ao longo dessas vias. "Estradas agrícolas", destinadas ao escoamento das safras e à distribuição de insumos, acabam se reduzindo a meros corredores de exportação de *commodities*. Nesse ponto não podem disputar os escassos recursos públicos destinados à infraestrutura. Fica difícil viabilizar a manutenção e a recuperação das estradas agrícolas, porque elas são meras "passagens", artérias de passagem de produtos sem geração de valor agregado ao longo das vias.

Nossos estudos indicam ainda um sexto fator limitante: o Custo Brasil. Produtos agrícolas intensivos em terra, trabalho e capital, que são onerados por impostos, juros, encargos sociais e custos de fretes, têm uma posição inferior na competitividade dos produtos do agronegócio, em relação a produtos que, por usarem menos os fatores básicos de produção e mais insumos modernos, são menos afetados pelo Custo Brasil. Produtos como frango, suínos e carne bovina pouco são afetados pelo Custo Brasil. Já as *commodities* agrícolas tais como soja, milho, açúcar, álcool e café, que são produtos intensivos em infraestrutura, usam mais terra, trabalho e capital e que são onerados por juros, encargos sociais e impostos, têm menos condição de competir, e se competem, parte da rentabilidade destas cadeias é transferida para fora do setor (governo, sistema financeiro, custos logísticos etc.).

O sétimo fator limitante é capital. O Brasil cultiva 62 milhões de hectares, entre cultivos e pastagens. Entretanto, o potencial de expansão pode atingir até três vezes mais. Sem tocar na Floresta Amazônica, o Brasil pode utilizar outros 92 milhões de hectares. O Brasil poderia crescer a área cultivada, nos próximos 10 anos, só aproveitando as áreas ociosas nas fazendas, sem necessidade de infraestrutura de acesso e escoamento da produção, em 4,5% ao ano; ou seja, 1,8 milhão de hectares por ano — o que cresceu na área de soja no auge de seu *boom*. Assim, uma estimativa conservadora indicaria que é possível aproveitar as melhores áreas disponíveis, ocupando de 16 milhões a 18 milhões de hectares nos próximos 10 anos.

Se, ao contrário, decidirmos cultivar 42,7 milhões com soja, trigo, algodão, arroz, feijão e outros produtos, seria necessário mobilizar R$ 43 bilhões só para financiar o custeio, sem falar em investimento. Ora, essa cifra é muito superior ao que existe do crédito rural hoje. Não haveria de onde tirar esse recurso, possivelmente muito menos do setor privado com os preços de longo prazo no comércio exterior. Atualmente para mostrar a força desse fator limitante, vamos observar que não é só o financiamento para a produção. Para cultivar toda essa terra, já será necessário um investimento de adaptação das áreas de pastagens abandonadas para o cultivo (calagem), investimentos em máquinas e equipamentos, benfeitorias, cercas e estradas rurais. Assim, para se cultivar 42,7 milhões de hectares, nossas estimativas indicam que, somente nos investimentos em capital fundiário nos estabelecimentos agrícolas, seriam necessários outros R$ 207,5 bilhões. Só na infraestrutura de produção e de acesso e dentro das fazendas, sem computar financiamentos destinados a armazenagem, processamento dos grãos e toda infraestrutura de escoamento da produção até os portos.

O oitavo e último fator limitante é a chamada dívida agrícola. Como o Brasil não tem seguro agrícola, toda seca tem efeitos sistêmicos, impondo ao setor agrícola severas perdas financeiras, que acarretaram dificuldades de serviço das dívidas securitizadas.

Todos os fatores limitantes do crescimento na verdade nada mais são do que riscos para os produtores e para o país. Para fazer a agricultura crescer, precisamos descobrir quais as novas estratégias, quais as mudanças e as reformas estruturais para manter o crescimento da agricultura. Seria também necessário conduzir uma estratégia de gestão de riscos, de adoção das várias medidas mitigadoras do risco correspondentes e tomar medidas estratégicas dentro de um projeto de país — que deve principiar pelo reconhecimento dos fatores limitantes ao crescimento do setor líder na geração de exportações.

Referências

ALVES, E. *Inovações na agricultura*. Embrapa. 2010a. Mimeografado.

_____. *Projeto de pesquisa*. Embrapa. 2010b Mimeografado.

_____; SILVA E SOUZA, G.; BRANDÃO, A.S.P. Por que os preços da cesta básica caíram? *Revista de Política Agrícola*, n. 2, p. 14-20, 2010.

BASF. *Brazil: a hungry planet and Brazilian agriculture*. 2010.

IBGE. Censo Agropecuário 1970-2006. Disponível em: <www.sidra.ibge.gov.br/bda/acervo/acervo2.asp?e=v&p=CA&z=t&o=11>. Acesso em: jan. 2011.

GASQUES, J.G.; BASTOS, E.T.; BACCHI, M.R.P. *Produtividade total dos fatores na agricultura brasileira*. 2009. Mimeografado.

LOPES, I.V.; ROCHA, D.P. Quem produz o que no campo. *Conjuntura Econômica*, v. 64, n. 8, p. 66-69, 2010.

LOPES, M.R.; VICTAL, N.R. *As novas formas de financiamento da agricultura e os papéis dos grandes grupos nacionais e os investidores estrangeiros*. Rio de Janeiro: CEA-IBRE/FGV, 2010.

MINISTÉRIO DA AGRICULTURA, PECUÁRIA E ABASTECIMENTO (MAPA). *Balança comercial do agronegócio — 2010*. 2010. Disponível em: <www.agricultura.gov.br>. Acesso em: jan. 2011.

_____. *Balança comercial do agronegócio*: síntese dos resultados no período 1997-2009. 2010a. Disponível em: <www.agricultura.gov.br>. Acesso em: jan. 2011.

_____. *Intercâmbio comercial do agronegócio*: principais mercados de destino. 2010b. Disponível em: <www.agricultura.gov.br>. Acesso em: jan. 2011.

_____. *Principais destinos das exportações do agronegócio*. 2009. Disponível em: <www.agricultura.gov.br>. Acesso em: dez. 2010.

MINISTÉRIO DA FAZENDA; MINISTÉRIO DA AGRICULTURA, PECUÁRIA E ABASTECIMENTO; MINISTÉRIO DO DESENVOLVIMENTO AGRÁRIO; MINISTÉRIO DA INTEGRAÇÃO NACIONAL. *Propostas de renegociação das operações de crédito rural*. Brasília, 2008. Mimeografado.

REZENDE, G.C.; KRETER, A.C. A recorrência de crises de endividamento agrícola e a necessidade de reforma na política de crédito. *Revista de Política Agrícola*, n. 4, p. 4-20, 2007.

SECEX/MDIC. Conhecendo o Brasil em números. 2010. Disponível em: <www.mdic.gov.br/arquivos/dwnl_1278014345.pdf>. Acesso em: jan. 2011.

CAPÍTULO 10

Produtividade e competitividade da indústria brasileira de 1996 a 2010

Aloisio Campelo Jr.
Silvio Sales*

> *A produtividade não é tudo, mas no longo prazo é quase tudo. A capacidade de um país melhorar seu padrão de vida ao longo do tempo depende quase que exclusivamente da sua habilidade em aumentar a produção por trabalhador.*
>
> Paul Krugman (tradução dos autores)

Este artigo analisa a evolução da produtividade do trabalho e da competitividade da indústria brasileira entre 1996 e 2010. Antes de analisar este período mais recente, porém, é importante recordar um pouco do histórico do setor. O gráfico a seguir mostra a evolução da produção física do setor manufatureiro do início da década de 1970 a 2010, com as barras acinzentadas indicando períodos recessivos da economia, segundo o Comitê de Datação de Ciclos Econômicos da Fundação Getulio Vargas.

---

* Economista do Ibre/FGV e consultor do Ibre/FGV, respectivamente. Equívocos técnicos ou de qualquer outra natureza são de sua inteira responsabilidade. Os autores agradecem as sugestões de Regis Bonelli a uma versão anterior. Agradecem também o trabalho de compilação e tratamento de dados realizado com extrema eficiência por Sarah Piassi Lima e Itaiguara Bezerra, e as estatísticas de câmbio efetivo gentilmente cedidas pela professora Lia Valls Pereira, do Ibre/FGV.

Gráfico 1
Produção Industrial — Indústria de Transformação
Média Móvel de Quatro Trimestres

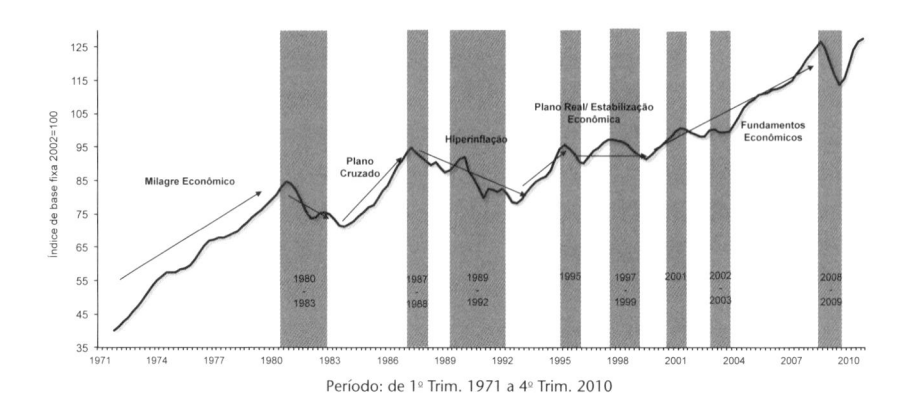

Período: de 1º Trim. 1971 a 4º Trim. 2010

Fontes: IBGE e Ibre/FGV.

A fase mais longa de crescimento contínuo da indústria brasileira na história recente ocorreu nos anos 1970, durante o chamado "milagre econômico" (1968-73). Na primeira metade daquela década, a indústria chegou a operar por quatro trimestres consecutivos a 90% de nível de utilização da capacidade instalada, enquanto a formação bruta de capital fixo da economia girava em torno dos 23% do PIB, percentual bem superior aos 18% médios observados no quinquênio 2006-10.

Após a segunda crise do petróleo, iniciada em 1979, no entanto, o cenário mudaria dramaticamente. O peso da dívida externa pós-fixada e a deterioração dos saldos comerciais num ambiente de juros externos elevados culminariam na maxidesvalorização de 1983. Deste ano até 1987, a indústria voltaria a crescer, mas a instabilidade da economia desestimulava investimentos e maiores saltos. A persistência inflacionária levaria aos anos de choques econômicos malsucedidos, como os Planos Cruzado (1986) e Collor (1990). A partir de 1992, com o *impeachment* do presidente Collor, a indústria brasileira voltaria a crescer, primeiramente de forma tímida, impulsionada pelas exportações, recuperando parte das perdas dos dois anos anteriores. Posteriormente, turbinada pelo otimismo com o Plano Real.

Ainda no início dos anos 1990, a política de abertura comercial e desregulamentação da economia deflagraria um ciclo de ajustes na indústria para adaptação ao ambiente de maior competição, acarretando rápido aumento da produtividade via reestruturação de processos produtivos (Bonelli e Fonseca, 1998). Estes ganhos de eficiência sucederam um período de baixo crescimento da produtividade, em termos históricos, que havia ocorrido desde meados dos anos 1970 até 1990.

Os ganhos de produtividade persistiriam na segunda metade da década de 1990, ainda que com menor intensidade, ocorrendo pelos mesmos motivos do início da década e contando também com o impulso adicional do programa de privatizações então em curso. Associados a uma política de câmbio fixo — e a seguidos choques externos, que encontravam a economia brasileira ainda fragilizada —, no entanto, estes ajustes levariam a uma combinação pouco virtuosa de baixo crescimento e cortes no emprego industrial.

Com a mudança no regime cambial, em 1999, sob um contexto internacional favorável e com a manutenção de fundamentos macroeconômicos mais sólidos, a indústria voltaria a crescer na década de 2000, principalmente a partir de 2003. Entre 2003 e 2008 vivenciaria seu período mais longo de expansão desde os anos 1970. Esta fase foi interrompida abruptamente ao final de 2008, para ser retomada a partir do segundo trimestre de 2009 e novamente perder fôlego ao longo de 2010 com o acirramento da competição dos importados.

Evolução da produtividade

Nos 14 anos entre 1996 e 2010, a produtividade do trabalho cresceu relativamente pouco na indústria brasileira. Medida pela relação entre produção física e emprego industrial,[1] ela teria avançado apenas 1,7% ao ano, em média. A tímida evolução é confirmada ao se calcular a produtividade de forma alternativa, como a relação entre o valor da transformação industrial (VTI), a preços constantes, e o total de pessoal ocupado (PO):[2] nesta base, teria havido crescimento médio anual de 1,9% no período. Os resultados anuais estão no gráfico seguinte.

---

[1] Os dados de produção física foram obtidos da PIM-PF, pesquisa mensal do IBGE. O emprego entre 1996 e 2002 foi obtido da Pesquisa Industrial Anual (PIA), do IBGE. A partir de 2003, os dados de pessoal ocupado (PO) da PIA foram extrapolados pela Pesquisa Industrial Mensal de Emprego e Salário (Pimes) do IBGE, até 2010.

[2] No caso da produtividade medida pelo VTI, o resultado da indústria corresponde à soma dos valores de VTI de setores (CNAE 1.0) corrigidos pelos preços respectivos no atacado (IPA), dividida pela soma do pessoal ocupado (PO) no setor respectivo. Para os anos de 2009 e 2010, os valores de VTI, obtidos na PIA, foram projetados pelo crescimento da produção física, medida pela PIM-PF; os valores de PO foram projetados pelo total de pessoal ocupado, segundo a Pimes.

Gráfico 2
Crescimento da produtividade do trabalho na indústria — 1997-2010 (%)

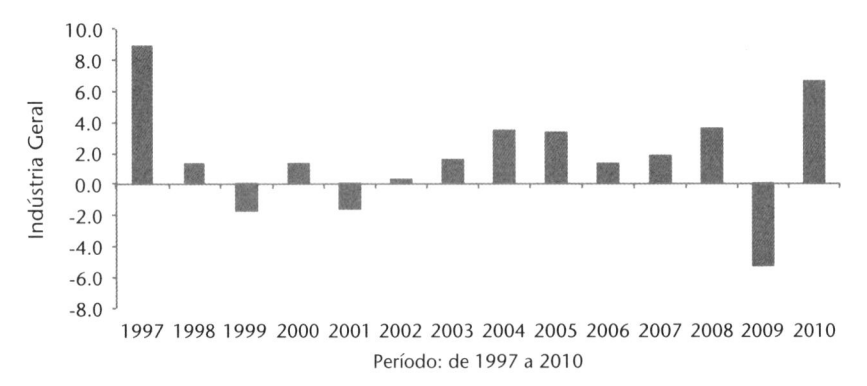

1997 1998 1999 2000 2001 2002 2003 2004 2005 2006 2007 2008 2009 2010
Período: de 1997 a 2010

Fonte: ver texto.

O resultado supera o péssimo desempenho observado entre 1974 e 1990, quando a produtividade do trabalho na indústria brasileira teria crescido a taxas anuais inferiores a 1%. Mas é bem inferior aos 8,5% médios anuais do período entre 1991 e 1997, segundo Bonelli e Fonseca (1998).

O desempenho brasileiro também deixa a desejar quando comparado às médias de diversos países. A tabela a seguir mostra as taxas de crescimento médias anuais da produtividade do trabalho em 19 países selecionados, compilada pelo Bureau of Labour Statistics (BLS) dos EUA. Considerando-se apenas o setor manufatureiro, o crescimento da produtividade da indústria brasileira teria sido de 1,4% ao ano entre 1996 e 2008,[3] valor que seria superado por 16 dos 19 países. Ele é superior apenas ao crescimento de produtividade verificado na Austrália, Espanha e Itália.

Tabela 1
Crescimento médio da produtividade do trabalho, países selecionados (1996-2008) (% ao ano)

Coreia do Sul	7,2%	Taiwan	5,1%
República Tcheca	6,0%	EUA	5,0%
Finlândia	6,0%	Reino Unido	3,3%
Suécia	5,7%	Japão	2,9%

(continua)

---
[3] Foi escolhido esse período para isolar os efeitos da crise do final de 2008, com efeitos de grande magnitude e duração diferenciada entre os países nos dois anos seguintes.

(continuação)

Cingapura	2,9%	Noruega	2,1%
Dinamarca	2,8%	Canadá	1,7%
França	2,8%	Brasil	1,4%
Holanda	2,8%	Austrália	1,4%
Alemanha	2,7%	Espanha	0,9%
Bélgica	2,3%	Itália	0,2%

Fonte: BLS, IBGE e FGV
Elaboração: própria

O resultado também não é homogêneo entre os segmentos que compõem a indústria. Entre 1996 e 2010, por exemplo, o crescimento médio da produtividade na indústria extrativa foi de 6,2% ao ano. No mesmo período, o crescimento da produtividade da indústria manufatureira foi de 1,3% ao ano, em média (um pouco inferior ao do período encerrado em 2008, mencionado acima).

Além de contrastar com os fortes ganhos observados ao longo de maior parte de década de 1990, a evolução da produtividade decorreu de uma sucessão de momentos distintos da economia brasileira. Em grandes linhas, podem ser identificados dois subperíodos: entre 1996 e 2003, a produtividade avançou 1,4% em média, resultante de um crescimento médio anual de apenas 1,7% da produção física e de 0,3% do pessoal ocupado. Durante este período, a produtividade da indústria manufatureira foi de apenas 0,6% ao ano, enquanto a indústria extrativa exibia um exuberante acréscimo médio de 9,9% ao ano.

Apesar de algumas características serem comuns a todos estes sete primeiros anos, como a baixa taxa de crescimento do nível de atividade econômica, importantes mudanças na economia e no setor estavam em curso durante aquele período. Em 1997 e 1998, a produtividade ainda crescia de modo semelhante ao do início dos anos 1990. Passados tantos anos do início da década, contudo, o modelo de ganhos de produtividade advindos de reduções do contingente de mão de obra estava esgotado. Em 1999, com a flexibilização cambial, a indústria entraria numa fase de transição, em que a maior competitividade e a expectativa de retomada do crescimento conviveriam com novos choques, como o racionamento energético de 2001 e a megadesvalorização do câmbio às vésperas da eleição de Lula. Esses eventos terminariam postergando o retorno dos investimentos. Entre 1998 e 2003 a produtividade da indústria ficaria aproximadamente estável (-0,2% em termos acumulados), com crescimento de 10,6% da produção e de 10,8% do emprego. O ano de 2003, com uma recessão no primeiro semestre, segundo a datação do Codace, foi intermediário, chegando-se ao fim do ano com crescimento da produção de apenas 0,1% e queda de 1,5% no nível de emprego.

A partir de 2004, a indústria entraria definitivamente em nova fase, com taxas de crescimento da produção e do emprego mais elevadas, fazendo com que a produtividade voltasse a avançar de forma vigorosa, como na década de 1970. Entre 2003 e 2010, a produtividade da indústria cresceu 2,1% em média, com aumento médio de 3,6% da produção e de 1,5% do emprego. Excluindo-se os dois últimos anos, afetados pela crise internacional, o crescimento médio da produtividade teria sido de 2,7%. Isto situaria a indústria brasileira mais próxima à média dos 19 países citados, de 3,3%.

Nesse segundo período, a indústria voltaria a contratar e a investir mais intensamente, influenciada pelo aumento da confiança empresarial e dos níveis mais elevados de utilização da capacidade instalada, tendências marcantes principalmente a partir de 2006. Com a crise internacional de setembro de 2008, no entanto, o setor passaria por um período de ajustes.

Entre os fatores explicativos para o desempenho diferenciado da produtividade do trabalho na indústria entre os dois subperíodos mencionados estão os fundamentos macroeconômicos mais sólidos da economia brasileira. Em decorrência da estabilidade monetária, do equilíbrio fiscal e das contas externas, a média das taxas reais de juros[4] entre 2003 e 2010 foi de 7,8% ao ano, contra 14% no período anterior. O crédito público e privado passou a fluir em maior volume e rapidez para atividades produtivas e para o consumo, enquanto os indicadores de confiança de empresários e do consumidor alcançavam novos patamares.

O avanço da produção industrial neste período ocorreu a despeito da forte valorização da taxa de câmbio: entre 2003 e 2010, o nível médio do índice de câmbio efetivo real[5] (cesta de moedas) da economia brasileira esteve 29,1% inferior ao dos sete anos anteriores. No último ano pesquisado, 2010, o câmbio havia se valorizado em 57% em relação a 1998, ano que precedeu a mudança de regime cambial. Esta valorização foi parcialmente compensada pela evolução favorável dos preços de exportações brasileiras *vis-à-vis* os de importações. Os termos de troca médios da indústria[6] cresceram 19% no triênio 2008-10, praticamente anulando os

---

[4] Corrigidas pelo IPCA.
[5] O índice médio entre 2003 e 2010 foi de 64,1 contra 91,1 do período anterior. O índice de taxa de câmbio efetiva real é elaborado pela professora Lia Valls Pereira, do Ibre/FGV.
[6] Calculados como a relação entre os preços de exportação e os preços das importações

efeitos da valorização cambial adicional no período. Considerando-se o período entre 2003 e 2010, o principal fator de expansão da indústria brasileira, principalmente no que se refere ao setor manufatureiro, foi mesmo a forte expansão do consumo interno.

Desempenho setorial e mudança estrutural da indústria

A atividade extrativa mineral foi a grande vencedora entre os segmentos industriais, beneficiada pela descoberta de novos poços no segmento de petróleo e gás e de fortes investimentos no segmento de mineração, além da melhora dos preços relativos. Houve, por exemplo, um notável crescimento da produção de petróleo, que duplicou em menos de 10 anos (1997 a 2006). A produção de minério de ferro, que em 1998 era de 113 milhões de toneladas, saltou para 428 milhões de toneladas 10 anos depois. A produtividade do setor cresceu 6,2% médios ao ano entre 1996 e 2010 (gráfico 3).

Gráfico 3
Crescimento médio anual da produtividade, 1996 a 2010 (% ao ano)
Segmentos selecionados da indústria

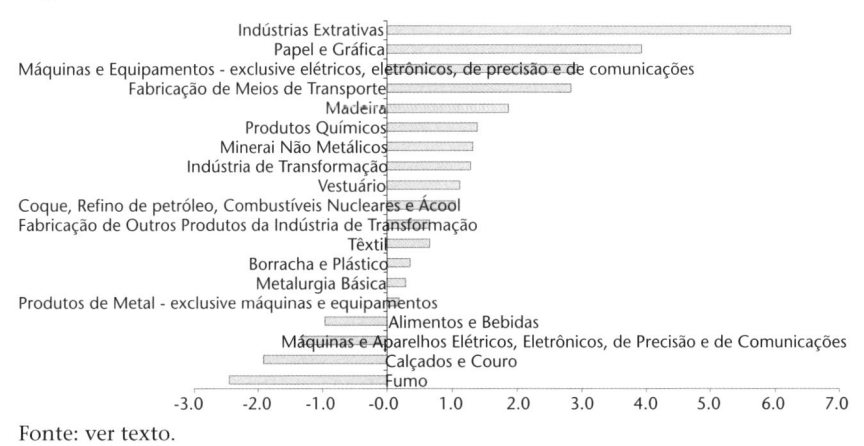

Fonte: ver texto.

O resultado contrasta com o da indústria de transformação, na qual a produtividade cresceu apenas 1,3% ao ano no mesmo período. Mas, dentro da indústria manufatureira, alguns segmentos também apresentaram

---

brasileiras. A agregação dos preços dos diferentes setores, obtidos da base de dados da Funcex e agregados, por setor na CNAE 1.0, foi realizada utilizando-se como fatores de ponderação a corrente de comércio do respectivo setor.

ganhos expressivos de produtividade entre 1996 e 2010: o segmento de *celulose, papel e gráfica*,[7] por exemplo, foi beneficiado por preços externos favoráveis e elevados investimentos, registrando forte incremento de produção e um crescimento médio da produtividade de 3,9% ao ano. A indústria de *máquinas e equipamentos*, que operava com ampla ociosidade no início do período, beneficiou-se com a retomada geral de investimentos e fechou os 14 anos com crescimento da produtividade da ordem de 2,9% médios ao ano. A indústria de *meios de transporte* avançou 2,8% anuais em média, favorecida pela expansão do crédito no mercado interno e pela retomada da confiança do consumidor.

Em grandes linhas, o segmento de bens intermediários pode ser considerado vencedor no período: *celulose e papel, madeira* e *produtos químicos* registraram taxas de crescimento da produtividade do trabalho superiores à média da indústria de transformação. O setor metalúrgico, que havia avançado bastante até 2003, perdeu espaço para as importações nos anos seguintes, provocando queda de produtividade. Ainda assim registrou aumento na participação relativa no setor industrial devido ao aumento de preços acima da média.[8]

Entre os segmentos com pior desempenho entre 1996 e 2010 estão diversos produtores de semi e não duráveis. Destacaram-se negativamente, por exemplo, os de *fumo* (-2,5% médios), *calçados e couro* (-1,9%) e mesmo o relativamente competitivo, o segmento de *alimentos e bebidas* (-1%). Entre os duráveis, as maiores perdas foram as de *máquinas e aparelhos elétricos, eletrônicos, de precisão e de comunicações* (-1,3%).

A tabela a seguir mostra como evoluiu a estrutura da indústria brasileira entre 1996 e 2010, incluindo duas variáveis que ajudam a explicar os principais movimentos ocorridos: a produtividade e os preços. A mais notável mudança ocorrida nestes 14 anos foi o aumento da importância relativa dos segmentos *extrativo* e de *refino de petróleo, álcool e outros combustíveis*. Somados, estes dois segmentos representavam, em 1996, 9,5% do Valor Adicionado da indústria brasileira. Em 2010 respondiam por quase o triplo: 26,1% do total. No caso do segmento extrativo, o aumento do peso em 10,4 pontos percentuais é explicado tanto pelo forte avanço da produtividade quanto dos preços. No setor de refino, a elevação dos preços explica a maior parte do aumento de participação relativa na indústria brasileira.

---

[7] A agregação do segmento mais tradicional de papel e celulose com o setor gráfico foi realizada para fins de padronização com a Pimes, pesquisa mensal que permitiu a projeção de dados da PIA para 2009 e 2010.

[8] Em particular, estudo recente do BNDES (Puga et al., 2010) mostra que os segmentos de celulose e metalúrgico são extremamente competitivos em termos internacionais.

Tabela 2
Mudanças na estrutura industrial brasileira, 1996 a 2010 (% do VTI)

	Peso na Indústria (por VTI, em %)		Evolução em p.p.	Cresc. Médio da Produtividade (em %)	IPA (var. % em relação à média da indústria)
	1996	2010 *			
Indústrias Extrativas	3,4	13,8	10,4	6,2	131,7
Alimentos e Bebidas	17,8	16,5	-1,3	-1,0	-6,9
Fumo	1,2	0,4	-0,8	-2,5	-49,4
Têxtil	3,4	1,6	-1,8	0,7	-49,0
Vestuário	1,9	1,3	-0,7	1,1	-88,0
Calçados e Couro	2,2	1,2	-0,9	-1,9	-69,6
Madeira	1,0	0,8	-0,2	1,9	-15,2
Papel e Gráfica **	8,3	5,3	-3,0	3,9	-23,6
Coque, Refino de petróleo, Combustíveis Nucleares e Álcool	6,0	12,3	6,3	1,0	152,0
Produtos Químicos	12,7	8,8	-3,9	1,4	-3,2
Borracha e Plástico	4,0	3,1	-1,0	0,3	-3,0
Minerais Não Metálicos	3,4	3,0	-0,4	1,3	-17,8
Metalurgia Básica	5,6	7,2	1,6	0,3	52,9
Produtos de Metal	3,4	3,1	-0,3	0,2	7,6
Máquinas e Equipamentos	6,9	5,1	-1,8	2,9	-27,0
Máquinas e Ap. Elétricos, Eletrônicos e de Comunicações ***	7,6	4,1	-3,4	-1,3	-54,5
Fabricação de Meios de Transporte ****	9,1	11,1	2,0	2,8	-46,6

Fonte: IBGE, IBRE/FGV. Elaboração: autores.

* Dados de 2009 e 2010 extrapolados pela PIM-PF a partir da PIA-IBGE, usada para o ano de 1996.

** Foi usado o indicador de papel e celulose como *proxy* no caso dos preços ao produtor.

*** O indicador de preços foi construído como a média ponderada, pelo VTI da ponta, da variação dos segmentos Fabricação de máquinas para escritório e equipamentos de informática, Fabricação de máquinas, aparelhos e materiais elétricos e Fabricação de material eletrônico e de aparelhos e equipamentos de comunicações.

**** O indicador de preços foi construído como a média, ponderada pelo VTI da ponta, da variação dos segmentos Fabricação e montagem de veículos automotores, reboques e carrocerias e Fabricação de outros equipamentos de transporte.

Na indústria de transformação, além do *refino*, apenas *meios de transporte* e *metalurgia* registraram aumento de participação na indústria. O primeiro segmento foi beneficiado pela retomada do consumo e expansão de crédito na primeira década do novo milênio. O crescimento médio da produção passou de 0,1% ao ano, entre 1996 e 2002, para 9,6% entre 2003 e 2010. Na metalurgia, o maior avanço ocorreu nos preços relativos, tendo ocorrido reajustes 53% acima da média da indústria, ao nível do produtor.

Competitividade: custo do trabalho

Outro indicador usado para se medir a competitividade internacional da indústria é custo da mão de obra em moeda estrangeira por trabalhador, descontados os ganhos de produtividade. A *proxy* usada para este indicador neste estudo foi obtida pela relação entre o total de salários e encargos da indústria[9] corrigido pela taxa de câmbio nominal efetiva[10] (cesta de moedas) e a produção física da indústria, medida pela PIM-PF. Quando este Índice Relativo de Custo do Trabalho (ICT) aumenta, a indústria nacional torna-se menos competitiva e vice-versa.

Destaque-se, no entanto, que o ICT é um indicador parcial e, possivelmente, incompleto. No caso do Brasil, por exemplo, o aumento dos custos salariais por unidade de produção foi parcialmente compensado por reduções nos custos de matérias-primas importadas crescentemente utilizadas pela indústria à medida que o câmbio se valorizou.

De qualquer forma, observa-se no gráfico seguinte que, no período 1996-2010 como um todo, a evolução do ICT registrou acentuadas variações. Na comparação ponta a ponta houve um crescimento acumulado de 27,6%, ou 1,8% ao ano, movimento decorrente da combinação de crescimento de 84,3% dos salários e encargos em moeda estrangeira ante o acréscimo de 44,5% na produção.

---

[9] Até 2002, informação extraída da Pesquisa Industrial Anual (PIA), do IBGE. A partir de 2003 os valores foram projetados pela Pesquisa Mensal de Emprego na Indústria (Pimes), também do IBGE.

[10] Indicador elaborado pela professora Lia Valls Pereira, do Ibre/FGV.

Gráfico 4
Índice de custo de trabalho em moeda estrangeira, 1996-2010 (1996=100)

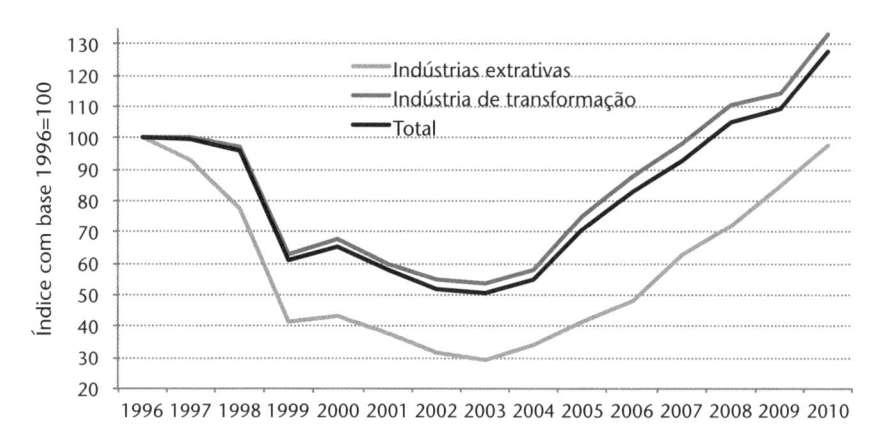

Fontes: Ibre/FGV, IBGE, Funcex.

No caso do ICT, são evidentes dois períodos distintos para fins analíticos: os sete anos iniciais (1996-2002) e os sete anos seguintes (2004-10), o mínimo ocorrendo em 2003. Reagindo às fortes desvalorizações cambiais ocorridas em 1999 e em 2002, o ICT caiu 50% entre 1996 e 2003, com os modestos ganhos salariais sendo inteiramente compensados pela desvalorização cambial. A partir de 2003, a valorização do câmbio e o crescimento real dos salários acima da produção levariam o índice de custo relativo do trabalho a uma trajetória de forte crescimento. Em 2010, o ICT estava 153% acima do nível de 2003, equivalendo a um crescimento anual da ordem de 14%. Em termos médios, o custo relativo do trabalho, em moeda estrangeira, no período 2004-10 foi 21% superior ao do período 1996-2002.

A principal motivação para estes saltos foi mesmo o câmbio, mas a diferença de comportamento dos salários e encargos da indústria em moeda nacional nos dois períodos foi também marcante. Corrigidos pelo IPA industrial (preços ao produtor), os salários teriam se reduzido em 4,3% médios entre 1996 e 2002 e crescido 4,8% em média nos oito anos seguintes.

A evolução de salários e encargos na indústria brasileira sinaliza que o desempenho aquém do desejável em termos de produtividade do trabalho não é a única dificuldade enfrentada pelo setor industrial. As exportações industriais brasileiras haviam recuperado terreno após 1999, levando o setor a apresentar superávits comerciais e a contribuir expressivamente para o crescimento da produção. A partir de 2008, no entanto, a persistente valorização cambial, num contexto de demanda interna aquecida, fez com que as importações crescessem bem mais rapidamente que as exportações. Em 2010, após nove anos de superávits, a indústria voltaria a contribuir negativamente para o saldo comercial brasileiro, em US$ 3,6 bilhões. E em 2010, o Brasil transformou-se no 20º maior importador do mundo, segundo dados da Organização Mundial do Comércio (OMC), posição alcançada após o país ter apresentado a maior expansão das importações entre as principais economias entre 2006 e 2010.

Em dólares, a participação das exportações no total das vendas brutas da indústria, que havia aumentado de 13,4% para 23,1% do total entre 1996 e 2003, caiu para 17,8% em 2010. Já as importações, que em 2003 representavam 16% do total, mesmo nível de 1996, subiram para 18,2% em 2010.

Custo relativo do trabalho por setores

Entre 1996 e 2010, o aumento do custo do trabalho foi quase generalizado, atingindo 15 de 17 segmentos da indústria. Os maiores aumentos ocorreram em *máquinas e aparelhos elétricos, eletrônicos, de precisão e de comunicações* e *fumo*, segmentos em que o custo relativo do trabalho cresceu, respectivamente, 8,8% e 7,5% em média ao ano. No primeiro caso, o resultado foi motivado tanto pela queda na produção quanto pela evolução dos salários acima da média da indústria. No setor de fumo houve crescimento muito pequeno dos salários e queda forte na produção. Outros segmentos com fortes elevações de custo do trabalho foram *calçados e couro* (5% de crescimento médio anual), *refino de petróleo e álcool* (4,5%) e *alimentos e bebidas* (3,6%). As únicas quedas do custo relativo do trabalho em moeda estrangeira durante o período ocorreram em *papel e gráfica* (-1,7%), *máquinas e equipamentos* (-0,6%) e na *extrativa mineral* (-0,1%).

Em grandes linhas: os segmentos que mais perdem competitividade em virtude de aumento de custos em moeda estrangeira foram os afetados pela competição chinesa ou produtos de alta tecnologia, em que a indústria brasileira vem tendo dificuldade em manter-se competitiva.

A perda de mercado resultou em taxas baixas de crescimento. Por outro lado, todos os segmentos com queda do custo relativo do trabalho entre 1996 e 2010 apresentaram crescimento da produção a taxas superiores às da média industrial.

O que esperar dos próximos anos

A despeito da elevação das taxas de crescimento da produtividade na segunda metade da década passada, o cenário para os próximos anos é ainda incerto. A indústria enfrenta dificuldade para competir internacionalmente, principalmente em função do câmbio circunstancialmente valorizado, mas também por outros aspectos desfavoráveis em termos de competitividade — como, por exemplo, a infraestrutura para escoamento de produção e questões de natureza tributária.

Os termos de troca relativamente favoráveis podem de alguma forma dificultar esta percepção no momento, mas as dificuldades estão claramente sinalizadas na evolução recente do *quantum* de importações e exportações. Enquanto no período entre 1996 e 2003 o *quantum* exportado cresceu 8,4%, em média, contra 0,8% do *quantum* importado, entre 2003 e 2010 as taxas de crescimento médio de exportações e importações passaram para 4,4% e 13,1%, respectivamente. Mais especificamente, nos cinco anos entre 2005 e 2010, o *quantum* exportado avançou apenas 3,9%, em termos acumulados, diante de um avanço de 90% do volume de importações.

O cenário que se desenha para os próximos anos parece continuar favorecendo os segmentos fortemente competitivos internacionalmente — caso de alguns produtores de bens intermediários da indústria de transformação e do setor extrativo. Estes conseguiriam manter ritmos mais fortes de crescimento produtivo independentemente de fatores conjunturais específicos.

No cenário de continuidade da forte demanda mundial por *commodities*, associado à esperada ampliação da produção doméstica de petróleo (pré-sal), é de se supor uma acentuação da tendência observada em anos recentes, de ampliação da importância do segmento extrativo mineral/refino de petróleo na estrutura produtiva industrial. É possível também que o país amplie mais aceleradamente a produção de derivados de petróleo, alterando o quadro hoje caracterizado pela concentração de exportações do petróleo em estado bruto. O início da exploração na área do pré-sal trará ainda reflexos positivos para outros segmentos da economia, como a indústria naval.

A continuidade da ampliação do mercado interno deverá favorecer, sobretudo, os segmentos produtores de bens de consumo com baixa abertura às importações e, especialmente, os que integram a agroindústria, como as indústrias de alimentos e, indiretamente, as indústrias fornecedoras destes segmentos. Os segmentos de não duráveis mais expostos à concorrência internacional, como as indústrias têxtil, de calçados e vestuário, poderão perder mais espaço na estrutura produtiva. Isso pode valer também para a área de eletroeletrônicos, onde se nota uma tendência crescente de menor agregação de valor por unidade física de produto, devido ao aumento de participação de componentes importados.

A siderurgia, pelo lado das exportações e pelo cenário favorável no mercado interno para a construção e para a indústria automobilística, poderá ampliar sua participação na indústria.

Em síntese, no cenário mais provável para os próximos anos, deverão continuar perdendo participação segmentos intensivos em mão de obra e ampliarão sua participação os exportadores de *commodities* (minerais e agrícolas); os segmentos da cadeia do petróleo; os associados à construção; e os de alimentos, bebidas e farmacêutica.

Mantidas as atuais condições, existe algum risco de a indústria retomar, nos próximos anos, uma situação não muito diferente da verificada em parte da década de 1990, quando o crescimento de produtividade era determinado pelos cortes no emprego. Os fundamentos macroeconômicos mais sólidos dos anos mais recentes, no entanto, permitem ao país hoje dispor de um leque mais amplo de ferramentas de política econômica a serem aplicadas de forma ágil e eficiente. Devem-se evitar medidas que desestimulem o aumento da produtividade e da competitividade, como as de caráter protecionista, e privilegiar medidas que estimulem os gastos em educação e treinamento, a eventual desoneração de folha salarial, e investimentos em infraestrutura e que estimulem a inovação. Isoladamente, ainda que sejam reconhecidos os avanços dos últimos anos, maiores e melhores gastos em educação nos parece ser o fator mais relevante a colaborar para o crescimento da produtividade no longo prazo.

Referências

BONELLI, R.; FONSECA, R. Ganhos de produtividade e de eficiência: novos resultados para a economia brasileira. *Pesquisa e Planejamento Econômico*, Rio de Janeiro, v. 28, n. 2, p. 273-314, ago 1998.

PUGA, F. et al. (2010) Perspectivas do investimento na economia brasileira 2010-2013. In: TORRES, R.; _____; MEIRELLES, B. (Org.). *Perspectivas do investimento 2010-2013*. Rio de Janeiro: BNDES, mar. 2011. Disponível em: <www.bndes.gov.br/SiteBNDES/export/sites/default/bndes_pt/Galerias/Arquivos/conhecimento/liv_perspectivas/01_Perspectivas_do_Investimento_2010_13_SINTESE.pdf>.

CAPÍTULO 11

Exportações brasileiras na primeira década do século XXI: desempenho e fontes de crescimento

Lia Valls Pereira
André Luiz Silva de Souza*

1. Introdução

Na primeira década do século XXI, as exportações brasileiras passaram de US$ 55 bilhões para US$ 202 bilhões, um crescimento médio anual de 14% e acima da média mundial, que foi de 9%. Essa expansão foi acompanhada de importantes mudanças no perfil das exportações do país.

Uma foi a queda na participação das manufaturas nas exportações totais a partir de 2006, o que levou a um intenso debate sobre a sustentabilidade do crescimento das vendas externas do país. A concentração das exportações em produtos agrícolas e minerais significa uma demanda externa mais vulnerável às oscilações dos preços internacionais das *commodities*. Ao mesmo tempo, porém, ao exportar produtos com demanda crescente no mercado mundial, foi possível aumentar o valor das exportações totais.

Outra mudança é a que diz respeito à estrutura dos mercados das exportações. No ano de 2002, o Brasil já era um *global trader* — 19% das exportações brasileiras eram destinadas para a América Latina, 15% para a Ásia, 25% para os Estados Unidos e 26% para a União Europeia. No ano de 2010, o Brasil continuou a ser um *global trader*, mas o mercado asiático passou a liderar o destino das exportações brasileiras ao responder por 28% desse total, seguido da América Latina (24%), União Europeia (21%) e Estados Unidos (10%).

---

* Da área de Economia Aplicada do Ibre. Os autores agradecem a colaboração de Letícia Faria de Carvalho Nunes, bolsista do Programa de Iniciação Científica do CNPq, na coleta de dados e elaboração das tabelas.

Por último, outro tema destacado foi o da apreciação cambial, que teria contribuído para a queda da quantidade exportada de manufaturas a partir de 2005/06. Nesse caso, o câmbio teria levado à perda de competitividade das manufaturas brasileiras.

Qual foi a importância dos fatos acima mencionados para a expansão das exportações brasileiras? Este trabalho analisa as fontes de crescimento das exportações brasileiras no período de 1999 a 2009 através de um modelo de *constant market share* (modelo CMS). O modelo CMS não é um modelo econométrico. O objetivo é decompor a variação das exportações em fontes de crescimento (comércio mundial, composição da pauta de exportações por produtos, estrutura dos mercados por destinos e um resíduo identificado como competitividade).

Foge ao escopo desse trabalho explicar o que determina o efeito competitividade calculado pelo modelo CMS. Segundo Klinger (2010), os economistas identificam competitividade com produtividade das firmas. No entanto, as firmas operam em ambientes que podem ou não ser favoráveis ao aumento da produtividade. Nesse caso, instituições, infraestrutura, educação, estabilidade macroeconômica, entre outros fatores afetam a produtividade. Em adição, no comércio mundial, mesmo "sendo produtivas", as firmas enfrentam barreiras nos mercados de destino de suas exportações e/ou facilidades negociadas em acordos comerciais. Qualquer desses fatores, portanto, pode influenciar o desempenho das exportações.

O trabalho calcula indicadores *ex-post* de competitividade que visam identificar quais são os fluxos de exportações com melhor desempenho no comércio internacional.[1] A premissa desses indicadores é a de que a "exportação ocorrida" é um guia para a avaliação da competitividade dos produtos. O objetivo é avaliar em que medida esses indicadores ajudam a explicar os resultados do modelo CMS.

Pinheiro e Bonelli (2007) utilizaram o modelo CMS para analisar as exportações brasileiras entre os anos de 1967 e 2004, desagregado em sete períodos, o último abrangendo 1999 a 2004. O presente trabalho atualiza essa análise. Leva em consideração estudos posteriores (Iglesias e Rios, 2010; Markwald e Ribeiro, 2010) que dividem o recente *boom* exportador brasileiro em quatro períodos: 1999 a 2002; 2002 a 2005; 2005 a 2008; e pós-crise. Aqui adotou-se essa periodização, mas a análise pós-crise tem restrições. No caso de estimativas que requeriam informações do

---

[1] Os indicadores *ex-post* analisados foram o das vantagens comparativas reveladas e os utilizados por Baumann e Neves (1998).

comércio mundial, os dados para o ano de 2010 não estavam disponíveis quando este trabalho foi realizado. Mais importante, porém, as condições atípicas que caracterizam as crises e o desigual ritmo na recuperação econômica dos países sugerem cautela na interpretação dos resultados.

O Brasil é um *global trader*, mas a composição da pauta de exportações por produtos é diversificada regionalmente. Para os países sul-americanos, o país é um exportador de manufaturas. Na Ásia, predominam as vendas das *commodities* agrícolas e minerais. Nos Estados Unidos, a participação das manufaturas é importante, mas declinante. Para o mercado da União Europeia, os resultados sugerem uma relativa estabilidade na composição da pauta. Essa diversidade é uma das questões que permeiam o debate sobre a agenda da política de comércio exterior e dos acordos comerciais do país, tendo sido considerada na análise que se segue.

O objetivo do trabalho é o de avaliar, portanto, as fontes de crescimento e indicadores *ex-post* de competitividade em relação às exportações brasileiras globais e por principais mercados no período 1999-2010. Ele está organizado da seguinte forma.

A segunda seção apresenta uma descrição das principais características dos fluxos exportados em termos de índices de preços, quantidade e diversificação de produtos/mercados. A terceira seção apresenta as fontes de crescimento (modelo CMS) das exportações totais brasileiras e para os mercados dos Estados Unidos, América do Sul, União Europeia e China. Em seguida, são apresentados os indicadores *ex-post* de competitividade. A quarta seção conclui o artigo.

2. O desempenho das exportações brasileiras: 1999-2010

2.1 O quadro geral das exportações

A desvalorização cambial de janeiro de 1999 marcou o início de uma nova etapa para as exportações brasileiras, após um período de baixo crescimento explicado, em parte, pela apreciação cambial que acompanhou o Plano Real de combate à inflação.[2] A partir do ano 2000, porém, as exportações brasileiras cresceram acima das mundiais, exceto no ano de 2002, o que pode ser interpretado como um *boom* exportador. O desem-

---

[2] Medido a preços correntes, o crescimento médio anual das exportações brasileiras e mundiais foi de 4% e 6%, respectivamente, entre 1994 e 1998.

penho favorável foi traduzido no aumento da participação do Brasil nas exportações mundiais, de 0,9% em 1999 para 1,4% em 2010.

A comparação dos índices de quantidades das exportações do Brasil e do mundo mostra que a duração do *boom* foi menor, em termos de volume exportado. Nesse caso, a quantidade exportada pelo Brasil cresceu a uma média inferior à do mundo, a partir do período de 2005-08.[3] Portanto, o período de *boom* seria restrito aos anos anteriores, sobretudo os anos de 2002-2005, quando a média do Brasil foi de 15% e a do mundo 7,3%. No ano de 2010, após a crise, o mesmo comportamento se repetiu. O *quantum* exportado mundial aumentou em 14,5% em relação a 2009 e o *quantum* do Brasil em 9,5%.

O menor crescimento da quantidade exportada foi compensado pelo aumento de preços. Até 2004, a variação do *quantum* exportado superava a dos preços, como é ilustrado no gráfico 1. A partir desse ponto, a situação se inverte. No ano de 2008, a variação dos preços foi de 26% e a quantidade exportada caiu em 2,5%. Após a crise de 2008, os dois caem e se recuperam, mas os preços continuaram na dianteira. No ano de 2010, o índice de preços aumentou em 20,5% e o de *quantum* em 9,5%, conforme já mencionado.

Gráfico 1
Variação anual (%) dos índices de preços e quantidades das exportações brasileiras

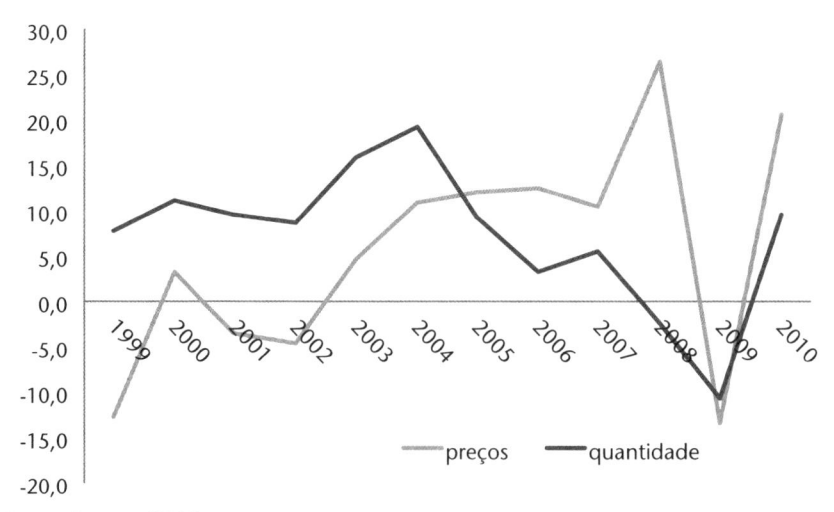

Fonte: Funcex (2010).

---

[3] Nos anos de 2005-2008, a média anual do Brasil foi de 2,1% e a do mundo foi de 5,7%. No ano de 2009 o *quantum* exportado do Brasil caiu 10,7% e do mundo, 12%.

Estrutura da pauta por grandes grupos

Os produtos manufaturados respondiam por 57% do total exportado pelo país, os produtos básicos por 25% e os produtos semimanufaturados por 17% em 1999.[4] No ano de 2010 esses percentuais eram: básicos (44,6%); semimanufaturas (14%); e manufaturas (39,5%). A elevação dos preços das *commodities* no comércio mundial é um dos fatores que contribuíram para esse resultado.[5]

A mudança na estrutura da pauta por produtos é analisada através da evolução dos preços e das quantidades exportadas de produtos básicos e manufaturas (tabela A1 em anexo). No período 1999-2002 os preços caíram para todos os grupos, sendo a maior queda registrada nos básicos (5%). As quantidades cresceram para todos os grupos e os básicos lideraram com um aumento de quase 17%. A contribuição para a variação em valor das exportações totais foi de 41% dos produtos básicos e 46% das manufaturas.

No período 2002-2005 as exportações brasileiras atingiram e romperam a meta de US$ 100 bilhões, anunciada em 1998.[6] Foram registradas as maiores taxas de crescimento médio anual em valor e quantidade das exportações. As exportações de manufaturas lideraram esse crescimento, tendo representado 55% do aumento de US$ 58 bilhões nas exportações totais entre 2002 e 2005, ao passo que os básicos responderam por 31%. A variação média anual do *quantum* de manufaturas foi de 19%, bem acima dos preços (5,3%). No caso dos básicos, ocorreu o inverso. A média anual de variação dos preços (14,3%) ficou acima das quantidades (11,1%).

O período 2005-08 foi marcado pela elevação dos preços das exportações: a média anual dos preços de básicos foi de 21%; dos semimanufaturas, de 18%; e de manufaturas, de 12%. Ademais, a variação dos preços foi superior à das quantidades em todos os casos. No ano de 2008, por exemplo, o índice de preços das exportações de básicos aumentou em 41%, enquanto o *quantum* cresceu apenas 0,2%. No caso das manufaturas, os preços aumentaram em 16% e a quantidade caiu em 5%. No final,

---

[4] Os produtos básicos são as *commodities* primárias como soja em grão, café em grão e minério de ferro, por exemplo. Os produtos semimanufaturados incluem o açúcar de cana em bruto, pasta química de madeira, óleo de soja em bruto, semimanufaturados de ferro e aço, entre outros.

[5] O índice de *commodities* calculado pelo Ibre (Pereira, 2011) mostrou um aumento de 64% na comparação da média do ano de 2006 e agosto de 2008 (antes da crise). Na comparação entre dezembro de 2010 e a base, o aumento foi de 77%.

[6] No ano de 1998, o governo brasileiro anunciou a metade US$ 100 bilhões de exportações para o ano de 2002. No ano de 2005, as exportações brasileiras foram de US$ 118,5 bilhões.

a principal contribuição para o aumento de US$ 79,4 bilhões das exportações totais entre 2005 e 2008 foi dada pelas exportações de básicos (48%), seguida pelas manufaturas (35%).

Os resultados para 2009 e 2010 mantiveram a tendência registrada em 2007/08. Os produtos básicos lideraram a taxa de crescimento de preços (30%) e de quantidades (11%). A contribuição dos produtos básicos foi de 57% e das manufaturas de 25% para o aumento de US$ 49 bilhões das exportações entre 2009 e 2010.

Logo, os *booms* das exportações brasileiras são distintos em termos de comportamento dos principais agregados. Até 2005, a liderança coube aos produtos manufaturados, em especial no período de 2002-05. A partir desse período, o aumento dos preços das *commodities* levou à crescente contribuição dos produtos básicos na determinação do desempenho exportador do país.

Estrutura da pauta por mercados de destino

A China passou de 14ª colocada na lista dos principais mercados de exportação do Brasil, em 1999, para a primeira, em 2009, posição que manteve em 2010. Os Estados Unidos, que eram o primeiro da lista, caíram para a segunda posição, porém a queda na participação nas exportações foi elevada: de 19% para 9,5% entre 1999 e 2010. A Argentina, que era a segunda colocada, tendeu a perder participação após 1998 com a crise econômica que abateu o país. O percentual da Argentina nas exportações brasileiras caiu de 11,2%, em 1999, para 4%, em 2002. No ano de 2010, a Argentina foi o terceiro principal mercado de destino das exportações brasileiras, com o percentual de 9,2% das exportações totais.

Essas mudanças auxiliam a explicar a nova configuração da pauta brasileira por regiões. Entre 1998 e 2002 a queda na participação dos países em desenvolvimento nas exportações brasileiras foi explicada principalmente pela redução de 28% para 19% do mercado latino-americano.[7] A partir de 2002 a situação mudou. O percentual dos países em desenvolvimento, que era de 39%, subiu para 53%, em 2008, e para 59%, em 2010. Mesmo excluindo-se a China, esses valores foram de 35% (2002), 45% (2008) e 44% (2010).

---

[7] A participação do Mercosul caiu de 17% para 5,5%, decorrente da crise na Argentina, o que levou a redução da região latina na pauta brasileira.

Em 2002, Estados Unidos (participação de 25% nas exportações totais), União Europeia (26%) e América Latina e Caribe (19%) eram os principais mercados brasileiros. No ano de 2008, o primeiro lugar coube à América Latina (26%), seguido da União Europeia (23%) e da Ásia (19%). No ano de 2010, a ordem é: Ásia (28%); América Latina (24%); e União Europeia (21%).

O quadro de 2010 pode ser explicado pela crise mundial que atingiu mais fortemente os países desenvolvidos que a China. Sem dúvida, a elevação da participação da Ásia é puxada pela China. No entanto, excluindo-se a China e o Japão da região asiática, o percentual aumenta de 7% para 7,5% e 9%, nos anos de 2002, 2008 e 2010. Logo, o Brasil diversificou suas exportações para os países asiáticos em desenvolvimento.

O aumento de importância da China e a mudança na composição da pauta por produtos são fenômenos associados. O Brasil vende para a China produtos básicos e essa tendência se acentuou nos anos 2000. A participação das exportações de manufaturas no mercado chinês caiu de 20% (média de 2002-05) para 8% (média 2006-08) e 5% (2009/10).[8] Nos Estados Unidos ocorreu fenômeno semelhante — queda de 74% para 63% na comparação entre 2002-05 e 2006-08. União Europeia e a América do Sul despontam como regiões em que as participações não sofreram mudanças acentuadas: os percentuais ficaram ao redor de 40% e 87%, respectivamente.

Na comparação entre 2002-05 e 2006-08 a participação das manufaturas caiu em seis pontos percentuais (52% para 46%) nas exportações para os países desenvolvidos e, depois, mais sete pontos percentuais em 2009/10. Países em desenvolvimento sem a China perdem pouco na comparação dos dois primeiros períodos (67% para 64%), mas em 2009/10 o percentual foi de 57%.

É prematuro interpretar a queda generalizada da participação das manufaturas no último biênio como uma tendência irreversível em todos os mercados. A crise de 2008 levou a uma queda nos preços de manufaturas no mercado mundial, mas no final de 2009 os preços de várias *commodities* já iniciavam um movimento de alta. Logo, exceto a China e os Estados Unidos, que apontaram para mudanças na pauta desde meados dos anos 2000, é possível que para outros mercados, sobretudo nos países em desenvolvimento, a participação das manufaturas recupere os níveis pré-crise.

---

[8] Estatísticas do comércio exterior-intercâmbio comercial brasileiro. Dados disponíveis em: <www.desenvolvimento.gov.br>.

2.2 Diversificação das exportações e mercados

A proposição de que os países devem diversificar suas pautas de exportações encontra diversos argumentos antigos e novos na literatura econômica (Hausmann et al., 2007). A concentração em produtos de baixa elasticidade renda pode levar a uma piora nos termos de troca e instabilidade nas receitas cambiais. Esse seria o caso de pautas com poucas *commodities* agrícolas e minerais. A diversificação em direção a produtos de alta produtividade, a procura por novos produtos e atividades geram efeitos positivos no crescimento econômico, como propõe a nova teoria de crescimento econômico.[9] A especialização desejável é a que ocorre em países de alta renda, onde, após o período de diversificação, há concentração em produtos de elevada produtividade e com demandas crescentes (alta elasticidade renda no mercado internacional).

Santos-Paulino (2011) analisou o tema da diversificação através da utilização de medidas de produtividade das exportações para avaliar o grau de sofisticação da pauta,[10] concluindo que a cesta de exportações do Brasil é similar à de países com renda *per capita* mais elevada que a brasileira. Os dados cobrem o período de 1992 a 2004.

A proposta aqui é analisar a diversificação a partir dos índices de concentração de Herfindhal-Hirschmann (IHH), que variam entre zero e um.[11] Quanto maior o índice, mais concentrada é a pauta em termos de produtos e/ou mercados.

O gráfico 2 mostra esse índice por produtos e mercados para os anos de 1996, 2000, 2006, 2008 e 2010. O IHH por produto cai de 0,012 para 0,001 entre 1996 e 2006, e a partir desse ponto aumenta até 0,029, coincidindo com o crescimento da participação dos produtos básicos na pauta. O índice por país sobe entre 1996 e 2000 e depois diminui. O aumento após 2008 reflete, em parte, o ritmo desigual de recuperação dos países, que levou a uma concentração das vendas para o mercado asiático.[12] Ademais, ao crescer a participação dos países asiáticos no

---

[9] O artigo de Hausmann e colaboradores (2007) é uma das principais contribuições nesse sentido.

[10] O autor aplica a medida de produtividade proposta em Hausmann e colaboradores (2007).

[11] O índice é a participação de cada produto no total exportado elevado à potência 2. O índice foi normalizado para ficar entre 0 e 1 e calculado a partir da Nomenclatura Comum do Mercosul (NCM) a 8 dígitos.

[12] O IHH por país cai de 0,85 para 0,47 entre 2000 e 2008 e aumenta para 0,53 em 2010.

destino das exportações brasileiras é reforçada a tendência de concentração da pauta por produtos: os países asiáticos são compradores das *commodities* brasileiras.

Gráfico 2
Índices de Herfindhal-Hirschmann

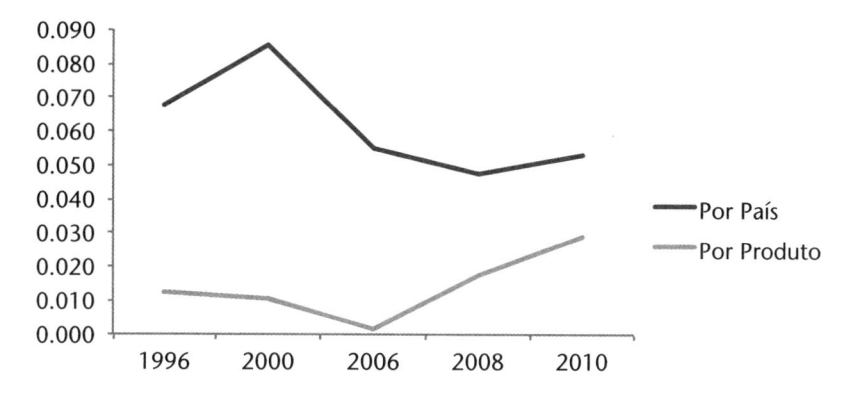

```
0.090
0.080
0.070
0.060
0.050
0.040                                          ── Por País
0.030                                          ── Por Produto
0.020
0.010
0.000
      1996    2000    2006    2008    2010
```

Fonte: Secex/MDIC. Elaboração dos autores.

Índices por produto

O cálculo do IHH pela Unctad (2010) permite comparar os resultados do Brasil com os de outros países. Destaque-se que os índices da Unctad são maiores porque o cálculo parte de uma base de dados mais agregada do que a utilizada neste trabalho.[13]

No ano de 2002, a Itália registrou o IHH mais baixo da amostra — 0,055. O Brasil ficou em sétimo lugar com um índice de 0,088 e próximo ao dos Estados Unidos, que era de 0,085, colocado em quinto lugar. Em 2008, o Brasil passou para 21º lugar — índice de 0,107— e, em 2009, para o 29º lugar, índice de 0,118. A Itália continuou apresentando o menor índice, que foi de 0,052 em 2009. O IHH de 0,119 do Japão, em 2009, maior do que o do Brasil, ilustra o caso de um país com especialização associada a uma cesta de elevada produtividade. Os dados revelam, portanto, que o grau de diversificação da pauta brasileira diminuiu, mas que ele ainda é alto na comparação com outros países.

---

[13] O índice da Unctad é calculado a partir da classificação de três dígitos da Standard International Trade Classification (STIC). São 261 produtos e cerca de 210 países. No caso da NCM, o número de produtos chega a 8 mil; logo, o índice é menor.

A cesta dos 10 principais produtos dá uma indicação da natureza de quase um terço da pauta.[14] Seis produtos estão presentes em todos os anos (2002, 2005, 2008 e 2010). Dois são produtos manufaturados: automóveis e aviões. Os outros seis são *commodities* minerais e agrícolas (minério de ferro, óleo bruto de petróleo, farelo de soja e soja em grão). O minério de ferro foi sempre o principal produto de exportação nos anos citados e sua participação aumentou de 5% para 14% entre 2002 e 2010. O segundo lugar, que era da soja, passou a ser ocupado pelo petróleo, a partir de 2008. Saíram da lista aparelhos transmissores (presentes em 2002 e 2005), calçados (2002), motores (2002) e partes e peças para veículos (2002). Entraram a partir de 2005: café em grão e carne de frango. E, a partir de 2010, açúcar de cana e pasta de madeira. Logo, o aumento do índice de concentração da pauta total foi acompanhado pela concentração dos principais produtos exportados em *commodities* primárias.

Outro indicador de concentração é dado pela entrada e saída de produtos da pauta de exportações entre 2005 e 2008 (tabela A2 do anexo). Entraram 1.258 produtos em 2008 que não estavam na pauta de 2005 e saíram 1.227 produtos em 2008 que estavam na pauta de 2005. Logo, houve uma entrada líquida de 31 novos produtos, que representaram um ganho adicional de US$ 4,9 bilhões. O maior saldo líquido de novos produtos foi no mercado africano — 352 produtos no valor de US$ 190 milhões. Já o maior saldo líquido em valor foi no mercado sul-americano (US$ 1,7 bilhão), correspondente a um saldo líquido de 80 produtos. Em seguida, foi o saldo de US$ 1,5 bilhão na União Europeia. Nesse caso, porém, foi registrada a entrada de 1.083 produtos novos e a saída de 1.213, um saldo negativo de 130 produtos. Além da União Europeia, foram registrados saldos negativos de produtos nos Estados Unidos (217) e China (71). Nos Estados Unidos o ganho foi de US$ 280 milhões, mas na China ocorreu perda líquida de US$ 11 milhões.

Pelo número de produtos, a pauta total ficou quase igual. Assim, o aumento no índice de concentração é explicado pelo aumento no valor exportado de alguns produtos e não pela queda do número de produtos exportados. Nos anos pós-crise houve queda do número de produtos exportados. Na comparação de 2010 com 2008 foi registrada uma saída líquida de 112 produtos.

---

[14] Os dez principais produtos respondiam por 34% do total exportado em 2002. Esse percentual aumentou para 47% em 2010.

Índices por país e produto

O IHH por país mostrou queda entre 2000 e 2008, o que indica diversificação de mercados. Seu aumento em 2010 pode ser reflexo da recuperação desigual no ritmo de crescimento mundial. Enquanto os países desenvolvidos demoram a recuperar os níveis de atividade pré-crise, a China e mercados de países em desenvolvimento produtores de *commodities* alcançaram taxas elevadas em 2010.

As exportações brasileiras são mais diversificadas para o mercado sul-americano, mas o índice aumentou de 0,005 (média 1999-2001) para 0,012 (média 2006-08) e caiu no biênio 2009/10. Os Estados Unidos iniciaram o período de análise com o segundo menor índice, mas a partir de 2006 entraram numa trajetória de concentração e o índice atingiu 0,04 em 2009/10. A União Europeia apresentou queda do índice e só aumentou no último período. As exportações brasileiras passaram a ser mais diversificadas no mercado europeu do que no dos Estados Unidos, a partir de 2007. Na Ásia a tendência é de concentração (gráfico 3). Na África e na Europa Oriental o índice caiu e, como antes comentado, esses são os mercados com o número maior de novos produtos.[15]

Gráfico 3
Índices de concentração por regiões/país

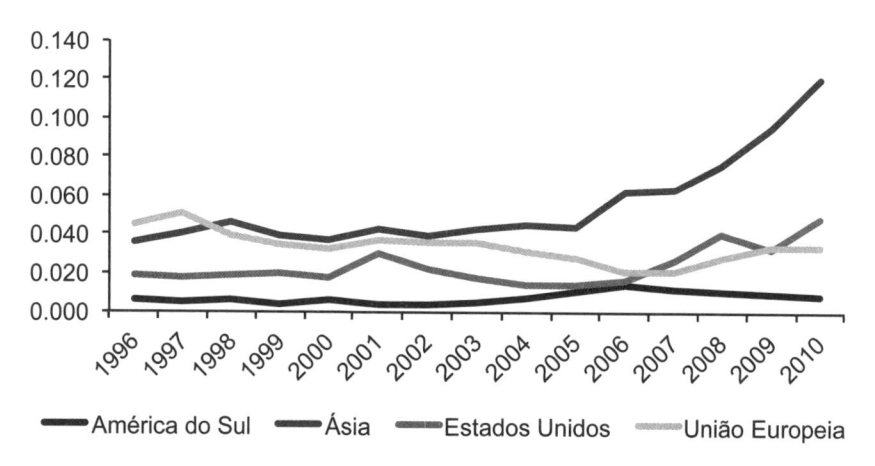

Fonte: Secex/MDIC. Elaboração dos autores.

---
[15] Na África o índice cai de 0,07 (1999-2001) para 0,04 (2006-08), mas aumenta no biênio de 2008/09. Na Europa Oriental cai de 0,5 para 0,15 e aumenta no último biênio.

Houve, portanto, um esforço de diversificação em direção a novos mercados em regiões onde a presença brasileira era pequena e na Europa.

A diversificação pode também ser confirmada pela queda no número de países com índices elevados. Com índices HH acima de 0,2, o percentual do número de países caiu de 51% para 47% entre 2002 e 2008.[16] Com índices abaixo de 0,1, 26% do total de países estavam nesse grupo em 2002 e 28%, em 2008. No ano de 2010, porém, os índices mostram queda na diversificação. O percentual de países com IHH acima de 0,2 sobe para 57% e cai para 23%, no caso do grupo com índices abaixo de 0,1.

O que se conclui?

O aumento da concentração da pauta das exportações está associado à elevação do IHH nos principais mercados de exportações do Brasil, como Estados Unidos, Ásia (na China de 0,15 para 0,19 entre 2002 e 2008) e América Latina (Argentina de 0,01 para 0,02). Somente o aumento da diversificação na União Europeia não compensou a concentração nessas regiões. No entanto, a análise por países/produtos indica que houve um aumento no número de países que tiveram quedas nos IHH até 2008. O Brasil ampliou o leque de produtos exportados para países na África e na Europa Oriental. O saldo líquido de apenas 31 novos produtos na comparação entre 2008 e 2005 sugere, entretanto, que estão se exportando os mesmos produtos que já constavam da pauta e que entram em novos mercados. Dessa forma, a tendência analisada por Iglesias e Rios (2010) na comparação entre os anos de 1997/98 e 2004/05 de que o *boom* exportador não era explicado pela inovação — entrada de novos produtos — persistiu até 2008 e, provavelmente, até 2010.

3. Análise dos indicadores de competitividade

3.1 Fontes de crescimento das exportações brasileiras

O modelo de *constant market share* (CMS, participação constante no mercado) pode ser utilizado para analisar as fontes de crescimento das exportações. Aqui seguimos a metodologia de Pinheiro e Bonelli (2007).[17]

---

[16] Na tabela A3 do anexo está descrita a distribuição dos índices por número de países para os anos de 2002, 2006, 2008 e 2010. Os índices foram calculados para todos os países para os quais o Brasil exportou nesses anos.

[17] A descrição do modelo está no anexo do artigo de Pinheiro e Bonelli (2007). Os autores apresentam duas versões do modelo: uma decomposição do valor e outra que considera as variações nos índices de preços e quantidade. O presente artigo só utiliza a decomposição em valor.

No modelo CMS, as exportações podem crescer devido aos seguintes fatores: (i) aumento do comércio mundial; (ii) a composição da pauta por produtos — a demanda de importações mundiais pelos produtos que o país exporta cresce acima da média mundial; (iii) mercados de exportações — o país exporta para mercados com demandas de importações acima da média mundial; e, (iv) efeito competitividade.

Como assinalado, esse "efeito competitividade" deve ser analisado com cautela. Ele é a parte do aumento das exportações que não é explicada pelos outros três fatores que compõem a análise. É um resíduo que pode estar associado a um câmbio favorável, aumento de produtividade, acordos de livre-comércio e políticas de exportações, entre outros fatores.

A análise de CMS utilizou a base de dados do Sistema World Integrated Trade System (WITS) para os anos de 1999 a 2009, o qual foi dividido em quatro períodos, caracterizado pelos fatos descritos a seguir.

1999-2002. O valor das exportações brasileiras passou de US$ 48 bilhões para US$ 60,5 bilhões, entre 1999 e 2002. Reflexos da crise asiática e da moratória russa dominaram o cenário do ano de 1999 no mundo. Em seguida, no ano de 2001, a crise nos Estados Unidos provocou uma leve recessão, na qual o comércio mundial diminuiu 4,1%. No Brasil, a desvalorização cambial de janeiro de 1999 foi seguida de incertezas que afetaram os fluxos de financiamento do comércio exterior. A Argentina, segundo principal mercado de destino das exportações brasileiras, entrou numa crise profunda em 2001. Além disso tudo, especulações sobre as diretrizes do novo governo brasileiro que tomaria posse em janeiro de 2003 levaram a um cenário de instabilidade cambial em 2002, ano em que as exportações cresceram 3,7% abaixo da mundial: 4,8%. Em comparação com o período 1995-99, quando a média anual das exportações do país foi de 0,8% e a mundial de 2,6%, o período de 1999-2002 registrou um desempenho favorável para o comércio exterior do Brasil — o crescimento médio anual das exportações brasileiras em valor foi de 8% e a do mundo, 4,3%.

2002-05. A economia mundial inicia um ciclo de expansão que só seria interrompido com a crise de 2008. As exportações brasileiras aumentam de US$ 60,5 bilhões para US$ 118,5 bilhões, registrando taxas médias anuais de crescimento de 25% (valor) e de 15% (volume). Todas as duas estiveram acima das mundiais, que foram de 17,5% (valor) e de 7,3%

(volume). A configuração do comércio mundial começou a consolidar tendências que ocorriam desde o final dos anos de 1990. O primeiro lugar na lista dos maiores exportadores mundiais, que era dos Estados Unidos, em 2002, passou para a Alemanha, em 2005. A China ganhou uma posição na lista dos exportadores de quarto para terceiro lugar. Os Estados Unidos continuaram como o principal importador mundial, mas a China aumentou sua participação nas importações mundiais de 5,7% para 6,1%. No Brasil a taxa de câmbio real efetiva começou uma tendência de valorização, mas essa não era uma questão interpretada como o principal entrave às exportações de manufaturas, que cresceram a uma média anual de 25,5%, abaixo das exportações de produtos básicos (27%), mas acima das exportações totais.

2005-08. Foi um período de acelerado crescimento da economia mundial, que registrou taxas de 5,2% e de 5,3%, em 2006 e 2007, e terminou com um aumento de 2,8% (ano de 2008) do produto mundial associado aos primeiros efeitos da crise iniciada nos Estados Unidos. A importância da China no comércio mundial continuou a crescer. Passou a ser a segunda maior exportadora mundial (no ano de 2008) e, como uma das principais importadoras de matérias-primas agrícolas e minerais, contribuiu para o aumento de 72% no preço desses produtos entre 2005-2008.[18] No Brasil, o efeito China contribuiu para o aumento das exportações, mas teria levado a uma "primarização da pauta".[19] As médias anuais de crescimento das exportações do Brasil e do mundo foram menores do que no período anterior, mas ainda foram altas em valor: Brasil (18,6%) e mundo (15,5%). A comparação do crescimento dos volumes exportados, entretanto, registrou uma piora no desempenho brasileiro.[20] A tendência da valorização do câmbio continuou e passou a integrar o debate sobre a competitividade das exportações de manufaturas brasileiras.

2008/09. A análise desse período é influenciada pela crise mundial e afetou todos os países. No Brasil, o produto da economia encolheu 0,6%. Alguns países, porém, continuaram a registrar taxas positivas. Esse é o caso da China, por exemplo, que registrou aumento de 9,2%

---

[18] Índice de preços das *commodities* do FMI (2010).

[19] A participação dos produtos básicos nas exportações aumentou de 29% para 37% entre 2005 e 2008.

[20] Ver análise da seção anterior.

no PIB. As exportações brasileiras de *commodities* se beneficiaram disso e a China passou a ser o principal mercado de destino das exportações brasileiras.

A tabela 1 mostra a decomposição das fontes de crescimento das exportações brasileiras nesses períodos e para o total.[21] Em todos os períodos, o aumento percentual das exportações brasileiras foi maior do que o das importações mundiais (exportações mundiais). O comércio mundial foi o principal determinante na variação do valor exportado em todos os períodos, exceto em 1999-2002. Nesse caso, o efeito competitividade foi maior. No período 2002-05 o comércio mundial, seguido do efeito competitividade, composição da pauta e mercado de destino explicaram em ordem decrescente o aumento do valor exportado. Nos anos 2005-08 a ordem de importância das contribuições mudou. O comércio mundial continuou a liderar, mas o segundo lugar foi da composição por produtos, seguido do mercado de destino. O efeito competitividade foi negativo em 3,4%. Na comparação de 2009 e 2008, a queda nas exportações foi devida ao comércio mundial (98%) e o efeito competitividade negativo indica que esse foi um fator que contribui no sentido contrário — aumento das exportações, mas não suficiente para compensar o efeito negativo do comércio mundial.

No período total analisado (1999-2009), o primeiro fator de contribuição para o aumento das exportações foi o crescimento do comércio mundial (51%), seguido da competitividade (46%). O efeito da composição da pauta por produto foi pequeno (9,6%) e o efeito por mercado de destino foi negativo. A importância da competitividade na decomposição das fontes de crescimento superou a do crescimento do comércio apenas no período de 1999-2002.

---

[21] A decomposição do valor nas fontes de crescimento soma 100%. Logo, um valor negativo, como nos mercados por destino, significa que o Brasil, no cômputo geral de todos os países, não exportou para os mercados que cresceram acima da média mundial de exportações.

Tabela 1
Fontes de crescimento das exportações brasileiras: 1999-2009

Fontes de crescimento	1999-2002		2002-05		2005-08		2008-09		1999-2009	
	US$ bilhões	%	US$ bilhões	%	US$ bilhões	%	US$ bilhões	%	US$ bilhões	%
Variação das exportações brasileiras	12,8	100,0	63,0	100,0	87,3	100,0	-56,0	100,0	107,1	100,0
Efeito crescimento comércio mundial	7,8	61,4	38,7	61,4	63,9	73,2	-55,1	98,3	54,5	50,9
Efeito composição da pauta por produto	-3,3	-26,2	4,8	7,7	23,9	27,4	-4,1	7,4	10,3	9,6
Efeito por mercado de destino	-2,4	-18,9	1,6	2,6	2,9	3,4	-2,6	4,6	-7,3	-6,8
Efeito competitividade	10,7	83,7	17,9	28,3	-3,5	-4,0	5,8	-10,3	49,6	46,3
Crescimentos das exportações mundiais no período (%)		15,9		62,3		51,0		-25,9		110,4
Crescimentos das exportações mundiais no período (%)		25,9		101,5		69,7		-26,4		216,9

Fonte: elaboração dos autores.

O mesmo exercício foi feito para os mercados dos Estados Unidos, União Europeia, América do Sul e China. A tabela A4 do anexo mostra os resultados detalhados para os períodos selecionados entre 1999 e 2009.

A variação percentual nas exportações brasileiras foi menor que a das importações da região, somente em dois casos. Nos Estados Unidos, o aumento nas exportações brasileiras para esse mercado foi de 23,5% e o das importações estadunidenses globais foi de 25%, entre 2005-08. Na América do Sul a diferença foi expressiva no mesmo período — as exportações brasileiras cresceram 75% e as importações sul-americanas 105%. Por outro lado, foram registradas diferenças a favor das exportações brasileiras acima de 100 pontos percentuais na China em todos os períodos. Entre os anos de 1999 e 2009 as importações chinesas a preços correntes aumentaram 467% e as exportações brasileiras para esse mercado em 2.821%. O crescimento das exportações acima das importações globais de um país/região sugere dinamismo de desempenho no mercado analisado.

A China desponta, portanto, como o mercado em que o dinamismo das exportações brasileiras esteve presente ao longo de todos os anos de 1999 a 2009. O efeito competitividade foi a principal fonte de crescimento no período de 1999-2002. Depois, o efeito foi negativo (2002-05) e voltou a ser positivo (18%) em 2005-08. A composição da pauta por produto foi a principal fonte em 2002-05 e 2005-08, seguida do efeito de crescimento da demanda chinesa no mercado mundial. Um exemplo ilustra o efeito da composição do produto. Entre 2005 e 2008, o acréscimo percentual no total importado da China foi de 72%, nas importações totais de soja do país, de 180%, e das exportações brasileiras para esse mercado, de 210%. Nos 10 anos analisados, o principal efeito foi o da competitividade (43,2%), seguido da composição do produto (40,3%) e, por último, o efeito do crescimento do comércio (16,6%).

Assim como a China, as exportações brasileiras aumentaram acima das importações da região na União Europeia — embora a diferença seja bem menor.[22] A principal fonte de crescimento das exportações brasileiras foi o crescimento da demanda externa (comércio) em todos os períodos. A segunda foi o efeito competitividade nos anos de 1999-2002 (68%) — e 2002-05 (35%). No período de 2005-08 a competitividade caiu para 10% e o efeito composição da pauta foi o segundo colocado (28%). A participação de produtos básicos e semimanufaturados na pauta bra-

---
[22] Entre 1999 e 2009, as importações da União Europeia aumentaram 87% e as exportações do Brasil para a região, 143%.

sileira de exportações para a União Europeia é alta (60% em 2006-08). Logo, o aumento dos preços das *commodities* a partir do final de 2006 deve ter contribuído para a maior participação do efeito de composição por produto. No entanto, na análise dos anos de 1999 a 2009, a contribuição do efeito do produto foi negativa. O efeito do crescimento (60%), seguido da competitividade (48%), explicou o aumento das exportações.

Na América do Sul, a principal fonte de crescimento em todos os períodos foi o efeito do comércio. A composição por produto contribui pouco e/ou foi negativa. O efeito competitividade foi importante em 2002-05 (44%), sendo o segundo após o do comércio (52%). No período de 2005-08, quando as exportações brasileiras cresceram abaixo das importações sul-americanas, o efeito competitividade foi negativo (29%). O Brasil é exportador de produtos manufaturados para a América do Sul, que constituem as principais importações dos países da região. Na seção anterior foi visto que no período de 2005-08 a quantidade exportada de manufaturas aumentou apenas 0,1% e caiu entre 2007 e 2008. A queda da competitividade na América do Sul pode ser um dos fatores que explicam esse desempenho. Vale ressaltar que a participação do efeito competitividade na América do Sul é a menor na análise do aumento das exportações entre 1999 e 2009, em comparação com os outros mercados analisados.

No mercado dos Estados Unidos, o desempenho das exportações brasileiras foi associado ao efeito do comércio, exceto no primeiro período, quando a competitividade contribuiu em 80% para a variação das exportações. A competitividade cai nos períodos seguintes e foi negativa em 2005-08. Entre 1999 e 2009 o efeito do crescimento (68%) foi próximo ao da competitividade (65%).

A tabela 2 sintetiza os resultados por mercados e no mundo. O efeito do mercado não está incluído, pois é fonte de crescimento apenas para o mundo — foi negativo no primeiro período e positivo para os demais. O efeito do crescimento do comércio como a principal fonte e/ou a segunda é a ocorrência com maior frequência. Na análise comparativa entre os anos de 1999 e 2009, esse efeito aparece como o principal na decomposição das fontes de crescimento em todos os mercados, exceto para a China. A composição da pauta por produto ganhou importância a partir de 2002 e foi a principal fonte de crescimento no caso da China. Para os outros mercados, a composição da pauta por produto foi negativa nos anos entre 1999 e 2009.

O efeito competitividade contribui de forma positiva para todos os mercados em 1999-2002 e 2002-05 (exceto China). No último período somente foi positivo para a China e a União Europeia, como a terceira principal fonte. Isso levou a que o efeito competitividade fosse a principal fonte de crescimento para a China e a segunda para os demais mercados na comparação do ano de 1999 e 2009.

O crescimento do comércio e a competitividade sobressaem, portanto, como fontes de crescimento quando se analisa o aumento das exportações entre 1999 e 2009. Para fins da análise do desempenho exportador brasileiro é importante ressaltar que houve uma mudança na composição das fontes de crescimento. O efeito competitividade tendeu a perder importância a partir de 2005.

Tabela 2
Síntese das fontes de crescimento por regiões e o mundo*

Regiões/ Países		Mundo	Estados Unidos	América do Sul	União Europeia	China
1999-2002	CR*	+ +	+ +	+ + +	+ + +	+ +
	PR**	-	-	-	-	+
	CMP***	+ + +	+ + +	+ +	+ +	+ + +
2002-05	CR*	+ + +	+ + +	+ + +	+ + +	+ +
	PR**	+	+ +	+	-	+ + +
	CMP***	+ +	+	+ +	+ +	-
2005-08	CR*	+ + +	+ + +	+ + +	+ + +	+ +
	PR**	+ +	+ +	-	+ +	+ + +
	CMP***	-	-	-	+	+

(continua)

(continuação)

Regiões/Países		Mundo	Estados Unidos	América do Sul	União Europeia	China
2008/09 (1)	CR*	+ + +	+ + +	+ + +	+ + +	+ + +
	PR**	+ +	+ +	+ +	+ +	+ +
	CMP***	-	-	+	-	-
1999-2009	CR*	+ + +	+ + +	+ + +	+ + +	+
	PR**	+	-	-	-	+ +
	CMP***	+ +	+ +	+ +	+ +	+ + +

Fonte: Ver tabela A4, em anexo.
+ + + é a principal fonte de crescimento, + + é a segunda principal fonte e +, a terceira. O sinal negativo é uma contribuição "negativa".
(1) Entre 2008 e 2009, as exportações brasileiras diminuíram para todos os mercados, logo o sinal positivo significa a contribuição para a queda.
* Efeito do crescimento do comércio; ** Efeito da composição da pauta por produto; *** Efeito competitividade.

O próximo passo é avaliar se os indicadores *ex-post* de desempenho das exportações ajudam a explicar os resultados do modelo de CMS, em especial quanto ao efeito da competitividade, composição da pauta e dos mercados.

3.2 Vantagens comparativas reveladas

Os países devem se especializar nos bens que produzem relativamente de forma mais eficiente (menores custos de produção). As vantagens podem advir dos diferenciais de produtividade do trabalho (tecnologia) e/ou pela dotação de recursos e fatores de produção. Assim, países nos quais o fator trabalho é relativamente mais abundante devem produzir bens intensivos nesse fator. Outra fonte de vantagens na indústria são as economias de escala, que permitem quedas nos custos de produção pela ampliação dos mercados. As vantagens não são imutáveis e ambientes propícios à inovação ou políticas econômicas, por exemplo, podem criar vantagens antes inexistentes. Um caso típico é o da criação de salmão no Chile ou a produção de uvas e vinhos no Vale do São Francisco, no Brasil.

O índice de vantagens comparativas reveladas (IVCR) de Balassa não analisa a origem das vantagens. Parte da concepção de que a vantagem no mercado internacional é "revelada" pela comparação de participações na pauta de exportações. A fórmula do IVCR esclarece o conceito (Lima e Alvarez, 2008).[23]

$$IVCR = (X_{kij}/X_{ij}) / (X_{kiw}/X_{iw})$$

X_{ijk} = Valor das exportações do produto k pelo país i para o mercado j;
X_{ik} = Valor total das exportações do país i para o mercado j;
X_{jiw} = Valor das exportações do produto k pelo país i para o mundo (w) e;
Xi_w = Valor total das exportações do país i para o mundo (w).

Se a razão entre as duas participações for maior do que um, o produto do país i revela ter vantagens comparativas no mercado mundial. Aqui, o índice foi normalizado de forma que varie no intervalo de menos um a mais um. Logo, índice positivo significa "vantagem" e negativo, "desvantagem". O índice foi calculado para os biênios de 1998/99, 2002/03, 2007/08 e 2009.[24]

As vantagens reveladas no mundo

O percentual do número de setores com IVCR positivo não é elevado. Aumentou de 19% para 21% entre os anos de 1998/99 e 2002/03 e, depois, se manteve constante. No valor exportado, os percentuais são altos, pois as exportações do país devem se concentrar nos produtos com vantagens comparativas reveladas. Os resultados mostram, porém, uma queda na participação — 82% (1998/99), 76% (2002/03), 73% (2007/08) e 81% (2009). Aqui a queda entre 2002/03 e 2007/08 com as exportações totais brasileiras crescendo pode ser interpretada como uma confirmação dos re-

---

[23] No caso das vantagens em relação ao mundo, o numerador é a participação das exportações do produto k pelo país i nas exportações totais do país i, e o denominador é a participação das exportações mundiais do produto k nas exportações mundiais.
[24] Os dados são do Sistema WITS, classificados por SITC Rev. 3 dígitos que compreende 259 setores.

sultados do modelo CMS — queda na competitividade e aumento da importância do efeito do comércio mundial e da composição por produto.[25]

Quais setores apresentam vantagens no comércio mundial? A primeira avaliação foi pela desagregação dos setores segundo a classificação SITC (Standard International Trade Classification, Rev. 3, 1 dígito). Em seguida, as vantagens foram classificadas por intensidade tecnológica.

As vantagens das exportações brasileiras no mundo estão nos setores de produtos alimentícios, bebidas e fumo, matérias-primas não comestíveis, óleos vegetais e animais e artigos manufaturados classificados por matérias-primas (tabela 3). As matérias-primas não comestíveis registram os maiores índices. Os menores são os dos artigos manufaturados classificados por matérias-primas (manufaturas MP), que caíram de 0,15 para 0,06 entre 2002/3 e 2007/08 e ficaram negativos em 2009. As indústrias de bebidas e as de óleo também tiveram quedas entre 1998/9 e 2007/08. Nos setores com "desvantagens", houve melhora nos índices de combustíveis e no de maquinaria. No entanto, mesmo com a melhora, os setores de maquinaria e de produtos químicos possuem os índices com "maiores desvantagens" (maiores valores negativos).

Os resultados são condizentes com o modelo CMS. Entre os biênios de 2002/03 e 1998/99, a soma das diferenças nos IVCR dos oito setores foi positiva no valor de 0,5 e entre 2007/08 e 2002/03 foi negativa (0,22). Na análise das fontes de crescimento, o efeito competitividade cai e foi negativo entre 2005-08.

Tabela 3
Índices de vantagens comparativas reveladas
das exportações brasileiras no mundo

	Classificação SITC	1998/99	2002/03	2007/08	2009
0	Produtos alimentícios e animais vivos	0,53	0,53	0,56	0,56
1	Bebidas e fumo	0,42	0,25	0,29	0,37
2	Matérias-primas não comestíveis	0,64	0,67	0,67	0,71
3	Combustíveis, lubrificantes minerais	-0,98	-0,30	-0,25	-0,17
4	Óleos, ceras de origem animal e vegetal	0,56	0,59	0,44	0,24
5	Produtos químicos e derivados	-0,23	-0,29	-0,26	-0,29

(continua)

---

[25] O aumento no ano de 2009 reflete o que já foi antes salientado: o aumento na demanda mundial concentrado em produtos em que o país possui vantagens (*commodities*).

(continuação)

	Classificação SITC	1998/99	2002/03	2007/08	2009
6	Artigos manufaturados por matéria-prima	0,14	0,15	0,06	-0,01
7	Maquinaria e equipamento de transporte	-0,29	-0,26	-0,24	-0,35
8	Artigos manufaturados diversos	-0,37	-0,40	-0,55	-0,60

Fonte: Sistema WITS. Elaboração dos autores.

O debate sobre a competitividade das exportações brasileiras está centrado nos produtos industrializados que, na análise realizada, registraram "desvantagens comparativas". No entanto, uma avaliação mais detalhada (classificação a dois dígitos) mostra um quadro com resultados não uniformes. Foram analisados os 26 segmentos que compõem os setores de artigos manufaturados MP, máquinas e equipamentos de transporte e artigos diversos.[26] A análise se concentra na comparação entre 2002/03 e 2007/08.

Oito setores apresentaram IVCRs positivos. Dois desses tiveram aumento nos índices de 0,68 para 0,73 (manufaturas de couro exclusive calçados) e de 0,04 para 0,23 (outros equipamentos de transporte).[27] Os seis restantes (calçados, ferro e aço, metais não ferrosos, manufaturas de madeira, de borracha e máquinas geradoras de energia) registraram piora nos índices.

Entre os 16 setores com IVCRs negativos, apenas o de veículos terrestres melhorou o índice, que passou de menos 0,15 para menos 0,07. A maior perda em termos percentuais foi a do segmento de aparelhos e equipamentos de telecomunicações e reprodução/gravação de som (de menos 0,26 para menos 0,48).[28] Em seguida, foi o de móveis (menos 0,08 para menos 0,26) e o de aparelhos fotográficos (menos 0,64 para menos 0,77).

Logo, os resultados para os produtos industrializados mostram um quadro marcado por perdas nas vantagens comparativas, exceto para setores de material de transporte.

Em seguida, os setores foram classificados por intensidade tecnológica, segundo a metodologia da Unctad (2010), e agrupados pelo resultado em termos de IVCR. A análise irá tratar dos setores que registraram índices positivos (vantagens).

---

[26] Ver tabela A5 do anexo.
[27] No segmento de outros equipamentos de transporte estão as aeronaves.
[28] Entre 1998/99 o índice, embora negativo, melhora de 0,51 para 0,26. Nesse grupo estão os aparelhos de telefonia celular, que aumentaram as exportações nesse período.

As vantagens comparativas reveladas estão concentradas em termos do número de setores e valor exportado nas *commodities* primárias.[29] A participação desse grupo aumentou de 42% para 53% entre 1998/99 e 2007/08 no número total de setores, e no total exportado passou de 55% para 62%. No ano de 2009, os percentuais sobem para 54% (setores) e 73% (valor). O efeito da crise mundial sobre a demanda mundial por *commodities* já foi comentado; assim, a análise destacará os biênios selecionados entre 1999 e 2008.

O que ocorre com o resto dos grupos? Os gráficos 4 e 5 ilustram os resultados. Nos setores não produtores de *commodities*, apesar da baixa participação, as vantagens do Brasil estão nas indústrias de alta e média tecnologia, conforme os resultados a seguir revelam. Aqui estão os setores de outros equipamentos de transporte (aeronaves) e de alguns tipos de máquinas e veículos.

Gráfico 4
Percentual (%) de setores com IVCR positivo no total dos setores

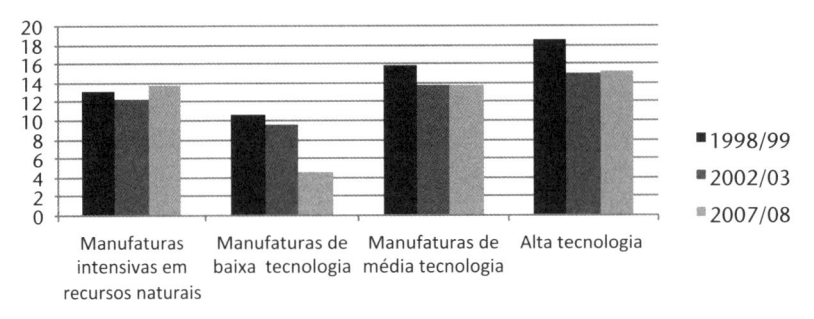

[Gráfico de barras com categorias: Manufaturas intensivas em recursos naturais, Manufaturas de baixa tecnologia, Manufaturas de média tecnologia, Alta tecnologia. Séries: 1998/99, 2002/03, 2007/08]

Fonte: Sistema WITS. Elaboração dos autores.

Na análise por número de setores, as exportações de alta e média tecnologia registram os maiores percentuais, embora declinantes. A soma dos dois foi de 34%, em 1998/99, e 29%, em 2007/08. Isoladamente, porém, a maior queda foi no setor de baixa tecnologia de 11% para 5%. Os manufaturados intensivos em recursos naturais ganham um ponto percentual entre os dois últimos períodos.

---

[29] A Secex/MDIC utiliza a metodologia da OCDE para classificar as mercadorias, e os dados estão disponíveis nas estatísticas de comércio exterior do site (www.desenvolvimento.gov.br). Por essa, os produtos industriais no biênio 2007/08 correspondiam a 74% do total exportado pelo Brasil. Na classificação Unctad, vários produtos industriais são classificados como *commodities* e logo as *commodities* nesse mesmo biênio correspondiam a 53% do total exportado pelo Brasil. As tendências em termos de intensidade tecnológica, porém, são iguais nas duas classificações.

Gráfico 5
Percentual (%) do valor exportado pelos setores com IVCR positivo no total das exportações brasileiras

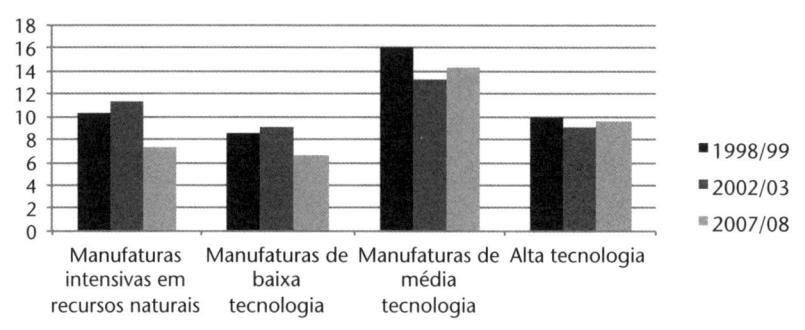

[Gráfico de barras com categorias: Manufaturas intensivas em recursos naturais; Manufaturas de baixa tecnologia; Manufaturas de média tecnologia; Alta tecnologia. Séries: 1998/99, 2002/03, 2007/08.]

Fonte: Sistema WITS. Elaboração dos autores.

No primeiro biênio, quando se avalia pelo valor, o maior percentual foi do setor de média tecnologia (16%), seguido pelo de alta tecnologia e intensivo em recursos naturais (os dois com 10%) e baixa tecnologia (9%). Todas as participações caíram no último biênio, exceto para o setor de alta tecnologia, que se mantém constante.

A avaliação das exportações pela análise do IVCR mostra uma tendência à concentração das vantagens brasileiras nos setores produtores de *commodities*. Nos setores de manufaturas, o Brasil tende a perder vantagens em todos os setores. No entanto, as perdas são maiores nos setores de baixa tecnologia e artigos manufaturados intensivos de matérias-primas (calçados, vestuário e têxteis). Nos setores de média e alta tecnologia, as perdas são menores nos segmentos que registram IVCR positivos. Não obstante, deve ser lembrado que grande parte das indústrias de média e alta tecnologia possui índices de "desvantagens".

As vantagens reveladas nos mercados

No mercado sul-americano, 65% dos setores exportadores brasileiros registraram IVCR positivo, nos dois primeiros biênios, e depois houve uma queda para 60% nos anos de 2007/08. Em seguida, nos Estados Unidos, o percentual foi de 34%, nos anos de 1998/99, e depois se manteve constante em 37%. A União Europeia foi o único mercado que registrou aumento do percentual em todos os biênios: 28% (1998/99); 30% (2002/03); e 32%

(2007/08). Na China, após aumentar de 12% para 13%, o percentual cai para 7,3%, em 2007/08, e se mantém em 2009.

O comportamento do IVCR por setores contrasta com a análise por valor exportado. A China registra os maiores percentuais de exportações com vantagens positivas. Nos Estados Unidos, o percentual aumenta de 84% para 90% entre 1998/99 e 2007/08. Na América do Sul, houve uma queda no percentual exportado com vantagens — de 87% para 82% entre primeiro e terceiro biênio, acompanhando o menor número de setores com IVCR positivo. Na União Europeia, a queda foi ainda maior de 94% para 85%.

O que explica esses resultados?

A tabela 4 mostra o sinal dos indicadores das vantagens reveladas dos principais setores. No mercado chinês, somente os setores de matérias-primas não comestíveis e óleos vegetais registram vantagens positivas. O alto percentual do valor exportado com IVCR positivo mostra que o Brasil só exporta o que tem vantagens. Nos Estados Unidos, a pauta é mais diversificada, com índices positivos no setor de combustíveis, artigos manufaturados por matéria-prima, máquinas/equipamento de transporte e artigos diversos. No entanto, o IVCR caiu para o setor de máquinas e artigos diversos. No caso das máquinas, o IVCR depois de aumentar entre os dois primeiros biênios passou de 0,20 para 0,01, em 2007/08. Logo, o aumento no valor exportado com vantagens no caso dos Estados Unidos mostra uma concentração, em especial no setor de combustíveis, que registrou um aumento de 0,31 para 0,45.

Tabela 4
Síntese dos IVCR por mercados*

	Classificação SITC	União Europeia	Estados Unidos	América do Sul	China
0	Produtos alimentícios e animais vivos	+ + +	- - -	- - -	- - -
1	Bebidas e fumo	+ + -	- - -	- - -	- - -
2	Matérias-primas não comestíveis	+ + +	- - -	- - -	+ + +
3	Combustíveis, lubrificantes minerais	+ - -	+ + +	+ - -	- - -

(continua)

(continuação)

	Classificação SITC	União Europeia	Estados Unidos	América do Sul	China
4	Óleos, ceras de origem animal e vegetal	- - -	- - -	- - -	+ + +
5	Produtos químicos e derivados	- - -	- - -	+ + +	- - -
6	Artigos manufaturados por matéria-prima	- - -	+ + +	+ + +	- - -
7	Maquinaria e equipamento de transporte	- - -	+ + +	+ + +	- - -
8	Artigos manufaturados diversos	- - +	+ + +	+ + +	- - -

Fonte: Ver tabela A6, no anexo.
*Sinal positivo significa vantagem e negativo desvantagem. O primeiro sinal se refere ao biênio de 1998/99, o segundo ao de 2002/03 e o último ao de 2007/08.

A América do Sul é a única região com índices positivos em todos os setores de manufaturas. Nos setores de química e artigos classificados por matéria-prima, os índices aumentaram entre 1998/99 e 2002/03 e depois diminuíram. No setor de máquinas, o comportamento é o inverso e chegou ao último biênio com o maior índice.[30] O mesmo ocorre no setor de manufaturas diversas, com um aumento de 0,05 para 0,26 entre os anos de 2002/03 e 2007/08. Nos setores com "desvantagens", todos os índices pioraram entre os últimos biênios. A proximidade geográfica e os acordos comerciais que garantem acesso preferencial no mercado sul-americano permitem uma pauta mais diversificada. A queda do número de setores e no valor exportado com vantagens entre os dois últimos biênios sugere, entretanto, uma perda de competitividade.

A pauta de vantagens da União Europeia é concentrada nos setores de produtos alimentícios e no de matérias-primas não comestíveis. Ambos os setores melhoraram os índices entre os dois primeiros biênios e, depois, registraram queda de 0,08 e 0,23 pontos percentuais. Em todos os setores de manufaturas, os índices são negativos. No último biênio, porém, o setor de artigos manufaturados diversos registrou índice positivo de 0,03. A queda no IVCR nos dois principais setores com vantagens explica a redução no valor

---

[30] Os índices para o setor de máquinas e equipamentos são: 0,26 (1998/99); 0,18 (2002/03); e 0,33 (2007/08).

exportado, enquanto a entrada de um número maior de setores com índices positivos pode ser associada à melhora do setor de artigos manufaturados.

O que se tem, portanto, é um quadro diferenciado das vantagens das exportações brasileiras por mercado. As vantagens das manufaturas no mercado sul-americano e estadunidense, porém, não são suficientes para classificar esses setores com vantagens positivas no mercado mundial.

Na composição setorial por intensidade tecnológica, as exportações de *commodities* explicam mais da metade do valor exportado com vantagens positivas no mercado chinês e da União Europeia.[31] No mercado europeu, após esse grupo, são as manufaturas intensivas em matérias-primas (8% do total), alta tecnologia (4%), média tecnologia (3%) e baixa tecnologia (2%) que explicaram a composição da pauta em ordem decrescente no último biênio. Na China, a participação de todos os grupos caiu entre 1998/99 e 2007/08.

Nos Estados Unidos houve um aumento expressivo da participação das *commodities* no valor exportado com vantagens positivas entre 1998/99 e 2007/08: 17% para 46%. Outro ponto a destacar nesse mercado foi a queda da participação dos produtos de alta tecnologia (25% para 14%) entre 2002/03 e 2007/08, após aumento entre os dois primeiros biênios. E, contrário à tendência analisada nos resultados para o mundo, aumentou a participação dos produtos de baixa tecnologia.

Na América do Sul, o valor exportado se concentra nas manufaturas de média tecnologia, que atingem 49% da pauta com vantagens positivas no biênio de 2007/08. Os produtos de alta tecnologia aumentaram a participação entre os dois primeiros biênios e caem no último biênio: 25%.

O índice de vantagens comparativas reveladas ajuda a mapear os setores em que a presença do produto brasileiro se destaca no comércio mundial, em termos de participação. É necessário, porém, indagar se esses são os setores dinâmicos no comércio mundial. Essa abordagem é analisada a seguir.

3.3 Os indicadores de competitividade

Utiliza-se a seguir a metodologia do modelo CAN-PLUS descrita no artigo de Baumann e Neves (1998). As seguintes definições descrevem a metodologia, a partir de um exemplo da análise das exportações brasileiras no mercado mundial. Os produtos/setores mundiais são divididos em:

---

[31] Na União Europeia, os percentuais estão acima de 80% e na China, acima de 90%, exceto para o biênio 2002/03. A tabela A7 descreve os resultados.

(i) setor dinâmico (SD): a taxa de crescimento das importações do produto é superior à da taxa de crescimento das importações mundiais e, logo, aumenta a participação do produto nas importações mundiais;
(ii) setor estagnado (SE): a taxa de crescimento das importações do produto é inferior à da taxa de crescimento das importações mundiais e, logo, cai a participação do produtos nas importações.

As importações brasileiras podem:
(iii) aumentar a participação nas importações mundiais (PM+) entre dois períodos; ou,
(iv) diminuir a participação nas importações mundiais (PM-).

A partir dessas variáveis é criada uma tipologia da competitividade:
- *Estrela nascente (EN)*: é o melhor resultado, a participação do produto/setor brasileiro cresce (PM+) num setor dinâmico (SD) do comércio mundial;
- *Oportunidade perdida (OP)*: a participação do produto cai (PM-) num setor dinâmico (SD). É um resultado negativo, pois sugere falta de competitividade.
- *Estrela minguante (EM)*: a participação do produto cresce (PM+) num setor estagnado (SE).
- *Retrocesso (R)*: a participação do produto cai (PM-) num setor estagnado (SE).

Os indicadores foram calculados comparando os seguintes períodos: média de 1998/99 em relação à média de 2002/03; 2002/03 em relação à de 2006/07; e 2006/07 em relação à de 2008/09.[32]

Os resultados para o mundo

As exportações brasileiras para o mundo estão concentradas em setores estagnados do comércio mundial: setores com participação declinante nas exportações (gráfico 6). Não obstante, houve uma queda na participação desses setores de 66% (nos dois primeiros períodos) para 54% nos anos compreendidos entre 2006/07 e 2008/09.

---
[32] Para simplificar o texto, iremos nos referir aos períodos de 1998-2003, 2003-07 e 2007-09.

No grupo dos setores estagnados, a elevada participação no grupo das estrelas minguantes, que aumentou entre os dois primeiros períodos de 36% para 39% e depois caiu para 24%, não deve ser identificada de imediato como negativa para a sustentabilidade das exportações do país. O Brasil pode ter produtos competitivos que atendem demandas, que não crescem acima da média mundial, mas se referem a produtos com baixa elasticidade de substituição e/ou que aumentam marginalmente com a entrada de novos consumidores. Um exemplo são as exportações de produtos agropecuários, que, embora não aumentem sua participação no comércio mundial, crescem com o aumento da renda nos países em desenvolvimento. Por conseguinte, as estrelas minguantes podem ser interpretadas como uma fase transitória em que setores antes nascentes continuam em expansão e depois passam para o grupo de retrocessos. De qualquer forma, a presença majoritária das exportações brasileiras nos setores estagnados é um entrave para o aumento da participação do país nas exportações mundiais.

Gráfico 6
Distribuição dos setores por grupos de competitividade das exportações brasileiras para o mundo

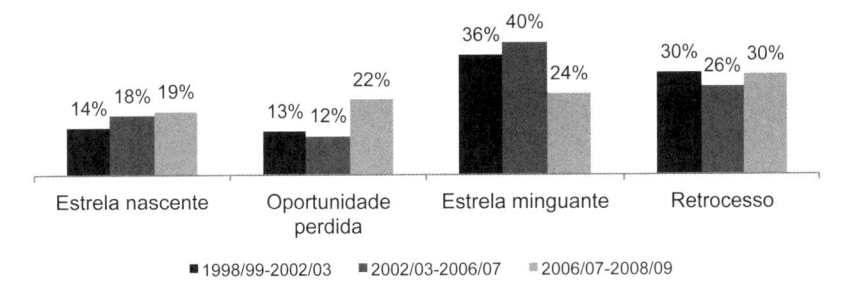

Estrela nascente	Oportunidade perdida	Estrela minguante	Retrocesso
14% 18% 19%	13% 12% 22%	36% 40% 24%	30% 26% 30%

■ 1998/99-2002/03   ■ 2002/03-2006/07   ■ 2006/07-2008/09

Fonte: Sistema WITS. Elaboração dos autores.

Nos setores dinâmicos, a participação das estrelas nascentes cresceu de 14% para 18% e, depois, para 19%, no último período. Logo, foi no período do *boom* exportador de manufaturas que as estrelas nascentes registraram maior aumento. As oportunidades perdidas ficaram ao redor de 13% a 12% nas primeiras fases e atingem 22% na última.

Quais são os setores dinâmicos em que o Brasil ganhou e perdeu oportunidades?

No grupo das estrelas nascentes, a participação dos produtos manufaturados aumentou de 79% para 84%, entre os dois primeiros períodos, o que coincidiu com o aumento do número de setores brasileiros classificados nesse grupo (anexo, tabela A8). Além disso, houve uma mudança na composição das manufaturas. Nos anos de 1998-2003 os principais setores eram os de artigos manufaturados de matérias-primas e de manufaturados diversos, que somavam 43% do total das estrelas nascentes. No período seguinte, maquinaria e equipamento de transporte junto com as manufaturas de matérias-primas, cada um com participação de 30%, explicaram 60% da pauta das estrelas nascentes.

Nos anos de 2006/07 a 2008/09 a participação das manufaturas caiu para 68%. A participação dos dois principais setores do período anterior (máquinas e manufaturas de matérias-primas) foi reduzida para 34%, embora o setor de máquinas com participação de 19% tenha continuado entre os dois principais.[33] Ganharam importância os setores de produtos químicos (22%) e produtos alimentícios (18%). O número de setores brasileiros alimentícios mais do que dobra, passando de 31 para 105, o que explica o aumento em um ponto percentual das estrelas nascentes.

No caso das oportunidades perdidas, a comparação entre o número de estrelas nascentes e perdidas por setor, como indicador da competitividade, mostra uma mudança no desempenho exportador brasileiro. No primeiro período, o número total de estrelas nascentes é maior do que o de oportunidades perdidas nas manufaturas, uma diferença de 20 setores explicada pelo bom resultado das manufaturas diversas.[34]

No segundo período (2002/03 a 2006/07), apenas os setores de bebidas/fumo e de combustíveis perderam no saldo entre estrelas nascentes e oportunidades perdidas. Os ganhos totais nas manufaturas foram de 175 setores. No último período (2006/07 a 2008/09) o resultado foi o inverso. As estrelas nascentes superaram as oportunidades perdidas somente nos setores de combustíveis e de produtos químicos e as perdas totais da manufatura foram de 51 setores.

No grupo das estrelas minguantes, onde está maior parte dos setores brasileiros, as manufaturas explicaram 78% do total dos resultados nos dois primeiros períodos e 86% no último. As indústrias de artigos manufaturados por matéria-prima, máquinas e diversos foram as que registraram maior participação no grupo das estrelas minguantes.

---

[33] Quando os resultados são analisados a dois dígitos, as perdas maiores no setor de máquinas e equipamentos de transportes estão nas máquinas. O número dos subsetores de máquinas especiais para a indústria, máquinas para trabalhar metais e maquinaria geral foi reduzido de 107 para 62 entre os dois primeiros períodos.

[34] O número de oportunidades perdidas supera o das estrelas nascentes nos outros setores de manufaturas, mas a diferença foi no máximo de dois pontos.

Em suma, o melhor desempenho das exportações brasileiras foi no período de 2002/03 a 2006/07, que elevou de forma geral a participação dos setores no grupo das estrelas nascentes. No último, o aumento das estrelas nascentes foi associado principalmente ao aumento do número de indústrias de produtos alimentícios e produtos químicos.

Fatos estilizados por mercados

O Brasil não participa de todos os fluxos de importações das regiões selecionadas. Na China, por exemplo, o país não exportou para 65% dos setores no período de 2006/07 a 2008/09. Na América do Sul esse mesmo percentual foi de 14% no mesmo período (tabela 5).

Em todos os mercados, o número de setores que registraram exportações brasileiras aumentou, o que confirma o esforço de diversificação da pauta por países. Ademais, chama a atenção o percentual da União Europeia no último período, que foi próximo do da América do Sul. A diversidade produtiva dos 27 países que compõem a União Europeia, o que leva a uma variedade de demandas de importações, explica o resultado.

Tabela 5
Percentual do número de setores na pauta de importações dos países sem registros de exportações brasileiras

Regiões/países	1998/99-2002/03	2002/03-2006/07	2006/07-2008/09
Estados Unidos	45,7	38,9	36,7
União Europeia	28,0	22,5	18,8
América do Sul	17,3	13,9	13,8
China	81,9	70,3	64,7

Fonte: Sistema WITS. Elaboração própria.

Um fato comum — em todos os mercados, o maior número de setores está no grupo de estrelas minguantes, confirmando o resultado para o mundo. No entanto, a avaliação por mercados mostra que o desempenho exportador pelos grupos de competitividade é bastante diversificado.

Estados Unidos: piora da competitividade como tendência

O percentual dos setores no grupo das estrelas nascentes ficou relativamente constante nos dois primeiros períodos e caiu no último (gráfico 7). As oportunidades perdidas aumentaram em todos os períodos e passam de 9% para 17% entre o primeiro e o terceiro período. As estrelas minguantes diminuíram sua participação (18% para 14%), e o percentual dos setores do grupo de retrocessos aumentou. A participação do Brasil nos setores estagnados passou de 23% para 35% entre o primeiro e o terceiro período.

Na comparação dos dois primeiros períodos, a participação das manufaturas nas estrelas nascentes caiu pouco, de 86% para 85%.[35] A maior perda foi na indústria de artigos manufaturados diversos. No último período, o percentual das manufaturas diminui para 77%. O setor de manufaturados diversos recuperou alguns de seus segmentos, mas o número de estrelas nascentes (52) foi inferior ao do primeiro período (97). Na indústria química, a tendência de aumento dos setores continuou.[36] Nos setores de *commodities*, cresceu o número de setores das indústrias de alimentos e de matérias-primas não comestíveis. As oportunidades perdidas superaram as estrelas nascentes em todos os setores, sendo as maiores diferenças nas indústrias de manufaturas classificadas por matérias-primas e na de máquinas.

Gráfico 7
Distribuição dos setores por grupos de competitividade das exportações brasileiras para os Estados Unidos

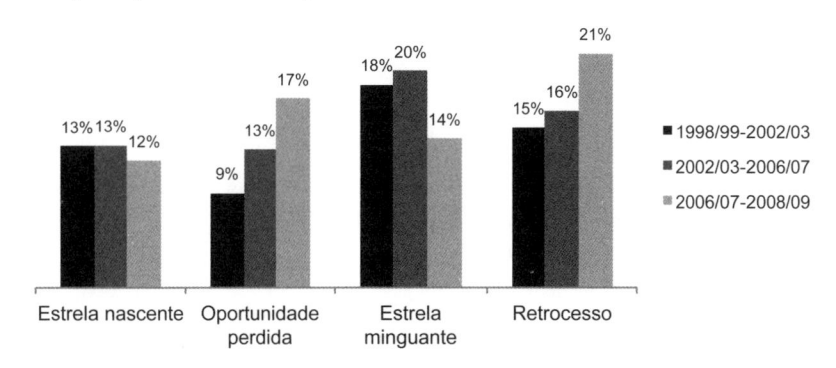

Grupo	1998/99-2002/03	2002/03-2006/07	2006/07-2008/09
Estrela nascente	13%	13%	12%
Oportunidade perdida	9%	13%	17%
Estrela minguante	18%	20%	14%
Retrocesso	15%	16%	21%

Fonte: Sistema WITS. Elaboração dos autores.

---

[35] A tabela A8 do anexo descreve o número de setores pela classificação SITC (1 dígito) para os setores dinâmicos e as estrelas minguantes dos mercados analisados.

[36] O número de setores na indústria química aumentou de 40 para 54 e 71 nos períodos analisados.

União Europeia: ligeira melhora da competitividade

As exportações brasileiras, que eram concentradas nos setores estagnados (50%, em 1998-2003), mudaram seu perfil — a participação foi de 42% em 2007-09. O maior peso dos setores dinâmicos, sobretudo no último período, veio acompanhado de um aumento na participação das estrelas nascentes de 12% para 17%. As estrelas minguantes caem de 29% para 19% entre o primeiro e o terceiro período e o percentual no grupo de retrocessos ficou relativamente estável.

Gráfico 8
Distribuição dos setores por grupos de competitividade das exportações brasileiras para a União Europeia

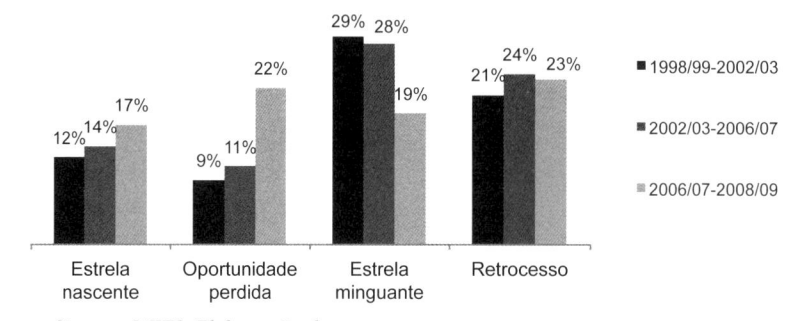

Fonte: Sistema WITS. Elaboração dos autores.

A metodologia adotada identifica oportunidade perdida com falta de competitividade, o que está correto. Não obstante, num cenário geral, o aumento expressivo da presença de produtos brasileiros nos setores dinâmicos sugere que a procura dos mercados mais competitivos e as oportunidades perdidas podem servir como lições para estratégias concorrenciais.

Quais setores explicam o aumento dos ganhos e das perdas nos setores dinâmicos? As observações se referem à comparação do período de 2002/03 a 2006/07 com 2006/07 e 2008/09.

A participação das manufaturas caiu de 83% para 71% no grupo das estrelas nascentes, mas também caiu nas oportunidades perdidas: de 80% para 70%. O setor de manufaturas de matérias-primas perdeu 70 segmentos das estrelas nascentes e o de máquinas, dois. Novos 46 subsetores das indústrias químicas e 28 de manufaturas diversas passaram para o grupo das estrelas nascentes. A maior variação, porém, foi na indústria de alimentos, mais 54 subsetores. Na composição das estrelas nascentes,

20% pertencem ao setor de máquinas, 19% ao de química e 18% ao de alimentos, no último período.

O número de estrelas nascentes superou o das oportunidades perdidas na indústria de produtos químicos, bebidas e óleos. As maiores perdas foram nas indústrias de manufaturados diversos (50 segmentos), produtos alimentícios (46) e manufaturados por matérias-primas (46).

América do Sul: perda de competitividade nas manufaturas no último período

A participação das estrelas nascentes no total dos setores caiu de 19% (1998-2003) para 14% (2003-07) e aumentou para 15% no último período (2007-09). O percentual das oportunidades perdidas diminuiu e depois subiu de 15% para 31%. As estrelas minguantes aumentam e depois reduzem sua participação de 31% para 19%. A participação do grupo de retrocessos aumenta de 20% para 27% e depois cai para 22%.

Gráfico 9
Distribuição dos setores por grupos de competitividade das exportações brasileiras para a América do Sul

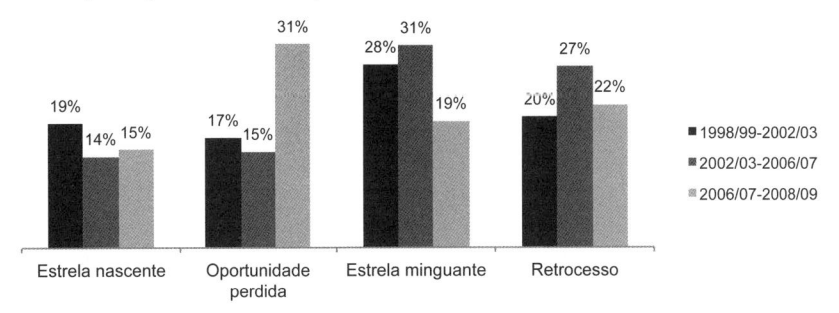

Fonte: Sistema WITS. Elaboração dos autores.

A participação das manufaturas nas estrelas nascentes cresceu de 82% para 90%, entre os dois primeiros períodos, explicada pelo aumento de 54 setores no setor de máquinas e equipamentos de transporte. Em todas as outras indústrias de manufaturas e de *commodities* houve redução no número de setores. No período de 2003-07, 65% das estrelas nascentes pertenciam às indústrias de máquinas e manufaturas de matérias-primas. No último período caiu a participação das manufaturas para 74% e a participação dos dois setores antes mencionados, para 46%. Como nos outros mercados, aumentou o peso da indústria de alimentos, que dobrou sua participação, de 7% para 14%. Exceto no setor de química, todos os outros setores das manufaturas perdem participação nas estrelas nascentes. Nos setores de *commodities*, crescem as participações em todos os setores.

O saldo da diferença entre as estrelas nascentes e as oportunidades perdidas foi positivo para o total dos setores e as manufaturas no primeiro período. No segundo foi negativo, mas pequeno: quatro para as manufaturas e 22 para o total. No terceiro período, em todos os setores as oportunidades perdidas superaram as estrelas nascentes, exceto na indústria de bebidas (por um subsetor) e na de combustíveis (por um subsetor). O saldo a favor das oportunidades perdidas subiu para 480 subsetores no total e para 432 no grupo das manufaturas.[37]

China: as estrelas nascentes estão no setor de manufaturas, mas com reduzida participação

O número de setores brasileiros com estrelas nascentes explicou 5% no total de setores importadores da China nos anos de 1998-2003. Máquinas e artigos de matérias-primas somaram 65% e a participação de todos os setores de manufaturas foi de 87%. No período seguinte, o percentual das estrelas nascentes permaneceu igual, mas caiu o das manufaturas para 80%. Nos anos de 2007-09 aumenta a participação das estrelas nascentes para 6% e das manufaturas para 84%. Fora os produtos químicos, cresceu o número de subsetores exportadores de todos os outros setores de manufaturas.

Gráfico 10
Distribuição dos setores por grupos de competitividade das exportações brasileiras para a China

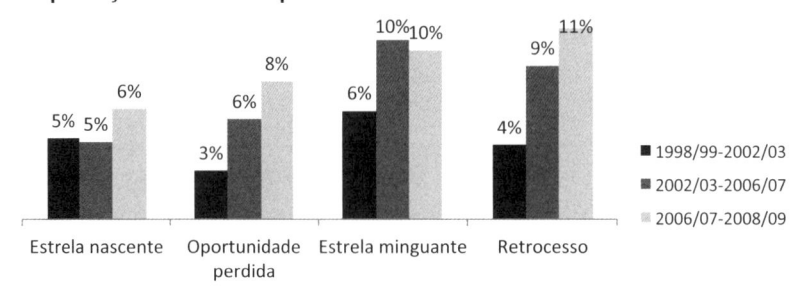

	Estrela nascente	Oportunidade perdida	Estrela minguante	Retrocesso
1998/99-2002/03	5%	3%	6%	4%
2002/03-2006/07	5%	6%	10%	9%
2006/07-2008/09	6%	8%	10%	11%

Fonte: Sistema WITS. Elaboração dos autores.

---

[37] O setor de artigo de matérias-primas registrou um saldo negativo de 168 subsetores, a indústria de máquinas, de 95, e a de manufaturados diversos, de 90.

O percentual de oportunidades perdidas cresceu ao longo dos períodos de 3% para 8%, as estrelas minguantes registraram percentuais iguais nos dois últimos períodos, ao redor de 10%. O percentual de setores no grupo de retrocessos cresceu de 4% para 11%. Além dos Estados Unidos, foi o único mercado em que o número de setores no grupo de retrocessos cresceu.

A diferença do número de setores de manufaturas estrelas nascentes e o de oportunidades perdidas só foi positiva no primeiro período. No último período, a diferença só foi positiva nos setores de bebidas e fumo, óleos vegetais e produtos químicos.

Síntese dos indicadores de competitividade

Na análise das estrelas nascentes, as principais alterações foram a queda em quatro pontos percentuais da participação das estrelas nascentes nas exportações para a América do Sul entre 1999-2003 e 2007-09 e o aumento de cinco pontos percentuais no mercado da União Europeia. Nos Estados Unidos houve uma queda de um ponto percentual e na China, um ganho de um ponto percentual, na comparação dos mesmos períodos.

Em todos os mercados diminuiu a participação das exportações de setores industriais nas estrelas nascentes na comparação entre primeiro e terceiro período. Logo, o ganho nas estrelas nascentes da União Europeia está associado a uma maior diversificação na pauta de exportações das *commodities* e a perda na América do Sul à redução do número de setores industriais.

4. Sumário e conclusões

O crescimento do comércio mundial foi o fator dominante na composição das fontes de crescimento entre 1999 e 2009, período em que o efeito competitividade perdeu gradativamente importância. No período de 1999-2002, a competitividade foi a principal fonte de crescimento para os Estados Unidos, China e para o mundo. No segundo período (2002-05) foi a segunda principal fonte positiva para o mundo, América do Sul e União Europeia. Por último, na comparação de 2005 e 2008, o efeito competitividade foi negativo, exceto para a União Europeia e a China.

O efeito da composição da pauta por produto é a principal fonte de crescimento para a China e é importante para União Europeia e os Estados Unidos. Nos dois primeiros mercados predominam as exportações de *commodities* e logo a alta dos preços desses produtos teve um peso importante para explicar o resultado. No mercado estadunidense, a crescente participação desses mesmos produtos, em especial os óleos brutos de petróleo, foi o destaque.

O efeito por mercado de destino teve um peso pequeno em todos os períodos. Logo, o papel da China está associado ao perfil da pauta e não ao tamanho de seu mercado.

Os indicadores de vantagens comparativas revelaram uma relativa estabilidade e são positivos para os setores não industrializados nos mercados dos países desenvolvidos. Na América do Sul, o país registrou índices positivos para todos os setores de manufaturas, embora tenha sido detectada uma queda no indicador.

Os indicadores de competitividade Cepal registraram uma baixa participação do país nos fluxos dinâmicos. As exportações brasileiras tendem a se concentrar nas estrelas minguantes em todos os mercados — setores com queda de participação nas importações mundiais, mas que registram aumento da participação dos produtos brasileiros. Ademais, ao longo do período, chamou atenção a perda da competitividade no mercado dos Estados Unidos, a melhora na União Europeia e a queda da participação nos setores dinâmicos na América do Sul, no período de 2005-08. Vale destacar que as estrelas nascentes (setores que aumentam a participação nas importações mundiais e onde cresce também a participação do Brasil nas importações mundiais) estão concentradas nos setores de manufaturas. Por fim, o baixo percentual das estrelas nascentes em todos os mercados está por trás da pequena participação do Brasil nas exportações mundiais de manufaturas — média de 0,8% no período de 2002-10.

A concentração da pauta por produto aumentou de forma acentuada desde 2006. Por outro lado, o índice calculado por país revelou diversificação até 2008. Após a crise houve um ligeiro aumento, que pode estar refletindo o desigual ritmo de recuperação do nível de atividade nos países. Em adição, a competitividade via inovação (entrada de novos produtos) na pauta é pequena, mas é relevante para novos mercados (África e Europa Oriental).

Os resultados dos indicadores são condizentes com a pequena participação do efeito competitividade no último período e com sua importância, em especial no período de 2002-05. No entanto, o que explica o comportamento da contribuição da competitividade para o desempenho exportador?

O candidato natural é a valorização do câmbio. Nos mercados em que a pauta de exportações é concentrada em *commodities*, o efeito competitividade foi positivo, pois a alta dos preços compensou a queda do câmbio. No entanto, não se deve reduzir todo o efeito competitividade à questão cambial. O ambiente institucional, a infraestrutura logística, a qualificação da mão de obra, as políticas de competição, entre outros, são parte integrante da agenda de competitividade.

Por último, como explicar o aumento no valor exportado das manufaturas em vários mercados? Iglesias e Rios (2010) sugerem que a possibilidade de transferir preços para o mercado externo compensando a valorização seria um dos principais fatores. Pode ser acrescentado que nos mercados sul-americanos, onde os índices de comércio intraindústria tendem a ser maiores e as relações são beneficiadas por acesso a mercados preferenciais, as exportações de manufaturas conseguiram ter bom desempenho, mesmo com a valorização do câmbio até 2010. Nada garante, porém, que esse resultado irá continuar.

Referências

BAUMANN, R.; NEVES, L.F.C. *Abertura, barreiras comerciais externas e desempenho exportador brasileiro*. LC/BRS/DT.016, Escritório Cepal, Brasília, dez. 1998.

FUNCEX (2010). Banco de dados. Disponível em: <www.funcex.com.br>. Acesso em: dez. 2010.

HAUSMANN, R.; HWANG, J.; RODRIK, D. What you export matters. *Journal of Economic Growth*, v. 12, n. 1, p. 1-25, Mar. 2007.

IGLESIAS, R.M.; RIOS, S.P. Desempenho das exportações brasileiras no pós-boom exportador: características e determinantes. *Estudo Cindes*, set. 2010. Disponível em: <www.cindesbrasil.org>.

KLINGER, B. *(New) export competitiveness*. Center for International Development, Harvard University. Feb. 2010. Disponível em: <http://api.ning/com/files>. Acesso em: jan. 2011.

LIMA, J.E.D.; ALVAREZ, M. *Indicadores de comercio exterior y política comercial*: mediciones de posición y dinamismo comercial. LC/W.217, Documento de proyecto. Santiago do Chile: Cepal, nov. 2008.

MARKWALD, R.; RIBEIRO, F. Expansão das exportações: quais as alternativas. In: FÓRUM NACIONAL, XXII, Instituto Nacional de Altos Estudos, Rio de Janeiro, 2010.

PEREIRA, L.V. Índice de commodities. Nota metodológica. Rio de Janeiro: Centro de Estudos do Setor Externo Ibre/FGV, 2011. Disponível em: <http://portalibre.gov.br>.

PINHEIRO, A.C.; BONELLI, R. Comparative advantage or economic policy? Stylized facts and reflections on Brazil's insertion in the world economy — 1994-2005. *Texto para Discussão*, n. 1275a, Ipea, Rio de Janeiro, abr. 2007.

SANTOS-PAULINO, A.U. Trade specialization, export productivity and growth in Brazil, China, India, South Africa, and a cross section of countries. *Economic Change and Restructuring*, v. 44, n. 1-2, Apr. 2011.

UNCTAD. *Trade and development report*. Genebra: Nações Unidas, 2010. Disponível em: <www. unctad.org>.

Anexos

Tabela A1

Índices de preços e *quantum* por fator agregado

	1999-02			2002-05			2005-08		
	IP	IQ	Valor	IP	IQ	Valor	IP	IQ	Valor
Total	-1,6	9,7	8	9,2	14,7	25,2	16,2	2,1	18,6
Básicos	-4,9	18,6	12,8	14,3	11,1	27,0	20,9	5,9	28,1
Semimanufaturas	-0,8	4,7	4,0	12,5	7,7	21,2	18,0	1,1	19,3
Manufaturas	-1,2	7,9	6,6	5,3	19,1	25,5	12,3	0,1	12,4

	2008/09			2009/10		
	IP	IQ	Valor	IP	IQ	Valor
Total	-13,4	-10,7	-22,7	20,5	9,5	32,0
Básicos	-17,5	2,9	15,2	30,4	11,4	45,3
Semimanufaturas	-20,3	-5,0	-24,3	-5,8	6,6	37,6
Manufaturas	-5,8	-22,8	-27,3	8,5	8,9	18,1

Fonte: Funcex.
IP: índice de preços
IQ: índice de quantidade

Tabela A2

Entrada e saída de produtos da pauta de exportações brasileiras — análise com a NCM* 8 dígitos

Mercados	Produtos que saíram da pauta em 2008		Produtos que entraram na pauta em 2008	
	Nº de Produtos	US$ bilhões	Nº de Produtos	US$ bilhões
Mundo	1.227	5,71	1.258	10,60
África	997	0,19	1.349	0,38
América do Sul	1.117	2,44	1.197	4,11

(continua)

(continuação)

Mercados	Produtos que saíram da pauta em 2008		Produtos que entraram na pauta em 2008	
	Nº de Produtos	US$ bilhões	Nº de Produtos	US$ bilhões
Ásia - China	892	0,57	930	1,42
China	691	0,59	620	0,48
Estados Unidos	1.185	2,53	968	2,81
Europa Oriental	359	0,07	491	0,19
União Europeia	1.213	1,32	1.083	2,83

Fonte: Secex/MDIC.
Elaboração dos autores.
A comparação foi realizada com os produtos classificados a 8 dígitos da NCM.
*Nomenclatura comum do Mercosul

Tabela A3

Distribuição dos índices de concentração HH pelo número de países

	2002	2006	2008	2010
X > 0,5	48	51	37	49
0,3 < X <= 0,5	35	44	35	39
0,2 < X <= 0,3	30	31	34	40
0,1 < X <= 0,2	51	44	58	47
0,05 < X <= 0,1	27	37	38	26
X <= 0,05	30	29	25	25
TOTAL	221	236	227	226

Elaboração dos autores.

Tabela A4
Fonte de crescimento das exportações: modelo CMS

ESTADOS UNIDOS	1999-2002		2002-05		2005-08		2008/09		1999-2009	
	US$ milhões	%	US$ milhões	%	US$ milhões	%	US$ milhões	%	US$ milhões	%
Variação das exportações brasileiras	4.925,013	100,0	9.308.789	100,0	5.961.574	100,0	-11.203.287	100,0	8.992.090	100,0
Efeito crescimento do comércio da região	1.714,614	34,8	7.322.892	78,7	6.418.329	107,7	-8.274.329	73,9	6.119.290	68,1
Efeito composição da pauta por produto	-709,141	-14,4	1.529.955	16,4	96.044	1,6	-3.018.584	26,9	-2.989.057	-33,2
Efeito competitividade	3.919,539	79,6	455.943	4,9	-552.799	-9,3	89.626	-0,8	5.861.857	65,2
Cres. das importações da região no período (%)		15,3		45,5		25,3		-26,4		54,7
Cres. das export. brasileiras para a região (%)		44,0		57,8		23,5		-35,7		80,4

(continua)

(continuação)

UNIÃO EUROPEIA	1999/02		2002/05		2005/08		2008/09		1999/2009	
	US$ milhões	%	US$ milhões	%	US$ milhões	%	US$ milhões	%	US$ milhões	%
Variação das exportações brasileiras	1.802.190	100,0	13.004.844	100,0	22.883.922	100,0	-16.213.554	100,0	21.477.402	100,0
Efeito crescimento do comércio da região	1.564.857	86,8	10.006.431	76,9	14.276.435	62,4	-14.945.876	92,2	13.001.500	60,5
Efeito composição da pauta por produto	-994.361	-55,2	-1.569.834	-12,1	6.338.912	27,7	-2.396.836	14,8	-1.827.485	-8,5
Efeito competitividade	1.231.693	68,3	4.568.247	35,1	2.268.575	9,9	1.129.158	-7,0	10.303.387	48,0
Cres. das importações da região no período (%)		10,4		59,6		47,9		-28,4		86,7
Cres. das export. brasileiras para a região (%)		12,0		77,4		76,8		-30,8		143,3

(continua)

(continuação)

AMÉRICA DO SUL	1999/02 US$ milhões	1999/02 %	2002/05 US$ milhões	2002/05 %	2005/08 US$ milhões	2005/08 %	2008/09 US$ milhões	2008/09 %	1999/2009 US$ milhões	1999/2009 %
Variação das exportações brasileiras	-1.496.980	100,0	13.984.837	100,0	16.378.774	100,0	-11.740.033	100,0	17.126.599	100,0
Efeito crescimento do comércio da região	-1.221.659	81,6	7.261.245	51,9	22.751.771	138,9	-9.432.348	80,3	14.689.977	85,8
Efeito composição da pauta por produto	14.272	-1,0	555.116	4,0	-1.616.404	-9,9	-1.447.964	12,3	-1.679.418	-9,8
Efeito competitividade	-289.593	19,3	6.168.476	44,1	-4.756.593	-29,0	-859.721	7,3	4.116.039	24,0
Cres. das importações da região no período (%)		-13,3		94,2		104,9		-24,8		159,6
Cres. das export. brasileiras para a região (%)		-16,3		181,4		75,5		-30,8		186,0

(continua)

(continuação)

CHINA	1999/02		2002/05		2005/08		2008/09		1999/2009	
	US$ milhões	%	US$ milhões	%	US$ milhões	%	US$ milhões	%	US$ milhões	%
Variação das exportações brasileiras	2.034.232	100,0	6.986.616	100,0	19.874.647	100,0	-1.583.270	100,0	27.312.225	100,0
Efeito crescimento do comércio da região	700.900	34,5	3.493.632	50,0	7.179.600	36,1	-3.453.851	218,1	4.520.529	16,6
Efeito composição da pauta por produto	90.767	4,5	3.998.841	57,2	9.126.429	45,9	-910.732	57,5	10.993.822	40,3
Efeito competitividade	1.242.565	61,1	-505.858	-7,2	3.568.619	18,0	2.781.313	-175,7	11.797.874	43,2
Cres. das importações da região no período (%)		72,4		116,4		71,9		-11,6		467,0
Cres. das export. brasileiras para a região (%)		210,2		232,7		199,0		-5,3		2821,7

Fonte: WITS
Elaboração dos autores.

Tabela A5
Índices de vantagens comparativas reveladas dos setores de manufaturas

Classificação SITC. Rev 3	1998/99	2002/03	2007/08	2009
6 – Produtos manufaturados classificados sobretudo por materiais	0,14	0,15	0,06	-0,01
61 - Couro, manufaturados de couro, n.e.s., e peles com pelo preparadas	0,64	0,68	0,73	0,67
62 – Manufaturados de borracha, n.e.s.	0,21	0,15	0,13	0,07
63 – Manufaturados de madeira e cortiça (exceto móveis)	0,39	0,49	0,26	0,11
64 – Papel e cartão, obras de pasta de celulose, de papel ou de cartão	0,01	-0,05	-0,09	-0,08
65 – Fios têxteis, tecidos, artigos confeccionados, e produtos relacionados	-0,24	-0,25	-0,37	-0,49
66 – Manufaturados de minerais não metálicos, n.e.s.	-0,13	-0,12	-0,17	-0,25
67 – Ferro e aço	0,45	0,46	0,28	0,26
68 – Metal não ferroso	0,21	0,20	0,00	-0,10
69 – Manufaturados de metal, n.e.s.	-0,25	-0,30	-0,31	-0,22
7 – Máquinas e equipamentos de transporte	-0,29	-0,26	-0,24	-0,35
71 – Máquinas e equipamentos de geração de energia	0,02	0,05	0,02	-0,07
72 – Máquinas especializadas para certas indústrias	-0,21	-0,16	-0,17	-0,36
73 – Maquinário de siderurgias	-0,41	-0,45	-0,52	-0,49
74 – Equipamentos e máquinas genéricos da indústria, n.e.s., e suas partes, n.e.s.	-0,17	-0,20	-0,27	-0,31
75 – Máquinas de escritório e máquinas de processamento automático de dados	-0,75	-0,86	-0,89	-0,89
76 – Aparelhos e equipamentos de telecomunicação e de gravação e reprodução de áudio.	-0,51	-0,26	-0,48	-0,56
77 – Máquinas, equipamentos e aparelhos elétricos, e suas partes elétricas (incluindo partes não elétricas, de equipamentos elétricos e domésticos)	-0,66	-0,65	-0,65	-0,67

(continua)

(continuação)

Classificação SITC. Rev 3	1998/99	2002/03	2007/08	2009
78 – Veículos rodoviários	-0,09	-0,15	-0,07	-0,16
79 – Outros equipamentos de transporte	0,04	0,18	0,23	0,06
8 – Artigos manufaturados diversos	-0,37	-0,40	-0,55	-0,60
81 – Construções pré-fabricadas; acessórios e instalações sanitárias, de aquecimento, de iluminação e de encanamento	-0,77	-0,66	-0,57	-0,65
82 – Móveis e suas partes; roupa de cama, colchões, suportes de colchão, almofadas e estofados similares	-0,18	-0,08	-0,26	-0,33
83 – Artigos de viagem, bolsas e recipientes similares	-0,92	-0,89	-0,91	-0,93
84 – Vestuário e seus acessórios	-0,80	-0,78	-0,88	-0,92
85 – Calçados	0,57	0,54	0,33	0,20
87 – Instrumentos e aparelhos profissionais, científicos e de controle	-0,61	-0,67	-0,71	-0,74
88 – Aparelhos fotográficos, equipamentos e suprimentos e produtos ópticos; relógios	-0,38	-0,64	-0,77	-0,82
89 – Artigos manufaturados diversos	-0,61	-0,61	-0,65	-0,64

Fonte: Sistema WITS.
Elaboração dos autores.

Tabela A6

Índices de vantagens comparativas reveladas por mercados

UNIÃO EUROPEIA					
	Classificação SITC	1998/99	2002/03	2007/08	2009
0	Produtos alimentícios e animais vivos	0,19	0,24	0,16	0,13
1	Bebidas e fumo	0,07	0,19	-0,05	0,07
2	Matérias-primas não comestíveis	0,27	0,28	0,24	0,14
3	Combustíveis, lubrificantes minerais	0,19	-0,39	-0,29	-0,34
4	Óleos, ceras de origem animal e vegetal	-0,74	-0,79	-0,04	-0,07
5	Produtos químicos e derivados	-0,29	-0,22	-0,09	0,00
6	Artigos manufaturados por matéria-prima	-0,14	-0,12	-0,09	-0,20
7	Maquinaria e equipamento de transporte	-0,27	-0,37	-0,33	-0,20
8	Artigos manufaturados diversos	-0,19	-0,15	0,03	0,09
ESTADOS UNIDOS					
	Classificação SITC	1998/99	2002/03	2007/08	2009
0	Produtos alimentícios e animais vivos	-0,27	-0,43	-0,41	-0,38
1	Bebidas e fumo	-0,37	-0,07	-0,13	-0,12
2	Matérias-primas não comestíveis	-0,23	-0,38	-0,41	-0,54
3	Combustíveis, lubrificantes minerais	0,45	0,31	0,45	0,58
4	Óleos, ceras de origem animal e vegetal	-0,82	-0,90	-0,85	-0,78
5	Produtos químicos e derivados	-0,15	-0,23	-0,01	0,01
6	Artigos manufaturados por matéria-prima	0,07	0,05	0,18	0,14
7	Maquinaria e equipamento de transporte	0,13	0,20	0,01	-0,03
8	Artigos manufaturados diversos	0,38	0,34	0,23	0,24
AMÉRICA DO SUL					
	Classificação SITC	1998/99	2002/03	2007/08	2009
0	Produtos alimentícios e animais vivos	-0,49	-0,45	-0,55	-0,43
1	Bebidas e fumo	-0,18	-0,57	-0,65	-0,59
2	Matérias-primas não comestíveis	-0,58	-0,44	-0,65	-0,77
3	Combustíveis, lubrificantes minerais	0,34	-0,26	-0,10	-0,22
4	Óleos, ceras de origem animal e vegetal	-0,78	-0,72	-0,75	-0,52
5	Produtos químicos e derivados	0,36	0,50	0,32	0,37
6	Artigos manufaturados por matéria-prima	0,08	0,10	0,08	0,21
7	Maquinaria e equipamento de transporte	0,26	0,18	0,33	0,40
8	Artigos manufaturados diversos	0,04	0,05	0,26	0,23

(continua)

(continuação)

CHINA					
	Classificação SITC	1998/99	2002/03	2007/08	2009
0	Produtos alimentícios e animais vivos	-0,07	-0,90	-0,91	-0,94
1	Bebidas e fumo	-0,78	-0,07	-0,04	-0,20
2	Matérias-primas não comestíveis	0,57	0,59	0,62	0,55
3	Combustíveis, lubrificantes minerais	-0,98	-0,91	-0,21	-0,23
4	Óleos, ceras de origem animal e vegetal	0,62	0,47	0,30	0,18
5	Produtos químicos e derivados	-0,29	-0,33	-0,68	-0,59
6	Artigos manufaturados por matéria-prima	-0,44	-0,08	-0,52	-0,23
7	Maquinaria e equipamento de transporte	-0,76	-0,46	-0,80	-0,77
8	Artigos manufaturados diversos	-0,57	-0,89	-0,92	-0,87

Classificação SITC, Rev.3 (3 dígitos), definição dos setores Unctad (2002)
Fonte: Sistema WITS.
Elaboração dos autores.

Tabela A7

Percentual (%) dos setores por intensidade tecnológica com IVCR positivo

MUNDO				
Classificação por tecnologia/fatores (*)	1998/99	2002/03	2007/08	2009
Commodities primárias	54,3	56,1	62,0	73,3
Manufaturas intensivas em recursos naturais	10,3	11,4	7,3	5,2
Manufaturas de baixa tecnologia	8,6	9,0	6,6	5,4
Manufaturas de média tecnologia	16,0	13,3	14,4	7,2
Alta tecnologia	9,9	9,1	9,6	8,6
Total	100,0	100,0	100,0	100,0
UNIÃO EUROPEIA				
Classificação por tecnologia/fatores (*)	1998/99	2002/03	2007/08	2009
Commodities primárias	84,1	82,6	82,7	79,0
Manufaturas intensivas em recursos naturais	7,6	9,7	7,8	6,5
Manufaturas de baixa tecnologia	1,1	0,8	1,8	1,2
Manufaturas de média tecnologia	5,2	5,3	3,4	2,5
Alta tecnologia	2,0	1,6	4,4	10,8
Total	100,0	100,0	100,0	100,0

(continua)

(continuação)

ESTADOS UNIDOS				
Classificação por tecnologia/fatores (*)	1998/99	2002/03	2007/08	2009
Commodities primárias	16,8	26,2	45,7	62,3
Manufaturas intensivas em recursos naturais	20,7	22,0	12,1	11,2
Manufaturas de baixa tecnologia	15,9	9,4	14,7	4,6
Manufaturas de média tecnologia	24,7	16,8	13,0	11,0
Alta tecnologia	21,9	25,5	14,4	10,9
Total	100,0	100,0	100,0	100,0
AMÉRICA DO SUL				
Classificação por tecnologia/fatores (*)	1998/99	2002/03	2007/08	2009
Commodities primárias	7,7	10,4	5,4	8,8
Manufaturas intensivas em recursos naturais	14,1	12,3	9,0	10,4
Manufaturas de baixa tecnologia	10,5	10,6	12,1	11,5
Manufaturas de média tecnologia	45,7	38,0	48,7	43,4
Alta tecnologia	22,0	28,8	24,8	25,9
Total	100,0	100,0	100,0	100,0
CHINA				
Classificação por tecnologia/fatores (*)	1998/99	2002/03	2007/08	2009
Commodities primárias	90,0	77,4	96,7	94,4
Manufaturas intensivas em recursos naturais	4,1	4,0	2,8	1,6
Manufaturas de baixa tecnologia	1,0	11,4	0,0	3,3
Manufaturas de média tecnologia	1,3	5,3	0,2	0,1
Alta tecnologia	3,5	2,0	0,3	0,7
Total	100,0	100,0	100,0	100,0

* Classificação SITC, Rev.3 (3 dígitos), definição dos setores Unctad (2002)
Fonte: Sistema WITS.
Elaboração dos autores.

Tabela A8

Número de setores dinâmicos e estrelas nascentes — Mundo

Classificação SITC	Setores dinâmicos						Setores estagnados		
	Estrela nascente			Oportunidade perdida			Estrela minguante		
	1998-2003	2003-07	2007-09	1998-2003	2003-07	2007-09	1998-2003	2003-07	2007-09
0 Produtos alimentícios e animais vivos	49	31	105	38	25	141	136	149	34
1 Bebidas e fumo	4	1	7	5	3	9	5	14	4
2 Matérias-primas não comestíveis	27	36	50	27	29	61	90	95	58
3 Combustíveis, lubrificantes minerais	11	9	11	5	12	5	4	1	1
4 Óleos, ceras de origem animal e vegetal	2	10	14	4	6	24	15	13	4
5 Produtos químicos e derivados	80	85	128	82	54	105	143	184	121
6 Artigos manufaturados por matéria-prima	95	166	86	97	118	116	302	319	235
7 Maquinaria e equipamento de transporte	73	163	112	75	80	135	260	245	177
8 Artigos manufaturados diversos	93	45	68	67	32	89	153	209	110
9 Mercadorias não classificadas	0	1	1	0	1	2	3	0	0
A. Total	434	547	582	400	360	687	1111	1.229	744
B. Manufaturas (5 a 8)	341	459	394	321	284	445	858	957	643
Part. das manufaturas no total (%)	78,6	83,9	67,7	80,3	78,9	64,8	77,2	77,9	86,4

Fonte: WITS.
Elaboração dos autores.

Tabela A8-1
Estados Unidos

Classificação SITC	Setores dinâmicos							Setores estagnados			
	Estrela nascente			Oportunidade perdida			Estrela minguante		
	1998-2003	2003-07	2007-09	1998-2003	2003-07	2007-09	1998-2003	2003-07	2007-09
0 Produtos alimentícios e animais vivos	37	27	48	20	29	68	20	40	43
1 Bebidas e fumo	4	2	2	2	0	8	0	5	7
2 Matérias-primas não comestíveis	9	21	25	15	20	27	31	33	28
3 Combustíveis, lubrificantes minerais	2	3	2	2	7	4	2	2	2
4 Óleos, ceras de origem animal e vegetal	1	4	2	2	3	8	3	3	5
5 Produtos químicos e derivados	40	54	71	41	46	78	57	69	85
6 Artigos manufaturados por matéria-prima	110	128	64	71	122	109	99	165	170
7 Maquinaria e equipamento de transporte	90	120	72	51	96	114	119	152	127
8 Artigos manufaturados diversos	97	35	52	58	56	86	61	91	130
9 Mercadorias não classificadas	0	0	0	0	2	2	1	1	0
A. Total	390	394	338	262	381	504	393	561	597
B. Manufaturas (5 a 8)	337	337	259	221	320	387	336	477	512
Part. das manufaturas no total (%)	86,4	85,5	76,6	84,4	84,0	76,8	85,5	85,0	85,8

Fonte: WITS.
Elaboração dos autores.

Tabela A8-2

União Europeia

Classificação SITC	Setores dinâmicos						Setores estagnados		
	Estrela nascente			Oportunidade perdida			Estrela minguante		
	1998-2003	2003-07	2007-09	1998-2003	2003-07	2007-09	1998-2003	2003-07	2007-09
0 Produtos alimentícios e animais vivos	49	34	88	27	31	134	87	97	21
1 Bebidas e fumo	4	2	8	2	3	7	3	10	2
2 Matérias-primas não comestíveis	19	27	31	19	21	48	71	61	48
3 "Combustíveis, lubrificantes minerais"	1	2	5	5	6	4	1	0	2
4 "Óleos, ceras de origem animal e vegetal"	0	4	11	2	5	9	8	4	2
5 Produtos químicos e derivados	61	51	97	48	56	67	112	117	83
6 Artigos manufaturados por matéria-prima	85	147	77	70	97	123	235	200	192
7 Maquinaria e equipamento de transporte	79	100	98	54	78	128	224	196	136
8 Artigos manufaturados diversos	76	57	85	50	38	135	157	183	64
9 Mercadorias não classificadas	1	1	1	0	0	0	0	1	0
A. Total	375	425	501	277	335	655	898	869	550
B. Manufaturas (5 a 8)	301	355	357	222	269	453	728	696	475
Part. das manufaturas no total (%)	80,3	83,5	71,3	80,1	80,3	69,2	81,1	80,1	86,4

Fonte: WITS.
Elaboração dos autores.

Tabela A8-3

América do Sul

Classificação SITC	Setores dinâmicos						Setores estagnados		
	Estrela nascente			Oportunidade perdida			Estrela minguante		
	1998-2003	2003-07	2007-09	1998-2003	2003-07	2007-09	1998-2003	2003-07	2007-09
0 Produtos alimentícios e animais vivos	43	29	62	41	26	97	84	94	45
1 Bebidas e fumo	2	1	6	4	0	5	9	10	5
2 Matérias-primas não comestíveis	47	11	33	48	25	40	38	63	35
3 Combustíveis, lubrificantes minerais	8	2	1	6	5	8	3	10	6
4 Óleos, ceras de origem animal e vegetal	5	0	14	7	5	13	14	14	3
5 Produtos químicos e derivados	144	41	66	140	33	145	66	194	100
6 Artigos manufaturados por matéria prima	157	135	99	141	111	267	214	259	161
7 Maquinaria e equipamento de transporte	84	138	106	62	139	201	284	175	122
8 Artigos manufaturados diversos	83	62	60	56	97	150	131	106	101
9 Mercadorias não classificadas	0	0	0	0	0	1	0	0	0
A. Total	573	419	447	505	441	927	843	925	578
B. Manufaturas (5 a 8)	468	376	331	399	380	763	695	734	484
Part. das manufaturas no total (%)	81,7	89,7	74,0	79,0	86,2	82,3	82,4	79,4	83,7

Fonte: WITS.
Elaboração dos autores.

Tabela A8-4

China

Classificação SITC	Setores dinâmicos							Setores estagnados			
	Estrela nascente			Oportunidade perdida			Estrela minguante		
	1998-2003	2003-07	2007-09	1998-2003	2003-07	2007-09	1998-2003	2003-07	2007-09
0 Produtos alimentícios e animais vivos	5	9	11	9	10	17	15	15	4
1 Bebidas e fumo	1	0	3	0	5	2	1	1	2
2 Matérias primas não comestíveis	11	15	12	8	12	22	12	18	11
3 "Combustíveis, lubrificantes minerais"	0	4	1	0	0	4	1	1	1
4 "Óleos, ceras de origem animal e vegetal"	1	0	3	1	1	2	3	2	1
5 Produtos químicos e derivados	14	32	32	20	30	26	42	53	51
6 Artigos manufaturados por matéria prima	36	25	37	18	44	47	52	91	99
7 Maquinaria e equipamento de transporte	55	38	48	20	46	69	49	90	78
8 Artigos manufaturados diversos	18	14	39	9	28	43	15	42	39
9 Mercadorias não classificadas	0	0	0	0	0	0	0	0	0
A. Total	141	137	186	85	176	232	190	313	286
B. Manufaturas (5 a 8)	123	109	156	67	148	185	158	276	267
Part. das manufaturas no total (%)	87,2	79,6	83,9	78,8	84,1	79,7	83,2	88,2	93,4

Fonte: WITS.
Elaboração dos autores.

CAPÍTULO 12

Educação e competitividade: o desafio da melhora da qualidade do ensino no Brasil

Fernando de Holanda Barbosa Filho*

1. Introdução

A importância da educação no desenvolvimento econômico está largamente documentada na literatura. A maior acumulação de capital humano, geralmente medida em anos médios de escolaridade, é um importante determinante do crescimento e do desenvolvimento econômico. O desempenho do Brasil nesse aspecto, aliás, tem sido bastante razoável no período mais recente: os anos médios de escolaridade da população com mais de 15 anos de idade no Brasil aumentaram 2,1 entre 1995 e 2009, saindo de uma média de 5,5 anos de estudo, em 1995, para 7,6, em 2009.

Topel (1999), Krueger e Lindahl (2001), Lange e Topel (2006), entre outros autores, documentam que o capital humano agregado possui efeito significativo sobre o crescimento econômico. Na mesma linha, mas indo mais adiante, Hanushek e Kinko (2000) mostram que a qualidade de anos de educação é mais importante que sua quantidade. Ou seja, mais do que os anos médios de escolaridade da população de um país, o que importa para seu desenvolvimento econômico é a qualidade da educação da mão de obra.

No que diz respeito ao Brasil, um aspecto importante a ser levado em conta no atual estágio de desenvolvimento do país é que o setor de serviços deve elevar a sua participação no PIB nacional. Este processo resulta do aumento da demanda por serviços que ocorre com a elevação da renda *per capita*. Esse aumento de demanda eleva o preço relativo dos serviços e, com isso, desloca recursos para sua produção.

A descoberta de grandes reservas de petróleo na camada do pré-sal tende a elevar ainda mais a importância da qualidade da mão de obra

---

* Pesquisador do Centro de Desenvolvimento Econômico (CDE), do Ibre.

na economia brasileira. O investimento e a posterior receita oriunda da produção do petróleo tendem a apreciar a taxa de câmbio real no Brasil e, com isso, aumentar ainda mais a importância do setor de serviços em nossa economia.[1]

É possível argumentar que a importância da educação para a produtividade de uma economia é ainda mais fundamental em seu setor terciário (de serviços), já que este é intensivo em mão de obra e sua produtividade do trabalho está mais diretamente relacionada às características de sua força de trabalho do que ocorre com os setores mais intensivos em capital físico. As atividades mais produtivas no setor de serviços, por sua vez, são aquelas que demandam mão de obra mais qualificada, reforçando a necessidade de investir em sua qualidade.

Neste cenário, o investimento na quantidade e, principalmente, na qualidade da educação é uma variável estratégica para a competitividade da economia brasileira, principalmente se o país quer se especializar nas atividades mais produtivas do setor de serviços, como as associadas à exploração do pré-sal.

Para analisar esses temas, este capítulo está organizado em sete seções, iniciadas por esta introdução. A segunda seção descreve a evolução dos anos médios de escolaridade e do capital humano no Brasil. A qualidade da educação é discutida na seção três, enquanto a seção quatro avalia se existe escassez de mão de obra qualificada no país. A seção cinco discute brevemente o desempenho do setor de serviços e a produtividade do trabalho da economia brasileira. Sugestões de políticas públicas para a melhoria da qualidade da educação no Brasil são propostas na seção seis, ao passo que comentários finais e conclusão são apresentados na sétima seção.

2. Anos médios de educação e capital humano no Brasil

Nas últimas quase duas décadas o Brasil passou por um vigoroso processo de universalização da educação. O número de alunos no país aumentou quase 20 milhões, saindo da casa dos 38 milhões em 1992 para mais de 57 milhões em 2009, segundo os microdados das Pnad. Este processo veio acompanhado pela elevação das taxas de matrícula, que estão na casa dos 97% no ensino fundamental e em torno de 50% no ensino médio. Esta última ainda é baixa, mas bem superior aos 15% registrados em 1992.

---

[1] Mais detalhes sobre o impacto do pré-sal na taxa de câmbio são apresentados na seção cinco.

Essa expansão da rede nacional de ensino se reflete em uma elevação dos anos médios de escolaridade da população com mais de 15 anos de idade, como mostra a tabela 1. Essa tabela registra os anos médios de educação no Brasil e por região entre 1995 e 2009, permitindo destacar que a escolaridade média do brasileiro com mais de 15 anos de idade aumentou de 5,5 para 7,6 anos ao longo dos últimos 15 anos — número ainda baixo comparado com os Estados Unidos (superior a 13 anos) e a média da OCDE (com quase 12 anos), por exemplo.

Tabela 1
Anos médios de educação no Brasil e por regiões,
população com mais de 15 anos

Anos	Brasil	Norte	Nordeste	Centro--Oeste	Sudeste	Sul
1995	5,5	5,6	4,1	5,7	6,2	6,0
1996	5,7	5,7	4,3	5,9	6,4	6,1
1997	5,8	5,8	4,3	6,1	6,5	6,2
1998	6,0	5,9	4,5	6,3	6,7	6,4
1999	6,1	6,1	4,7	6,3	6,8	6,6
2000	6,3	6,3	4,8	6,5	7,0	6,7
2001	6,4	6,4	5,0	6,6	7,1	6,9
2002	6,6	6,6	5,2	6,9	7,3	7,1
2003	6,8	6,7	5,4	7,0	7,4	7,3
2004	6,9	6,3	5,5	7,2	7,6	7,4
2005	7,0	6,5	5,7	7,3	7,7	7,5
2006	7,2	6,7	5,9	7,5	7,9	7,6
2007	7,3	6,9	6,0	7,6	8,0	7,7
2008	7,5	7,1	6,2	7,8	8,1	7,9
2009	7,6	7,2	6,4	8,0	8,2	8,0
Taxa de crescimento anual entre 2009-1995	2,0%	1,5%	2,7%	2,1%	1,8%	1,8%

Fonte: Elaboração própria, com dados da Pnad.

Observe-se ainda na tabela que em 2009 o país pode ser dividido em três grupos distintos: as regiões Sudeste, Centro-Oeste e Sul, com pelo menos oito anos médios de escolaridade, a região Norte com 7,2 e a região Nordeste com a média mais baixa do Brasil: 6,4 anos.

A taxa de crescimento da escolaridade média no Brasil aumentou cerca de 2% ao ano desde 1995. A região Nordeste, apesar de ter a menor média de escolaridade, apresentou o maior crescimento no período (2,7% ao ano), reduzindo a diferença de escolaridade com relação à região Sudeste. Esta diferença chegava a 2,1 anos em 1995 e diminuiu para 1,8 ano em 2009.

A elevação de 2,1 anos médios de estudo no Brasil entre 1995 e 2009 resulta de um processo de universalização do acesso ao ensino. O ritmo, que pode parecer baixo à primeira vista, é fruto da grande inércia que caracteriza este tipo de variável, uma vez que idosos e adultos com baixa escolaridade permanecem na amostra, puxando-a para baixo, apesar de os anos médios de escolaridade serem mais elevados nas coortes mais novas. Para ilustrar este ponto, a tabela 2 mostra os anos médios de educação por faixas de idade no ano de 2009.

Tabela 2
Anos médios de escolaridade por faixa de idade

Faixas de idade	Anos médios de escolaridade
15 a 17 anos	7,36
18 a 21 anos	9,30
22 a 24 anos	9,69
25 a 27 anos	9,57
28 a 31 anos	9,06
15 a 65 anos	5,48

Fonte: Elaboração própria com dados da Pnad 2009.

Como se vê, a escolaridade média das coortes mais novas é bastante superior à das mais antigas, o que indica que o descaso educacional ao longo de muitas décadas ainda cobra seu preço no Brasil. Entretanto, pode-se observar que a média para os jovens de 15 a 17 anos é acima de 7 anos e que para adultos entre 18 e 31 anos a média de escolaridade é superior aos 9 anos de estudo.

A alta dos anos médios de estudo é o aspecto positivo das tabelas 1 e 2 (principalmente para as coortes mais novas). A baixa escolaridade média é a má notícia. Entretanto, pior do que a baixa média de escolaridade nacional é sua qualidade, como bem expressa a 57ª posição do Brasil, entre 65 países, na prova de matemática do Programa Internacional de Avaliação de alunos (Pisa) de 2009.[2]

Como já mencionado, mais importante que a quantidade de anos de educação é sua qualidade (Hanushek e Kinko, 2000). Ou seja, mais do que os anos médios de escolaridade da população de um país, o que importa para seu desenvolvimento econômico é a qualidade da educação de sua mão de obra. Logo, "atacar" a baixa qualidade da educação nacional deve ser o próximo objetivo da política educacional do país, uma vez que a universalização do ensino fundamental já foi praticamente alcançada.

Barbosa Filho, Pessôa e Veloso (2010) propuseram e calcularam para o Brasil uma medida de capital humano que visa incorporar não somente o aspecto quantitativo, representado pela participação no total de horas trabalhadas da economia de cada par educação-experiência, como também um aspecto qualitativo da escolaridade na força de trabalho:[3] a produtividade de cada par. Desta forma, os autores propõem uma medida de capital humano com duas componentes distintas: a participação, que mede o peso relativo de cada tipo de capital humano no total de horas trabalhadas, e a produtividade, que mede o valor de mercado de cada tipo de capital humano.

A tabela 3 mostra essa medida de capital humano para o Brasil e suas regiões expressam em números índice em relação ao capital humano do Brasil em 1995.[4] Nela se pode perceber que o capital humano das regiões Sul e Centro-Oeste é inferior ao da região Norte do país em 2009, um resultado a princípio não esperado que decorre do fato de essa medida de capital humano possuir uma componente relacionada com a remuneração de determinada qualificação, a produtividade. Com isso, a medida construída incorpora na análise o valor relativo do capital humano, diferentemente dos anos médios de escolaridade (que ignoram este aspecto). Desta forma, uma região com participação de mão de obra qualificada na força de trabalho superior a outra pode ter um capital humano menor em virtude de seu valor relativo ser inferior.

---

[2] A análise dos resultados dos exames Pisa de 2006 e 2009 é feita com mais detalhe na seção três.

[3] Para uma análise mais detalhada da metodologia, ver Barbosa Filho, Pessôa e Veloso (2010).

[4] Os dados dos anos 2003 e 2004 da Pnad apresentam variações extremas. Por isso, os cálculos para esses anos foram obtidos por meio de uma interpolação dos dados de 2002 e 2005.

Tabela 3
Capital humano no Brasil e por regiões

Anos	Brasil	Norte	Nordeste	Centro--Oeste	Sudeste	Sul
1995	100,0	92,0	76,0	100,3	121,2	85,7
1996	99,3	80,7	75,7	90,6	114,2	111,4
1997	105,7	104,1	76,5	103,7	127,2	95,2
1998	110,3	97,1	83,8	56,6	125,9	97,7
1999	109,9	95,5	80,9	108,4	124,4	107,3
2000	108,7	106,3	82,4	111,7	111,8	90,5
2001	107,5	117,2	83,9	115,1	99,3	73,6
2002	109,7	125,0	81,2	102,8	132,8	125,7
2003	112,0	111,4	84,9	100,1	127,4	105,2
2004	114,3	99,3	88,8	97,4	122,1	88,0
2005	116,7	88,6	92,9	94,8	117,1	73,6
2006	113,8	46,7	102,3	138,0	126,3	59,8
2007	118,8	76,0	105,7	102,3	91,8	88,3
2008	117,7	120,9	81,6	91,3	151,8	90,9
2009	116,4	105,2	87,3	59,9	131,1	97,2

Fonte: Barbosa Filho, Pessôa e Veloso (2010).

Adicionalmente, a tabela 3 mostra como o capital humano evoluiu com tendência crescente no país e em suas regiões entre 1995 e 2009 (com exceção da Centro-Oeste). Destaque-se que a variabilidade da medida de capital humano ao longo do tempo e entre regiões decorre da variação dos salários com o ciclo econômico, que afeta as regiões de forma distinta.

Quedas no valor do capital humano podem ocorrer em virtude de essa variável ser mensurada a valores de mercado, em vez de valores históricos. Logo, assim como na crise mundial de 2008 o capital físico perdeu valor em função da baixa demanda ocasionada pela crise (grandes perdas das bolsas do mundo em valor de mercado), o capital humano também pode perder valor caso a demanda pelo mesmo caia e, com isso, diminua seu retorno.

A figura 1 mostra a decomposição ao longo do tempo do capital humano nos dois componentes propostos pelos autores: participação e produtividade.

Figura 1
Decomposição do capital humano em seus dois componentes

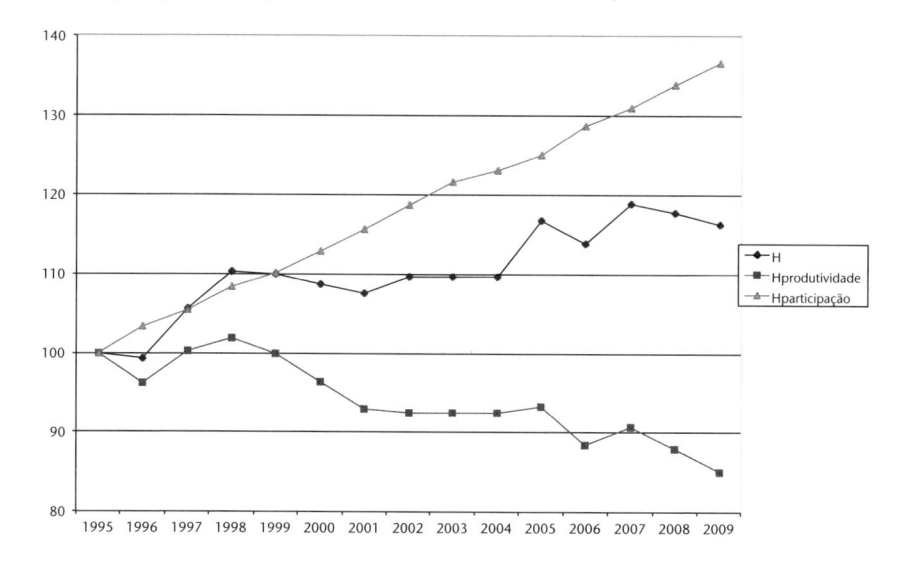

[Gráfico de linhas de 1995 a 2009 mostrando três séries: H, Hprodutividade e Hparticipação, com valores no eixo vertical de 80 a 140]

Esse gráfico mostra que a componente participação do capital humano cresce sistematicamente. Este fato é compatível com a elevação dos anos médios de escolaridade da economia brasileira, fruto da universalização da educação.

A componente produtividade é mais volátil do que a de participação. Isto ocorre porque esta é obtida através dos salários dos trabalhadores, que variam com o ciclo econômico. Assim como os salários, a parte destes relacionada com a remuneração pelo capital humano também varia ao longo do tempo.[5] Observa-se ainda a queda deste componente ao longo dos anos. A queda da produtividade da mão de obra mostra que o valor de mercado do capital humano caiu entre 1995 e 2009, o que reduziu o aumento do estoque de capital humano da economia.

A redução da componente produtividade pode estar associada à maior oferta de mão de obra qualificada ou a uma queda da produtividade da mão de obra mais qualificada. Este estudo não permite identificar a causa. Entretanto, o que este estudo mostra é que a comparação dos anos médios de escolaridade como medida de capital humano é falha, uma vez que não leva em consideração a valoração do capital humano nas diferentes regiões.

---

[5] A metodologia utilizada separa o salário dos trabalhadores em diversos componentes, incluindo: experiência, sexo, raça, tipo de emprego e escolaridade. O peso de cada um destes componentes varia ao longo do tempo, indicando como ocorre a dinâmica de formação dos salários. A componente produtividade está relacionada ao peso do capital humano nos salários.

3. A qualidade da educação no Brasil

Os resultados apresentados na seção anterior mostram que a escolaridade média do brasileiro teve avanços importantes ao longo dos últimos 20 anos, com a universalização do acesso à educação sendo o principal motor desse processo. Um próximo passo natural no avanço da educação no Brasil deve ser a melhora de sua qualidade. Esta é de suma importância, haja vista o já mencionado péssimo desempenho dos alunos brasileiros nos exames internacionais, como o Pisa.

No teste Pisa de 2006, que deu ênfase à matemática, ficou evidenciada a baixa qualidade da educação no Brasil, que se situou na 52ª posição entre os 57 países que participaram da avaliação. A nota do Brasil em matemática no teste Pisa 2009 aumentou 16 pontos em relação aos resultados de 2006 e colocou o país na 57ª posição entre os 65 países participantes com 386 pontos, sendo a nota média do exame em torno de 500 pontos.

A avaliação de 2009 deu ênfase à parte de leitura, e o Brasil mostrou uma melhora também de 16 pontos em relação ao resultado obtido em 2006. O país ficou com a 53ª posição entre os 65 países que participaram do exame de 2009, com uma pontuação total de 412. Em 2006 o Brasil ocupou a 54ª posição em leitura entre 57 países.

Tabela 4
Resultados da avaliação de leitura do Pisa 2009

País	Posição no Pisa
Média OCDE	500 pontos
China (Xangai)	1ª
Coreia do Sul	2ª
Finlândia	3ª
Estados Unidos	17ª
Chile	44ª
México	48ª
Brasil	53ª
Argentina	58ª

Fonte: Pisa 2009.

Na avaliação do teste de ciências do teste Pisa de 2009 o Brasil apresentou um crescimento de 15 pontos em relação a 2006, ocupando a 53ª posição entre os 65 países. Na avaliação agregada, que faz a média das três avaliações, a nota do Brasil foi de 401, 15 pontos superiores à nota de 2006, de 386 pontos. Em suma, os resultados do teste Pisa 2009 mostram que, apesar da melhora da nota em relação a 2006, o Brasil continua entre as piores posições entre os 65 países participantes para todas as matérias: matemática (57ª), leitura (53ª) e ciências (53ª).

O Pisa 2009 mostrou, ainda, que o desempenho dos estudantes da rede pública de ensino (387 pontos) é inferior ao rendimento dos alunos da rede privada (502 pontos), um dado importante para um país onde 45 milhões de seus 57 milhões de estudantes estão na rede pública de ensino. Segundo o MEC, o rendimento das escolas públicas federais de educação básica foi bastante positivo, com uma média superior ao das escolas privadas, com 528 pontos.

Apesar do resultado medíocre, é importante ressaltar que a participação do Brasil nesta avaliação é fundamental para que se possa aprimorar a qualidade da nossa educação, uma vez que se cria um mecanismo de avaliação periódica cujos resultados promovem cobrança acerca da qualidade de nosso ensino.[6]

A introdução pelo MEC do Índice de Desenvolvimento da Educação Básica (Ideb)[7] é outro avanço em nosso sistema educacional. Adicionalmente, o MEC criou metas bienais a serem atingidas nos diversos níveis federativos. O objetivo é que o país consiga atingir o atual nível educacional médio dos países da OCDE (nota 6,0), no fundamental de 1ª a 4ª série, em 2021, no fundamental de 5ª a 8ª série, em 2025, e no ensino médio, em 2028. Os últimos resultados do Ideb, assim como os do Pisa, ainda são fracos. No ensino fundamental de 1ª a 4ª série a nota foi de 4,6 em 2009, o fundamental de 5ª a 8ª série teve um rendimento de 4,0 e o ensino médio teve um desempenho ainda pior, com uma nota de 3,6.

Estes resultados mostram que ainda falta bastante para o país atingir o nível educacional médio dos países da OCDE (6,0 no Ideb), mas que a existência da meta proposta e a evolução gradativa da educação nos últimos anos geram expectativas positivas para o futuro, apesar da dificuldade de atingir as metas propostas.

---

[6] A participação do Brasil no exame é um passo importante, ainda mais em um país onde a análise do desempenho enfrenta grandes dificuldades em todos os grupos.
[7] Metodologia que permite acompanhar a evolução da qualidade da educação de forma periódica.

4. Existe escassez de capital humano no Brasil?

Esta seção analisa a questão da suposta escassez de capital humano no Brasil. Isto porque é comum ouvir-se que a economia brasileira está passando por um "apagão" de mão de obra qualificada e que isso impede o país de crescer a um ritmo mais elevado.

Para abordar esta questão, utiliza-se uma metodologia que permite avaliar se a relação entre o salário pago e a quantidade de mão de obra contratada é positiva ou negativa.[8] Caso o salário pago e o total de trabalhadores contratados cresçam simultaneamente, a demanda por trabalhadores está subindo a um ritmo mais elevado do que a oferta e, portanto, há escassez de mão de obra qualificada, como indicado pela elevação dos salários. Alternativamente, caso a contratação de mão de obra aumente e o salário caia, é sinal de que a oferta está crescendo em um ritmo mais elevado e, portanto, não está havendo escassez de trabalhadores com determinada qualificação.

A metodologia é aplicada com a utilização de dados da Pnad, em que se divide a amostra em cinco níveis de escolaridade e sete níveis de experiência. Os níveis de escolaridade foram definidos da seguinte forma: analfabetos e com 1º ciclo do ensino fundamental incompleto (inferior a quatro anos de estudo), 1º ciclo do ensino fundamental completo (escolaridade igual ou maior que quatro e inferior a oito anos), 2º ciclo do ensino fundamental completo (igual ou maior que oito e inferior a 11 anos), ensino médio completo (igual ou maior que 11 e inferior a 15 anos) e superior completo (15 ou mais anos). Os níveis de experiência foram divididos em intervalos de cinco anos: de 0 a 4 anos de experiência, de 5 a 9 anos, de 10 a 14 anos, e assim sucessivamente, até indivíduos com experiência superior a 30 anos. O cruzamento das cinco categorias de escolaridade com as sete categorias de experiência produz 35 categorias diferentes de capital humano.

Em seguida realiza-se uma análise para obter a remuneração média e as horas trabalhadas de cada uma dessas 35 categorias de capital humano, para todos os anos entre 1995 e 2009.[9] Com estes resultados em mãos

---

[8] Esta análise segue a metodologia proposta em Katz e Murphy (1992).

[9] A remuneração de cada tipo de capital humano é obtida com base em uma estimação de uma equação de Mincer (1974). Neste tipo de análise, a remuneração do capital humano é separada de diversos aspectos que também afetam a remuneração como: sexo, raça, se o trabalho é com ou sem carteira, e se o trabalhador atua no setor privado ou público.

avalia-se para cada categoria se houve elevação da remuneração média e/ou nas horas trabalhadas. Quando o produto entre a variação da remuneração média e a variação das horas trabalhadas de cada tipo de capital humano é negativo, significa que a maior parte dos movimentos no mercado de trabalho deste capital humano foi na curva de oferta, mostrando que não há escassez deste tipo de mão de obra no período. Caso o resultado seja positivo, constata-se que está ocorrendo escassez deste tipo de capital humano.

O período de análise escolhido foi o dos anos entre 1995 e 2009, dividido nos seguintes subperíodos: 2002-1995 e 2009-02.

A tabela 5 mostra que a relação entre a remuneração dos trabalhadores e a quantidade de horas trabalhadas para cada tipo de capital humano foi dominada pela oferta no período 2009-1995, o que é representado pelo fato de que predominam largamente os sinais negativos na associação entre remuneração e número de horas trabalhadas (apenas uma exceção). Isso significa que a oferta de mão de obra qualificada cresceu mais rápido do que a demanda entre esses anos. Desta forma, no período como um todo, o crescimento da oferta foi superior ao da demanda.

Tabela 5
Relação entre a remuneração média e as horas trabalhadas entre 2009 e 1995

Educação	Experiência						
	0-4 anos	5-9 anos	10-14 anos	15-19 anos	20-24 anos	25-29 anos	> 30 anos
0	-	-	-	-	-	-	-
4	-	-	-	-	-	-	-
8	+	-	-	-	-	-	-
11	-	-	-	-	-	-	-
15	-	-	-	-	-	-	-

Nota: elaboração própria com dados da Pnad.

Entretanto, no período compreendido entre 1995 e 2002, o Brasil passou por uma fase de crescimento econômico relativamente baixo, o que não deve ter implicado grandes pressões sobre a mão de obra. Com o maior crescimento recentemente (na casa dos 4% ao ano), pode-se presumir que essa pressão esteja começando a ocorrer.

Para investigar essa possibilidade, dividiu-se a amostra em dois subperíodos: entre 2002-1995 e entre 2009-02. As tabelas 6 e 7 mostram os resultados da metodologia aplicada a esses subperíodos.

A tabela 6 revela que no período 1995-2002 as variações da oferta de capital humano dos trabalhadores com mais anos de escolaridade foram superiores à demanda pelo mesmo, sendo uma evidência de que não houve no período escassez de mão de obra. Para os trabalhadores com maior qualificação, esse foi um período em que o número de horas trabalhadas aumentou.

Tabela 6
Relação entre a remuneração média e as horas trabalhadas entre 2002 e 1995

Educação	Experiência						
	1	2	3	4	5	6	7
0	+	+	+	+	+	+	+
4	+	+	+	+	-	-	-
8	-	-	-	-	-	-	-
11	-	-	-	-	-	-	-
15	-	-	-	-	-	-	-

Nota: elaboração própria com dados da Pnad.

O sinal positivo na maior parte das duas primeiras linhas significa que para os trabalhadores menos qualificados a variação na demanda foi superior à variação em sua oferta. Entretanto, neste período houve queda no número de horas trabalhadas pelos grupos menos qualificados. A tabela 6 também mostra que simultaneamente à queda nas horas trabalhadas houve uma redução na remuneração, indicando que houve uma grande queda na demanda por este tipo de trabalhadores. Este é um resultado bem estabelecido na literatura desde Katz e Murphy (1992), que mostram que está ocorrendo uma mudança tecnológica em direção aos trabalhadores mais qualificados. Isso eleva as horas trabalhadas deste grupo, elevando seus salários em caso de escassez, e reduz a demanda por trabalhadores menos qualificados, reduzindo, também, sua remuneração.

A tabela 7 mostra os resultados da análise para o período compreendido entre os anos de 2009 e 2002. Nela podemos perceber que, para os grupos menos escolarizados, ocorreu uma elevação de salários, apesar de queda nas horas trabalhadas. Essa alta mostra, provavelmente, o impacto da política de elevação do salário mínimo.

Mais interessante na análise desse período é que o sinal positivo aparece agora para os grupos mais qualificados. Os resultados mostram que neste período começa a ocorrer uma escassez de mão de obra qualificada principalmente dos trabalhadores com menos experiência. Este resultado pode ser a consequência de os mais jovens permanecerem mais tempo estudando, como resultado da universalização, o que reduziu a oferta de trabalhadores menos experientes.

Tabela 7
Relação entre a remuneração média e horas trabalhadas entre 2009 e 2002

Educação	Experiência						
	0-4 anos	5-9 anos	10-14 anos	15-19 anos	20-24 anos	25-29 anos	> 30 anos
0	-	-	-	-	-	-	-
4	-	-	-	-	-	-	+
8	+	+	+	+	-	+	+
11	+	+	+	-	-	-	-
15	+	+	-	-	-	-	

Nota: elaboração própria com dados da Pnad.

É importante ressaltar que esta análise não avalia a carência de mão de obra qualificada, que alguns setores específicos aparentemente estão mostrando, como no setor de construção civil.

Os resultados acima indicam que, caso se observe um período de tempo mais longo, em que a economia brasileira teve um crescimento relativamente baixo, não ocorreu "apagão" de mão de obra. No entanto, no período recente os resultados sugerem que começam a existir indícios de escassez de mão de obra qualificada na economia, como revelado pelos resultados na tabela 7. Esta escassez pode criar gargalos ao desenvolvimento econômico, uma vez que as atividades mais produtivas/competitivas, principalmente no setor de serviços, são intensivas em mão de obra qualificada, como será apresentado na seção seguinte.

5. O setor de serviços e a produtividade da economia brasileira

A produtividade média do trabalho de uma economia resulta da produtividade média das diversas atividades econômicas que a compõem, ponderadas pelo peso relativo de cada uma no emprego total. Isto significa que economias podem experimentar queda na produtividade média, caso as atividades que cresçam mais — isto é, aquelas cujo peso relativo no emprego total aumente — sejam as que têm produtividade inferior à média da economia (efeito composição).

Em particular, diversas atividades incluídas no setor de serviços, principalmente as que requerem mão de obra pouco qualificada, estão entre as que têm produtividade do trabalho mais baixa.

A evidência de aumento do peso relativo do setor de serviços da economia brasileira, por diferentes fatores relatados nesta seção, pode causar perda de competitividade, caso o país se especialize nas atividades de baixa produtividade dentro do setor de serviços.

Um fato estilizado do processo de desenvolvimento econômico

Um resultado conhecido da literatura de desenvolvimento econômico desde pelo menos os trabalhos pioneiros de Kuznets é o do processo de ganho relativo do setor de serviços na renda total, ou PIB, à medida que a renda *per capita* dos países aumenta. Este processo ocorre em virtude de mudanças no padrão de consumo associadas ao aumento da renda: economias mais ricas consomem relativamente mais serviços do que aquelas menos desenvolvidas. A maior demanda por serviços eleva seu preço em relação aos bens comercializáveis, deslocando a oferta agregada em direção a esses bens não comercializáveis e, junto, seu peso relativo na economia.

Bonelli e Pessôa (2010) documentam este processo na economia brasileira e sugerem que parte da perda de participação da indústria na economia que se vem observando há anos está relacionada a este amadurecimento econômico. Em um estágio inicial, em que a economia possui um PIB *per capita* relativamente baixo, o setor de agropecuária possui papel importante. Com a elevação da renda nacional, observa-se uma queda na participação da agropecuária e outras atividades "primárias", com uma elevação da indústria. O aumento da renda acima de um determinado nível caracteriza o momento seguinte, onde o peso relativo da indústria diminui, em virtude de o consumo de bens industriais crescer menos do que o de serviços. Neste momento, o setor de serviços passa a ganhar peso relativo na economia com a queda do setor industrial. Desta forma, a relação entre a renda *per capita* e a participação relativa da indústria em uma economia possui o formato de "U" invertido. Ou seja, em economias muito pobres a indústria possui um peso pequeno, com grande participação da agropecuária. Na medida em que a economia se desenvolve, a indústria ganha peso relativo até um ponto onde o nível da renda *per capita* amplia a demanda por serviços e este setor ganha espaço relativo. A redução da participação da indústria no PIB nacional parece indicar que o Brasil está nessa terceira fase do processo de desenvolvimento econômico.

O petróleo do pré-sal

A descoberta de grande quantidade de petróleo na área do pré-sal é outro fator que pode vir a modificar os preços relativos entre bens comercializáveis e não comercializáveis, de forma a favorecer estes últimos (serviços). Os investimentos necessários para desenvolver os campos do pré-sal giram em torno de 1% do PIB ao ano. Na carência de poupança doméstica para financiar esses investimentos, ocorrerão déficits na conta de transações correntes, visto que grande parte dos recursos virá do resto do mundo. Isso tenderá a ocorrer junto com uma apreciação da taxa de câmbio, a qual pode ser descrita como função da razão entre bens comercializáveis e bens não comercializáveis.

Um modelo simples com dois setores ilustra bem este resultado. Suponhamos um país que produza dois tipos de bens: comercializáveis e não comercializáveis. Dada a fronteira de possibilidades de produção, descrita como a curva côncava em relação à origem no gráfico, e os preços relativos entre bens comercializáveis e não comercializáveis, descritos pela inclinação da reta, este país produz no ponto A e consome, no ponto B da figura 2, mais bens comercializáveis do que produz.

Figura 2
Produção e consumo de um país que produz dois bens: BC e BNC

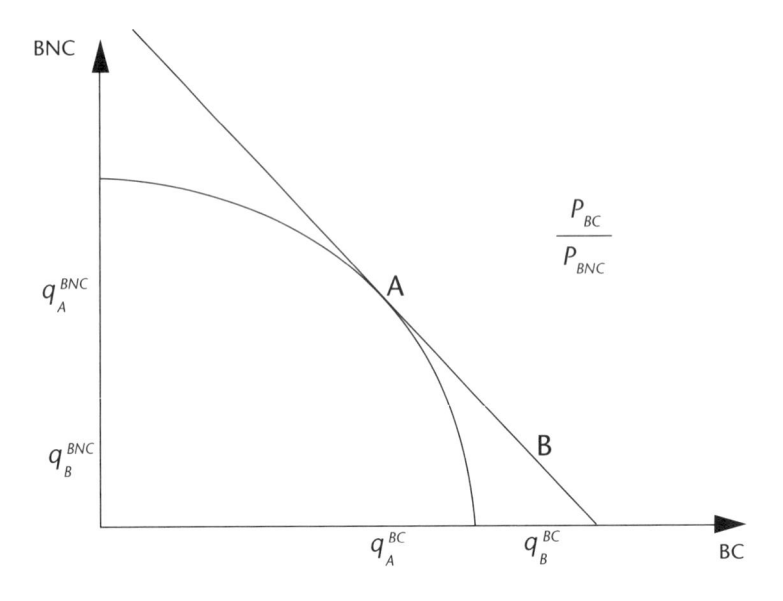

[Figura: Gráfico com eixo vertical BNC e eixo horizontal BC. Curva de possibilidades de produção com ponto A de produção e ponto B de consumo, e reta tangente com inclinação $\frac{P_{BC}}{P_{BNC}}$. Eixo vertical mostra q_A^{BNC} e q_B^{BNC}. Eixo horizontal mostra q_A^{BC} e q_B^{BC}.]

O preço relativo que possibilita produzir no ponto $A = (q_A^{BC}, q_A^{BNC})$ e consumir no ponto $B = (q_B^{BC}, q_B^{BNC})$ é a razão entre os preços dos bens comercializáveis e não comercializáveis (P_{BC} / P_{BNC}). Em uma economia aberta, a taxa de câmbio pode ser escrita como função da razão entre os preços dos bens comercializáveis e não comercializáveis [$\varepsilon = (P_{BC}/P_{BNC})^\beta$], onde β é o peso relativo dos bens não comercializáveis na cesta de consumo.

Caso um país decida consumir uma quantidade maior de bens comercializáveis ($q_C^{BC} > q_B^{BC}$), a mudança de preços necessária para que o consumo no ponto C (figura 3) seja possível aprecia a taxa de câmbio, $\varepsilon' = (P_{BC} / P_{BNC})^{\beta'} > \varepsilon = (P_{BC} / P_{BNC})^\beta$. A figura 3 mostra esta mudança no câmbio e seu impacto nos preços relativos sobre a estrutura de produção. A mudança de preços relativos ocasiona um deslocamento de recursos para a produção de bens não comercializáveis, deslocando a produção do ponto A para o ponto D.

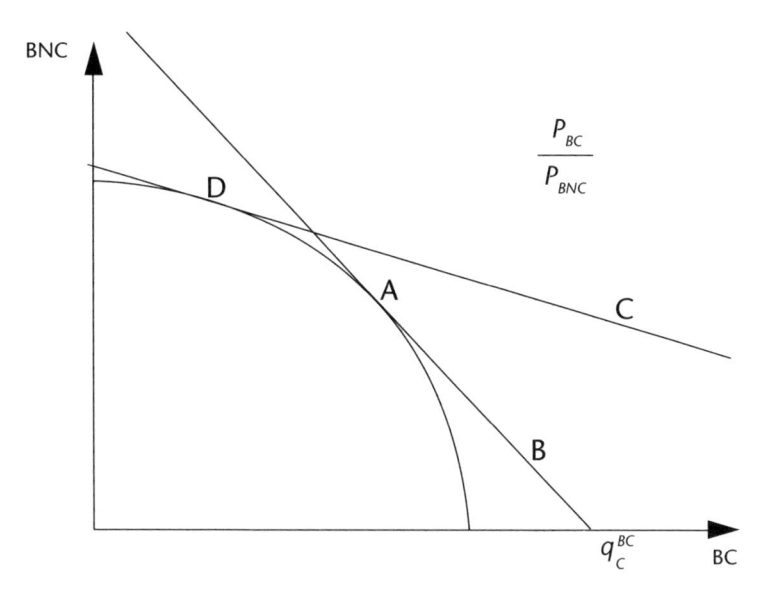

Figura 3
Efeito no câmbio de uma elevação do consumo do bem comercializável

[Gráfico com eixos BNC (vertical) e BC (horizontal), pontos D, A, B, C, razão $\frac{P_{BC}}{P_{BNC}}$ e q_C^{BC}]

O investimento necessário para desenvolver o pré-sal é composto, principalmente, por bens comercializáveis (plataformas, navios tanque, equipamentos em geral). Logo, a figura 3 indica que a exploração e o desenvolvimento dos campos do pré-sal devem gerar uma apreciação na taxa de câmbio de equilíbrio, o que desloca recursos para o setor de serviços.

Adicionalmente, a partir do momento em que os campos entrarem em produção, os dólares gerados pela exportação de petróleo também tenderão a apreciar a taxa de câmbio, gerando uma alta do preço relativo dos serviços. Caso a entrada desses dólares no país leve a uma alta do consumo,[10] os preços dos serviços subirão devido ao estágio de desenvolvimento da economia brasileira (ver seção anterior) e ocorrerá nova mudança de preços relativos em direção ao setor de serviços.

Neste cenário, o caminho natural da economia brasileira nos próximos anos é a elevação da participação relativa do setor de serviços no PIB. Como este é intensivo em mão de obra, a melhor qualificação da mão de obra nacional é fundamental para uma maior competitividade da economia brasileira em um mundo globalizado.

---

[10] A criação do fundo soberano pode ajudar a reduzir a entrada de dólares e evitar uma apreciação mais profunda do real.

Produtividade: setor serviços × economia brasileira

O setor de serviços possui uma produtividade do trabalho média inferior à dos setores industriais. Logo, por um efeito composição, uma elevação do emprego no setor de serviços tende a reduzir a produtividade média da economia, diminuindo seu grau de competitividade. Pinheiro e Barbosa Filho (2009) avaliam a produtividade do trabalho na economia brasileira para 11 setores: agropecuária, indústria extrativa mineral, indústria da transformação, indústria da construção, indústria de serviços de utilidade pública, serviços de comércio, serviços de intermediação financeira, serviços de transporte e comunicações, serviços de alojamento e alimentação, serviços de administração pública e outros serviços.

A tabela 8 mostra esse indicador para cada um desses setores. A produtividade do trabalho não é controlada pela quantidade de capital de cada setor (como a produtividade total dos fatores), o que pode gerar distorções na produtividade dos setores intensivos em capital, que podem parecer mais produtivos do que de fato são. Apesar desta limitação, a tabela 8 ajuda a mostrar que a maior participação relativa do setor de serviços tende a reduzir a produtividade média da economia, caso este aumento venha a ocorrer em serviços de alojamento e alimentação, comércio e outros serviços, aqueles de produtividade inferior à média nacional.

Tabela 8
Produtividade por trabalhador por setor em 2005

Setores	Produtividade em R$ 1.000 de 2000	Anos Médios de Escolaridade
[1] Agropecuária	3,72	3,57
[2] Indústria Extrativa Mineral	89,98	7,18
[3] Indústria de Transformação	17,03	7,94
[4] Indústria de Construção	10,08	5,78
[5] Indústria de Serviços de Utilidade Pública	123,43	10,27
[6] Serviços de Comércio	9,09	8,32
[7] Serviços de Intermediação Financeira	81,29	12,38
[8] Serviços de Transportes e Comunicações	26,16	8,07
[9] Serviços de Alojamento e Alimentação	5,93	7,2
[10] Serviços de Administração Pública	40,93	10,23

(continua)

(continuação)

Setores	Produtividade em R$ 1.000 de 2000	Anos Médios de Escolaridade
[11] Outros Serviços	10,39	9,09
Total	13,35	7,42

Fonte: Tabela 2 de Pinheiro e Barbosa Filho (2009).

A agropecuária possuía em 2005 a mais baixa produtividade do trabalho da economia brasileira entre os setores mostrados na tabela: R$ 3.720 por trabalhador. Outros setores com baixa produtividade do trabalho são: serviços de alojamento e alimentação (R$ 5.930), comércio (R$ 9.090), indústria da construção (R$ 10.080) e outros serviços (R$ 10.390). A indústria de serviços de utilidade pública possui a maior produtividade do trabalho (R$ 123.430 por trabalhador), seguida pela indústria extrativa mineral (R$ 89.980), ambos os setores intensivos em capital físico, e pelo setor de serviços de intermediação financeira (R$ 81.290), intensivo em capital humano.

Com base na tabela 8 observa-se que os setores de serviços com produtividade do trabalho mais elevada são aqueles que empregam trabalhadores com escolaridade média mais alta. Este resultado é fruto de os setores de serviços serem intensivos em mão de obra, o que torna a produtividade média mais relacionada à escolaridade média de sua força de trabalho.

A tabela 8 mostra ainda que, apesar da baixa escolaridade de sua mão de obra, a indústria extrativa mineral possui elevada produtividade do trabalho. Isso ocorre porque a indústria extrativa mineral é intensiva em capital físico, e como o conceito de produtividade do trabalho não é controlado para a quantidade de capital físico disponível por trabalhador, a produtividade média do trabalho de setores intensivos em capital é menos dependente da escolaridade de sua força de trabalho.

Como vimos, a produtividade média de uma economia pode ser obtida por meio das produtividades médias dos seus diversos setores, ponderadas pelo peso relativo de cada setor no emprego total. Logo, em um país onde haja uma elevação do peso relativo de um setor com baixa produtividade, haverá uma redução da produtividade agregada, mesmo que a produtividade média de cada setor esteja constante (devido ao efeito composição).

Desta forma, como a economia brasileira deve apresentar nos próximos anos um aumento relativo da participação dos setores de serviços no PIB, para que a economia brasileira se mantenha com elevada produtividade é necessário um investimento em educação para possibilitar que sejam deslocados recursos para os serviços de elevada produtividade, cuja mão de obra possui a média de escolaridade mais elevada, como mostra a tabela 7.

6. O que fazer para melhorar a educação no Brasil?

Na seção anterior mostramos que o setor de serviços tende a elevar sua participação na composição do PIB brasileiro, tanto pelo crescimento da renda *per capita* (que eleva a demanda por serviços), quanto pelo impacto do petróleo do pré-sal no preço relativo de bens comercializáveis e não comercializáveis, que tende a elevar o preço relativo dos últimos e deslocar fatores de produção para o setor de serviços.

A seção cinco mostrou ainda que a produtividade do trabalho é mais baixa nos setores de serviços em que a força de trabalho utilizada possui pouca escolaridade, sendo menos qualificada.

A globalização ocorrida de forma mais aguda a partir da década de 1990 tornou o ambiente econômico mais competitivo. Diferentemente do passado, onde apenas os bens comercializáveis sofriam concorrência externa, cada vez mais os serviços são vendidos internacionalmente, o que requer um setor terciário com maior produtividade/competitividade. A reunião dos argumentos expostos nas seções anteriores mostra que o aprimoramento da educação no país é crucial para a melhora da competitividade brasileira em uma economia globalizada como a atual, onde cada vez mais serviços são oferecidos entre países.

A seção dois mostrou o avanço no sentido de universalização da educação do Brasil, com grande elevação no número de alunos e aumento das taxas de matrícula, o que permite manter os jovens por mais anos nas escolas — embora a escolaridade média ainda seja baixa. A seção três mostrou que, apesar do sucesso na universalização da educação, sua qualidade no país ainda é baixa. Por último, a seção quatro mostrou que existem indícios de que começa a existir escassez de mão de obra para alguns níveis de qualificação. Esse resultado, obtido com dados que cobrem os anos até 2009, é possivelmente mais verdadeiro ainda neste início de 2011.

Logo, a imagem desenhada nos capítulos anteriores mostra que, além de ampliar o processo de universalização da educação para níveis mais avançados (como o ensino médio), o Brasil deve criar uma forma de melhorar a qualidade da educação no país. A par disso, seria desejável que o país conseguisse mudar a composição da produção de serviços na direção dos setores de maior valor agregado por trabalhador, onde é necessário um capital humano de melhor qualidade. Para tanto, esta seção sugere algumas formas de ação.

Melhora na gestão

Os gastos brasileiros com educação são comparáveis aos realizados por muitos países com reputação de boa qualidade no ensino. Entretanto, nossos resultados, como reportados nos testes Pisa, colocam o Brasil como um dos países com pior aprendizado dos alunos entre os pesquisados.

Hanushek (1997) mostra que o rendimento dos alunos não está diretamente relacionado com o montante de recursos gastos por estudante. Um gráfico onde o eixo horizontal é o gasto por aluno e o eixo vertical contém notas com a avaliação de desempenho dos alunos resulta em uma reta horizontal — diferentemente de uma reta positivamente inclinada, caso a elevação de recursos por aluno melhorasse seu desempenho. Esse resultado não significa que a injeção de recursos na educação não possa eventualmente melhorar os resultados; mas apenas que a simples injeção de recursos não funciona, se mantido o modelo atual.

Neste sentido, a isonomia salarial existente no sistema público de ensino no Brasil parece ser um gargalo administrativo que provê incentivos errados, uma vez que remunera de forma igual bons e maus profissionais. A introdução de gratificações ligadas ao rendimento dos alunos é uma boa medida, pois alinha o interesse dos professores (uma maior remuneração) aos interesses da sociedade (uma educação de melhor qualidade). Obviamente, sua aplicação depende da aplicação de avaliações externas independentes para aferir o aprendizado do corpo discente.

Neste sentido, o excelente resultado da China (Xangai), que ficou em primeiro lugar no Pisa 2009, parece indicar um caminho mais eficaz: os professores ganham gratificações conforme o desempenho dos alunos. Adicionalmente, existe uma política de deslocar os melhores professores para locais onde os alunos possuem o pior desempenho, na tentativa de melhorar seu desempenho.

Ou seja, a elevação no salário dos professores só surte efeito se associada ao desempenho dos alunos. Caso contrário, a elevação de salários eleva o gasto por aluno, mas não melhora seu desempenho — pois não muda os incentivos dos professores.

Melhora do ambiente familiar

Além da melhora na gestão dos recursos públicos, outro ponto importante é a melhora no ambiente familiar. Menezes-Filho (2007) mostra que esse é o fator mais importante na determinação do rendimento do aluno, suplantando em importância a qualificação dos professores e/ou a estrutura física da escola.

Esse resultado indica que, para o Estado ter sucesso na melhora da qualidade escolar, é necessário que este incentive uma melhora no ambiente familiar, em especial mostrando para os pais ou responsáveis a importância da educação dos filhos. De forma específica, o estudo indica que uma maior escolaridade média das mães dos alunos, seguida da educação da própria mãe, são os aspectos que possuem maior impacto sobre o rendimento do aluno. Neste sentido, a melhora da qualidade da educação é um problema a ser resolvido em mais de uma geração.

Por último, o bom desempenho das escolas públicas federais no Pisa (528 pontos contra 387 pontos da rede pública em geral) é um exemplo que deveria ser estudado para avaliar o motivo do sucesso deste pequeno grupo de escolas públicas de nosso país. O viés de seleção existente na entrada de alunos destas escolas, que possuem concursos, associado ao *background* familiar dos mesmos, é um bom ponto inicial para pesquisas acerca do bom rendimento destas escolas.

7. Conclusão

Nos últimos 15 anos houve uma pequena revolução na educação do Brasil. Neste período, a educação básica foi universalizada e os anos médios de escolaridade apresentaram um grande aumento. Este processo pode ser visto pela elevação do estoque de capital humano no Brasil. Entretanto, apesar desta grande evolução no acesso à educação, os resultados nos exames domésticos e internacionais mostram que a qualidade da educação no país ainda é baixa. Adicionalmente, o crescimento mais alto dos últimos anos elevou a demanda por mão de obra mais escolarizada em um ritmo superior ao da oferta, indicando certa escassez da mesma.

A economia brasileira está em um estágio de desenvolvimento econômico em que o aumento da renda *per capita* se transforma em maior demanda por bens não comercializáveis (serviços em geral), elevando seu preço relativo e, com isso, deslocando recursos produtivos para os setores de serviços, que ampliam sua participação no PIB. Além disso, argumentamos que a descoberta e a exploração do petróleo no pré-sal tenderão a acentuar a elevação do preço relativo dos serviços.

Diversos setores de serviços (intensivos em mão de obra) possuem produtividade média do trabalho baixa, quando comparada com a de alguns setores industriais. Desta forma, para manter elevada a competitividade/produtividade da economia brasileira é necessário que os recursos que serão deslocados para o setor de serviços migrem para os de maior produtividade. Neste sentido, é preciso um grande investimento em educação que qualifique a mão de obra nacional e permita que essa se especialize nos serviços com elevado valor agregado, que em geral demandam trabalhadores mais escolarizados, como visto na seção cinco.

A melhora da qualidade educacional, que permita que o Brasil amplie sua participação nas áreas mais produtivas do setor de serviços, requer um maior investimento na gestão dos recursos educacionais, alinhando os incentivos privados (elevação do salário dos professores) aos incentivos públicos (de melhora da qualidade educacional). Adicionalmente, deve ser realizado um grande esforço para conscientizar os pais da importância da educação e para elevar a escolaridade e a participação dos pais no processo de ensino.

Referências

BARBOSA FILHO, Fernando de Holanda; PESSÔA, Samuel de Abreu. *Educação e crescimento: o que a evidência empírica e teórica mostram?* 2008. Mimeografado.

____; ____; VELOSO, Fernando. Evolução da produtividade total dos fatores na economia brasileira com ênfase no capital humano — 1992-2007. *Revista Brasileira de Economia*, v. 64. n. 2, p. 91-113, 2010.

____; ____; ____. Evolução do capital humano no Brasil e nos EUA — 1992-2007. *Textos para Discussão*, n. 4, Ibre, dez. 2009.

BONELLI, Regis; PESSÔA, Samuel. Desindustrialização no Brasil: um resumo da evidência. *Textos para Discussão*, n. 7, Ibre, mar. 2010.

HANUSHEK, Eric. Assessing the effects of school resources on student performance: an update. *Educational Evaluation and Policy Analysis*, v. 19, n. 2, p. 141-164, 1997.

____; KINKO, D. Schooling, labor-force quality and the growth of nations. *American Economic Review*, n. 90, p. 1184-1208, Dec. 2000.

KATZ, Lawrence; MURPHY, Kevin. Changes in relative wages, 1963-1987: supply and demand factors. *Quarterly Journal of Economics*, v. 107, n. 1, p. 35-78, 1992.

KRUEGER, Alan B.; LINDAHL, Mikael. Education for growth: why and for whom? *Journal of Economic Literature*, v. 39, n. 4, p. 1101-1136, 2001.

LANGE, Fabian; TOPEL, Robert. The social value of education and human capital. In: HANUSHEK, Eric; WELCH, Finis (Ed.). *Handbook of the economics of education*. Amsterdã: North-Holland, 2006. v. 1, p. 459-509.

MENEZES FILHO, N. *Os determinantes do desempenho escolar no Brasil*. São Paulo: Instituto Futuro Brasil/Ibmec, 2007. Mimeografado.

MINCER, Jacob. *Schooling, experience and earnings*. New York: Columbia University Press, 1974.

PINHEIRO, Mauricio; BARBOSA FILHO, Fernand (2009). Produtividade do trabalho e convergência entre estados brasileiros: exercícios de decomposição setorial. *Textos para Discussão*, n. 3, Ibre, dez. 2009.

TOPEL, Robert. Labor markets and economic growth. In: ASHENFELTER, Orley; CARD, David (Ed.). *Handbook of labor economics*. Amsterdã: Elsevier, 1999. v. 3C, cap. 44, p. 2943-2984.

CAPÍTULO 13

Os prêmios da educação profissional e a competitividade[1]

Marcelo Neri*

1. Introdução: uma visão geral

Na corrida de obstáculos entre oferta e demanda de e por trabalhadores mais qualificados, a educação profissional desempenha um papel importante para aumentar a competitividade da economia brasileira, pois, além de ser de prazo mais curto e permitir maior facilidade de conciliar trabalho e estudo do que a educação regular, ela se volta mais diretamente às necessidades dos diferentes negócios.

A educação profissional tem sido relativamente pouco estudada em nosso país. Do ponto de vista conceitual, ela é muitas vezes considerada uma alternativa de segunda classe em relação a um ensino médio genérico que tenta fazer muito com pouca qualidade e foco. Isto gera dificuldades na atração dos jovens, apesar dos retornos não desprezíveis para aqueles que conseguem terminar o trajeto do ensino médio e se habilitar a níveis mais altos de ensino, ainda que parte dos ganhos obtidos corresponda a não ficar para trás dos concorrentes, sejam jogadores domésticos ou internacionais. Já o ensino superior é percebido como uma espécie de primeira divisão do ensino profissional, mas a meta de cursá-lo é inalcançável para a maioria.

O desinteresse acerca da formação profissionalizante também está presente do ponto de vista de avaliação prática de seus impactos, onde a dis-

---
* Centro de Políticas Sociais e EPGE, FGV.
[1] Este texto faz parte de projeto de pesquisa apoiado pelo Instituto Votorantim e pelo Centro de Políticas Sociais da Fundação Getulio Vargas disponível em <www.fgv.br/cps/proedu>. Agradeço a excelente assistência de pesquisa de Luisa Carvalhaes e de Samanta Sacramento. Agradeço comentários recebidos durante colóquio realizado no âmbito do CDES em Brasília; a Luiz Caruso, do Senai Nacional; Marcelo e Fátima, do Olhar Cidadão; a Amanda Aragão, Rafael Giolleli e Tatiana Motta, do Instituto Votorantim; e a Regis Bonelli, do Instituto Brasileiro de Economia da Fundação Getulio Vargas. Isentando-os, porém, de possíveis erros e imprecisões remanescentes.

cussão não dá conta dos matizes de tipos de curso. Se a escassez de estudos empíricos pode em parte ser justificada pela relativa escassez de fontes primárias de informação de qualidade, a nova safra de pesquisas domiciliares recém-disponibilizadas permite estudar as conexões entre as corridas educacional e trabalhista.

O resultado são políticas públicas relativamente desinformadas sobre os percalços e os potenciais ganhos da diversidade de alternativas profissionalizantes existentes. Isto afeta as ações dos ofertantes de educação profissional, sejam públicos, sejam privados. O Estado ainda tem seu papel regulador e provedor. É preciso ter ações de difusão de informação que qualifiquem a demanda por educação em geral e educação profissional em particular. Esta é a linha de ataque deste trabalho: informar como o mercado de trabalho tem remunerado diferentes escolhas educacionais.

Concretamente, falamos de responder diretamente a questões como: o que os diferentes cursos de educação profissional proporcionam, de fato, em termos de ganhos salariais? E na ocupação e formalidade? Que curso garante maior qualidade quanto ao posto de trabalho conquistado? Qual o impacto do curso que forma tecnólogo *vis-à-vis* o de técnico de nível médio? E nos cursos básicos de qualificação profissional, o que alavanca mais é o de informática ou o de gestão, por exemplo? Em que é melhor investir, na educação profissional, na educação regular ou em uma combinação das duas alternativas? O que dá mais retorno, cursos diurnos ou noturnos? Presenciais ou a distância? Ou ainda, privados, públicos ou do sistema S? Há efeito-diploma profissional? Quem termina os cursos tem ganhos adicionais? E assim por diante. Essas perguntas ajudam a entender os caminhos e os descaminhos da educação profissional como ferramenta de política para alavancar a produtividade dos trabalhadores e das empresas e, consequentemente, impulsionar a competitividade do país.

Este trabalho está organizado em oito seções. Nas duas seções seguintes apresentamos a evolução recente da cobertura de cursos profissionalizantes e de seus impactos trabalhistas nas principais metrópoles brasileiras a partir dos dados da Pesquisa Mensal do Emprego (PME/IBGE). Na seção quatro mostramos a cobertura pregressa da educação profissional por nível dos cursos, regiões e setores de atividade a partir de dados do Suplemento Especial da Pesquisa Nacional de Domicílios (Pnad/IBGE), que é a principal base de dados usada na parte empírica do trabalho.

A seção cinco apresenta as percepções dos egressos da educação profissional em termos da capacidade de trabalhar nos setores dos cursos e razões associadas. A seção seis isola os efeitos de variáveis associadas à educação profissional sobre a produtividade do trabalho a partir de regressões de salários. A seção sete sugere prescrições de políticas pelo lado da oferta e da demanda de educação profissional. As principais conclusões do trabalho estão sintetizadas na última seção. De forma a facilitar a leitura do texto, separamos em anexo, encontrado ao final do capítulo, o detalhamento das diferentes técnicas econométricas utilizadas, tais como equações de salário, regressões logísticas e estimadores de diferença em diferença, bem como os resultados dos respectivos modelos completos estimados.

2. Evolução da cobertura da educação profissional (até 2010)[2]

A Pnad apresenta uma fotografia detalhada das consequências da educação profissional em escala nacional num dado ponto do tempo. A PME nos permitiu captar a evolução destes efeitos entre março de 2002 e março de 2010 com uma cobertura geográfica restrita às seis maiores metrópoles brasileiras, além de uma menor quantidade de controles.

O gráfico abaixo apresenta, de acordo com a PME, a evolução mensal da parcela da população acima de 10 anos que concluiu os cursos de educação profissional em geral, que serão posteriormente detalhados a partir dos dados da Pnad em nível nacional.

Em março de 2004, 12,6% da população em idade ativa das seis principais metrópoles haviam concluído cursos profissionalizantes; em março de 2010 este número era de 22,1%, revelando um crescimento de 75,6% na taxa de conclusão destes cursos. Neste período não há redução de qualidade dos cursos, pelo contrário. Em março de 2004, 44,1% dos que haviam concluído a educação profissional terminaram cursos que exigiam pelo menos o ensino médio ou o ensino superior completos. Em março de 2010, 44,5% estavam nesta categoria — que, incidentalmente, corresponde ao ponto mais alto da série. Ou seja, aumentou a quantidade de pessoas com nível profissionalizante completo e a qualidade medida em termos de requisitos educacionais prévios dos cursos não diminuiu. De fato, até aumentou um pouco.

---

[2] Neste estudo, a educação profissional é classificada em três níveis de cursos: qualificação profissional, curso técnico (nível médio) e graduação tecnológica (superior).

Gráfico 1
% da população acima de 10 anos que
concluiu curso de educação profissional

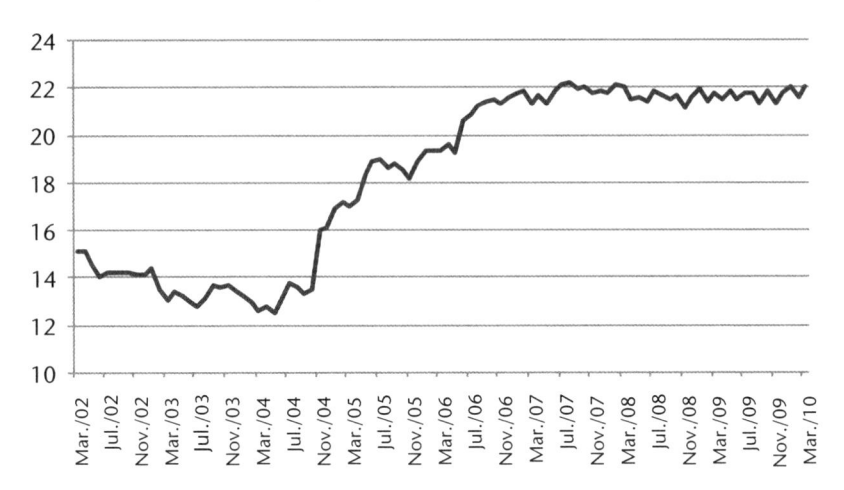

Fonte: CPS/FGV a partir dos microdados da PME/IBGE.

3. Evolução dos impactos trabalhistas da educação profissional

Esta seção faz uso da PME, usada na seção anterior, para analisar como as mudanças na cobertura da educação profissional impactaram o desempenho trabalhista medido por salários, ocupação e grau de formalização da ocupação. Optamos aqui por utilizar além da variável explicativa 'se concluiu o curso profissionalizante', variáveis discretas para cada ano, de forma a captar a evolução de variáveis de pressão trabalhista ao longo do tempo e variáveis *dummies* de interação entre estas duas variáveis. Estas últimas seguem uma metodologia de diferença em diferença para captar a escassez relativa de pessoas com curso profissionalizantes *vis-à-vis* as demais pessoas. Este conjunto de variáveis nos permite localizar os detalhes das mudanças da relação entre educação profissional e trabalho ao longo do tempo. Usamos como variáveis de controle: gênero, raça, polinômio quadrático de idade, tamanho dos domicílios, área geográfica subdividida entre capital e periferia das seis áreas metropolitanas da PME e, por último e mais importante, o nível de escolaridade regular medido em faixas de anos de estudo. O anexo no final deste capítulo apresenta as diferentes técnicas econométricas utilizadas e os modelos completos estimados, cujas principais conclusões são discutidas ao longo do texto.

a. Ocupação (tabela A.2 do Anexo)

A chance de uma pessoa da população em idade ativa com formação profissional concluída obter ocupação é 48,2% maior do que a de outra pessoa sem estes cursos, mas com características observáveis iguais. A chance de obter ocupação tem apresentado uma tendência positiva ao longo do tempo desde 2002, com alguma flutuação. O pico da série ocorre em 2010, quando 14,3% adicionais da PIA dispõem de mais chance de ocupação do que em 2002. Não existe marcada diferença relativa entre a tendência à ocupação entre os com e os sem educação profissional. As exceções ocorreram na recessão de 2003, quando o prêmio da educação profissional em termos de chances cai para 4,4% abaixo do diferencial de 2002, e no auge do chamado apagão de mão de obra em 2008, quando esta estatística atinge o seu ápice de 4,02%.

b. Formalização (tabela A.3)

No que tange à variável "contribuiu para a previdência" como medida de formalização, há um diferencial positivo para aqueles com educação profissional em relação àqueles sem formalização entre os ocupados: as chances são 38% maiores. Em termos de tendência temporal, a taxa de contribuição cai até 2004 (chances 5,5% menores que 2002). Depois, reverte-se a tendência zerando mais uma vez em 2006. Dando sequência ao movimento ascendente, chega-se ao pico da série em 2010, com chances 13,9% maiores que em 2002 (ou chances 5,5% maiores que em 2004). No que tange à metodologia diferença em diferença há uma queda relativa de 2,1% daqueles com educação profissional na recessão de 2003, seguindo-se estabilidade estatística na margem de erro (intervalo de confiança estatístico) em torno de zero, até que se atinge o ápice em 2008 e 2009 (chances 4,1% e maiores que 2002), e voltando-se ao empate técnico com 2002 nos primeiros meses de 2010.

c. Salários (tabela A.2)

A equação de salários individuais estimada neste trabalho[3] revela para todo o período salários 12,9% maiores para aqueles com educação profissional e

---

[3] Seguindo na tradição de trabalhos clássicos no exterior: Mincer (1958 e 1974). No Brasil, Langoni (2005) e Moura Castro (1970). Ver descrição e modelos estimados no anexo e aplicação a prêmios da educação regular em: <www.fgv.br/cps/iv>.

as demais características iguais. Na tendência temporal, tomando como base o início da série de 2002, houve uma desaceleração trabalhista em 2003, sendo as perdas relativas gradativamente recuperadas até que foram zeradas em 2006, crescendo até o final da série incluindo 2009, um ano de crise. O pico da série está em 2010, com salários 13,5% maiores que os de 2002 ou cerca de 23% maiores do que na recessão de 2003. No que tange ao impacto relativo da educação profissionalizante sobre os salários, há uma perda de importância da qualificação profissional durante a expansão trabalhista, que cresce particularmente em 2009 e 2010, quando atinge o ponto mais baixo da série relativa — qual seja, diferenciais salariais 5,1% menores que os de 2002. Pelo menos uma parte deste efeito pode ser explicada pela mudança de patamar da população com cursos profissionalizantes relatada.

4. Breve quadro nacional da educação profissional

O suplemento da Pnad de 2007 permite estender a análise da incidência da educação profissional para além das fronteiras das maiores regiões metropolitanas brasileiras cobertas pela PME. Esta seção traça uma visão panorâmica da distribuição da população brasileira em idade ativa que já frequentou a educação profissional abrindo por características como nível do curso, estado de residência e setor de atividade dos ocupados.

a. Níveis de cursos

Apresentamos abaixo uma análise por tipos de cursos. A variável inicial de análise é se a pessoa frequentou o curso de educação profissional. Esse contingente abrange 29 milhões de pessoas, ou 19,7% da população de 10 anos ou mais de idade (a definição de População em Idade Ativa, PIA, aqui utilizada), que totaliza 154 milhões de brasileiros. É importante frisar que abordamos a população mais ampla que já frequentou, mas não necessariamente concluiu, o respectivo curso. Este quesito, associado ao efeito diploma, será estudado à parte. Por outro lado, não incluímos as pessoas que frequentam (ou melhor, frequentavam) os cursos na data da pesquisa.

O passo seguinte é captar a distribuição entre os diferentes níveis dos cursos profissionalizantes: os 23,5 milhões de pessoas, ou 16,1% da população com mais de 10 anos que cursaram a qualificação profissional, cerca de 81,1% dos que já frequentaram alguns dos níveis destes cursos. Esta alta cobertura é resultado de custos pecuniários, duração, requisitos e qualidades mais baixas associadas a estes cursos. Há cerca de 10 anos havia como meta requalificar 20% da População Economicamente Ativa (PEA) por ano — o que, ao cabo de cinco anos, deveria levar a 100% da PEA se cada trabalhador fizesse apenas um curso. Os 3,5% da PIA que são técnicos de ensino médio correspondem a 18,4% das pessoas que cursaram algum tipo de educação profissional, cerca de 5,5 milhões de pessoas. Finalmente, 0,1% da PIA que chegou aos cursos de tecnólogos de nível superior corresponde apenas a 0,5% do universo que passou pelo ensino profissionalizante, que correspondem a apenas 167 mil pessoas.

b. Rankings de educação profissional

i. Regionais

A tabela 1 mostra que o estado com maior proporção de pessoas que possuem algum curso profissional é o Distrito Federal (31,1%), seguido do Paraná (28,1%) e do Rio Grande do Sul (25,9%). No extremo oposto encontramos três estados nordestinos, sendo Alagoas o último (7,7%), seguido por Pernambuco (11,3%) e Maranhão (12,6%).

Tabela 1
% das pessoas que possuem algum curso profissional, por estado

	Percentual (%)	% Frequentou		Percentual (%)	% Frequentou
1	Distrito Federal	31,13	10	Espírito Santo	20,61
2	Paraná	28,07	11	Amapá	20,33
3	Rio Grande do Sul	25,92	12	Minas Gerais	19,94
4	Acre	25,19	13	Tocantins	19,39
5	Rio Grande do Norte	24,84	14	Rondônia	19,09
6	Mato Grosso do Sul	23,69	15	Santa Catarina	18,45
7	Roraima	23,63	16	Ceará	18,31
8	São Paulo	23,23	17	Goiás	17,93
9	Sergipe	21,06	18	Rio de Janeiro	17,31

(continua)

(continuação)

	Percentual (%)	% Frequentou		Percentual (%)	% Frequentou
19	Piauí	17,21	24	Amazonas	13,90
20	Mato Grosso	15,94	25	Maranhão	12,64
21	Paraíba	15,72	26	Pernambuco	11,31
22	Pará	15,64	27	Alagoas	7,69
23	Bahia	14,04			

Fonte: CPS/FGV a partir dos microdados do suplemento Pnad 2007 (IBGE).

ii. Setores de atividade

Os setores com maior proporção de pessoas formadas nesses cursos são automobilística (45,7%), finanças (38,2%), petróleo e gás (37,3%). As menores proporções ocorrem no agronegócio (7%) e na construção civil (17,8%) (tabela 2).

Tabela 2
% das pessoas que possuem algum curso profissional,
por setor de atividade

	Setor de atividade	% com educação profissional
1	Automobilística	45,71
2	Finanças	38,17
3	Petróleo e Gás	37,34
4	Papel e Celulose	37,03
5	Serviços Públicos	36,64
6	Indústrias em Geral	36,17
7	Educação	34,55
8	Petroquímico	34,24
9	Indústria Têxtil	28,35
10	Comércio e Serviços	27,17
11	Alimentos e Bebidas	27,11
12	Mineração	25,70
13	Transportes	23,93
14	Construção Civil	17,80
15	Outras	13,54
16	Agronegócio	7,02

Fonte: CPS/FGV a partir dos microdados do suplemento Pnad 2007 (IBGE).

Ao desagregarmos nos três níveis de cursos, os extremos do *ranking* são: i. *Qualificação profissional*: automobilística (com 35,4%) e agronegócio (6,3%) são o maior e menor respectivamente; ii. *Curso técnico* (nível médio): petróleo e gás (12,7%) e agronegócio (0,7%); e iii. *Graduação Tecnológica*: finanças (0,8%) e agronegócio (0,02%).

As pessoas que frequentaram cursos apresentam, em geral, melhores resultados trabalhistas que os demais. Por exemplo: uma taxa de ocupação de 71,6% contra 53,1% e uma salário mensal médio de R$ 845 contra R$ 434. Existe ainda uma clara hierarquia entre os resultados obtidos pelos diferentes níveis de educação profissionalizante, a saber: salário médio de R$ 742 para qualificação profissional, de R$ 1.258 para técnicos de ensino médio e de R$ 2.680 para tecnólogos de nível superior. A educação regular dos ocupados destes níveis também é bastante diferente: 9,7 de anos completos de estudo dos egressos da qualificação profissional, 12,1 para os técnicos de ensino médio e 14,5 para os tecnólogos.

5. Percepções de inserção profissional nas áreas dos cursos

Esta seção descreve a percepção das pessoas sobre a capacidade de aplicar na prática trabalhista os conhecimentos adquiridos nos diversos cursos de educação profissional a partir do suplemento da Pnad de 2007. Um aspecto interessante coberto pela análise é a identificação das razões para que a população trabalhe, ou não trabalhe, nas áreas dos cursos.

a. Trabalha no setor do curso?

Qual é a percepção das pessoas acerca das facilidades e dificuldades trabalhistas proporcionadas pelos diferentes cursos profissionalizantes? É possível mensurar como o ex-estudante, egresso dos cursos profissionais, vê o impacto destes na sua vida de trabalhador. Isto inclui perguntas sobre o uso, ou não, dos conhecimentos adquiridos no curso na carreira profissional e as razões percebidas tanto para sua utilização quanto para sua não utilização. A parte das razões percebidas inclui a obtenção durante o curso de capacitações estruturais que fazem a diferença em prazos mais longos, como atributos que facilitam a transição do curso à prática trabalhista, percebidas como obstáculo-chave. Como exemplo, primeiro e mais importante grupo de percepções, questões como se o conteúdo teórico era adequado ao trabalho, se havia práticas adequadas às das empresas ou mesmo se o curso propiciava o conhecimento para a abertura de negócio próprio. No que tange ao binômio entrada/reentrada no mundo trabalhista, tem-se a provisão de informações no curso sobre o mercado de trabalho, a exigência de experiência prévia ou a aceitação do diploma pelo empregador e a oferta de estágio. Assim como a situação do mercado de trabalho, indo desde a falta de vagas até a existência de oportunidade melhor de trabalho em outra área.

b. Razões trabalhistas

No total daqueles que cursaram curso profissionalizante, 62,6% trabalham na mesma área do curso realizado. Os cursos de nível mais alto são aqueles em que há maior coincidência de áreas entre estudo e trabalho, subindo cerca de 10 pontos de porcentagem entre os diferentes níveis profissionalizantes analisados: qualificação 60,8%, técnico de nível médio 70,1% e tecnólogo de nível superior 79,5%.

i. Por que trabalha?

Nos cursos de educação profissional, como um todo, as pessoas avaliam que possuir conteúdo necessário ao desempenho do trabalho (64,3%) é o principal atributo para a inserção trabalhista na área. O segundo atributo mais importante, em geral, é o certificado ser aceito pelo empregador (17,2%).

ii. Por que não trabalha?

No universo de egressos de todos os níveis de curso existe certo equilíbrio entre as razões de não trabalhar na área onde estudou: 30,7% alegaram falta de vagas na área, enquanto 31,86% disseram mais positivamente que conseguiram melhor oportunidade de trabalho (tabela 3). À medida que subimos o patamar da educação profissional, as más notícias caem e as boas aumentam. A percepção de falta de vagas cai de 31,2% na qualificação profissional para 27,9% nos técnicos de nível médio e para 18,7% no nível superior de tecnólogos. A existência de oportunidades trabalhistas segue movimento inverso dando saltos de 10 pontos de porcentagem em cada nível: de 30,7% na qualificação profissional para 40,1% nos técnicos de nível médio para 50,8% para os tecnólogos.

Tabela 3
Percepções de quem frequentou cursos de educação profissional, mas não trabalha (nem trabalhou) na área do curso

	Segmento do curso de educação profissional mais importante que frequentou anteriormente			
	Qualificação profissional	Técnico de nível médio	Graduação tecnológica (curso superior)	Total
Frequentou mas não trabalha(ou) na área do curso	100	100	100	100
Falta de vagas na área	31,21	27,91	18,72	30,69
O curso não preparou para o trabalho	5,02	1,74	0,00	4,52
Exigência de experiência	10,68	7,11	9,36	10,16
O certificado ou diploma não ser aceito pelo empregador	0,61	0,50	0,00	0,59
Outra oportunidade melhor de trabalho	30,37	40,10	50,80	31,86
Outro	22,11	22,64	21,11	22,19

Fonte: CPS/FGV a partir dos microdados do Suplemento Pnad 2007 (IBGE).

As demais percepções, como "outros" (resíduo), se mantêm em torno dos 22% nos diferentes cursos. Da mesma forma, a exigência de experiência é uma variável que fica relativamente estável em torno dos 10% entre os extremos dos cursos, sendo um pouco menor no técnico (7,1%). O fato de o certificado de diploma não ter sido aceito pelo empregador cai com o nível do curso, mas é pequeno mesmo na qualificação profissional (0,61%), caindo virtualmente para zero nos tecnólogos. Já a percepção de que o curso não preparou para o trabalho ainda é relativamente pequena — embora bem maior no caso da qualificação profissional (5%) do que o virtual zero no caso dos tecnólogos.

c. *Geografia do casamento setorial entre trabalho e educação profissional*

Essa identificação é maior, com destaque para os estados de Santa Catarina (59% dos qualificados) e Rio Grande do Sul (58,7%). No extremo oposto situam-se os estados da região Nordeste: Paraíba (39,5%) e Acre (40,2%) (tabela 4).

Tabela 4
Ranking da proporção de ocupados nos setores
de atividade dos cursos por estados

	Percentual (%)	TAXA Trabalha ou já trabalhou		Percentual (%)	TAXA Trabalha ou já trabalhou
1	Santa Catarina	58,98	15	Pernambuco	47,03
2	Rio Grande do Sul	58,69	16	Rondônia	46,87
3	Goiás	56,72	17	Bahia	46,77
4	Mato Grosso do Sul	55,56	18	Alagoas	45,87
5	Paraná	54,57	19	Piauí	45,65
6	Mato Grosso	53,51	20	Tocantins	45,34
7	Espírito Santo	53,13	21	Maranhão	45,12
8	São Paulo	52,29	22	Pará	44,81
9	Minas Gerais	52,26	23	Rio Grande do Norte	43,22
10	Amapá	51,06	24	Ceará	42,12
11	Rio de Janeiro	51,04	25	Sergipe	40,99
12	Distrito Federal	48,38	26	Acre	40,18
13	Roraima	48,36	27	Paraíba	39,48
14	Amazonas	47,6			

Fonte: CPS/FGV a partir dos microdados do Suplemento Pnad 2007 (IBGE).

6. Educação profissional, produtividade e competitividade

O ponto de partida conceitual de toda a avaliação de impactos realizada neste trabalho é que queremos captar os efeitos da educação profissional para além dos efeitos da educação regular. Isto é, queremos saber quanto a mais as pessoas se beneficiam nas diferentes dimensões analisadas como resultado da entrada em cursos profissionalizantes.

Apresentamos abaixo uma visão esquemática dos tipos de impactos aqui estudados. Ou seja, estudamos os impactos da educação profissional sobre a produtividade do estoque de capital — aí incluída a educação regular — medida sobre os salários alcançados ou pela taxa de utilização do estoque de capital humano, captado aqui pela taxa de ocupação trabalhista, ou mesmo da utilização do capital humano específico proporcionado pela educação profissional nas áreas relacionadas.

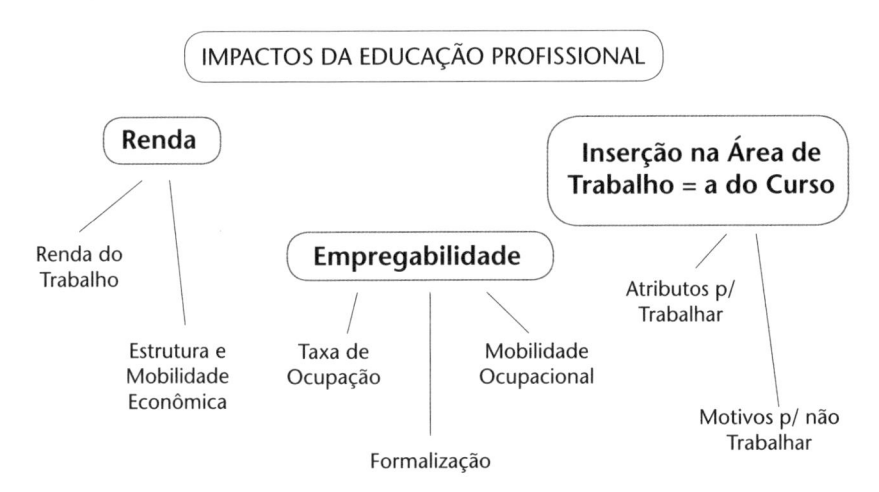

```
                    ( IMPACTOS DA EDUCAÇÃO PROFISSIONAL )

      ( Renda )                                    ( Inserção na Área de
                                                     Trabalho = a do Curso )

 Renda do         ( Empregabilidade )
 Trabalho                                           Atributos p/
                                                    Trabalhar
      Estrutura e     Taxa de       Mobilidade
      Mobilidade      Ocupação      Ocupacional
      Econômica                                       Motivos p/ não
                                                      Trabalhar
                      Formalização
```

Prêmios Salariais (tabela A.4)

Voltamos agora ao tipo de exercício empírico realizado a partir da PME no final da seção três de aferição de impactos lançando mão dos detalhes da educação profissional cobertos pelo suplemento especial da Pnad de 2007. Restringimos aqui a análise aos efeitos exercidos sobre os salários como representativos dos impactos sobre a produtividade e a competitividade, que ocupam lugar central neste volume. Nesta seção captamos os impactos sobre a educação profissional como um todo. Na seção seguinte, que trata de políticas públicas, detalharemos estes efeitos em relação aos dois grandes grupos de cursos, a saber: a qualificação profissional e o técnico de ensino médio.

O diferencial proporcionado pela educação profissional e as diferenças de outros atributos possivelmente associados à qualificação profissional sugerem o uso de controles estatísticos sobre variáveis observáveis na Pnad, tais como aquelas associadas à demografia (sexo, raça, idade, *status* migratório), distribuição espacial (unidade da federação, tamanho de cidade, se mora em favela [aglomerados subnormais]) e, por último e mais importante, variáveis educacionais: formais (ano de estudo completo, que tal como a idade são abertas em variáveis *dummies* [discretas] isoladas para cada ano) e profissionais (tipo de ofertante da educação), e a variável de nível de educação profissional aberta nos três níveis, sendo o de qualificação profissional, por seu peso na população, detalhado pelo setor dos cursos. Trabalhamos nos exercícios com a população de 15 a 60 anos de idade, nossa aproximação da População em Idade Ativa (PIA).

O resultado é que quem frequenta, mas não concluiu o curso, não apresenta diferencial de salário estatisticamente diferente de zero em relação a quem nunca frequentou, que é a base de comparação. Os diferenciais da educação profissional em geral (todos os cursos tomados de forma agregada) foram de 8,6% em relação a uma pessoa com os mesmos atributos de uma que nunca frequentou. Conforme esperado, mesmo quando controlamos pelo maior nível educacional, os maiores diferenciais são encontrados na graduação tecnológica com 23,3% adicionais de salário em relação aos que nunca frequentaram. Em seguida vêm os que frequentaram o técnico de nível médio, com 15,1% de prêmio salarial. No que tange ao nível de qualificação profissional, preferimos desagregar pelos setores de atuação dos cursos cujos resultados variaram muito: comércio e gestão (11,5%), indústria e manutenção (8,4%) e saúde e bem-estar social (7,7%). Os demais setores não são estatisticamente diferentes daqueles que não frequentaram. Aí se incluem construção civil, estética e imagem pessoal, informática e o grupo formado pelos demais setores.

Uma variável fundamental que afeta as estimativas de prêmio setorial é a natureza dos cursos, se públicos ou privados.[4] Os maiores retornos estão associados às instituições ligadas ao chamado sistema S (Senai, Senac, Sebrae etc.), com 4,2% maiores que o grupo de setores residuais composto de ONGs (base), seguida dos 3,8% das instituições privadas. Já as instituições públicas dos três níveis de governo apresentaram diferenciais negativos de -4,2% em relação à base de comparação.

7. Análise de políticas

O Brasil vive atualmente, segundo alguns analistas, um "apagão de mão de obra", onde as empresas não encontram no mercado trabalhadores na quantidade e na qualidade desejadas. O problema tem se agravado, pois

---

[4] Por exemplo, se não controlamos pela natureza do setor, o efeito médio sobre os salários devido à pessoa ser um tecnólogo sobe para 27%, e o efeito-técnico de ter ensino médio sobe para 17,1%.

o número de jovens de 18 a 24 anos que estão em alguma instituição de ensino regular vem caindo nos últimos anos (queda de 7,3% entre 2006 a 2008; em termos absolutos, de 7,5 milhões para 6,9 milhões). Isto se dá pelo começo da redução da chamada "onda jovem", associada à queda de 3,5% no número absoluto de pessoas nesta faixa da população. Além disso, o estudante tem sido atraído pelo "canto do mercado de trabalho", revelado pela queda de 4% na proporção de jovens que frequentam a escola (regular). Isto é, diminui tanto pela queda da população jovem como pela taxa de frequência escolar desta população — o que reforçaria o "apagão de mão de obra".

Na passagem de 2008 para 2009, a escassez de mão de obra qualificada foi arrefecida por conta dos efeitos da crise externa e da superestimativa dos efeitos da crise pelas empresas, refletida na queda dos estoques de insumos e de produtos e pelo corte nos quadros de empregados formais. Nos 24 meses posteriores à superação da crise em fevereiro de 2009, todos os indicadores econômicos e trabalhistas mostram a volta do crescimento da procura por mão de obra e, possivelmente, do "apagão", pelo menos em setores selecionados.

Na corrida de obstáculos entre oferta e demanda de e por trabalhadores mais qualificados, a educação profissional desempenha papel central devido a:
- prazo mais curto de formação;
- permitir maior facilidade de conciliar trabalho e estudo;
- o fato de atuar mais diretamente em relação às necessidades dos diferentes negócios.

Entre os diversos participantes dos cursos de educação profissional podemos citar as instituições de ensino que, na analogia da corrida educacional de Tinbergen, incluiriam clubes, técnicos, preparadores físicos desde as divisões de base até chegar ao nível profissional. O Estado ainda tem seu papel de regulador (juízes e federações). Mas quem decide a corrida é, sem dúvida, o estudante. Mal comparando, podemos ter as melhores estruturas físicas, mas sem atletas bem formados e motivados a educação não chega a bom termo.

O ponto de partida conceitual de nossa avaliação de impactos é captar os efeitos da educação profissional para além dos efeitos da educação regular. Isto é, queremos saber quanto as pessoas se beneficiam adicionalmente, nas diferentes dimensões analisadas, como resultado da entrada em cursos profissionalizantes. Depois analisamos os principais segmentos de educação profissional em seus respectivos detalhes. Como dito antes, o diferencial da educação e as diferenças de outros atributos possivelmente associados à qualificação profissional sugerem o uso de controles estatísticos sobre variáveis observáveis na Pnad, tais como aquelas associadas à demografia (sexo, raça, idade, *status* migratório), distribuição espacial (unidade da federação, tamanho de cidade, se mora em favela [aglomerados subnormais]) e, por último e mais importante, variáveis educacionais: formais (ano de estudo completo que, tal como a idade, são abertas em variáveis *dummies* [discretas] isoladas para cada ano) e profissionais (tipo de ofertante da educação), e a variável de nível de educação profissional aberta nos três níveis, sendo o de qualificação profissional, por seu peso na população, detalhado pelo setor dos cursos.

a. Valorando os atributos da educação profissional

Trataremos aqui dos detalhes da educação profissional, que "é onde o diabo mora", como afirma o dito popular. O objetivo final da análise é permitir ao jovem que pensa em cursar a educação profissional associar os diferentes atributos dos cursos com os diversos impactos obtidos. Isto é feito em diferentes níveis. O esquema abaixo organiza os principais atributos cobertos:

Atributos dos Cursos

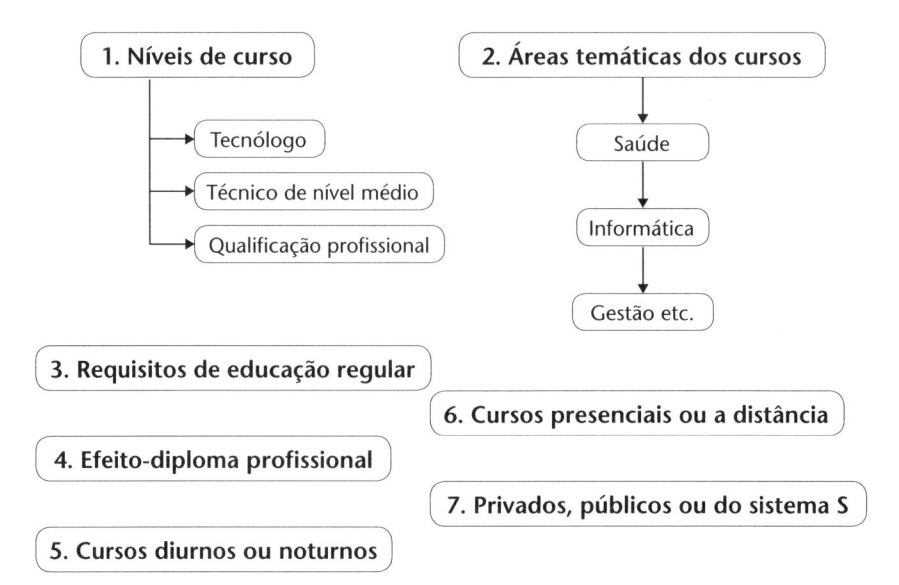

1. Níveis de curso
 - Tecnólogo
 - Técnico de nível médio
 - Qualificação profissional

2. Áreas temáticas dos cursos
 - Saúde
 - Informática
 - Gestão etc.

3. Requisitos de educação regular

4. Efeito-diploma profissional

5. Cursos diurnos ou noturnos

6. Cursos presenciais ou a distância

7. Privados, públicos ou do sistema S

Em seguida, estimamos uma equação *minceriana* de salários a fim de medir o retorno condicional das variáveis específicas de cada curso. Controlamos a análise por diferentes atributos socioeconômicos e espaciais similares aos da regressão geral discutida mais acima (tabela A.4), a fim de observarmos pessoas exatamente iguais e medirmos o retorno salarial dos diferentes tipos de cursos específicos. Os exercícios mostram que (tabela 5):

Tabela 5
Equação de salários — qualificação profissional

		15 a 60 anos	
		Estimate	Pr > |t|
Área Profissional do Curso	Comércio e gestão	0.0720	<,0001
Área Profissional do Curso	Construção civil	-0.0206	0,387
Área Profissional do Curso	Estética e imagem pessoal	-0.0648	0,0029
Área Profissional do Curso	Indústria e manutenção	0.0526	0,0012
Área Profissional do Curso	Informática	0.0385	0,0146
Área Profissional do Curso	Outra	-0.0477	0,0022
Área Profissional do Curso	Saúde e bem-estar social	0.0000	.
Nível de Escolaridade Exigido	Alfabetização ou conclusão da 1ª série do ensino fundamental	0.0004	0,9706
Nível de Escolaridade Exigido	Conclusão da 4ª série do ensino fundamental ou 1º grau	-0.0141	0,2856
Nível de Escolaridade Exigido	Conclusão do ensino fundamental ou 1º grau	0.0213	0,0403
Nível de Escolaridade Exigido	Conclusão do ensino médio ou 2º grau	0.1081	<,0001
Nível de Escolaridade Exigido	Conclusão do ensino superior	0.4284	<.0001
Nível de Escolaridade Exigido	Nenhum	0.0000	.
Turno	Diurno	-0.1032	0,032
Turno	Noturno	-0.0355	0,4624
Turno	Não aplicável	0.0000	
Certificado e Diploma	Não	-0.1164	<,0001
Certificado e Diploma	Não aplicável	-0.2095	<,0001
Certificado e Diploma	Sim	0.0000	.
Tipo de Curso	A distância	0.0000	.
Tipo de Curso	Presencial	-0.0100	0,7753
Tipo de Curso	Semipresencial	0.0000	.

(continua)

(continuação)

| | | 15 a 60 anos ||
		Estimate	Pr > |t|
Concluiu com Aprovação	Não	0.0000	.
Concluiu com Aprovação	Sim	0.0000	.
Trabalha ou Trabalhou na Área	Não	-0.1907	<,0001
Trabalha ou Trabalhou na Área	Não aplicável	0.0000	.
Trabalha ou Trabalhou na Área	Sim	0.0000	.

Fonte: CPS/FGV a partir dos microdados do Sup Pnad/IBGE.

i. Qualificação profissional

- Área profissional: o maior retorno ocorre na área de comércio e gestão (0,07 maior que na saúde) e o menor na de estética e imagem pessoal (-0,02). As demais áreas de indústria e informática também apresentam retorno positivo quando comparadas à de saúde.
- Nível de escolaridade: o impacto no salário é crescente de acordo com o nível de exigência da escolaridade mínima para os cursos. Enquanto aqueles que exigiram o nível fundamental no ato da matrícula tiveram um retorno 0,02 maior (comparado aos sem nenhuma escolaridade), os outros cuja educação mínima é superior tiveram um retorno 0,42.
- Turno: o retorno é menor para os cursos diurnos.
- Certificado: o retorno é menor para aqueles que não disponibilizavam certificado ou diploma (-0,11).
- Tipo de curso (presencial ou não): não houve impacto significativo na renda pelo fato de o curso ser ou não presencial.
- Trabalha ou trabalhou na área do curso: o salário controlado é menor (-0,19) para aqueles que não trabalham na área em que se qualificaram.

ii. Técnico de nível médio (tabela 6)

- Área profissional: maior retorno na Indústria (0,11 maior que na saúde) e menor na agricultura (-0,09). Os demais setores de informática e gestão não apresentaram diferenças significativas em relação à saúde.
- Conclusão do curso: assim como na análise bivariada empreendida anteriormente, o retorno é menor para aqueles que não concluíram o curso técnico (-0,23).

- Trabalha ou trabalhou na área do curso: o salário controlado é menor (-0,16) para aqueles que não trabalham na área em que se qualificaram.
- Modalidade de oferta e turno: não há impacto significativo em termos de salário controlado.

Tabela 6
Equação de salários — técnico de nível médio

		15 a 60 anos	
		Estimate	Pr > |t|
Área Profissional do Curso	Agropecuária	-0,0902	0,047
Área Profissional do Curso	Gestão	0,0196	0,4398
Área Profissional do Curso	Indústria	0,1154	<,0001
Área Profissional do Curso	Informática	-0,0289	0,3356
Área Profissional do Curso	Outra	-0,0383	0,08
Concluiu c/ Aprovação	Não	-0,2277	<,0001
Concluiu c/ Aprovação	Sim	0,0000	.
Modalidade de Oferta	Ao mesmo tempo que o ensino médio	0,0801	0,1135
Modalidade de Oferta	Ao mesmo tempo que o ensino médio na modalidade de educação de jovens e adultos	-0,0018	0,9809
Modalidade de Oferta	Após a conclusão do ensino médio	0,0685	0,168
Modalidade de Oferta	Após a conclusão do ensino médio na modalidade de educação de jovens e adultos	0,0000	.
Turno	Diurno	0,0230	0,1341
Turno	Noturno	0,0000	,
Trabalha ou Trabalhou na Área	Não	-0,1593	<,0001
Trabalha ou Trabalhou na Área	Não aplicável	0,0000	.
Trabalha ou Trabalhou na Área	Sim	0,0000	.

Fonte: CPS/FGV a partir dos microdados do Supl. Pnad/IBGE.

b. A cobertura da educação profissional

Cerca de 3,8% da população de 10 anos ou mais de idade frequentam alguma instituição de ensino profissional. A taxa de frequência escolar sobe rapidamente de 2,3% nos 10 anos de idade, atingindo o ápice de 10,2% aos 16 anos de idade, pois os cursos guardam alguma limitação de conteúdo, caindo deste ponto até os 30 anos de idade, quando atinge 3,9%, e mais lentamente deste ponto em diante, sendo praticamente zerada nos 80 anos de idade. Isso ocorre em virtude de o indivíduo, ao envelhecer, ter menos tempo para recuperar o custo financeiro e o esforço físico do investimento educacional atuando no mercado de trabalho (gráfico 2).

Gráfico 2
% que frequenta curso de educação profissional, por anos de idade

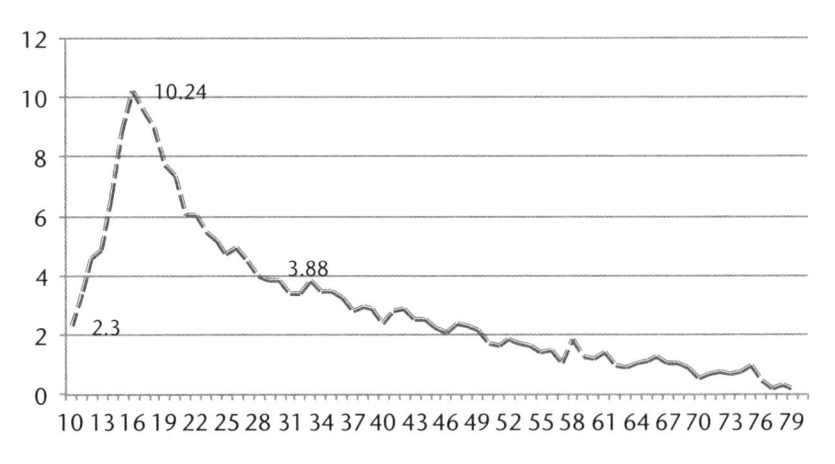

Fonte: CPS/FGV a partir dos microdados do Supl. Pnad 2007 (IBGE).

c. Políticas de educação profissional

Segundo Neri (2009), o que se destaca nas causas da evasão da escola regular para jovens na faixa de 15 a 17 anos, o pico da educação profissional, são os elementos ligados à falta de demanda por educação, que respondem por 67,7% das motivações apresentadas pelos próprios jovens contra 10,9% das deficiências de oferta alegadas.

No âmbito da demanda, há que se distinguir a falta de interesse intrínseca, talvez por desconhecimento dos prêmios oferecidos pela educação, com 40,3% contra 27,1% da necessidade de trabalho e renda. Esta última motivação seria consistente com a restrição de liquidez enfrentada pelos jovens e suas famílias. Isso sugere a prescrição de políticas de afrouxamento desta restrição, como oferta de crédito educativo, concessão de bolsas ou de transferências de renda condicionadas. De toda forma, este tipo de política teria, segundo os dados, um potencial limitado a menos de um terço das pessoas de 15 a 17 anos que estão fora da escola. É preciso aumentar a atratividade da escola. Analisamos políticas de fomento da educação profissional a partir destes três conjuntos de motivos em ordem decrescente de importância.

i. Demanda

A educação profissional seria uma alternativa viável para atrair esses jovens? O ensino médio genérico tenta fazer muito com pouca qualidade e foco, o que o torna difícil como atração para os jovens. Já o ensino superior é percebido como uma espécie de primeira divisão do ensino profissional, mas a meta é inalcançável para a maioria. Neste sentido, o MEC propôs em 2011 a generalização da educação profissional como forma de atrair o jovem ao ensino médio.

Mais do que informar governos e empresas privadas ofertantes de educação, os personagens principais a serem qualificados são o estudante e as empresas empregadoras. Mesmo se vencermos todas as corridas para adotar as melhores práticas educacionais formais ou profissionais, públicas ou privadas, perderemos o campeonato caso as mesmas não contem com a consciência e a ação destes atores.

O desafio aqui é não só enxergar com os olhos das empresas e dos estudantes através de bases de dados que examinam suas motivações para deixar a escola, mas também fazê-los enxergar, através de indicadores de fácil interpretação, os prêmios e os ganhos da opção preferencial por mais educação em suas diversas vertentes.

No que tange aos motivos de demanda associados à restrição de crédito, a política mais relevante é o Bolsa-Família. Em 2007 as condicionalidades do programa foram estendidas à faixa de 16 e 17 anos, onde a evasão escolar é mais frequente. Mais recentemente a educação profissional tem sido tratada como porta preferencial de saída da pobreza no âmbito do Bolsa-Família. Entretanto, é importante trabalhar mais na estrutura de incentivos do programa de forma que aqueles que possam se beneficiar mais dele tenham prioridade de acesso. Isto deve ser feito mediante escolhas que mimetizem a operação de mecanismos do mercado no âmbito educacional. Isto é, que reflitam a escassez relativa de recursos *vis-à-vis* as preferências. Similarmente, é preciso criar incentivos para que os egressos destes cursos de educação profissional aspirem a ter empregos formais. Isto pode ser feito através de mecanismos similares ao Earned Income Tax Credit (EITC) americano (Neri, 2009b).

ii. Oferta

A questão de oferta nos remete às políticas públicas existentes, que visam garantir um lugar no mercado de trabalho para os jovens. Diversas ações têm sido empreendidas pelo Estado brasileiro visando melhorar a inserção trabalhista, mas com frequência novas leis são adotadas sem que saibamos sua efetividade, seu cumprimento e como elas afetam a inserção trabalhista dos indivíduos. Esse parece ser o caso da Lei dos Aprendizes aprovada em 2000 e regulamentada em 2005. A lei estipula pisos de contratação de jovens. É preciso analisar o cumprimento e a efetividade da lei e discutir, à luz da evidência empírica existente, alternativas para a diminuição da perda de eficiência econômica causada pelo sistema de cotas atual.

Uma variável de oferta fundamental, que afeta as estimativas de prêmio setorial, é a natureza dos cursos, se públicos ou privados. Os maiores retornos são os de instituições ligadas ao chamado sistema S (Senai, Senac, Sebrae etc.), 4,2% maiores que os do grupo de setores residuais composto de ONGs (base). Em seguida têm-se retornos 3,84% maiores para as instituições privadas. Já as públicas dos três níveis de governo apresentaram diferenciais negativos de -4,23% em relação à base de comparação. Portanto, a expansão de escolas públicas não possibilitaria a aferição de prêmios comparáveis aos de outras instituições da educação profissional. Variáveis como o turno do curso e a clivagem presencial/à distância não estão correlacionadas com o prêmio proporcionado pela educação profissional, o que pode facilitar sua possibilidade de expansão.

8. Conclusão

A nova safra de microdados explorada neste capítulo permite traçar fotografias das conexões entre as corridas educacionais e a trabalhista nos detalhes da educação profissional. A análise desta corrida, disputada por cada indivíduo em suas decisões de investimento em capital humano, vai influenciar no sucesso do país de competir com seus produtos e serviços nos campos doméstico e externo.

Inicialmente realizamos uma descrição agregada da evolução recente do estoque de pessoas em idade ativa que já cursaram a educação profissional. Essa análise cobre o auge do "apagão de mão de obra" pregresso, que começa a ser discutido a partir do fim da recessão de 2003, o período de crise em 2009 e vai até a possível volta do apagão em 2010. Entre março de 2004 e de 2010 houve um crescimento de 73,6% na participação da PIA, com conclusão dos cursos profissionalizantes nas seis principais metrópoles brasileiras. Nesse período não há redução de qualidade dos cursos, pelo contrário. Na corrida por mais e melhor educação profissional o primeiro atributo avançou, mas não em detrimento do segundo.

Como a educação profissional interferiu na corrida entre oferta e demanda por mão de obra qualificada? A chance de uma pessoa da PIA com formação profissional concluída obter ocupação é 48,2% maior do que a de outra pessoa sem estes cursos, mas com características observáveis iguais. Isto inclui a educação regular. Ou seja, falamos aqui de um prêmio adicional aos obtidos pelos anos de escolaridade regular. Não existe marcada diferença relativa entre a tendência à ocupação entre os com e os sem educação profissional. A não ser na recessão de 2003, quando cai para 4,4%, e em 2008, no auge do chamado apagão de mão de obra. Já a chance de formalização para aqueles com educação profissional é 38% maior em relação àqueles sem formalização entre os ocupados. No que tange aos resultados da metodologia de diferença em diferença, há uma queda relativa de 2,1% daqueles com educação profissional na recessão de 2003, voltando ao empate técnico com 2002 nos primeiros meses de 2010.

Os salários são 12,9% maiores para aqueles com educação profissional. No que tange à evolução ao longo do tempo do impacto da educação profissionalizante sobre os salários, há uma perda de importância da qualificação profissional durante a expansão trabalhista, que cresce particularmente em 2009 e 2010, quando atinge o ponto mais baixo da série — qual seja, diferenciais salariais entre aqueles com e sem formação profissional 5,1% menores que os observados em 2002. Este padrão decrescente é consistente com a mudança de patamar da população com cursos profissionalizantes relatada acima.

O suplemento especial da Pnad de 2007, o único realizado sobre o tema, nos permite estudar os diversos ramos da árvore de cursos de educação profissional e seus impactos. A variável inicial de análise é se a pessoa frequentou o curso de educação profissional, um contingente que abrange 29 milhões de pessoas, ou 19,7% da população de 10 anos ou mais de idade (definição de PIA aqui utilizada, que totaliza 154 milhões de brasileiros). É importante frisar que abordamos a população mais ampla que já frequentou, mas não necessariamente concluiu, o respectivo curso. Este quesito, associado ao efeito diploma, é estudado à parte.

Por outro lado, não incluímos na análise as pessoas que frequentam os cursos (ou melhor, frequentavam na data da pesquisa). A unidade da federação com maior proporção de pessoas que possuem algum curso profissional é o Distrito Federal (31,1%), seguido pelo Paraná (28,1%) e pelo Rio Grande do Sul (25,9%). No extremo oposto encontramos três estados nordestinos, sendo Alagoas o último (7,7%), seguido por Pernambuco (11,3%) e Maranhão (12,6%).

a. Níveis dos cursos

O passo seguinte consistiu em captar a distribuição entre os diferentes níveis dos cursos profissionalizantes: os 23,5 milhões de pessoas, ou 16,1% da população com mais de 10 anos que cursaram a qualificação profissional, correspondem a 81,1% dos que já frequentaram algum curso (incluindo os três níveis). Esta alta cobertura é resultado de custos pecuniários, duração, requisitos e qualidades mais baixas associadas a estes cursos. Há cerca de 10 anos havia como meta requalificar 20% da população economicamente ativa (PEA) por ano, o que ao cabo de cinco anos deveria levar a 100% da PEA se cada trabalhador fizesse apenas um curso. Os 3,5% da PIA que cursaram o técnico de ensino médio correspondem a 18,4% do total. Finalmente, os 5,5 milhões ou cerca de 0,1% de pessoas acima de 10 anos que chegaram aos cursos de tecnólogos de nível superior correspondem a apenas 0,54% do universo que passou pelo ensino profissionalizante.

Em termos da educação profissional (no sentido mais geral), os setores com maior proporção de pessoas formadas nesses cursos são: automobilística (45,7%), finanças (38,2%), petróleo e gás (37,3%); e os menores são agronegócio (7%) e construção civil (17,8%). Ao desagregarmos nos três níveis de cursos, os extremos do *ranking* são: i. Qualificação profissional: automobilística (com 35,4%) e agronegócio (6,3%) são o maior e menor respectivamente; ii. Curso técnico (nível médio): petróleo e gás (12,7%) e agronegócio (0,7%); e Graduação tecnológica: finanças (0,8%) e agronegócio (0,02%). A indústria automobilística ocupa o pódio nas três categorias. O presidente Lula é um exemplo dos egressos da educação profissional quando atuou no setor automobilístico, que pode ser considerado o setor mais intensivo nos vários tipos de educação profissional.

As pessoas que frequentaram cursos apresentam em geral melhores resultados trabalhistas que os demais, por exemplo: uma taxa de ocupação de 71,6% contra 53,1% e um salário mensal médio de R$ 845 contra R$ 434. Existe também uma clara hierarquia entre os resultados obtidos pelos diferentes níveis de educação profissionalizante, a saber: salário R$ 742 para qualificação profissional, R$ 1.258 para técnicos de ensino médio e R$ 2.680 para tecnólogos de nível superior. A educação regular dos ocupados destes níveis também é bastante diferente: 9,7 de anos completos de estudo dos egressos da qualificação profissional, 12,1 para os técnicos de ensino médio e 14,5 dos tecnólogos.

b. Impactos na competitividade

Quem frequenta, mas não concluiu o curso profissionalizante, não apresenta diferencial de salário estatisticamente diferente de zero em relação a quem nunca frequentou, que é a base de comparação utilizada. Os diferenciais da educação profissional em geral (todos os cursos tomados de forma agregada) foi de 8,6% em relação a uma pessoa com os mesmos atributos que nunca frequentou. Conforme esperado, mesmo quando controlamos pelo maior nível educacional, os maiores diferenciais são encontrados na graduação tecnológica, com 23,3% a mais de salário que os que nunca frequentaram. Em seguida vêm os que frequentaram o técnico de nível médio, com 15,1% de prêmio salarial. No que tange ao nível de qualificação profissional preferimos abrir pelos setores de atuação dos cursos cujos resultados variam sobremaneira: comércio e gestão (11,5%), indústria e manutenção (8,4%) e saúde e bem-estar social (7,7%). Os demais setores não são estatisticamente diferentes daqueles que não frequentaram. Aí se inclui construção civil, estética e imagem pessoal, informática e o grupo formado pelos demais setores.

Uma variável que afeta as estimativas de prêmio setorial é a natureza dos cursos públicos ou privados.[5] Sendo o maior dos retornos os de instituições ligadas ao chamado sistema S (Senai, Senac, Sebrae etc.), com 4,2% maior que o grupo de setores residuais composto de ONGs (base), seguido dos 3,8% das instituições privadas; já instituições públicas dos três níveis de governo apresentaram diferenciais negativos de -4,2% em relação à base de comparação.

Os impactos da educação profissional sobre salários refletem impactos exercidos sobre a produtividade dos diversos setores da economia brasileira. É preciso enxergar os detalhes desta relação no nível das variáveis de controle de cada curso para que o desenho de políticas possa ser levado à frente. Os níveis dos cursos, o tipo de oferta e dos mesmos (instituições públicas, privadas, Sistema S ou ONGs) se revelaram determinantes dos ganhos de produtividade a serem prospectivamente obtidos através de expansão do sistema. Ao passo que variáveis como o turno dos cursos e a dicotomia entre presenciais e à distância não se revelaram significativas na aferição destes impactos. Estes resultados, tomados por seu valor de face, indicariam que a modalidade de expansão destes cursos nestas dimensões não é particularmente relevante.

c. Prescrições de políticas

Complementarmente, destacamos a importância de políticas que atuam pelo lado da demanda de educação profissional. Indo desde o desenho adequado de sistema de bolsas, no qual conexões com o programa Bolsa-Família têm sido utilizadas como mecanismo para chegar aos mais pobres, ao aumento da atratividade da escola regular pelas vias da educação profissional no que tange ao ensino médio. Esta linha de ação foi apresentada pelo MEC como estratégia para diminuir a evasão e aumentar o interesse do jovem no ensino técnico.

Finalmente, destacamos a importância de se difundir na população interessada — gestores de políticas públicas, instituições de ensino privadas, firmas e estudantes em potencial — informações sobre os retornos prospectivos da educação profissional. Neste sentido, este capítulo se insere nesta categoria de ação de política de difusão de informação aos

---

[5] Por exemplo, se não controlamos pela natureza do setor, o efeito tecnólogo sobre os salários sobe 27% e o efeito técnico de ensino médio sobe para 17,1%.

atores relevantes em termos de tomada de decisão. A busca de prêmios individuais que levaria, por obra da mão invisível de Adam Smith, ao ótimo competitivo deve ser visível aos diversos participantes do mercado.

Em termos mais gerais, se o país quiser ser mais competitivo, os diversos atores, aí incluído o Estado, devem descobrir a ligação entre desempenho produtivo e investimento em educação — em particular, deve ser reconhecido o prêmio da educação profissional estudado neste capítulo como forma de melhorar o desempenho na competição entre empresas e países.

Referências

CASTRO, Cláudio Moura. *Investment in education in Brazil*: a study of two industrial communities. Tese (PhD) — Vanderbilt University, 1970.

LANGONI, Carlos. *Distribuição de renda e crescimento econômico no Brasil*. 3. ed. Rio de Janeiro: Editora FGV, 2005 [1973].

MINCER, Jacob. Investment in human capital and personal income distribution. *The Journal of Political Economy*, v. 66, n. 4, p. 281-302, Aug. 1958.

_____. *Schooling, experience and earnings*. New York: NBER, 1974.

NERI, Marcelo. O paradoxo da evasão e as motivações dos sem escola. In: VELOSO, F. et al. (Org.). *Educação básica no Brasil*: construindo o país do futuro. Rio de Janeiro: Elsevier, 2009a.

_____. Income policies, income distribution and the distribution of opportunities in Brazil. In: BRAINARD, Lael; MARTINEZ-DIAZ, Leonardo (Ed.). *Brazil as an economic superpower?* Understanding Brazil's changing role in the global economy. Washington, DC: Brookings Institution Press, 2009b. p. 219-270.

Anexo

Técnicas econométricas e modelos estimados

Este anexo detalha as diferentes técnicas estatísticas utilizadas na análise, como equação de salários e regressão logística aplicada a variáveis discretas, indicadores de *status*, ocupação e formalidade. Detalhamos também o estimador de diferença em diferença aplicada a esses modelos. A segunda parte do anexo apresenta os modelos completos utilizados no texto.

Técnicas econométricas utilizadas

i. Equação minceriana de salário (renda do trabalho)

A equação minceriana de salários serve de base a uma vasta literatura empírica de economia do trabalho. O modelo salarial de Jacob Mincer é o arcabouço utilizado para estimar retornos da educação, entre outras variáveis determinantes da renda do trabalho. Mincer concebeu uma equação para rendimentos que seria dependente de fatores explicativos associados à escolaridade e à experiência, além de possivelmente outros atributos, como sexo.

Essa equação é a base da economia do trabalho, em particular no que tange aos efeitos da educação. Sua estimação já motivou centenas de estudos que tentam incorporar diferentes custos educacionais, como impostos, mensalidades, custos de oportunidades, material didático, assim como a incerteza e a expectativa dos agentes presentes nas decisões, o progresso tecnológico, não linearidades na escolaridade etc. Identificando os custos da educação e os rendimentos do trabalho, viabilizou o cálculo da taxa interna de retorno da educação, que é a taxa de desconto que equaliza o custo e o ganho esperado de se investir em educação — a taxa de retorno da educação, que deve ser comparada com a taxa de juros de mercado para determinar a quantidade ótima de investimento em capital humano. A equação de Mincer também é usada para analisar a relação entre crescimento e nível de escolaridade de uma sociedade, além dos determinantes da desigualdade.

O modelo econométrico de regressão típico decorrente da equação minceriana é:

$$\ln w = \beta_0 + \beta_1 \text{educ} + \beta_2 \exp + \beta_3 \exp^2 + \gamma' x + \epsilon$$

onde
w é o rendimento do trabalho recebido pelo indivíduo;
educ é a sua escolaridade, geralmente medida por anos de estudo;

exp é sua experiência, geralmente aproximada pela idade do indivíduo;

x é um vetor de características observáveis do indivíduo, como raça, gênero, região; e

ϵ é um erro estocástico.

Este é um modelo de regressão no formato log-nível, isto é, a variável dependente — o salário — está em formato logaritmo e a variável independente mais relevante — a escolaridade — está em nível. Portanto, o coeficiente β_1 mede quanto um ano a mais de escolaridade causa de variação proporcional no salário do indivíduo. Por exemplo, se β_1 é estimado em 0,18, isso quer dizer que cada ano a mais de estudo está relacionado, em média, com um aumento de rendimento de 18%.

Derivando, encontramos $(\partial \ln w / \partial \, educ) = \beta_1$

Por outro lado, pela regra da cadeia, tem-se que:

$(\partial \ln w / \partial \, educ) = (\partial w / \partial \, educ)(1/w) = (\partial w / \partial \, educ)/w$

Logo, $\beta_1 = (\partial w / \partial \, educ) / w$, correspondendo à variação percentual do salário decorrente de cada acréscimo unitário de ano de estudo.

ii. Estimador de diferença em diferença

Exemplo de metodologia aplicada a dois períodos distintos

Em economia, muitas pesquisas são feitas analisando os chamados experimentos. Para analisar um experimento natural sempre é preciso ter um grupo de controle, isto é, um grupo que não foi afetado pela mudança, e um grupo de tratamento, que foi afetado pelo evento, ambos com características semelhantes. Para estudar as diferenças entre os dois grupos são necessários dados de antes e de depois do evento para os dois grupos. Assim, a amostra está dividida em quatro grupos: o grupo de controle de antes da mudança, o grupo de controle de depois da mudança, o grupo de tratamento de antes da mudança e o grupo de tratamento de depois da mudança.

A diferença entre a diferença verificada entre os dois períodos, entre cada um dos grupos é a diferença em diferença, representada com a seguinte equação:

$$g_3 = (y_2, b - y_2, a) - (y_1, b - y_1, a)$$

Onde cada y representa a média da variável estudada para cada ano e grupo, com o número subscrito representando o período da amostra (1 para antes da mudança e 2 para depois da mudança) e a letra representando o grupo ao qual o dado pertence (a para o grupo de controle e b para o grupo de tratamento). E g_3 é a estimativa a partir da diferença em diferença. Uma vez obtido o g_3, determina-se o impacto do experimento natural sobre a variável que se quer explicar.

iii. Regressão logística

O tipo de regressão utilizado nos simuladores, assim como para determinar as diferenças em diferenças, é o da regressão logística, método empregado para estudar variáveis *dummy* — aquelas compostas apenas por duas opções de eventos, como "sim" ou "não". Por exemplo:

Seja *Y* uma variável aleatória *dummy* definida como:

$$Y = \begin{cases} 1 \text{ se a pessoa estava ocupada} \\ 0 \text{ se a pessoa não estava ocupada} \end{cases}$$

Onde cada Y_i tem distribuição de Bernoulli, cuja função de distribuição de probabilidade é dada por:

$$P(y \mid p) = p^y (1-p)^{1-y}$$

Onde: *y* identifica o evento ocorrido e *p* é a probabilidade de sucesso de ocorrência do evento.

Como se trata de uma sequência de eventos com distribuição de Bernoulli, a soma do número de sucessos ou fracassos neste experimento tem distribuição binomial de parâmetros *n* (número de observações) e *p* (probabilidade de sucesso). A função de distribuição de probabilidade da binomial é dada por:

$$P(y \mid n, p) = \binom{n}{y} p^y (1-p)^{1-y}$$

A transformação logística pode ser interpretada como o logaritmo da razão de probabilidades sucesso *versus* fracasso, no qual a regressão logística nos dá uma ideia do retorno de uma pessoa obter ocupação, dado o efeito de algumas variáveis explicativas que serão introduzidas mais à frente, em particular a educação profissional.

A função de ligação deste modelo linear generalizado é dada pela seguinte equação:

$$\eta_i = \log\left(\frac{p_i}{1-p_i}\right) = \sum_{k=0}^{K} \beta_k x_{ik}$$

onde a probabilidade p_i é dada por:

$$p_i = \frac{\exp\left(\sum_{k=0}^{K} \beta_k x_{ik}\right)}{1 + \exp\left(\sum_{k=0}^{K} \beta_k x_{ik}\right)}$$

Resultados de modelos multivariados baseados na PME (1) e na Pnad

i. Pesquisa mensal do emprego (PME)

Tabela A.1
Equações de salários

Parameter	Estimate	Standard Error	t Value	Pr > |t|
Intercept	4.1773885	0.00525221	795.36	<.0001
SEXO Homem	0.3812553	0.00074868	509.24	<.0001
SEXO Mulher	0.0000000	0.00000000	.	.
COR Amarela	0.5482882	0.00611501	89.66	<.0001
COR Branca	0.2962170	0.00118045	250.93	<.0001
COR Ignorada	0.1057238	0.04669956	2.26	0.0236
COR Indígena	0.0634545	0.01006615	6.30	<.0001
COR Parda	0.0631623	0.00114637	55.10	<.0001
COR Preta	0.0000000	0.00000000	.	.
IDADE	0.0682461	0.00023034	296.28	<.0001
idade2	-0.0006875	0.00000309	-222.81	<.0001
anoest 11 ou mais anos de estudo	1.0326571	0.00251498	410.60	<.0001
anoest Anos de estudo não determinados	0.2874496	0.00712822	40.33	<.0001
anoest De 1 a 3 anos de estudo	0.1226639	0.00276442	44.37	<.0001
anoest De 4 a 7 anos de estudo	0.2959646	0.00247308	119.67	<.0001
anoest De 8 a 10 anos de estudo	0.4912531	0.00250942	195.76	<.0001
anoest Menores de 10 anos de idade	0.6410231	0.11607545	5.52	<.0001
anoest Sem instrução e menos de 1 ano de estudo	0.0000000	0.00000000	.	.
CFAM Agregado	-0.0850508	0.00561586	-15.14	<.0001
CFAM Cônjuge	-0.0867033	0.00098194	-88.30	<.0001
CFAM Empregado Doméstico	-0.0376300	0.13415104	-0.28	0.7791
CFAM Filho	-0.1954254	0.00103642	-188.56	<.0001

(continua)

(continuação)

Parameter	Estimate	Standard Error	t Value	Pr > |t|
CFAM Outro Parente	-0.1848760	0.00162856	-113.52	<.0001
CFAM Parente do Empregado Doméstico	0.1429153	0.00179814	79.48	<.0001
CFAM Pensionista	-0.1424598	0.08577075	-1.66	0.0967
CFAM Principal Responsável	0.0000000	0.00000000	.	.
NPES2 1 Morador	0.1631849	0.00160516	101.66	<.0001
NPES2 2 Moradores	0.1325622	0.00144749	91.58	<.0001
NPES2 3 Moradores	0.0780457	0.00153138	50.96	<.0001
NPES2 4 Moradores	0.0000000	0.00000000	.	.
QUALI Sim	0.1293862	0.00316420	40.89	<.0001
QUALI Não	0.0000000	0.00000000	.	.
rm3 Capital Belo Horizonte	-0.1005978	0.00147595	-68.16	<.0001
rm3 Capital Porto Alegre	-0.0653556	0.00183559	-35.60	<.0001
rm3 Capital Recife	-0.4099086	0.00192028	-213.46	<.0001
rm3 Capital Rio de Janeiro	-0.1084554	0.00155986	-69.53	<.0001
rm3 Capital Salvador	-0.3589036	0.00159907	-224.44	<.0001
rm3 Periferia Belo Horizonte	-0.2629807	0.00141053	-186.44	<.0001
rm3 Periferia Porto Alegre	-0.2374690	0.00135175	-175.68	<.0001
rm3 Periferia Recife	-0.5301828	0.00167400	-316.72	<.0001
rm3 Periferia Rio de Janeiro	-0.2586832	0.00143121	-180.74	<.0001
rm3 Periferia Salvador	-0.4214837	0.00261416	-161.23	<.0001
rm3 Periferia São Paulo	-0.1668724	0.00139648	-119.50	<.0001
rm3 zCapital São Paulo	0.0000000	0.00000000	.	.
ANO3 2003	-0.1112865	0.00178643	-62.30	<.0001
ANO3 2004	-0.1277443	0.00176754	-72.27	<.0001
ANO3 2005	-0.1135398	0.00175180	-64.81	<.0001
ANO3 2006	-0.0796141	0.00175551	-45.35	<.0001
ANO3 2007	-0.0450743	0.00174217	-25.87	<.0001
ANO3 2008	-0.0177645	0.00172413	-10.30	<.0001
ANO3 2009	0.0124397	0.00172387	7.22	<.0001
ANO3 2010	0.0453488	0.00248818	18.23	<.0001

(continua)

(continuação)

Parameter	Estimate	Standard Error	t Value	Pr > ItI
ANO3 Z2002	0.0000000	0.00000000	.	.
QUALI*ANO3 Sim 2003	-0.0030148	0.00417485	-0.72	0.4702
QUALI*ANO3 Sim 2004	0.0073949	0.00412806	1.79	0.0732
QUALI*ANO3 Sim 2005	-0.0027821	0.00393580	-0.71	0.4796
QUALI*ANO3 Sim 2006	0.0014195	0.00384913	0.37	0.7123
QUALI*ANO3 Sim 2007	0.0000512	0.00379647	0.01	0.9892
QUALI*ANO3 Sim 2008	-0.0049780	0.00376719	-1.32	0.1864
QUALI*ANO3 Sim 2009	-0.0223324	0.00376388	-5.93	<.0001
QUALI*ANO3 Sim 2010	-0.0342726	0.00515869	-6.64	<.0001
QUALI*ANO3 Sim Z2002	0.0000000	0.00000000	.	.
QUALI*ANO3 zNão 2003	0.0000000	0.00000000	.	.
QUALI*ANO3 zNão 2004	0.0000000	0.00000000	.	.
QUALI*ANO3 zNão 2005	0.0000000	0.00000000	.	.
QUALI*ANO3 zNão 2006	0.0000000	0.00000000	.	.
QUALI*ANO3 zNão 2007	0.0000000	0.00000000	.	.
QUALI*ANO3 zNão 2008	0.0000000	0.00000000	.	.
QUALI*ANO3 zNão 2009	0.0000000	0.00000000	.	.
QUALI*ANO3 zNão 2010	0.0000000	0.00000000	.	.
QUALI*ANO3 zNão Z2002	0.0000000	0.00000000	.	.

Fonte: CPS/FGV a partir dos microdados da PME/IBGE.

Tabela A.2
Regressão logística (ocupação)

Parâmetro	Categoria	Estimativa	Erro Padrão	Qui-Quadrado	sig	Razão Condicional
Intercept		-5.8522	0.0124	220989	**	.
SEXO	Homem	0.9903	0.0020	241596	**	2.69210
SEXO	Mulher	0.0000	0.0000	.		1.00000
COR	Amarela	-0.0881	0.0146	36.57	**	0.91565
COR	Branca	-0.0620	0.0033	347.43	**	0.93988
COR	Ignorada	0.1144	0.0869	1.73		1.12116
COR	Indígena	0.0327	0.0270	1.46		1.03320
COR	Parda	-0.0364	0.0033	124.80	**	0.96427
COR	Preta	0.0000	0.0000	.		1.00000
IDADE		0.3239	0.0005	378970	**	1.38257
idade2		-0.0043	0.0000	378888	**	0.99575
anoest	11 ou mais anos de estudo	1.2665	0.0054	55805.4	**	3.54855
anoest	Anos de estudo não determinados	0.5852	0.0176	1108.29	**	1.79537
anoest	De 1 a 3 anos de estudo	0.4598	0.0062	5537.48	**	1.58375
anoest	De 4 a 7 anos de estudo	0.5773	0.0053	11759.7	**	1.78119
anoest	De 8 a 10 anos de estudo	0.6691	0.0054	15113.6	**	1.95253
anoest	Menores de 10 anos de idade	0.0000	0.0000	.		1.00000

(continua)

(continuação)

Parâmetro	Categoria	Estimativa	Erro Padrão	Qui-Quadrado	sig	Razão Condicional
anoest	Sem instrução e menos de 1 ano de estudo	0.0000	0.0000	.		1.00000
CFAM	Agregado	-0.1594	0.0161	98.10	**	0.85264
CFAM	Cônjuge	-0.6535	0.0025	68831.5	**	0.52020
CFAM	Empregado Doméstico	-0.5456	0.6756	0.65		0.57951
CFAM	Filho	-0.6087	0.0029	42680.4	**	0.54407
CFAM	Outro Parente	-0.5102	0.0044	13358.2	**	0.60036
CFAM	Parente do Empregado Doméstico	-1.2922	1.2091	1.14		0.27467
CFAM	Pensionista	-0.3707	0.3342	1.23		0.69028
CFAM	Principal Responsável	0.0000	0.0000	.		1.00000
NPES2	1 Morador	0.2239	0.0042	2862.44	**	1.25097
NPES2	2 Moradores	0.0561	0.0037	231.35	**	1.05771
NPES2	3 Moradores	0.0198	0.0039	25.95	**	1.02001
NPES2	4 Moradores	0.0000	0.0000	.		1.00000
QUALI	Sim	0.3932	0.0081	2374.48	**	1.48173
QUALI	Não	0.0000	0.0000	.		1.00000
rm3	Capital Belo Horizonte	-0.0251	0.0040	39.93	**	0.97521
rm3	Capital Porto Alegre	-0.0209	0.0050	17.78	**	0.97931
rm3	Capital Recife	-0.4627	0.0045	10480.5	**	0.62958
rm3	Capital Rio de Janeiro	-0.1402	0.0040	1207.98	**	0.86921

(continua)

(continuação)

Parâmetro	Categoria	Estimativa	Erro Padrão	Qui-Quadrado	sig	Razão Condicional
rm3	Capital Salvador	-0.3551	0.0040	7987.06	**	0.70107
rm3	Periferia Belo Horizonte	-0.0589	0.0040	214.45	**	0.94279
rm3	Periferia Porto Alegre	0.0423	0.0040	112.82	**	1.04320
rm3	Periferia Recife	-0.5994	0.0042	20493.5	**	0.54917
rm3	Periferia Rio de Janeiro	-0.1428	0.0041	1198.16	**	0.86696
rm3	Periferia Salvador	-0.3887	0.0064	3711.14	**	0.67796
rm3	Periferia São Paulo	-0.0984	0.0039	621.02	**	0.90628
rm3	zCapital São Paulo	0.0000	0.0000	.		1.00000
ANO3	2003	0.0561	0.0042	181.04	**	1.05771
ANO3	2004	0.0707	0.0042	288.01	**	1.07321
ANO3	2005	0.0703	0.0042	279.74	**	1.07285
ANO3	2006	0.0813	0.0042	368.23	**	1.08466
ANO3	2007	0.1014	0.0043	566.80	**	1.10667
ANO3	2008	0.1314	0.0043	954.04	**	1.14048
ANO3	2009	0.1070	0.0043	630.16	**	1.11294
ANO3	2010	0.1337	0.0067	402.81	**	1.14308
ANO3	Z2002	0.0000	0.0000	.		1.00000
QUALI*ANO3	Sim	-0.0446	0.0108	17.01	**	0.95635
QUALI*ANO3	Sim	-0.0202	0.0109	3.45		0.98000
QUALI*ANO3	Sim	-0.0140	0.0105	1.79		0.98609

(continua)

(continuação)

Parâmetro	Categoria	Estimativa	Erro Padrão	Qui-Quadrado	sig	Razão Condicional
QUALI*ANO3	Sim	-0.0189	0.0102	3.42		0.98126
QUALI*ANO3	Sim	-0.0111	0.0102	1.19		0.98896
QUALI*ANO3	Sim	0.0394	0.0102	14.94	**	1.04022
QUALI*ANO3	Sim	0.0185	0.0102	3.28		1.01868
QUALI*ANO3	Sim	0.0264	0.0151	3.06		1.02675
QUALI*ANO3	Sim	0.0000	0.0000	.		1.00000
QUALI*ANO3	zNão	0.0000	0.0000	.		1.00000
QUALI*ANO3	zNão	0.0000	0.0000	.		1.00000
QUALI*ANO3	zNão	0.0000	0.0000	.		1.00000
QUALI*ANO3	zNão	0.0000	0.0000	.		1.00000
QUALI*ANO3	zNão	0.0000	0.0000	.		1.00000
QUALI*ANO3	zNão	0.0000	0.0000	.		1.00000
QUALI*ANO3	zNão	0.0000	0.0000	.		1.00000
QUALI*ANO3	zNão	0.0000	0.0000	.		1.00000
QUALI*ANO3	zNão	0.0000	0.0000	.		1.00000

Fonte: CPS/FGV a partir dos microdados da PME/IBGE.

Tabela A.3
Regressão logística (contribui para Previdência)

Parâmetro	Categoria	Estimativa	Erro Padrão	Qui-Quadrado	sig	Razão Condicional
Intercept		-6.6433	0.0137	234702	**	.
SEXO	Homem	0.7153	0.0020	132670	**	2.04480
SEXO	Mulher	0.0000	0.0000	.		1.00000
COR	Amarela	-0.0077	0.0137	0.31		0.99236
COR	Branca	0.0276	0.0033	69.93	**	1.02803
COR	Ignorada	0.1291	0.0873	2.19		1.13781
COR	Indígena	-0.3184	0.0275	134.01	**	0.72734
COR	Parda	-0.0107	0.0033	10.56	**	0.98940
COR	Preta	0.0000	0.0000	.		1.00000
IDADE		0.2732	0.0006	239883	**	1.31415
idade2		-0.0035	0.0000	235314	**	0.99646
anoest	11 ou mais anos de estudo	1.8370	0.0067	75747.2	**	6.27771
anoest	Anos de estudo não determinados	0.7282	0.0200	1324.97	**	2.07142
anoest	De 1 a 3 anos de estudo	0.4007	0.0076	2761.65	**	1.49285
anoest	De 4 a 7 anos de estudo	0.6309	0.0067	8834.83	**	1.87925
anoest	De 8 a 10 anos de estudo	0.9503	0.0068	19617.1	**	2.58638
anoest	Menores de 10 anos de idade	-18.6314	453.0676	0.00		0.00000

(continua)

(continuação)

Parâmetro	Categoria	Estimativa	Erro Padrão	Qui-Quadrado	sig	Razão Condicional
anoest	Sem instrução e menos de 1 ano de estudo	0.0000	0.0000	.		1.00000
CFAM	Agregado	-0.1421	0.0157	82.17	**	0.86755
CFAM	Cônjuge	-0.4710	0.0025	36486.4	**	0.62437
CFAM	Empregado Doméstico	-1.2998	0.8704	2.23		0.27257
CFAM	Filho	-0.3916	0.0028	19478.0	**	0.67597
CFAM	Outro Parente	-0.3272	0.0045	5236.82	**	0.72093
CFAM	Parente do Empregado Doméstico	-0.1561	1.2331	0.02		0.85551
CFAM	Pensionista	-0.1991	0.3075	0.42		0.81944
CFAM	Principal Responsável	0.0000	0.0000	.		1.00000
NPES2	1 Morador	0.2874	0.0044	4270.43	**	1.33299
NPES2	2 Moradores	0.2138	0.0040	2828.25	**	1.23841
NPES2	3 Moradores	0.1141	0.0042	723.00	**	1.12085
NPES2	4 Moradores	0.0000	0.0000	.		1.00000
QUALI	Sim	0.3226	0.0073	1937.13	**	1.38069
QUALI	zNão	0.0000	0.0000	.		1.00000
rm3	Capital Belo Horizonte	0.0448	0.0038	141.13	**	1.04580
rm3	Capital Porto Alegre	0.0531	0.0047	128.69	**	1.05450
rm3	Capital Recife	-0.5245	0.0046	12955.2	**	0.59183
rm3	Capital Rio de Janeiro	-0.0617	0.0039	256.35	**	0.94016

(continua)

(continuação)

Parâmetro	Categoria	Estimativa	Erro Padrão	Qui-Quadrado	sig	Razão Condicional
rm3	Capital Salvador	-0.4305	0.0039	12056.2	**	0.65020
rm3	Periferia Belo Horizonte	0.0922	0.0039	563.96	**	1.09661
rm3	Periferia Porto Alegre	0.2398	0.0038	3992.59	**	1.27098
rm3	Periferia Recife	-0.6233	0.0043	20823.5	**	0.53619
rm3	Periferia Rio de Janeiro	-0.2179	0.0040	2905.96	**	0.80420
rm3	Periferia Salvador	-0.4560	0.0066	4728.85	**	0.63383
rm3	Periferia São Paulo	-0.0420	0.0038	121.64	**	0.95887
rm3	zCapital São Paulo	0.0000	0.0000	.		1.00000
ANO3	2003	-0.0269	0.0043	38.81	**	0.97346
ANO3	2004	-0.0513	0.0043	142.03	**	0.94996
ANO3	2005	-0.0149	0.0043	11.85	**	0.98518
ANO3	2006	-0.0073	0.0044	2.77		0.99276
ANO3	2007	0.0188	0.0044	18.48	**	1.01897
ANO3	2008	0.0745	0.0043	293.84	**	1.07735
ANO3	2009	0.0885	0.0043	414.47	**	1.09251
ANO3	2010	0.1303	0.0067	380.08	**	1.13913
ANO3	Z2002	0.0000	0.0000	.		1.00000
QUALI*ANO3	Sim	-0.0211	0.0098	4.62	**	0.97915
QUALI*ANO3	Sim	-0.0191	0.0098	3.80		0.98108
QUALI*ANO3	Sim	-0.0087	0.0095	0.84		0.99134

(continua)

(continuação)

Parâmetro	Categoria	Estimativa	Erro Padrão	Qui-Quadrado	sig	Razão Condicional
QUALI*ANO3	Sim	0.0086	0.0093	0.85		1.00862
QUALI*ANO3	Sim	0.0138	0.0092	2.26		1.01394
QUALI*ANO3	Sim	0.0401	0.0092	19.01	**	1.04093
QUALI*ANO3	Sim	0.0340	0.0092	13.57	**	1.03454
QUALI*ANO3	Sim	0.0101	0.0135	0.56		1.01014
QUALI*ANO3	Sim	0.0000	0.0000	.		1.00000
QUALI*ANO3	zNão	0.0000	0.0000	.		1.00000
QUALI*ANO3	zNão	0.0000	0.0000	.		1.00000
QUALI*ANO3	zNão	0.0000	0.0000	.		1.00000
QUALI*ANO3	zNão	0.0000	0.0000	.		1.00000
QUALI*ANO3	zNão	0.0000	0.0000	.		1.00000
QUALI*ANO3	zNão	0.0000	0.0000	.		1.00000
QUALI*ANO3	zNão	0.0000	0.0000	.		1.00000
QUALI*ANO3	zNão	0.0000	0.0000	.		1.00000
QUALI*ANO3	zNão	0.0000	0.0000	.		1.00000

Fonte: CPS/FGV a partir dos microdados da PME/IBGE.

ii. Suplemento especial da Pnad

Tabela A.4
Equação de salários agregando todos os tipos de educação profissional

Parâmetro	Estimativa	Erro Padrão	Estat t	Pr > |t|
Intercepto	5.3688710	0.03032583	177.04	<.0001
SEXO HOMEM	0.4937578	0.00374671	131.78	<.0001
SEXO zMULHER	0.0000000	0.00000000	.	.
cor BRANCA	0.1303803	0.00389075	33.51	<.0001
cor zNBRANCA	0.0000000	0.00000000	.	.
id_16	-0.9611256	0.02039141	-47.13	<.0001
id_17	-0.8114255	0.01618919	-50.12	<.0001
id_18	-0.6720744	0.01394062	-48.21	<.0001
id_19	-0.5869213	0.01239285	-47.36	<.0001
id_20	-0.5288179	0.01206112	-43.84	<.0001
id_21	-0.4799718	0.01175944	-40.82	<.0001
id_22	-0.4603372	0.01175215	-39.17	<.0001
id_23	-0.4028006	0.01179251	-34.16	<.0001
id_24	-0.3669385	0.01106902	-33.15	<.0001
id_25	-0.3150851	0.01125148	-28.00	<.0001
id_26	-0.2844533	0.01163181	-24.45	<.0001
id_27	-0.2441790	0.01138747	-21.44	<.0001
id_28	-0.1949672	0.01166432	-16.71	<.0001
id_29	-0.1727340	0.01153111	-14.98	<.0001
id_30	-0.1621211	0.01165758	-13.91	<.0001
id_31	-0.1347395	0.01204633	-11.19	<.0001
id_32	-0.1080414	0.01230254	-8.78	<.0001
id_33	-0.0811259	0.01201993	-6.75	<.0001
id_34	-0.0661132	0.01235408	-5.35	<.0001
id_35	-0.0501381	0.01244829	-4.03	<.0001
id_36	-0.0419892	0.01280883	-3.28	0.0010
id_37	-0.0359505	0.01240937	-2.90	0.0038
id_38	-0.0137255	0.01269063	-1.08	0.2795
id_39	-0.0064183	0.01306214	-0.49	0.6232
id_40	0.0146765	0.01289130	1.14	0.2549
id_41	0.0235531	0.01300541	1.81	0.0701

(continua)

(continuação)

Parâmetro	Estimativa	Erro Padrão	Estat t	Pr > |t|
id_42	0.0467686	0.01258446	3.72	0.0002
id_43	0.0630461	0.01334535	4.72	<.0001
id_44	0.0551363	0.01347296	4.09	<.0001
id_45	0.0224851	0.01437472	1.56	0.1178
id_50	0.0828326	0.01606468	5.16	<.0001
id_51	0.0754911	0.01678192	4.50	<.0001
id_52	0.0882320	0.01652949	5.34	<.0001
id_53	0.0798629	0.01712101	4.66	<.0001
id_54	0.0959718	0.01814849	5.29	<.0001
id_55	0.0746607	0.01915911	3.90	<.0001
id_56	0.0515287	0.01982871	2.60	0.0094
id_57	0.0182710	0.02048227	0.89	0.3724
id_58	0.0221964	0.02338867	0.95	0.3426
id_59	0.0561787	0.02424130	2.32	0.0205
EDUCA 1	0.0617645	0.01619117	3.81	0.0001
EDUCA 2	0.0961723	0.01403379	6.85	<.0001
EDUCA 3	0.1843202	0.01244342	14.81	<.0001
EDUCA 4	0.2780675	0.01011974	27.48	<.0001
EDUCA 5	0.3326972	0.01071151	31.06	<.0001
EDUCA 6	0.3853345	0.01228264	31.37	<.0001
EDUCA 7	0.4277729	0.01185375	36.09	<.0001
EDUCA 8	0.5110700	0.00990395	51.60	<.0001
EDUCA 9	0.5457793	0.01230995	44.34	<.0001
EDUCA 10	0.6030038	0.01196997	50.38	<.0001
EDUCA 11	0.8222672	0.00928907	88.52	<.0001
EDUCA 12	1.0380960	0.01430942	72.55	<.0001
EDUCA 13	1.1510756	0.01559749	73.80	<.0001
EDUCA 14	1.2643842	0.01538756	82.17	<.0001
EDUCA 15	1.6121694	0.01155521	139.52	<.0001
EDUCA 16	1.8716677	0.01530320	122.31	<.0001
EDUCA 17	2.0675036	0.02595492	79.66	<.0001
EDUCA 18	2.2460295	0.02808611	79.97	<.0001
EDUCA Z_0	0.0000000	0.00000000	.	.
NEW Metropolitana	0.3508215	0.00784303	44.73	<.0001
NEW Urbana	0.2205006	0.00729400	30.23	<.0001

(continua)

(continuação)

Parâmetro	Estimativa	Erro Padrão	Estat t	Pr > |t|
NEW zRural	0.0000000	0.00000000	.	.
TIPOSET Não subnormal	0.0838211	0.00805507	10.41	<.0001
TIPOSET zSubnormal	0.0000000	0.00000000	.	.
CHAVMIG Migrou	0.0841311	0.00367051	22.92	<.0001
CHAVMIG zNão Migrou	0.0000000	0.00000000	.	.
UF AC	-0.1061462	0.02210097	-4.80	<.0001
UF AL	-0.3641068	0.01776283	-20.50	<.0001
UF AM	-0.0513353	0.01220734	-4.21	<.0001
UF AP	-0.0490570	0.02077489	-2.36	0.0182
UF BA	-0.4074231	0.00795493	-51.22	<.0001
UF CE	-0.5521785	0.00960849	-57.47	<.0001
UF DF	0.0902207	0.01170336	7.71	<.0001
UF ES	-0.0803729	0.01281062	-6.27	<.0001
UF GO	-0.0539487	0.00897569	-6.01	<.0001
UF MA	-0.4722836	0.02183526	-21.63	<.0001
UF MG	-0.1849902	0.00696865	-26.55	<.0001
UF MS	-0.0905250	0.01277091	-7.09	<.0001
UF MT	0.0179441	0.01220834	1.47	0.1416
UF PA	-0.2793726	0.00969111	-28.83	<.0001
UF PB	-0.4671386	0.01531319	-30.51	<.0001
UF PE	-0.4862273	0.00906397	-53.64	<.0001
UF PI	-0.7085493	0.02169202	-32.66	<.0001
UF PR	-0.0947804	0.00853557	-11.10	<.0001
UF RJ	-0.1187635	0.00759416	-15.64	<.0001
UF RN	-0.3809097	0.01677462	-22.71	<.0001
UF RO	-0.0376501	0.01496648	-2.52	0.0119
UF RR	-0.1827607	0.02386478	-7.66	<.0001
UF RS	-0.1313462	0.00750104	-17.51	<.0001
UF SC	0.0913849	0.01033611	8.84	<.0001
UF SE	-0.3409745	0.01529892	-22.29	<.0001
UF TO	-0.2624605	0.01650259	-15.90	<.0001
UF zzSP	0.0000000	0.00000000	.	.
FREQOU3 Frequenta educação profissional	-0.0075900	0.01093801	-0.69	0.4877

(continua)

(continuação)

Parâmetro	Estimativa	Erro Padrão	Estat t	Pr > |t|
FREQOU3 Frequentou graduação tecnológica (curso superior de tecnologia)	0.2336241	0.05425265	4.31	<.0001
FREQOU3 Frequentou Quali Prof — Comércio e gestão	0.1148241	0.02199386	5.22	<.0001
FREQOU3 Frequentou Quali Prof — Construção civil	0.0342699	0.02738847	1.25	0.2108
FREQOU3 Frequentou Quali Prof — Estética e imagem pessoal	-0.0053625	0.02578997	-0.21	0.8353
FREQOU3 Frequentou Quali Prof — Indústria e manutenção	0.0849279	0.02121083	4.00	<.0001
FREQOU3 Frequentou Quali Prof — Informática	-0.0333259	0.02029911	-1.64	0.1006
FREQOU3 Frequentou Quali Prof — Outra	0.0097645	0.02091913	0.47	0.6407
FREQOU3 Frequentou Quali Prof — Saúde e bem-estar social	0.0765120	0.02344851	3.26	0.0011
FREQOU3 Frequentou técnico (nível médio)	0.1510031	0.02077186	7.27	<.0001
FREQOU3 ZNunca frequentou	0.0000000	0.00000000	.	.
V2622 Instituição de ensino particular	0.0384423	0.01885148	2.04	0.0414
V2622 Instituição de ensino público (federal. estadual ou municipal)	-0.0422709	0.01986029	-2.13	0.0333
V2622 Instituição de ensino vinculada ao Sistema S (Senai. Senac. Sebrae etc.)	0.0415411	0.01925309	2.16	0.0310
V2622 Não aplicável	-0.0124471	0.02622582	-0.47	0.6351
V2622 Outro tipo de instituição	0.0000000	0.00000000	.	.

Fonte: CPS/FGV a partir dos microdados do suplemento da Pnad 2007 (IBGE).

Esta obra foi produzida nas
oficinas da Imos Gráfica e Editora na
cidade do Rio de Janeiro